弗布克工厂精细化管理手册系列

# 工厂成本费用控制
# 精细化管理手册
## （第2版）

王淑敏　编著

人民邮电出版社

北　京

图书在版编目（CIP）数据

工厂成本费用控制精细化管理手册 / 王淑敏编著
. -- 2版. -- 北京：人民邮电出版社，2014.1
（弗布克工厂精细化管理手册系列）
ISBN 978-7-115-33963-8

Ⅰ. ①工… Ⅱ. ①王… Ⅲ. ①工业企业管理－成本管
理－手册 Ⅳ. ①F406.72-62

中国版本图书馆CIP数据核字(2013)第288486号

## 内 容 提 要

这是一本细化工厂成本费用管理的指导性图书，作者从成本构成明细、要点、方法、流程、制度、方案六大维度出发，详细介绍了工厂采购成本费用、生产物料成本、燃料动力成本、直接人工成本、主要制造费用、研发技术费用、设备管理费用、质量成本费用、安全生产费用、现场各种浪费、外协外包成本费用、物流成本费用、日常管理费用、人事管理成本等多个方面的内容，形成了一整套切实可行的工厂成本费用精细化管理体系。本书所提供的内容可以帮助读者有效提升工厂成本费用管理的水平。

本书适合在工厂中从事成本费用控制工作的管理人员以及企业培训师、咨询师和高校相关专业的师生阅读。

◆ 编　　著　王淑敏
　　责任编辑　刘　盈
　　责任印制　杨林杰

◆ 人民邮电出版社出版发行　　北京市丰台区成寿寺路 11 号
　　邮编 100164　　电子邮件 315@ ptpress. com. cn
　　网址 http://www. ptpress. com. cn
　　北京天宇星印刷厂印刷

◆ 开本：787×1092　1/16
　　印张：24.5　　　　　　　　　　2014 年 1 月第 2 版
　　字数：200 千字　　　　　　　　2025 年 5 月北京第 47 次印刷

定　价：59.00 元
读者服务热线：(010) 81055656　印装质量热线：(010) 81055316
反盗版热线：(010) 81055315

# "弗布克工厂精细化管理手册系列" 再版序

工厂是制造型企业的中心，工厂管理水平的高低直接影响企业的经济效益。随着微利时代的到来，精细化管理在企业中将扮演更加重要的角色，这就要求工厂管理者必须对加工制造的各个环节进行更为**细致**、**规范**的管理和控制。

为方便读者"拿来即用"、"改了能用"，我们对工厂管理10大模块的职能事项都进行了"模板化"设计，以便读者根据本企业的实际需求进行修改或套用。

"弗布克工厂精细化管理手册系列"于三年前应此需求而面世。本系列图书自上市以来，赢得了广大读者的关注，特别是在工厂工作的读者朋友们对本系列图书内容的全面性、精细性、实操性给予了高度评价，同时针对书中存在的问题也提出了有益的改进建议。在本次改版的过程中，我们对这些问题进行了修正，对第1版图书的部分内容做了相应的修改、删除和增补。希望通过本次改版，这套图书能够为广大读者带来更多工作上的便利。

改版后的"弗布克工厂精细化管理手册系列"图书旨在通过对岗位职责、事项要点、管理制度、管理流程、执行方案、操作工具的重新整合，以及书中所提供的大量具体的操作方案和执行流程，帮助企业将执行工作落实到具体岗位和具体人员，进一步提高执行效率。

同时，改版后的"弗布克工厂精细化管理手册系列"图书的特色更加鲜明，大量实用性、指导性的内容将进一步帮助企业把"**工作事项精细化、管理工作规范化、执行作业流程化、操作方法工具化**"。

## 1. 精细化

本系列图书涵盖了工厂生产计划、采购、物料、技术、现场、安全、设备、质量、成本、人力资源共10项内容；针对每个事项内容，作者都给出了细化、可执行的制度、流程、方案，并提供了标准化的模板。

## 2. 工具化

本系列图书提供的各种参照范本都可以作为企业设计精细化管理体系的参照范例和工具，内容均从工厂的角度出发，针对性强，制造企业可以拿来即用，也可因需而变。

## 3. 图表化

图表化主要体现在制度、流程、方案、文案的模板设计上。本系列图书给出了具体的业务管理流程图以及表格形式的制度、方案和文案，为工厂推行精细化管理提供了参照范本。

本系列图书可以作为工厂各个部门实施精细化管理的操作手册，也可作为企业各个部门和各岗位人员进行自我管理及自我改善的工具书。

# 再 版 前 言

　　《工厂成本费用控制精细化管理手册（第2版）》是"弗布克工厂精细化管理手册系列"图书中的一本。本书将"精细化、工具化、图表化"的思路贯穿于每章内容的写作过程中，既能帮助读者系统地把握内容，又能针对读者某一方面的阅读需求提供解决方案。

　　本书以工厂成本费用控制精细化管理为中心，立足于工厂各部门对成本费用控制的管理实践，针对某一岗位、某一类事件的管理问题，为工厂提供了各部门规范化运作的系统工具，提出了"构成明细＋控制要点＋控制方法＋控制流程＋控制制度＋控制方案"的六位一体的解决方案，将执行工作落实到具体的岗位和人员，并给出了可操作的方案。

　　这是一本能够指导具体工作的精细化管理手册，也是一本能够帮助工厂各级人员节约成本费用的实务性工具书。在《工厂成本费用控制精细化管理手册》第1版的基础上，本书做了如下修订和补充。

## 1. 进一步完善工作事项体系

　　本书详细叙述了工厂成本费用的构成、采购成本费用控制、生产物料成本控制、燃料动力成本控制、直接人工成本控制、主要制造费用控制、研发技术费用控制、设备管理费用控制、质量成本费用控制、安全生产费用控制、现场各种浪费控制、外协外包成本费用控制、物流成本费用控制、日常管理费用控制、人事管理成本控制以及成本费用预算管理共16个方面的内容，几乎涵盖了工厂成本费用控制的全部工作。

## 2. 使工厂成本费用控制趋于精准化

　　根据新《企业会计准则》和《中华人民共和国劳动合同法》的相关内容，增加了工厂研发费用的控制事宜及员工离职成本的控制办法，进一步提高了工厂成本费用控制的精确性，使工厂可以更好地开展成本费用控制工作。

## 3. 图表化处理部分内容

　　根据读者提出的意见，作者对书中部分内容进行了图表化处理，使其更加符合读者的阅读习惯，方便读者使用。

## 4. 梳理细化每个流程的具体内容

　　对于某一具体流程的设计，本书在延续第1版设计思路的基础上，按照工厂的实际运行情况，重新梳理了流程的步骤，进一步细化、补充了流程中节点事项的工作标准，使修订后的流程和工作标准更符合工厂成本费用控制的实际工作需要，方便读者"拿来即用"。

**5. 构建工厂成本费用控制精细化管理工具体系**

本书共设计了14项工厂成本费用的控制内容、43个工厂成本费用控制方案，58个工厂成本费用控制管理制度、流程，以及日常工作所需的文书、方案。通过这些内容的设计，不但构建了工厂成本费用控制的内容框架体系，而且为工厂成本费用管控人员的日常工作提供了可参考的模板。

在本书编写的过程中，孙立宏、孙宗坤、程富建、刘井学、刘伟负责资料的收集和整理，王玉凤、王建霞、廖应涵负责数字图表的编排，李育蔚参与编写了本书的第一章，李亚慧参与编写了本书的第二章，孟庆华参与编写了本书的第三章，刘继萍、麻艳琳参与编写了本书的第四章，齐艳霞参与编写了本书的第五章，王德敏、王佳锐参与编写了本书的第六章，宋君丽参与编写了本书的第七章，王素燕参与编写了本书的第八章，宣飞霞、王兰会参与编写了本书的第九章，张成银参与编写了本书的第十章，严刘建参与编写了本书的第十一章，王海燕参与编写了本书的第十二章，滕晓丽参与编写了本书的第十三章，周常发参与编写了本书的第十四章，黄成日、杨雪参与编写了本书的第十五章，毕其月参与编写了本书的第十六章，全书由王淑敏统撰定稿。

# 目　　录

# 工厂成本费用的构成

# 第一节　成本费用

## 一、工厂成本及成本构成

### （一）什么是工厂成本

根据《企业会计制度》的规定，工厂成本主要是指工厂为生产产品而发生的各种耗费。其主要特征如图 1-1 所示。

### （二）工厂成本的构成

工厂成本属于广义上的费用，它与工厂所发生的其他费用的主要区别在于二者的会计处理方式不同——成本直接计入工厂的产品成本中，而非计入工厂的当期费用。因此，工厂成本主要由直接材料成本、直接人工成本、制造费用三大部分构成，具体内容如图 1-2 所示。

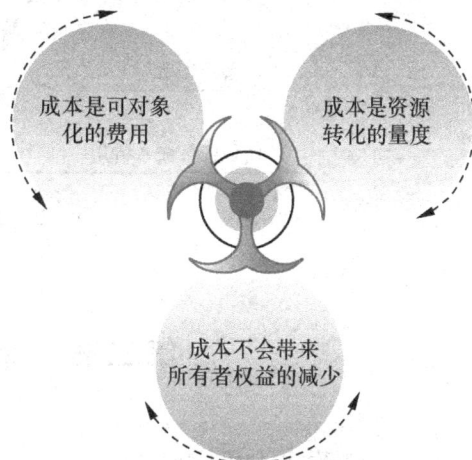

图 1-1　成本的特征

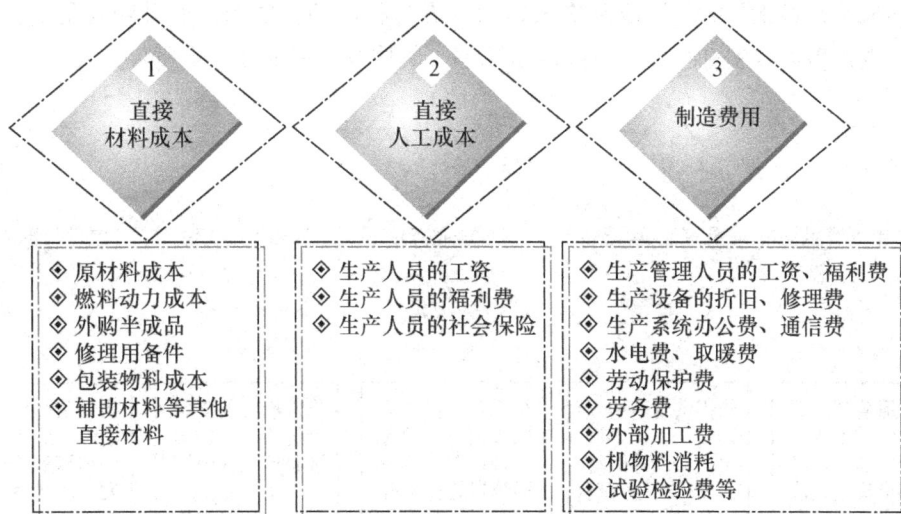

图 1-2　工厂成本构成示意图

## 二、工厂费用及费用构成

### （一）什么是工厂费用

根据《企业会计准则》的规定，工厂费用是指工厂在生产销售及日常运营活动中发生的、会导致所有者权益减少的、与向所有者分配利润无关的经济利益的总流出。

### （二）工厂费用的构成

从费用发生部门的职能来看，工厂费用主要由八大部分构成。具体内容如图1-3所示。

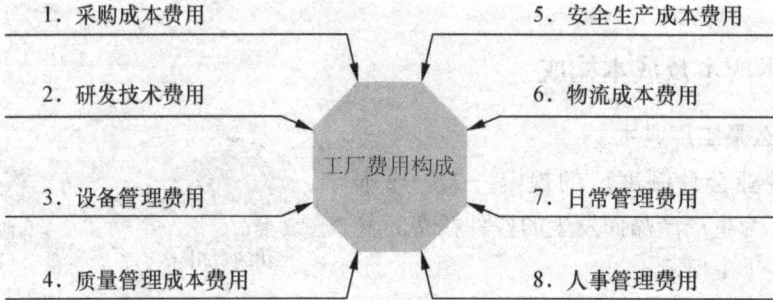

图1-3　工厂费用构成示意图

# 第二节　采购成本费用构成

## 一、订购成本构成明细

订购成本是指工厂为了完成某次采购而开展各种活动的费用，如采购人员的办公费、差旅费、电话费以及实施招标所发生的费用等。其构成明细如图1-4所示。

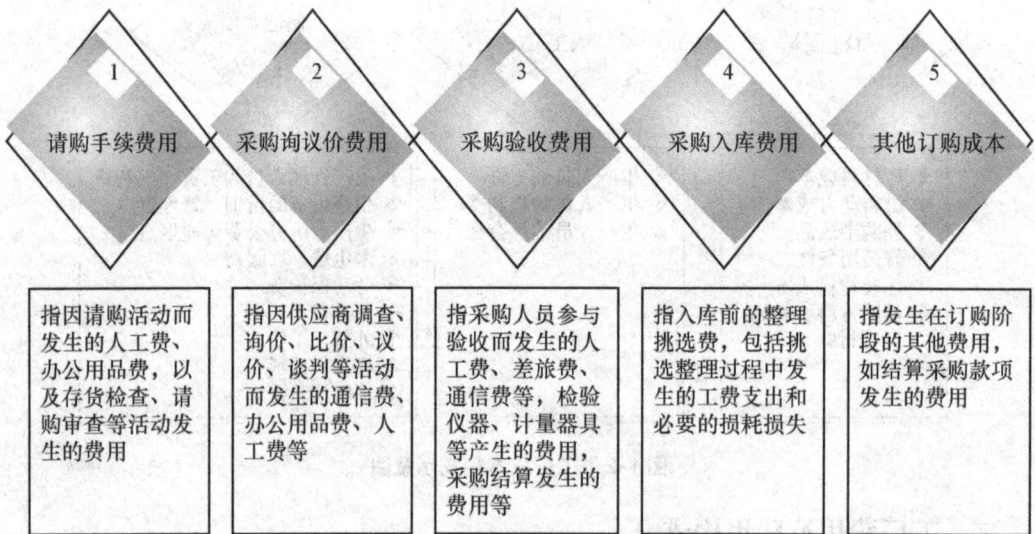

图1-4　订购成本构成明细图

## 二、维持成本构成明细

维持成本是指工厂为了保有物料而开展一系列活动所发生的费用。其具体的构成明细如图1-5所示。

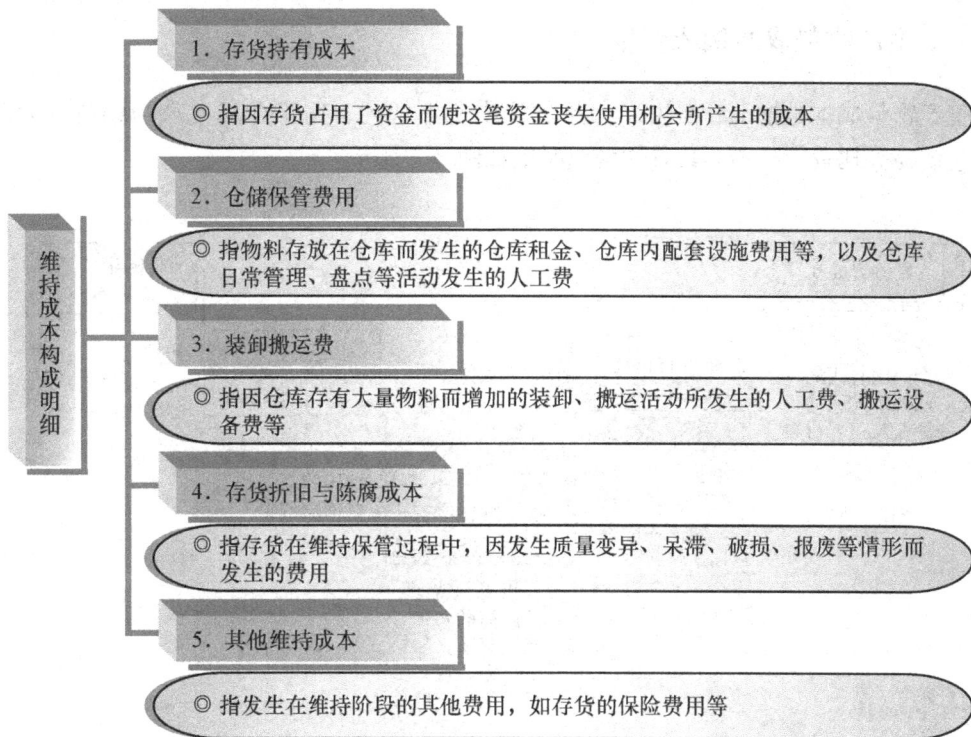

图1-5　维持成本构成明细图

## 三、缺料成本构成明细

缺料成本是指因采购不及时而导致工厂物料供应中断所造成的损失，包括停工待料损失、延迟发货损失和丧失销售机会损失（还应包括商誉损失）等。具体明细如图1-6所示。

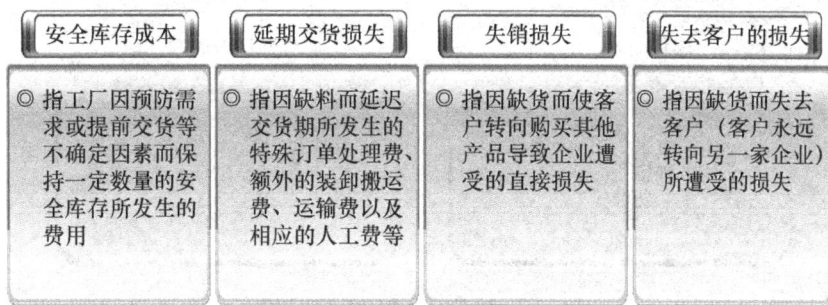

图1-6　缺料成本构成明细图

# 第三节 直接材料成本构成

## 一、生产物料成本构成明细

生产物料成本是指工厂在生产产品过程中所消耗的、用于产品生产的物料，如原材料、包装物等耗费的成本。其具体构成明细如图1-7所示。

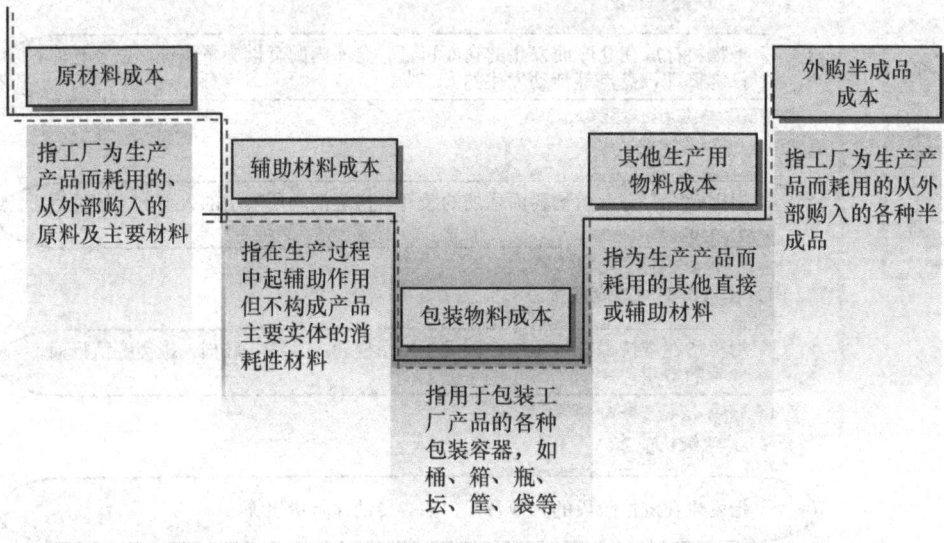

**图1-7 生产物料成本构成明细图**

原材料成本

指工厂为生产产品而耗用的、从外部购入的原料及主要材料

辅助材料成本

指在生产过程中起辅助作用但不构成产品主要实体的消耗性材料

包装物料成本

指用于包装工厂产品的各种包装容器，如桶、箱、瓶、坛、筐、袋等

其他生产用物料成本

指为生产产品而耗用的其他直接或辅助材料

外购半成品成本

指工厂为生产产品而耗用的从外部购入的各种半成品

## 二、燃料动力成本构成明细

燃料动力成本是指工厂为生产产品而从外部购入各种燃料和动力所产生的成本。其具体构成明细如图1-8所示。

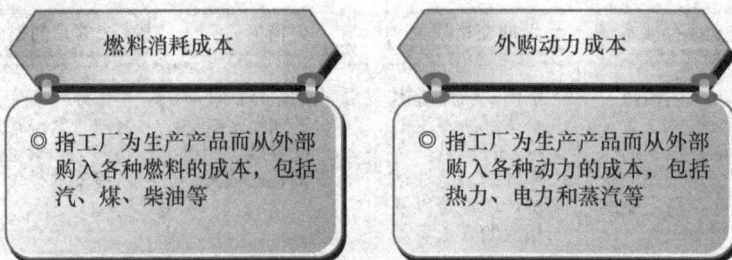

燃料消耗成本

◎ 指工厂为生产产品而从外部购入各种燃料的成本，包括汽、煤、柴油等

外购动力成本

◎ 指工厂为生产产品而从外部购入各种动力的成本，包括热力、电力和蒸汽等

**图1-8 燃料动力成本构成明细图**

## 第四节　直接人工成本构成

### 一、生产人员工资构成明细

生产人员工资主要是指在生产产品的过程中，直接从事生产的一线工人的工资、奖金和津贴等。其具体构成明细如图1-9所示。

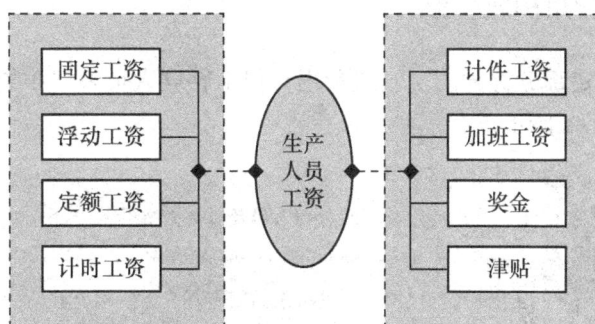

图1-9　生产人员工资构成明细图

### 二、生产人员福利费构成明细

生产人员福利费主要是指工厂为生产人员提供的，除工资、奖金、津贴、纳入工资总额管理的补贴、职工教育经费、社会保险费、补充养老保险费、补充医疗保险费及住房公积金以外的福利待遇支出，包括发放给生产人员或为生产人员支付的各项现金补贴和非货币性集体福利。其常见的构成明细如图1-10所示。

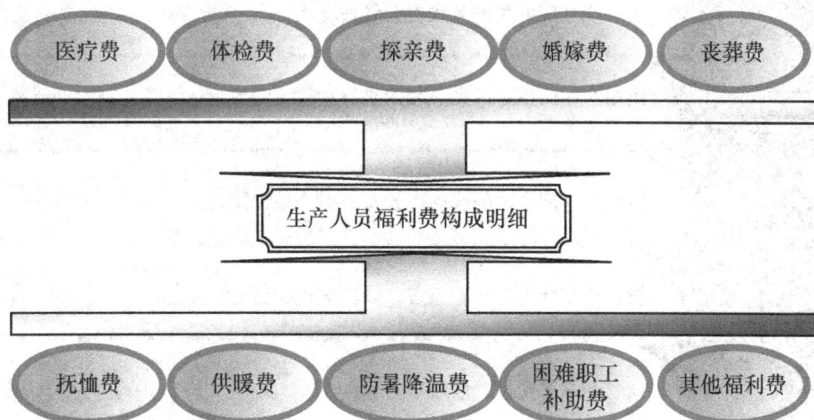

图1-10　生产人员福利费构成明细图

# 第五节　生产制造费用构成

制造费用是指工厂各生产车间为生产产品而发生的各项间接费用，不包括行政管理部门为组织和管理生产经营活动而发生的管理费用。工厂制造费用可分为固定制造费用和变动制造费用两部分。

## 一、固定制造费用构成明细

制造费用中的固定部分称为固定制造费用，包括管理人员基本工资、租赁费用等。其具体构成明细如图1-11所示。

| 1 | 工资 | 工厂生产部门及车间管理人员及服务人员的工资、加班费等 |
| 2 | 折旧费 | 指生产车间根据应计提折旧的固定资产原值和规定折旧率计提的资产折旧费，包括生产车间的厂房、建筑物、管理用房屋和设备的折旧费 |
| 3 | 机物料消耗 | 指生产车间实际发生的机物料消耗 |
| 4 | 低值易耗品摊销 | 指生产车间所使用的低值易耗品的摊销费，包括备品、计量工具、小型工具等费用 |
| 5 | 租赁费 | 指生产车间租用办公用房、生产用房、机械设备、低值易耗品等所支付的租赁费用 |
| 6 | 办公费 | 指生产车间发生的各项办公经费支出 |
| 7 | 运输费 | 指生产车间生产产品过程中进行运输活动支付的、不能计入原材料成本的运杂费 |
| 8 | 保险费 | 指生产车间支付的房屋、设备等财产的保险费 |
| 9 | 差旅费 | 指生产车间支付的差旅费，如住宿费和出差补助等 |
| 10 | 取暖费 | 指生产车间支付的取暖费 |

图1-11　固定制造费用构成明细图

## 二、变动制造费用构成明细

变动制造费用是指与产品生产数量相关的、随产量变动而形成比例变动那部分制造费用。其具体构成如图 1-12 所示。

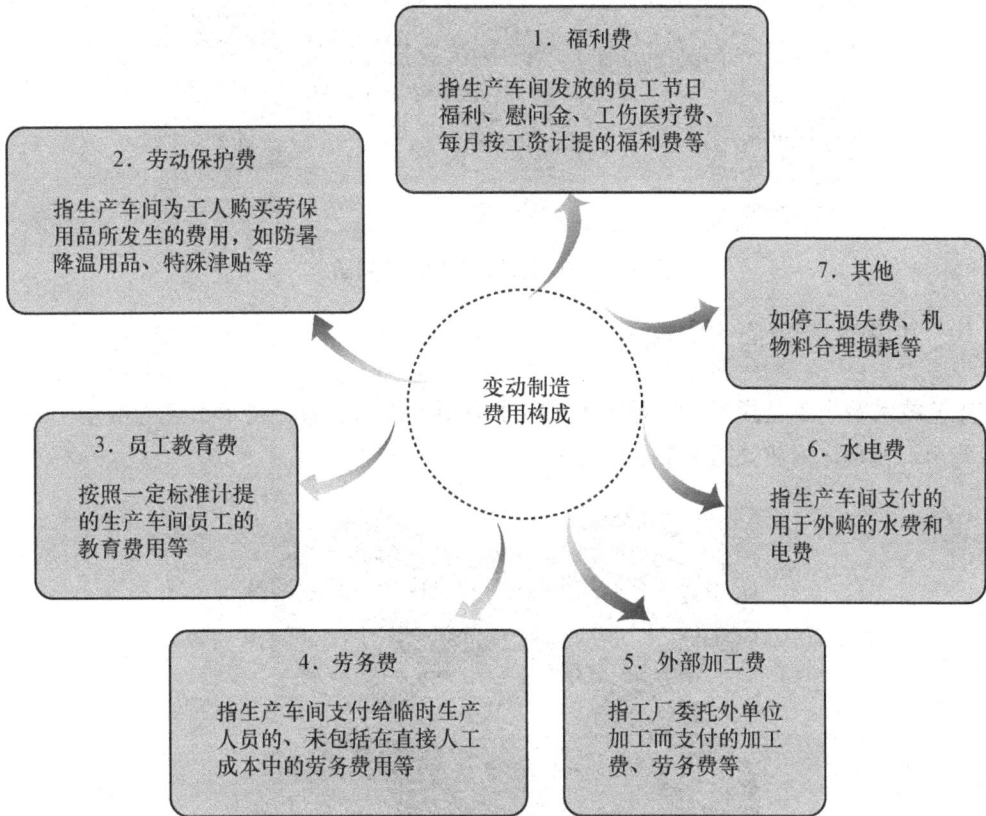

图 1-12　变动制造费用构成明细图

# 第六节　研发技术费用构成

## 一、研发设计费构成明细

研发设计费主要是指工厂在开展产品研发、设计、试制等过程中发生的相关费用。其具体的构成如图 1-13 所示。

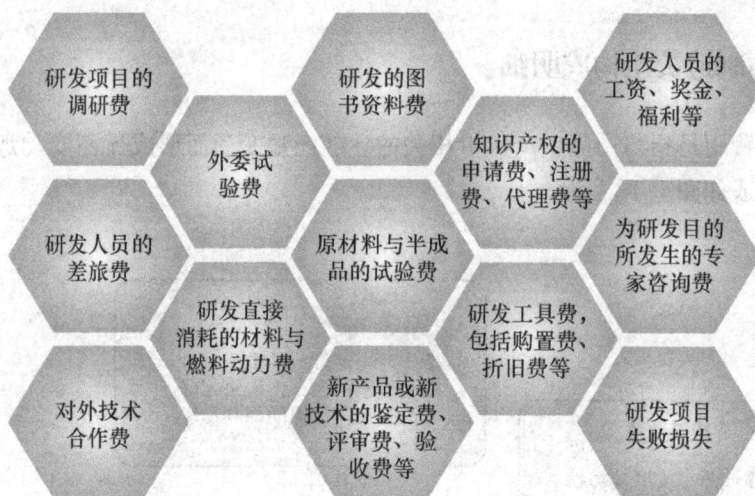

图 1-13　研发设计费构成明细图

## 二、工艺技术费构成明细

工艺技术费主要是指工厂在开展工艺技术应用、技术改造、技术引进等活动中发生的相关费用。其具体构成如图 1-14 所示。

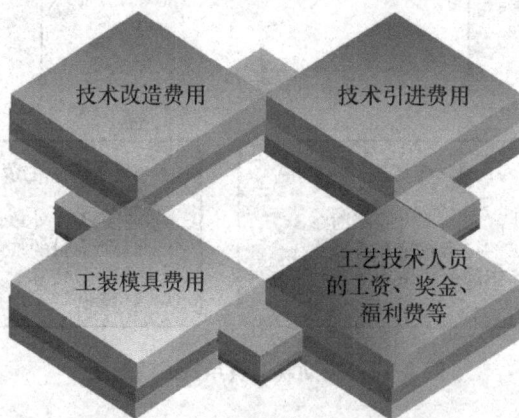

图 1-14　工艺技术费构成明细图

# 第七节　设备管理费用构成

## 一、设备综合管理费用构成

设备综合管理是指工厂以生产经营的目标为依据，运用各种组织、技术和经济措施，对设备从规划、设计、制造、安装、使用、改造、更新直至报废整个寿命周期进行全程管理，以提高设备的综合经济效率。

设备管理费用控制应从设备寿命周期的角度出发，对各阶段的费用支出进行综合控制，使全寿命周期成本最小。设备综合管理费用的具体构成如图1-15所示。

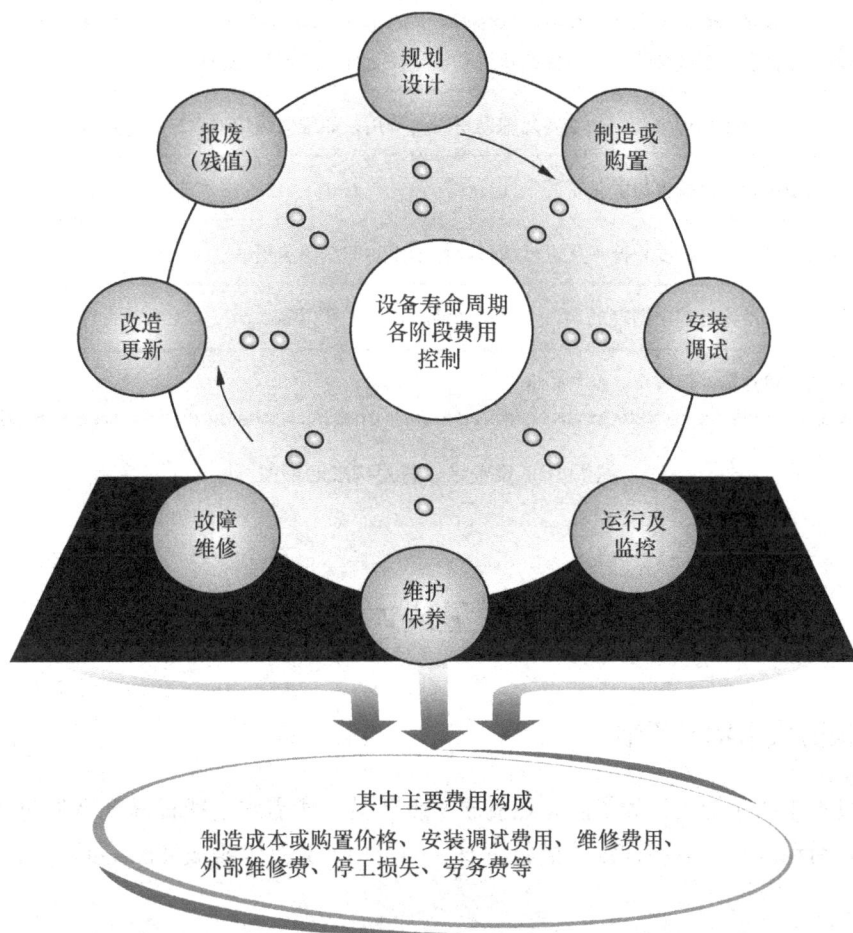

图1-15　设备综合管理费用构成明细图

## 二、设备维修费用构成明细

设备维修费用是指为保持、恢复或改善设备技术性能所支付的费用，包括修理费与维护保养费。其具体构成明细如图1-16所示。

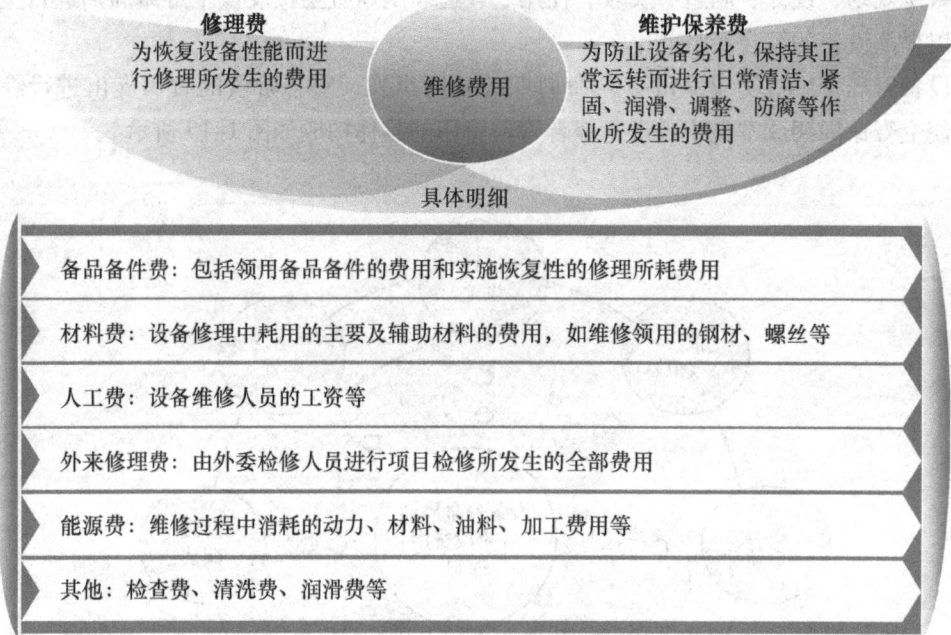

图1-16　设备维修费用构成明细图

# 第八节　质量成本费用构成

## 一、预防成本构成明细

预防成本主要是指工厂为了防止质量水平低于某一所需水平或提高现有质量水平，而开展的预防活动以及采取各种预防措施所发生的费用。其具体构成如图1-17所示。

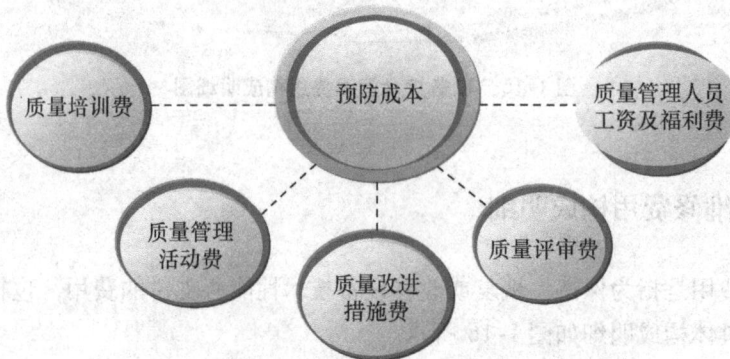

图1-17　预防成本构成明细图

## 二、鉴定成本构成明细

鉴定成本是指评定产品是否满足规定的质量要求所支付的费用。其具体构成如图1-18所示。

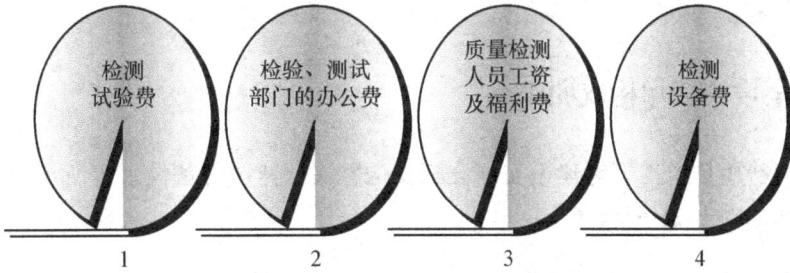

图 1-18　鉴定成本构成明细图

## 三、内部损失成本构成明细

内部损失成本是指产品在生产过程中因质量问题而发生的损失，包括产品在生产过程中出现某些缺陷所造成的损失以及为弥补这些缺陷而发生的费用。其具体构成明细如图1-19所示。

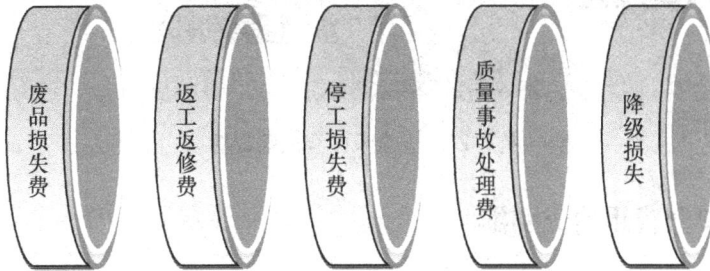

图 1-19　内部损失成本构成明细图

## 四、外部损失成本构成明细

外部损失成本是指产品出厂后，因产品质量缺陷而引起的一切费用支出。其具体构成明细如图1-20所示。

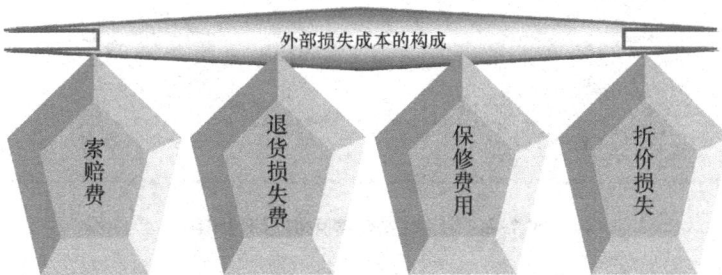

图 1-20　外部损失成本构成明细图

# 第九节 安全生产费用构成

## 一、安全设施费用构成明细

安全设施费用是指工厂为建设安全设施及购置安全监测设备仪表等所支出的费用。其具体构成明细如图 1-21 所示。

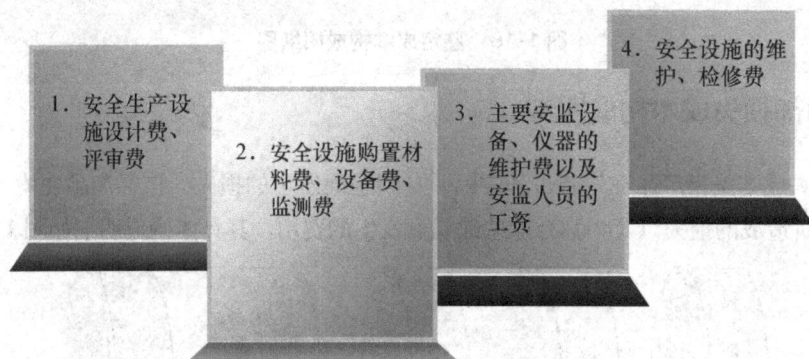

图 1-21 安全设施构成明细图

## 二、预防安全费用构成明细

预防安全费用是指工厂为预防生产作业事故或危害事件的发生所支出的各项费用。其具体构成明细如图 1-22 所示。

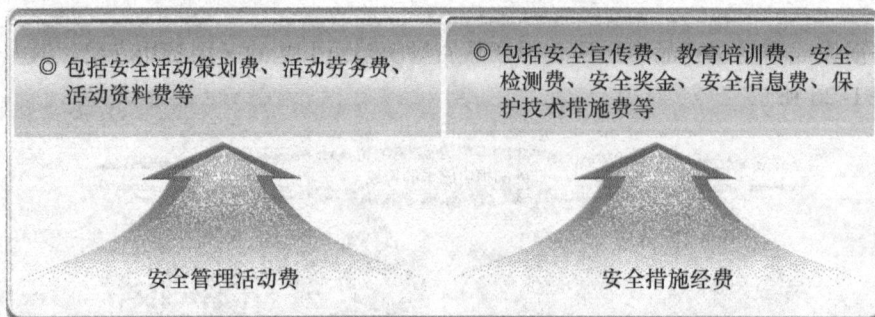

图 1-22 预防安全费用构成明细图

### 三、改善安全费用构成明细

改善安全费用是指工厂为确保生产安全而进行安全检查以及对安全隐患、漏洞进行整改而发生的费用支出。其构成明细如图1-23所示。

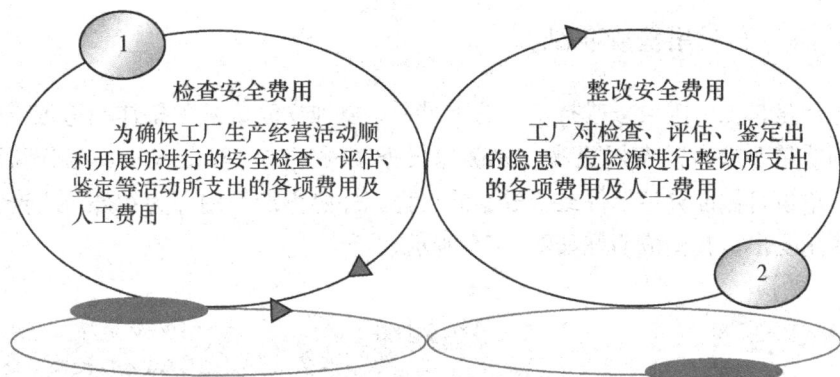

1　检查安全费用
为确保工厂生产经营活动顺利开展所进行的安全检查、评估、鉴定等活动所支出的各项费用及人工费用

整改安全费用
工厂对检查、评估、鉴定出的隐患、危险源进行整改所支出的各项费用及人工费用

2

**图1-23　改善安全费用构成明细图**

### 四、损失安全费用构成明细

损失安全费用是指工厂生产过程中未达到规定的安全水平而造成的事故或危害事件所造成的各项损失费用，包括内部损失费用与外部损失费用。其具体构成明细如图1-24所示。

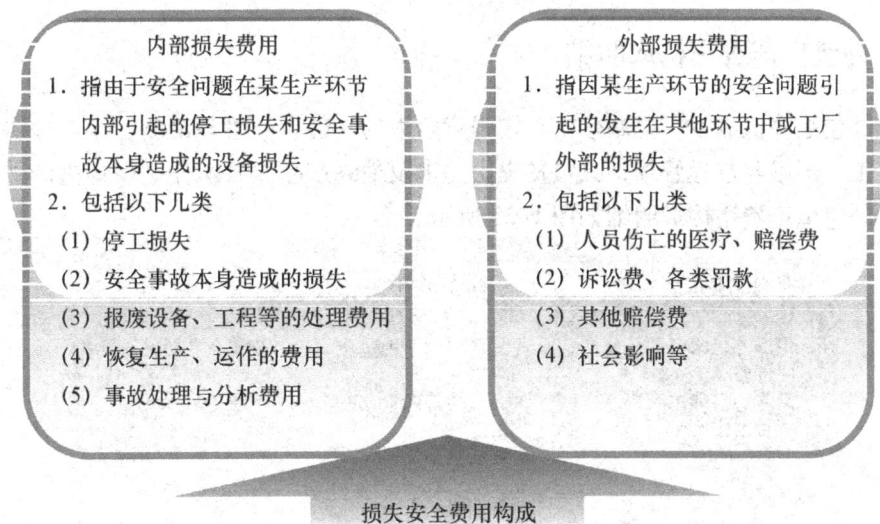

内部损失费用
1. 指由于安全问题在某生产环节内部引起的停工损失和安全事故本身造成的设备损失
2. 包括以下几类
(1) 停工损失
(2) 安全事故本身造成的损失
(3) 报废设备、工程等的处理费用
(4) 恢复生产、运作的费用
(5) 事故处理与分析费用

外部损失费用
1. 指因某生产环节的安全问题引起的发生在其他环节中或工厂外部的损失
2. 包括以下几类
(1) 人员伤亡的医疗、赔偿费
(2) 诉讼费、各类罚款
(3) 其他赔偿费
(4) 社会影响等

损失安全费用构成

**图1-24　损失安全费用构成明细图**

# 第十节　外协外包成本费用构成

## 一、外协生产费用构成明细

外协生产是指工厂因设备或技术上的不足，难以独立完成某项整体制造加工任务，或者达到相同质量要求所需费用更高，为确保任务按时完成、降低成本、充分利用社会资源，委托外单位订做部分零部件或半成品的过程。外协生产费用即为在外协生产过程中产生的所有费用支出。其构成明细如图1-25所示。

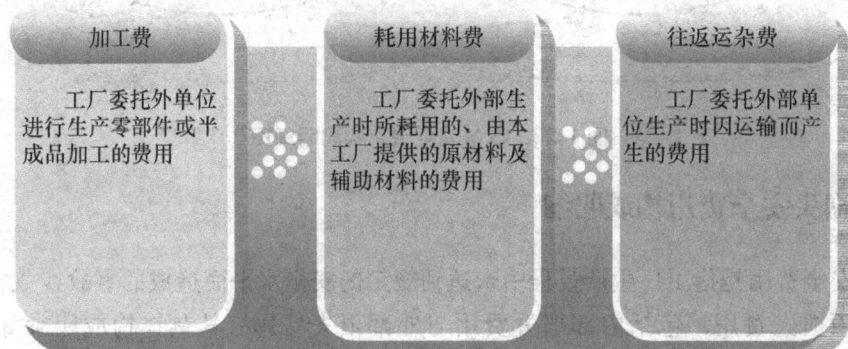

| 加工费 | 耗用材料费 | 往返运杂费 |
|---|---|---|
| 工厂委托外单位进行生产零部件或半成品加工的费用 | 工厂委托外部生产时所耗用的、由本工厂提供的原材料及辅助材料的费用 | 工厂委托外部单位生产时因运输而产生的费用 |

图1-25　外协生产费用明细图

## 二、外包生产费用构成明细

生产外包是降低成本、提高效率、增强竞争力的一种生产管理策略，其与外协生产的区别在于工厂不参与过程管理，只负责提出需求及最终产品验收工作。根据生产外包作业的特点，外包生产费用构成明细如图1-26所示。

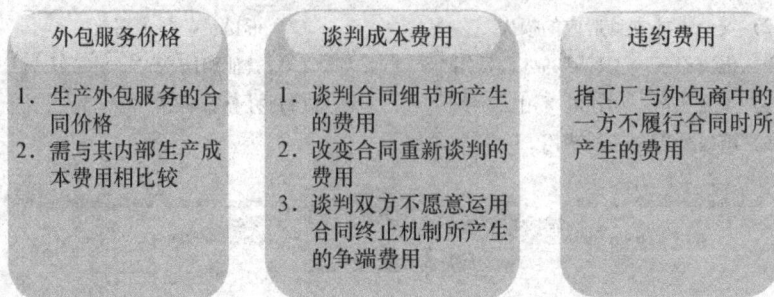

| 外包服务价格 | 谈判成本费用 | 违约费用 |
|---|---|---|
| 1. 生产外包服务的合同价格<br>2. 需与其内部生产成本费用相比较 | 1. 谈判合同细节所产生的费用<br>2. 改变合同重新谈判的费用<br>3. 谈判双方不愿意运用合同终止机制所产生的争端费用 | 指工厂与外包商中的一方不履行合同时所产生的费用 |

图1-26　外包生产费用明细图

# 第十一节 工厂物流成本费用构成

## 一、运输费用构成明细

运输费用构成明细如图 1-27 所示。

| 构成 \ 事项 | 内容 | 说明 |
|---|---|---|
| 使用工厂自有运输车队的费用明细 | 人员费用 | 指从事运输工作人员的工资和各项福利费用 |
| | 物资损耗费 | 指开展运输工作的物资损耗,如车、船、房屋等固定资产的折旧和燃料费用 |
| | 管理费用 | 指从事运输工作所必需的行政管理费用与其他费用等 |
| 委托外部单位运输的费用明细 | 货物运费 | 1. 指工厂向承运单位交付用以补偿其在营运过程中主要劳动消耗的费用<br>2. 如铁路运费、水路运费、公路运费等 |
| | 运杂费 | 1. 指工厂向收费方交付的用以补偿商品运输过程中的辅助性、服务性劳动所消耗的费用<br>2. 如装卸费、包装包干费、调车费、港务费、专用线费、中转服务费、保险费等 |

图 1-27 运输费用构成明细图

## 二、仓储费用构成明细

仓储费用构成明细如图 1-28 所示。

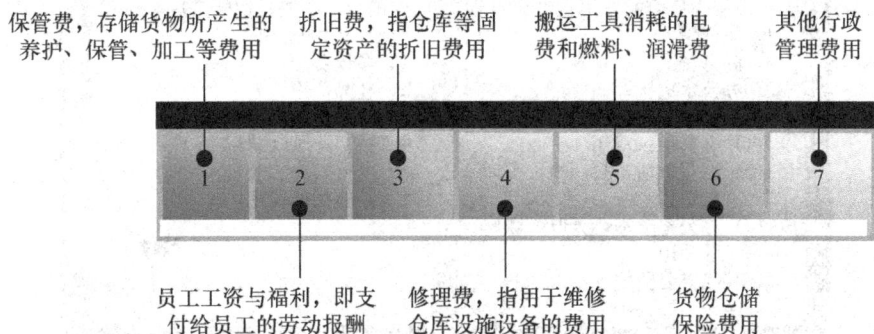

图 1-28 仓储费用构成明细图

17

### 三、现场物流费用明细

生产现场物流费用明细如图1-29所示。

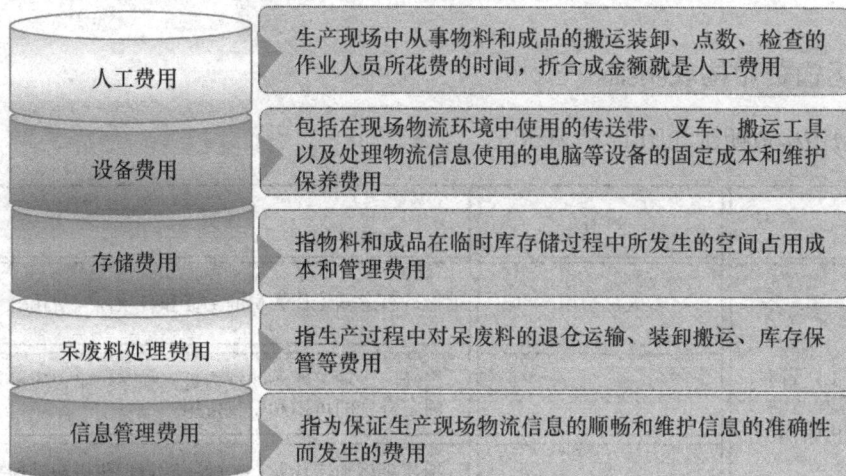

| 人工费用 | 生产现场中从事物料和成品的搬运装卸、点数、检查的作业人员所花费的时间，折合成金额就是人工费用 |
| 设备费用 | 包括在现场物流环境中使用的传送带、叉车、搬运工具以及处理物流信息使用的电脑等设备的固定成本和维护保养费用 |
| 存储费用 | 指物料和成品在临时库存储过程中所发生的空间占用成本和管理费用 |
| 呆废料处理费用 | 指生产过程中对呆废料的退仓运输、装卸搬运、库存保管等费用 |
| 信息管理费用 | 指为保证生产现场物流信息的顺畅和维护信息的准确性而发生的费用 |

图1-29　生产现场物流费用明细图

# 第十二节　工厂日常管理费用构成

## 一、办公费招待费构成明细

在工厂的日常管理费用中，办公费、招待费占有很大的比例。其具体构成如图1-30所示。

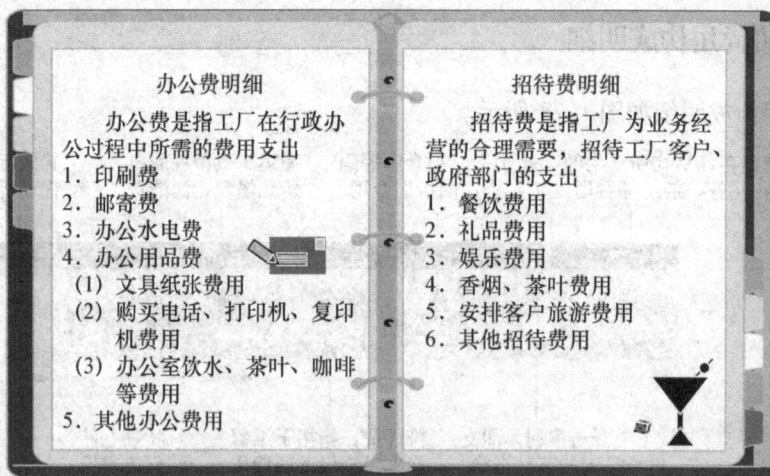

办公费明细

　　办公费是指工厂在行政办公过程中所需的费用支出
1. 印刷费
2. 邮寄费
3. 办公水电费
4. 办公用品费
　(1) 文具纸张费用
　(2) 购买电话、打印机、复印机费用
　(3) 办公室饮水、茶叶、咖啡等费用
5. 其他办公费用

招待费明细

　　招待费是指工厂为业务经营的合理需要，招待工厂客户、政府部门的支出
1. 餐饮费用
2. 礼品费用
3. 娱乐费用
4. 香烟、茶叶费用
5. 安排客户旅游费用
6. 其他招待费用

图1-30　办公费、招待费构成明细图

## 二、通信费会议费构成明细

工厂在日常经营管理过程中发生的通信费、会议费的具体构成明细如图 1-31 所示。

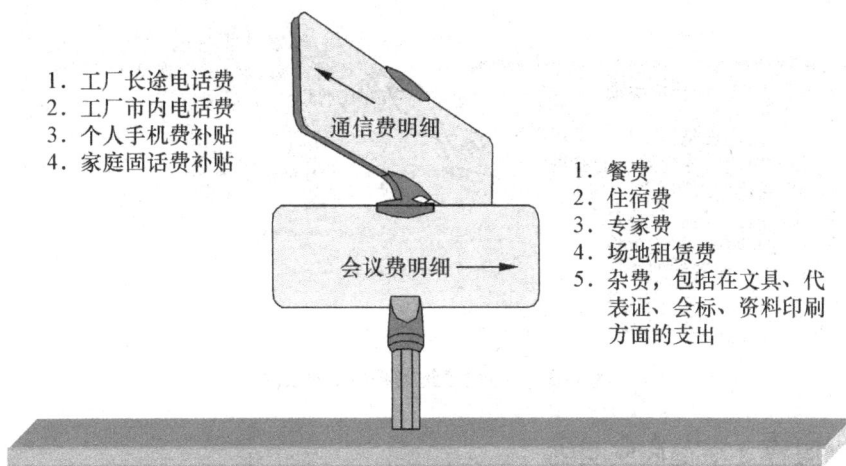

图 1-31 通信费、会议费构成明细图

通信费明细
1. 工厂长途电话费
2. 工厂市内电话费
3. 个人手机费补贴
4. 家庭固话费补贴

会议费明细
1. 餐费
2. 住宿费
3. 专家费
4. 场地租赁费
5. 杂费，包括在文具、代表证、会标、资料印刷方面的支出

## 三、交通费差旅费构成明细

工厂在交通费、差旅费方面的构成明细如图 1-32 所示。

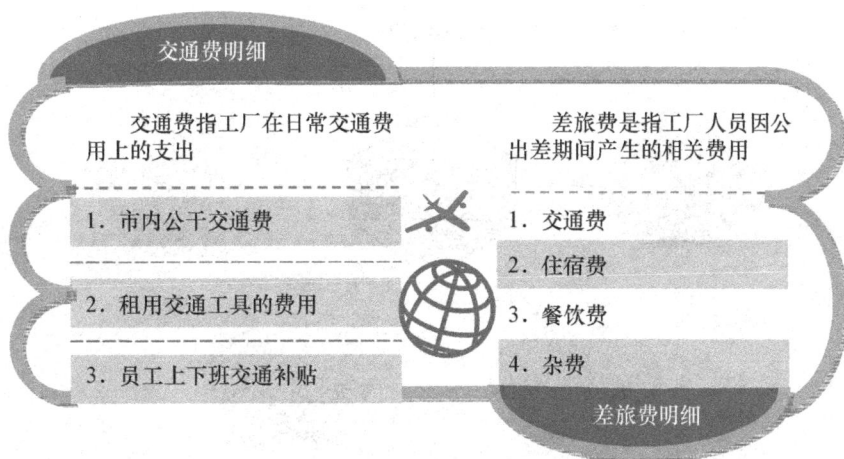

图 1-32 交通费、差旅费构成明细图

交通费明细

交通费指工厂在日常交通费用上的支出
1. 市内公干交通费
2. 租用交通工具的费用
3. 员工上下班交通补贴

差旅费是指工厂人员因公出差期间产生的相关费用
1. 交通费
2. 住宿费
3. 餐饮费
4. 杂费

差旅费明细

## 四、绿化费维修费构成明细

工厂在绿化费、维修费方面的构成明细如图 1-33 所示。

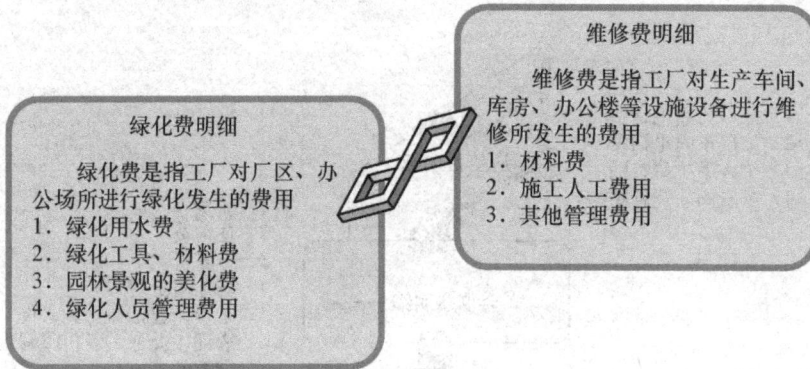

图 1-33 绿化费维修费构成明细图

## 五、制服费食宿费构成明细

### （一）工厂员工制服费明细

工厂员工制服费的构成明细如图 1-34 所示。

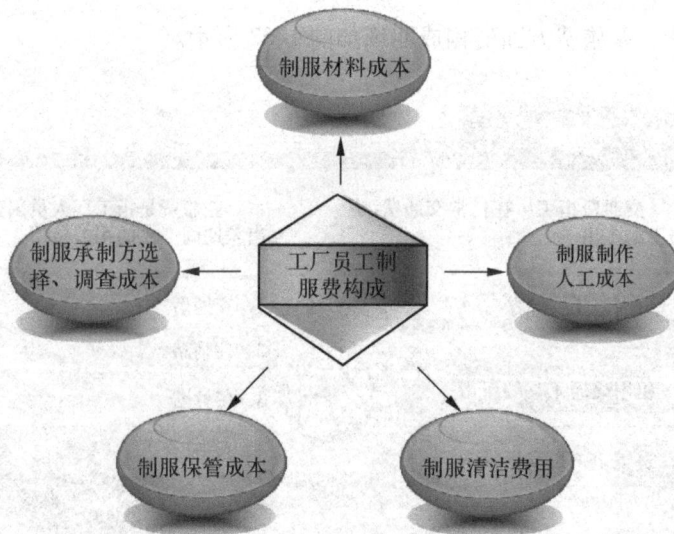

图 1-34 工厂员工制服费构成明细图

### （二）工厂员工食宿费明细

工厂员工食宿费构成明细如图 1-35 所示。

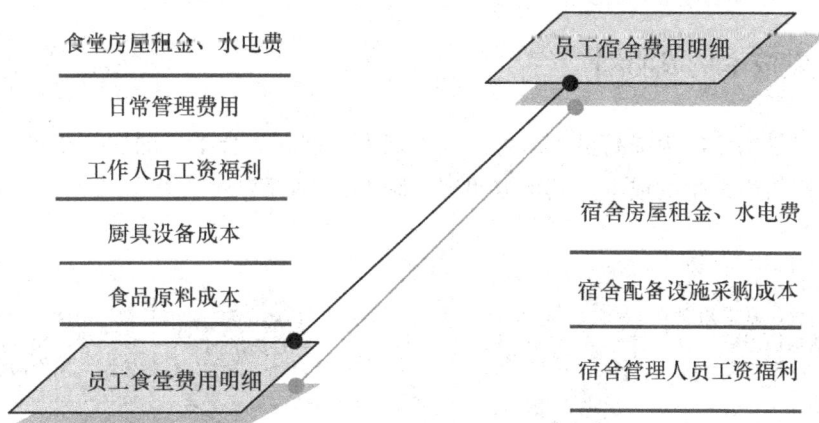

**图 1-35　工厂员工食宿费构成明细图**

# 第十三节　工厂人事管理成本构成

## 一、取得成本构成明细

人力资源的取得成本是指工厂在招募和录取员工的过程中发生的成本费用。其构成明细如图 1-36 所示。

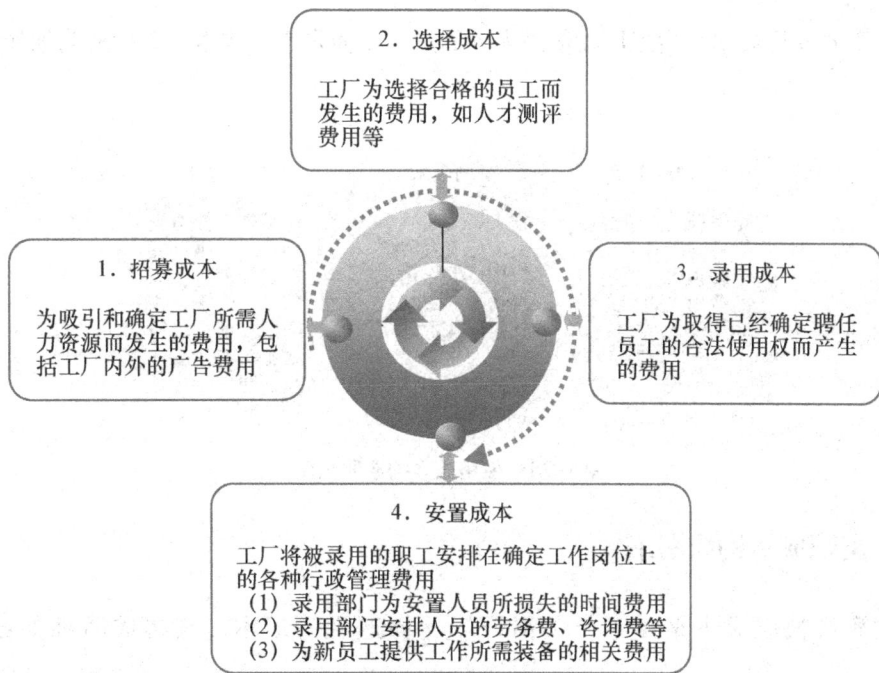

**图 1-36　取得成本构成明细图**

## 二、开发成本构成明细

开发成本是指工厂为提高员工的生产技术能力，使其适合工厂的职位要求，提升工厂人力资本的价值而发生的成本。其构成明细如图 1-37 所示。

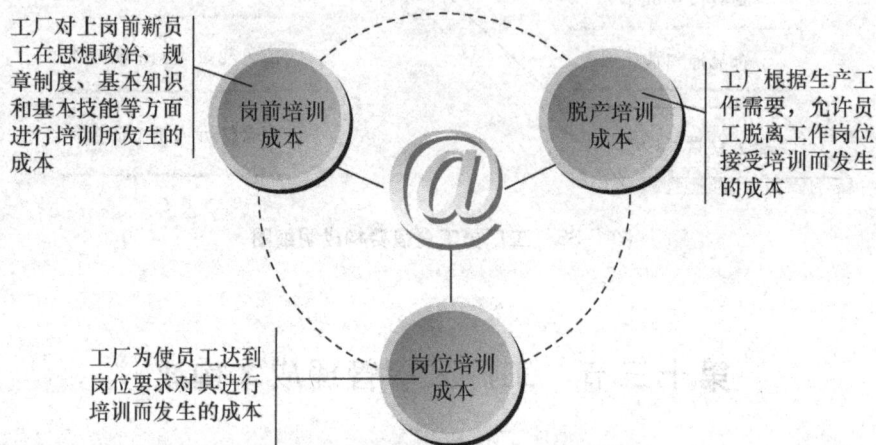

工厂对上岗前新员工在思想政治、规章制度、基本知识和基本技能等方面进行培训所发生的成本

岗前培训成本

脱产培训成本

工厂根据生产工作需要，允许员工脱离工作岗位接受培训而发生的成本

岗位培训成本

工厂为使员工达到岗位要求对其进行培训而发生的成本

图 1-37　开发成本构成明细图

## 三、使用成本构成明细

人力资源使用成本是指工厂在使用人才的过程中而发生的成本。其构成明细如图 1-38 所示。

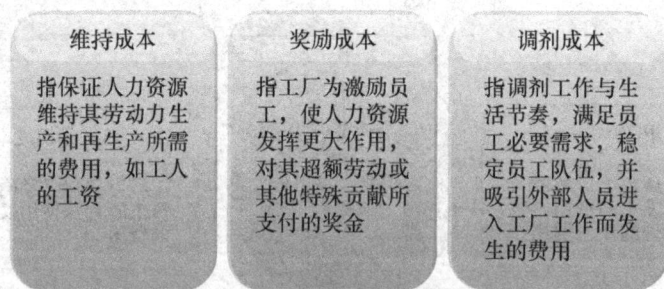

| 维持成本 | 奖励成本 | 调剂成本 |
|---|---|---|
| 指保证人力资源维持其劳动力生产和再生产所需的费用，如工人的工资 | 指工厂为激励员工，使人力资源发挥更大作用，对其超额劳动或其他特殊贡献所支付的奖金 | 指调剂工作与生活节奏，满足员工必要需求，稳定员工队伍，并吸引外部人员进入工厂工作而发生的费用 |

图 1-38　使用成本构成明细图

## 四、离职成本构成明细

人力资源离职成本是由于员工离开工厂而产生的成本。其构成明细如图 1-39 所示。

指工厂辞退员工或员工自动辞职
时，工厂所应补偿给员工的费用

指员工即将离开工厂而造成工
作或生产低效率而损失的费用

1．离职补偿成本

2．离职前低效成本

3．离职后岗位空缺成本

指员工离职后职位空缺的损失费用
（1）新员工补充成本
（2）新员工训练成本
（3）新员工低效成本

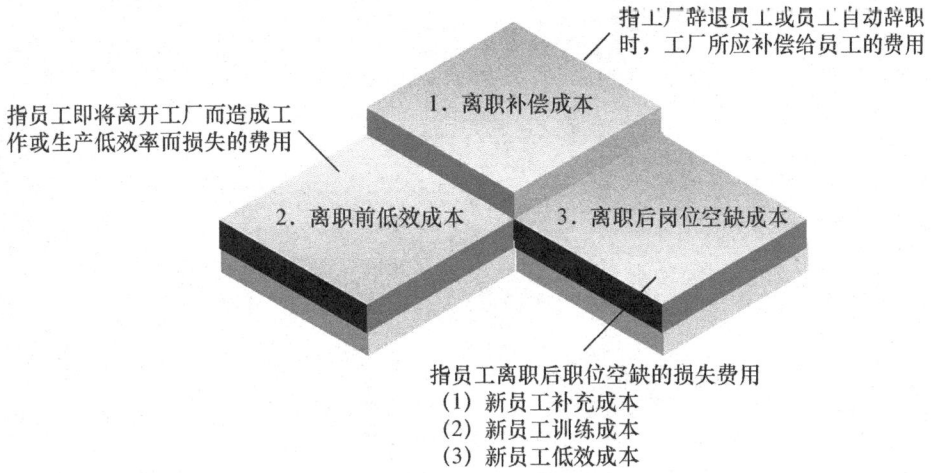

图 1-39　离职成本构成明细图

# 采购成本费用控制

## 第二章

# 第一节　采购成本分析与控制方法

## 一、采购成本分析方法

采购成本分析是指对供应商提供的报价进行成本估计，逐项审查、评估，以求证采购成本合理性的过程。具体进行分析的方法有六种，如图2-1所示。

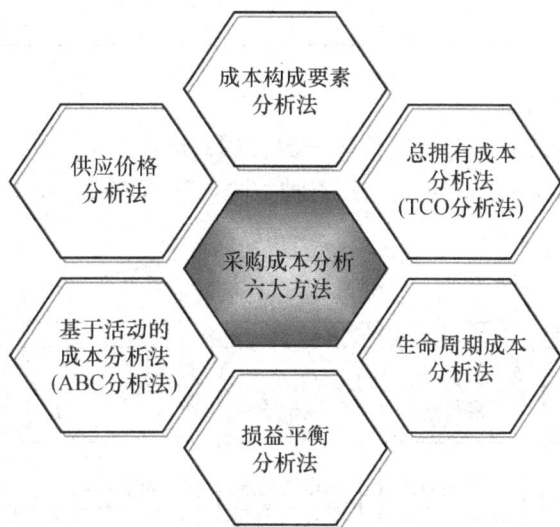

图2-1　采购成本分析方法示意图

上述六种方法中，经常用到的方法有供应价格分析法、成本构成要素分析法、总拥有成本分析法、生命周期成本分析法、ABC分析法。

### （一）供应价格分析法

供应商的报价占工厂采购成本的比重较大，所以对供应价格进行分析是一种直接分析采购成本的方法。

1. 分析影响供应价格的结构因素

供应价格是指供应商对其产品提出的销售价格，影响这一价格的因素主要有成本结构与市场结构两大方面。对于不同的商品，这两大因素对其价格的影响程度也不同，具体影响如表2-1所示。

2. 了解供应商的定价方法和成本结构

采购中，大多数供应商都倾向于尽可能地隐瞒自己的成本结构与定价方法，因此，采购人员的基本任务之一就是揭开供应商定价方法及成本结构的面纱。

表2-1　两大结构因素对供应价格的影响程度分析表

| 产品类别 | 成本结构为主 | 稍侧重于成本结构 | 50%成本结构50%市场结构 | 稍侧重于市场结构 | 市场结构为主 |
|---|---|---|---|---|---|
| 原材料 | | | | √ | √ |
| 工业半成品 | | | √ | √ | |
| 标准零部件 | | √ | √ | √ | |
| 非标零部件 | √ | √ | √ | | |
| 成品 | √ | √ | √ | | |
| 服务 | √ | √ | √ | | √ |

（1）供应商的定价分析

供应商在对所供应的商品进行定价时一般会用到成本加成定价法、目标利润定价法、理解价值定价法、市价法、投标定价法这五种方法。其具体内容如图2-2所示。

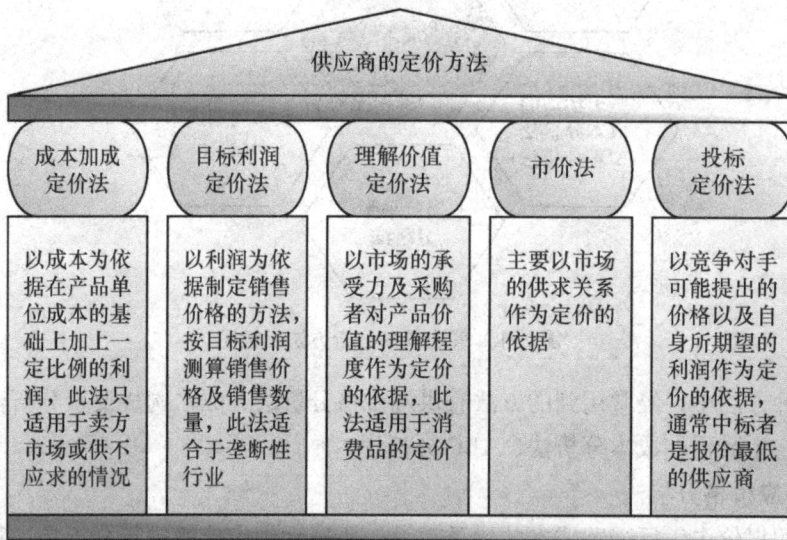

图2-2　供应商的定价方法示意图

（2）供应商的成本结构分析

分析时，主要用到下列两个公式。

$$销售收入 = 销售数量 \times 单价$$

$$生产成本 = 固定成本 + 可变费用 = 固定成本 + 销售数量 \times 可变费用率$$

（二）成本构成要素分析法

成本构成要素分析法是对采购标的的主要取得成本进行分析的方法。一般来说，主要取得成本包括直接材料费、直接人工费、管理费用、利润四大部分。其具体分析明细如

图 2-3 所示。

| 总项 | 分项 | 具体名目 | 计算公式 |
|---|---|---|---|
| 主要取得成本 | 直接材料费 | 主料费用 | 主料费用=材料单价×使用数量 |
| | | 辅料费用 | 辅料费用=材料单价×使用数量 |
| | | 损耗损失 | 损耗损失=材料单价×(总耗料量×损耗率) |
| | | 不良损失 | 生产线发生了质量不良事故所造成的损失 |
| | 直接加工费 | 设备工费 | 设备工费=设备费率×工时<br>其中，设备费率=$\dfrac{设备取得成本×(1+利率)^{n}×折旧率}{每年设备可用时间}$ |
| | | 后续工费 | 后续工费=加工工时×工资率 |
| | | 检查工费 | 检查工费=检查工时×工资率 |
| | 管理费用 | 事务费用 | 人事费用、日常管理费用、办公费用等 |
| | | 销售管理费用 | 广告费用、促销费用、业务费用等 |
| | | 售后服务费用 | 客户服务、维护、备品费用等 |
| | 利润 | | 利润=(加工费+管理费)×利润率 |

**图 2-3　主要取得成本构成图**

若用成本构成要素法分析采购成本，有三大指标需要提前获取，即材料单价信息、加工费中的人工费用信息、设备费率。其具体方法或途径如下。

1. 材料单价信息获取途径
（1）原料价格行情与历史记录
（2）有良好合作关系供应商信息渠道
（3）关键原料上游厂商价格信息情报
（4）竞争对手关键材料价格状况
（5）同类产品合格率水准

2. 人工费用信息获取途径
（1）当地平均工资收入水平
（2）从人力资源部门获取相关劳动力成本信息
（3）深入供应商生产现场了解产品加工工时

3. 设备费率信息获取途径

（1）确定设备原始购入价值

（2）确定设备使用寿命

（3）确定设备折旧方法

（4）了解设备生产效率

（5）了解设备产能利用率

**（三）总拥有成本分析法（TCO 分析法）**

总拥有成本分析法是指将采购总成本按到货成本、供应链绩效成本两个方面进行分析的方法。其具体内容如图 2-4 所示。

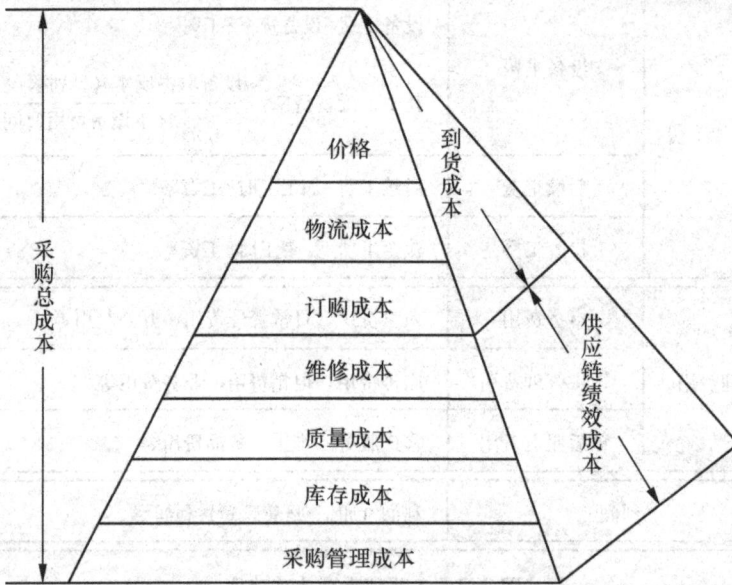

图2-4　采购总成本构成示意图

在图 2-4 中，质量成本是指工厂针对某一产品或某类产品因产品质量、服务或工作质量不符合要求而导致的成本增加，一般包括退货成本、返工成本、停机成本、维修服务成本、延误成本、仓储报废成本等。

**（四）生命周期成本分析法**

运用生命周期成本分析法分析采购成本时，主要考虑到原材料、零部件在产品整个生命周期过程中所发生的成本。其具体内容如图 2-5 所示。

生命周期成本分析法适用于资本设备、项目采购以及供应商选择时的成本分析。其分析步骤如图 2-6 所示。

**（五）基于活动的成本分析法（ABC 分析法）**

基于活动的成本分析法（Activity - Based Costing，简称 ABC 分析法），是将从接收订单到产品送达这一流程中所发生的所有成本分解到消耗资源的各项活动中，也就是找出成

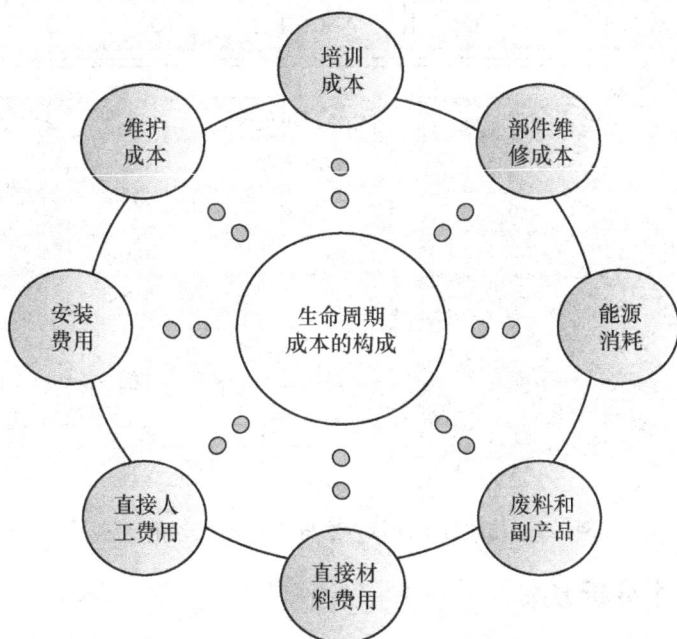

图2-5 生命周期成本构成示意图

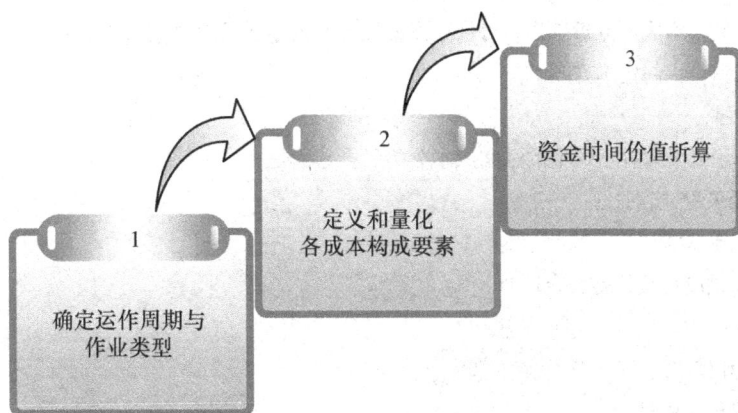

图2-6 生命周期成本分析步骤

本驱动因素的方法。

与传统成本计算方法按直接人工与直接材料分配行政管理费用及其间接成本不同，ABC 分析法主要是将流程中的每个客户相对应的成本分离出来，一旦哪个活动所对应的成本被识别出来，就能清楚地看到成本与服务的对应情况。两种方法的分析比较如图 2-7所示。

| 传统成本计算方法 | 元 | ABC分析法 | 元 | 成本驱动者 |
|---|---|---|---|---|
| 薪水 | 550 | 销售订单处理 | 300 | 订单数 |
| | | 持有库存 | 300 | 货物价值 |
| 计时（件）工资 | 580 | 拣货 | 300 | 订单种类 |
| 折旧 | 250 | 包装、订单配货 | 100 | 订单种类 |
| | | 装车 | 200 | 货物重量 |
| 租赁、电力 | 700 | 运输 | 500 | 客户位置 |
| 维护保养 | 100 | 送达客户 | 200 | 卸货次数 |
| 动力燃料 | 200 | 解决问题 | 380 | 订单种类 |
| | 2 380 | | 2 580 | |

图2-7　传统成本计算方法与ABC分析法的比较

## 二、采购成本分析方案

| 方案名称 | 采购成本分析方案 | 编　号 | |
|---|---|---|---|
| | | 受控状态 | |

**一、目的**

为更好地开展采购成本分析工作，对供应商的报价、成本进行合理的分析，从而为采购成本控制工作提供决策依据，特制定本方案。

**二、适用范围**

本方案适用于以下六种情形下的采购成本分析。

1. 新材料无采购经验时。

2. 底价难以确认时。

3. 无法确认供应商报价是否合理时。

4. 供应商单一时。

5. 采购金额巨大时。

6. 为提高议价效率时。

**三、采购成本分析指导思路**

在本方案中，主要综合运用供应价格分析法、成本构成要素分析法、基于活动的成本分析法这三种方法对采购成本进行分析。

**四、采购成本分析的主要工具**

1. 采购成本分析常采用的工具是"供应价格分析表"，其提供方式一般有两种：一种是由供应商提供的，另一种是由采购部编制"标准报价单"或"成本分析表"，交供应商填写。具体样式可参照下表进行设计。

（续）

**供应价格分析表**

供应商名称：　　　　　　　　　　　　　　　　　　日期：＿＿年＿月＿日

| 产品名称 | | 零件名称 | | 零件料号 | | 估价数量 | | 备注 |
|---|---|---|---|---|---|---|---|---|
| | | | | | | | | |

| 主材料费 | 序号 | 名称 | 规格 | 厂牌 | 单价 | 用量 | 损耗率 | 材料费 |
|---|---|---|---|---|---|---|---|---|
| | | | | | | | | |
| | | | | | | | | |
| | | | | | | | | |

| 加工费 | 序号 | 工程内容 | 使用设备 | 日产量 | 设备折旧 | 模具折旧 | 单价 | 加工费 |
|---|---|---|---|---|---|---|---|---|
| | | | | | | | | |
| | | | | | | | | |

| 后加工费 | 序号 | 加工名称 | 使用设备 | 日产量 | 加工单价 | 说明 | | |
|---|---|---|---|---|---|---|---|---|
| | | | | | | | | |
| | | | | | | | | |
| | | | | | | | | |

| 材料费合计 | | 加工费合计 | | 后加工费合计 | |
|---|---|---|---|---|---|
| 营销费用 | | 税金 | | 利润 | |
| 总价 | | | | | |
| 备注 | | | | | |

2. 采购人员可利用基于活动的成本分析法对供应商供应产品整个过程中发生的成本费用进行分析。具体内容如下表所示。

**采购成本分析表**

| 成本分析项目 | 单价或单位费用（元） | 该项目占总采购成本的比例（％） |
|---|---|---|
| 1. 采购价格 | | |
| 2. 运输费用 | | |
| 3. 保险费用 | | |

（续）

| 成本分析项目 | 单价或单位费用（元） | 该项目占总采购成本的比例（%） |
|---|---|---|
| 4. 进口关税 | | |
| 5. 流通加工费用 | | |
| 6. 库存资金成本 | | |
| 7. 仓储费用 | | |
| 8. 退货包装费用 | | |
| 9. 不合格品特采处理费用 | | |
| 10. 不合格品退货费用 | | |
| 11. 预付款利息损失 | | |
| 12. 生产成本费用 | | |
| 13. 外协模具、标准零部件费用 | | |
| 14. 销售包装费用 | | |
| 15. 其他费用 | | |
| 合计 | | 100% |

**五、采购成本分析步骤**

1. 确认设计是否超过规格要求。
2. 审核使用材料的特性与必要性。
3. 计算各方案所使用的材料成本。
4. 提出改善建议并审核。
5. 审核加工方法、加工工程。
6. 选定最合适的设备、工具。
7. 作业条件的审核。
8. 加工工时的评估。
9. 压缩制造费用、销售费用、利润空间。

**六、采购成本分析的注意事项**

采购人员在分析采购成本时，要注意以下五点事项。

1. 利用自己或他人的经验。
2. 应用会计查核手段。

（续）

| 3. 利用技术分析方法。 | | | |
| :--- | :--- | :--- | :--- |
| 4. 建立成本计算经验公式。 | | | |
| 5. 提高议价技巧。 | | | |
| 编制人员 | | 审核人员 | | 审批人员 | |
| 编制时间 | | 审核时间 | | 审批时间 | |

## 三、采购成本控制方法

控制采购成本是采购工作中最重要的环节之一，采购人员有效开展采购成本控制的前提是了解可用来控制采购成本的方法，并进行灵活运用。采购成本控制方法有很多种，下面介绍其中常用的六种。其具体内容如图 2-8 所示。

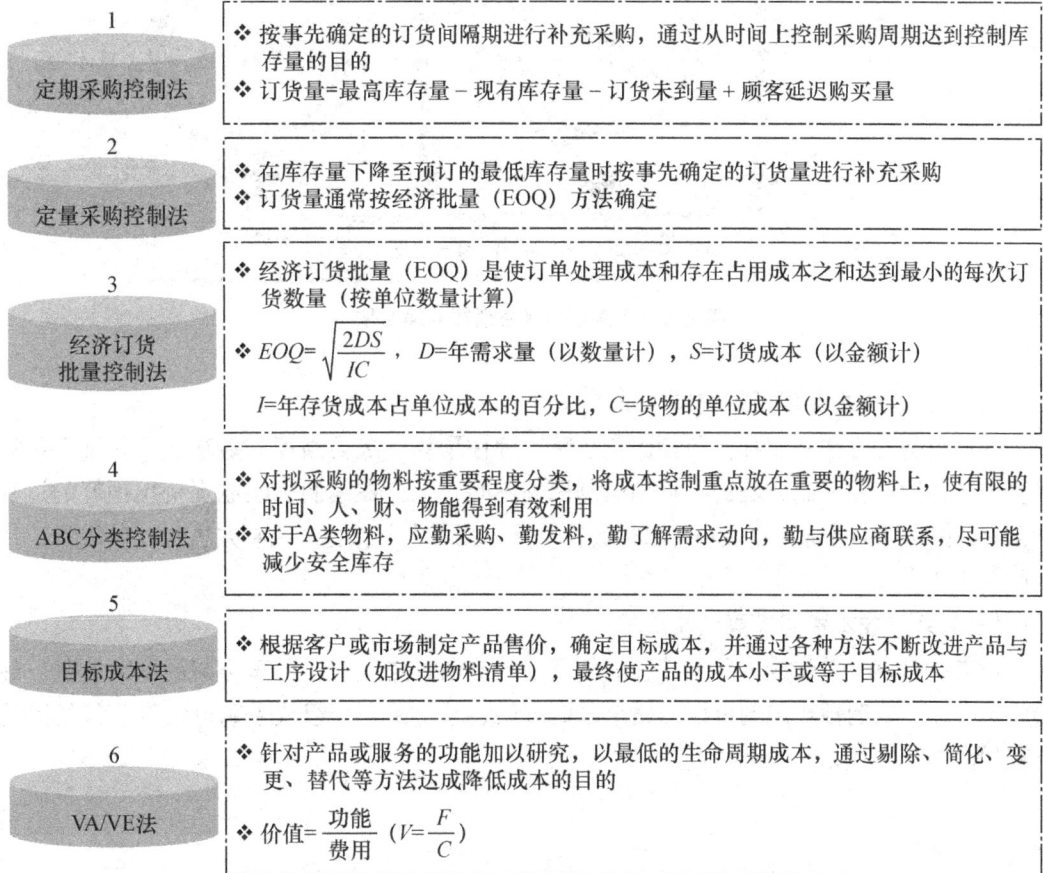

**1 定期采购控制法**
❖ 按事先确定的订货间隔期进行补充采购，通过从时间上控制采购周期达到控制库存量的目的
❖ 订货量=最高库存量 – 现有库存量 – 订货未到量 + 顾客延迟购买量

**2 定量采购控制法**
❖ 在库存量下降至预订的最低库存量时按事先确定的订货量进行补充采购
❖ 订货量通常按经济批量（EOQ）方法确定

**3 经济订货批量控制法**
❖ 经济订货批量（EOQ）是使订单处理成本和存在占用成本之和达到最小的每次订货数量（按单位数量计算）
❖ $EOQ=\sqrt{\dfrac{2DS}{IC}}$ ，$D$=年需求量（以数量计），$S$=订货成本（以金额计）
$I$=年存货成本占单位成本的百分比，$C$=货物的单位成本（以金额计）

**4 ABC分类控制法**
❖ 对拟采购的物料按重要程度分类，将成本控制重点放在重要的物料上，使有限的时间、人、财、物能得到有效利用
❖ 对于A类物料，应勤采购、勤发料，勤了解需求动向，勤与供应商联系，尽可能减少安全库存

**5 目标成本法**
❖ 根据客户或市场制定产品售价，确定目标成本，并通过各种方法不断改进产品与工序设计（如改进物料清单），最终使产品的成本小于或等于目标成本

**6 VA/VE法**
❖ 针对产品或服务的功能加以研究，以最低的生命周期成本，通过剔除、简化、变更、替代等方法达成降低成本的目的
❖ 价值$=\dfrac{功能}{费用}$ $\left(V=\dfrac{F}{C}\right)$

图 2-8 采购成本控制方法简介图

## 四、采购成本费用预算编制

### （一）采购成本费用预算编制依据

采购成本费用预算的编制，即依据各种数据分析制定工厂采购所发生的成本费用。其依据主要包括以下四个方面，具体如图2-9所示。

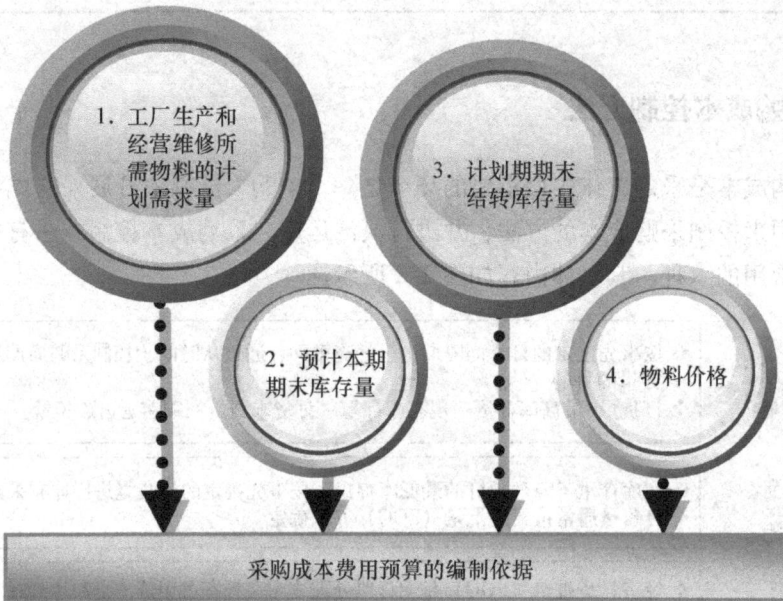

图2-9　采购成本费用预算的编制依据

### （二）采购成本费用预算编制方法

预算编制的方法有多种，包括固定预算、弹性预算、滚动预算、零基预算和概率预算等。由于各种预算编制方法的特点和编制原理不同，工厂在编制采购成本费用预算的过程中，应根据本厂的外部环境及预算水平进行选择。相关人员在选择编制方法时可参照图2-10中所列资料。

### （三）采购成本费用预算编制流程

对工厂而言，采购成本预算管理的最高组织协调者是厂长，预算协调员可以是财务部的成本会计，采购预算编制可以由整个采购部门、某个采购小组或采购员负责。其具体的流程如图2-11所示。

| 方法名称 | 优点 | 缺点 | 适用范围 |
|---|---|---|---|
| 方法名称 | ◎ 简便易行、较为直观 | ◎ 机械呆板，可比性差<br>◎ 不利于控制、考核预算的执行情况 | ◎ 适用在一定范围内相对稳定的采购项目，如采购金额变化很小，或者金额固定的采购项目 |
| 弹性预算 | ◎ 扩大了预算的适用范围<br>◎ 利于客观地对预算执行情况进行控制、考核、评价<br>◎ 避免了因业务量发生变化而频繁修订预算 | ◎ 操作复杂，工作量大 | ◎ 适合采购数量会随业务量变化而变化的采购<br>◎ 适用市场价格及市场份额不确定的企业 |
| 滚动预算 | ◎ 有利于根据前期预算的执行情况及时调整和修订近期预算<br>◎ 有助于保证采购支出的连续性和完整性<br>◎ 能充分发挥预算的指导和控制作用 | ◎ 操作复杂，工作量大 | ◎ 适用规模较大、时间较长的工程类或大型设备采购项目预算 |
| 增量预算 | ◎ 预算编制方法简便，容易操作 | ◎ 使预算中的某些不合理因素得以长期沿袭<br>◎ 容易使基层预算单位养成资金使用上等、靠、要的思维习惯 | ◎ 适用因落实某些计划采购项目而相应增加支出的采购 |
| 零基预算 | ◎ 确保重点采购项目的实现<br>◎ 有利于合理配置资源，切实提高企业采购资金的使用效益 | ◎ 预算工作量大，需要投入大量的人力 | ◎ 适用各种采购预算 |
| 定期预算 | ◎ 预算期间与会计年度相配合，便于考核和评价预算的执行结果 | ◎ 跨期长<br>◎ 具有一定的盲目性和滞后性 | ◎ 适用服务性质的、经常性的采购项目预算，如会议采购预算 |

图 2-10　采购成本费用预算编制方法简介图

**（四）采购成本费用预算编制工具**

1. 产品直接材料采购预算（如表2-2所示）

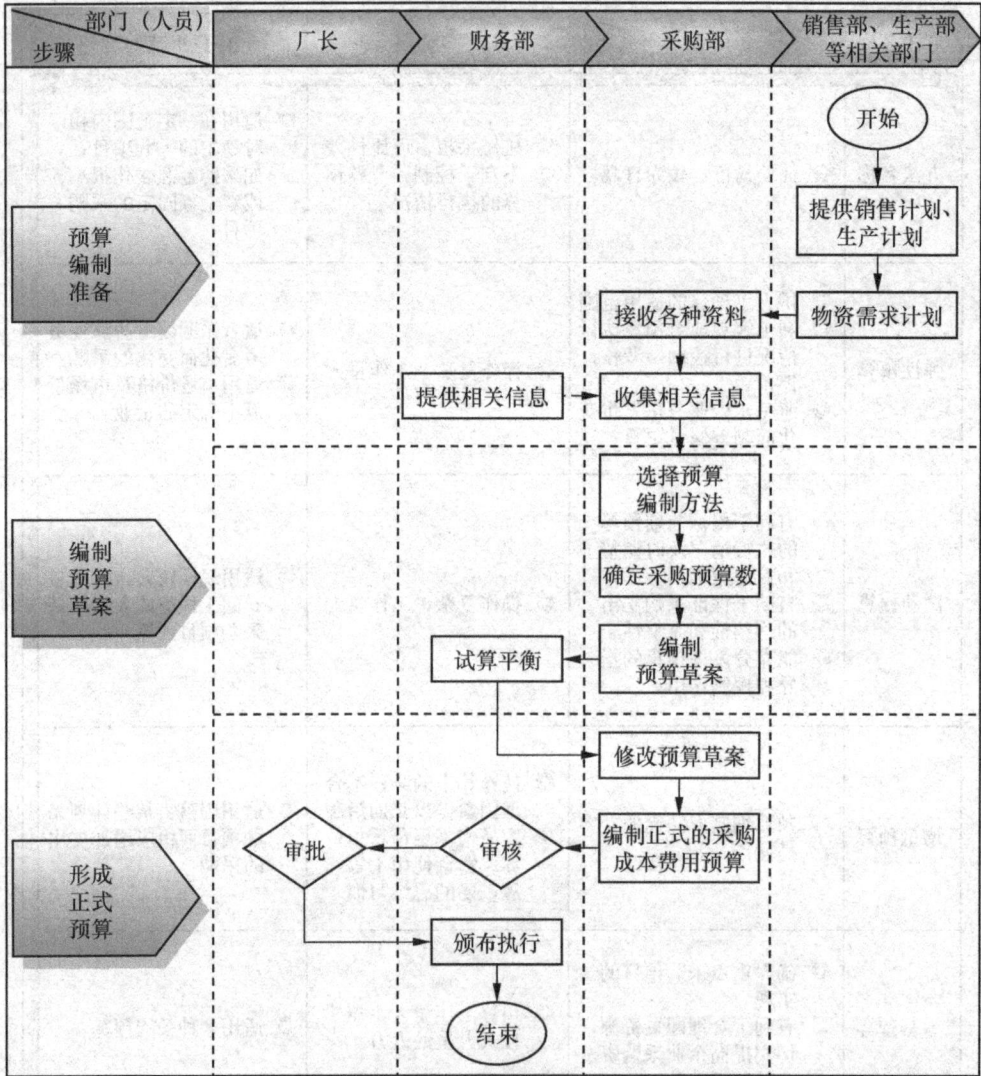

图2-11 采购成本费用预算编制流程图

表2-2 ＿＿产品直接材料采购预算

| 季度<br>项目 | 第1季度 | 第2季度 | 第3季度 | 第4季度 | 合计 |
|---|---|---|---|---|---|
| 1. 预计生产量（件） | | | | | |
| 2. 材料单耗 | | | | | |
| ＿＿材料 | | | | | |
| ＿＿材料 | | | | | |

（续表）

| 季度／项目 | 第1季度 | 第2季度 | 第3季度 | 第4季度 | 合计 |
|---|---|---|---|---|---|
| 3. 预计生产需用量 | | | | | |
| ___材料 | | | | | |
| ___材料 | | | | | |
| 加：期末存料量 | | | | | |
| ___材料 | | | | | |
| ___材料 | | | | | |
| 4. 预计需要量合计 | | | | | |
| ___材料 | | | | | |
| ___材料 | | | | | |
| 减：期初存料量 | | | | | |
| ___材料 | | | | | |
| ___材料 | | | | | |
| 5. 预计采购量 | | | | | |
| ___材料 | | | | | |
| ___材料 | | | | | |
| 6. 材料单价（元） | | | | | |
| ___材料 | | | | | |
| ___材料 | | | | | |
| 7. 预计采购金额（元） | | | | | |
| ___材料 | | | | | |
| ___材料 | | | | | |

2. 采购成本费用预算表（如表2-3所示）

表2-3 采购成本费用预算表

| 物资名称 | 型号规格 | 第1季度 | | 第2季度 | | 第3季度 | | 第4季度 | | 合计 | |
|---|---|---|---|---|---|---|---|---|---|---|---|
| | | 数量 | 金额 | 数量 | 金额 | 数量 | 金额 | 数量 | 金额 | 数量 | 金额 |
| | | | | | | | | | | | |
| | | | | | | | | | | | |
| | | | | | | | | | | | |

| 预计现金支出 | 第1季度 | 第2季度 | 第3季度 | 第4季度 | 合计 |
|---|---|---|---|---|---|
| | | | | | |

## 五、工厂采购成本控制流程

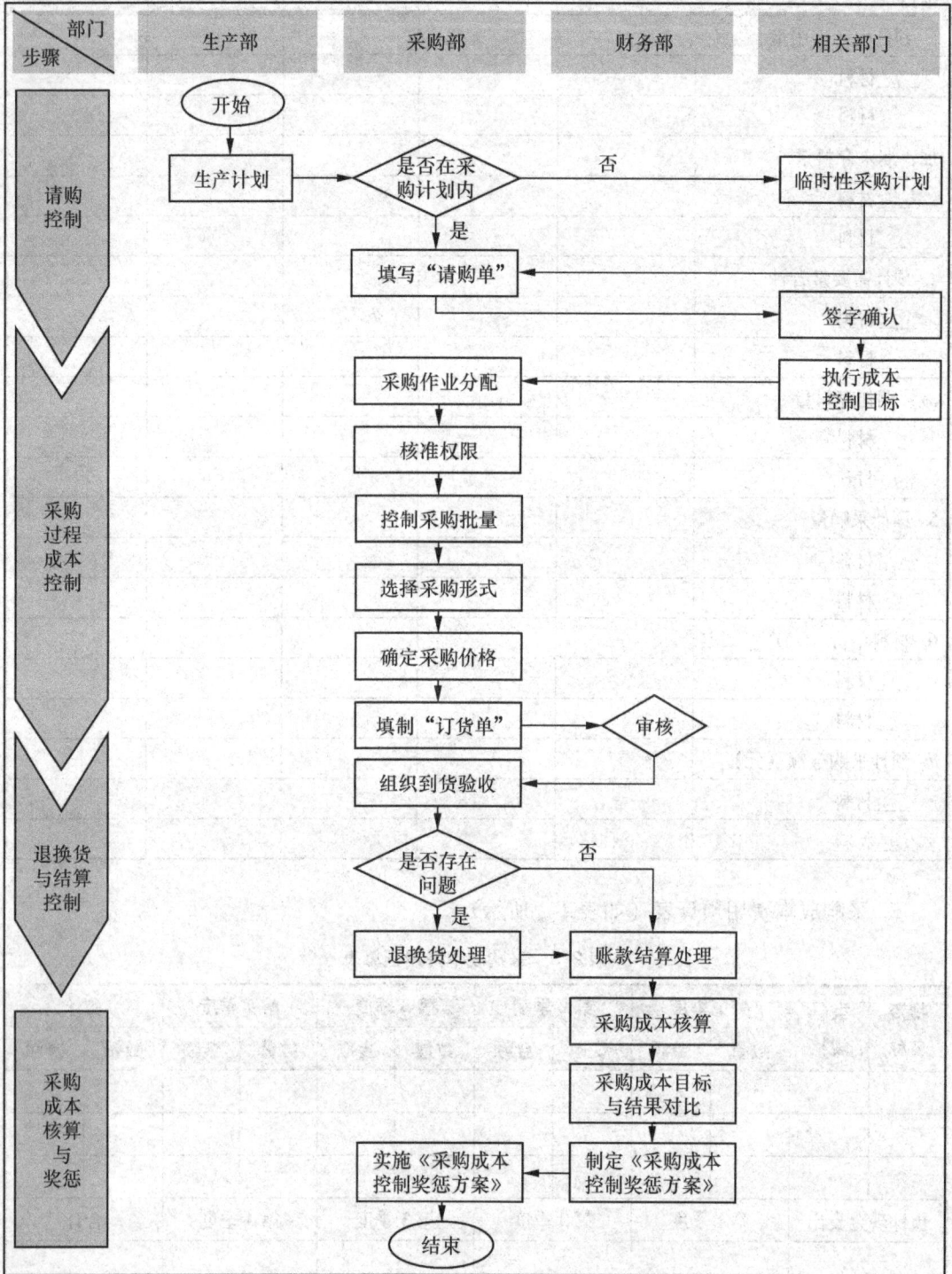

| 部门<br>步骤 | 生产部 | 采购部 | 财务部 | 相关部门 |
|---|---|---|---|---|

请购控制

开始

生产计划 → 是否在采购计划内 — 否 → 临时性采购计划

是 ↓

填写"请购单"

签字确认

执行成本控制目标

采购过程成本控制

采购作业分配

核准权限

控制采购批量

选择采购形式

确定采购价格

填制"订货单" → 审核

组织到货验收

退换货与结算控制

是否存在问题 — 否

是 ↓

退换货处理 → 账款结算处理

采购成本核算

采购成本核算与奖惩

采购成本核算

采购成本目标与结果对比

实施《采购成本控制奖惩方案》 ← 制定《采购成本控制奖惩方案》

结束

# 第二节　降低采购成本策略手法

## 一、采购成本降低策略

工厂为了能够进一步降低采购成本，有必要在采购方式上进行创新，并将这些方式作为降低采购成本的策略来运用。常用的采购成本降低策略有以下九种，具体内容如图2-12所示。

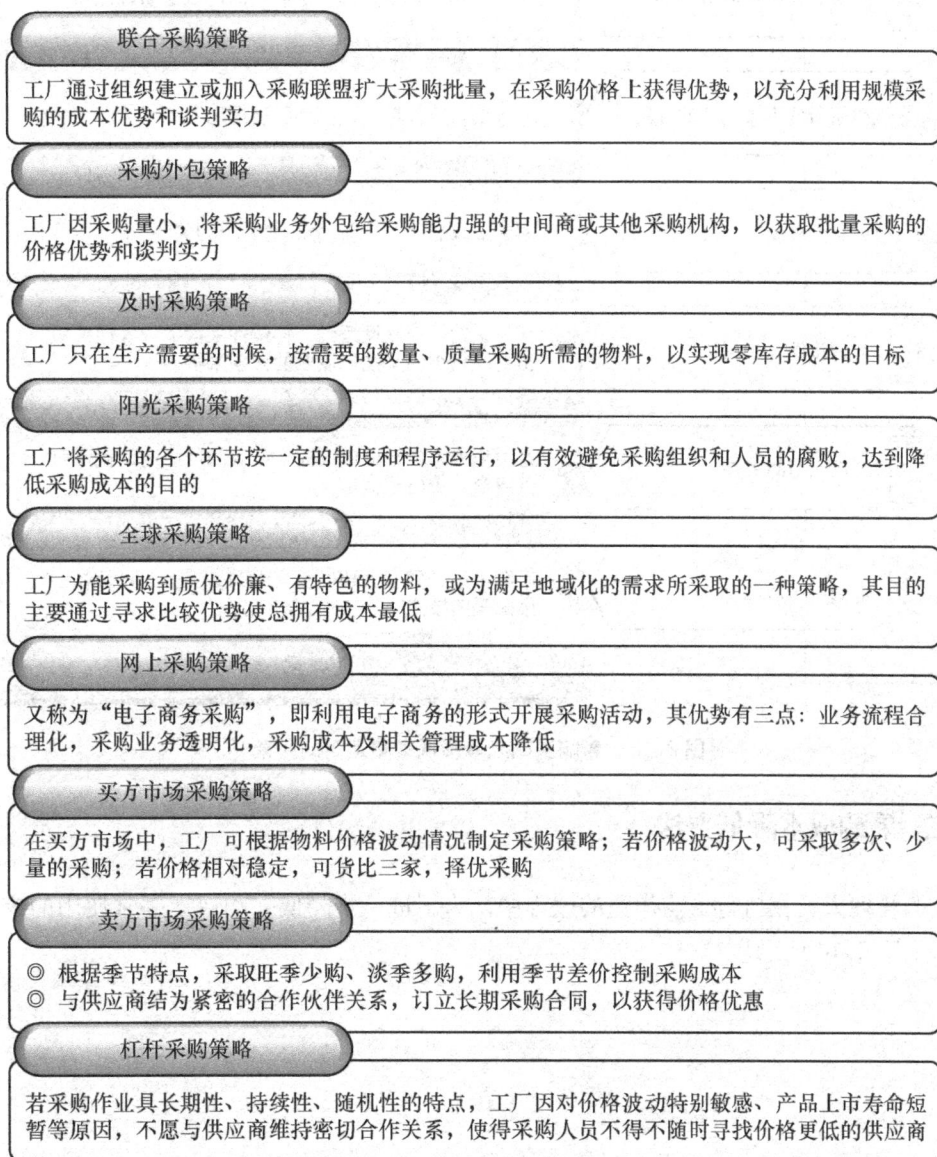

**联合采购策略**

工厂通过组织建立或加入采购联盟扩大采购批量，在采购价格上获得优势，以充分利用规模采购的成本优势和谈判实力

**采购外包策略**

工厂因采购量小，将采购业务外包给采购能力强的中间商或其他采购机构，以获取批量采购的价格优势和谈判实力

**及时采购策略**

工厂只在生产需要的时候，按需要的数量、质量采购所需的物料，以实现零库存成本的目标

**阳光采购策略**

工厂将采购的各个环节按一定的制度和程序运行，以有效避免采购组织和人员的腐败，达到降低采购成本的目的

**全球采购策略**

工厂为能采购到质优价廉、有特色的物料，或为满足地域化的需求所采取的一种策略，其目的主要通过寻求比较优势使总拥有成本最低

**网上采购策略**

又称为"电子商务采购"，即利用电子商务的形式开展采购活动，其优势有三点：业务流程合理化，采购业务透明化，采购成本及相关管理成本降低

**买方市场采购策略**

在买方市场中，工厂可根据物料价格波动情况制定采购策略；若价格波动大，可采取多次、少量的采购；若价格相对稳定，可货比三家，择优采购

**卖方市场采购策略**

◎ 根据季节特点，采取旺季少购、淡季多购，利用季节差价控制采购成本
◎ 与供应商结为紧密的合作伙伴关系，订立长期采购合同，以获得价格优惠

**杠杆采购策略**

若采购作业具长期性、持续性、随机性的特点，工厂因对价格波动特别敏感、产品上市寿命短暂等原因，不愿与供应商维持密切合作关系，使得采购人员不得不随时寻找价格更低的供应商

图2-12　采购成本降低策略

面对上述诸多策略，工厂或其采购组织在选择合适、有效策略的同时，应考虑下列七大方面的因素。其具体内容如图2-13所示。

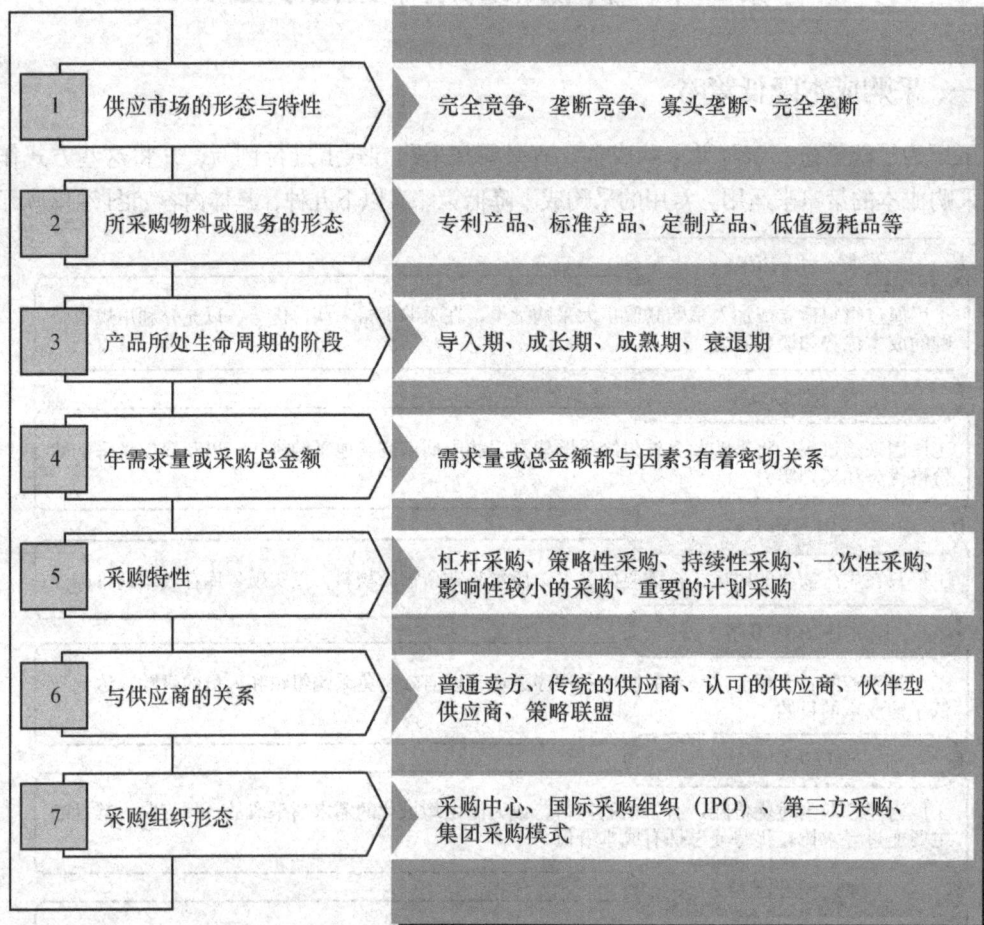

| | | |
|---|---|---|
| 1 | 供应市场的形态与特性 | 完全竞争、垄断竞争、寡头垄断、完全垄断 |
| 2 | 所采购物料或服务的形态 | 专利产品、标准产品、定制产品、低值易耗品等 |
| 3 | 产品所处生命周期的阶段 | 导入期、成长期、成熟期、衰退期 |
| 4 | 年需求量或采购总金额 | 需求量或总金额都与因素3有着密切关系 |
| 5 | 采购特性 | 杠杆采购、策略性采购、持续性采购、一次性采购、影响性较小的采购、重要的计划采购 |
| 6 | 与供应商的关系 | 普通卖方、传统的供应商、认可的供应商、伙伴型供应商、策略联盟 |
| 7 | 采购组织形态 | 采购中心、国际采购组织（IPO）、第三方采购、集团采购模式 |

图2-13　影响采购成本降低策略运用的因素

## 二、采购成本降低方法

采购管理人员在执行采购作业的过程中，为了进一步降低采购成本，常使用的成本降低方法如图2-14所示。

1. 考虑能否用新物料替代

2. 通过竞争招标牵制供应商

3. 通过学习曲线降低采购成本

4. 向制造商直接采购或参加同盟联合采购

5. 利用标准化以实现规模采购从而降低采购成本

6. 通过早期供应商参与/早期采购参与（ESI/EPI）优化采购成本

7. 通过缩短采购周期中的各个时限（如前置期）来降低采购成本

8. 运用采购技巧，如谈判技巧、成本结构分析、折扣优势等来降低采购成本

9. 把握价格变动的时机，在涨价前囤积一定量的存货或安排一次特殊的装运

10. 通过将采购价格与交货、运输、包装、服务、付款等条款捆绑以降低采购成本

图2-14　采购成本降低方法

# 第三节　采购成本控制制度方案

## 一、订购成本控制方案

| 方案名称 | 订购成本控制方案 | 编　　号 | |
| --- | --- | --- | --- |
| | | 受控状态 | |

**一、目的**

为加强对订购成本的控制，降低采购成本，提高工厂的经济效益，特制定本方案。

**二、相关定义**

订购成本主要包括与下列活动有关的费用，具体内容如下图所示。

（续）

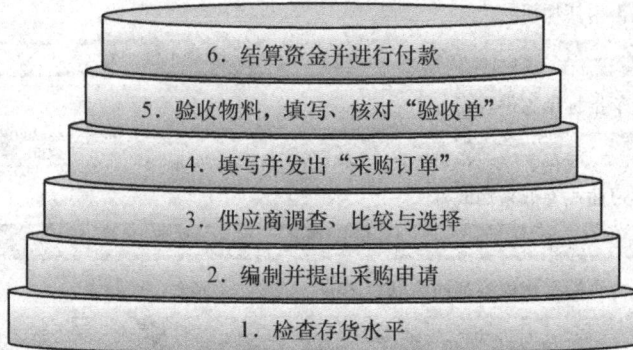

与订购成本有关的活动示意图

6. 结算资金并进行付款
5. 验收物料，填写、核对"验收单"
4. 填写并发出"采购订单"
3. 供应商调查、比较与选择
2. 编制并提出采购申请
1. 检查存货水平

## 三、职责分工

工厂采购部、财务部、技术部等相关部门的相关人员在订购成本控制方面的职责如下表所示。

**工厂各部门相关人员的职责**

| 部门 | 岗位 | 职责要点 | 部门 | 岗位 | 职责要点 |
|---|---|---|---|---|---|
| 采购部 | 采购部经理 | ◎ 审批采购申请<br>◎ 确定供应商<br>◎ 参与采购谈判<br>◎ 签订采购合同<br>◎ 监督采购的执行过程 | 采购部 | 采购专员 | ◎ 受理采购申请<br>◎ 执行询价、议价等采购活动<br>◎ 参与采购谈判<br>◎ 执行采购合同<br>◎ 报领差旅费、通信费等费用 |
| 财务部 | 财务部经理 | ◎ 审核采购申请<br>◎ 审查采购价格与采购合同<br>◎ 按合同审批、支付物资采购款项<br>◎ 审批采购费用报销申请 | 财务部 | 成本会计 | ◎ 负责订购成本的核算 |
| | | | | 出纳 | ◎ 支付供应商采购款项<br>◎ 发放采购专员的费用报销（差旅费、通信费等） |
| 技术部 | 技术部经理 | ◎ 供应商评审、绩效评价<br>◎ 审核问题物资的处理方式 | 质量管理部 | 质检人员 | ◎ 供应商前期评审、绩效评价<br>◎ 采购物资的质检 |
| 仓储部 | 仓库管理员 | ◎ 负责物资的入库、存储保管、库存量查询等 | 运输部 | 装卸人员 | ◎ 负责物资的接运、卸载 |

## 四、订购成本控制措施

正如"与订购成本有关的活动示意图"所示，订购成本的控制着重于这些环节所发生的费用。

（一）请购授权审批控制

1. 建立请购授权审批制度

工厂建立请购授权审批制度，明确审批人对采购作业的授权批准方式、权限、程序、责任等。具体的请购审批权限规定如下表所示。

（续）

| | | 请购授权审批权限一览表 | | | |
|---|---|---|---|---|---|
| 采购项目 | 采购金额（元） | 请购程序 | | | |
| | | 申请人 | 初核人 | 复核人 | 核准人 |
| 计划内采购 | 0～10 000 | 采购专员 | 采购部经理 | 财务部经理 | |
| | 10 000 以上 | 采购专员 | 采购部经理 | 财务部经理 | 主管副厂长 |
| 计划外采购 | 全部 | 采购专员 | 采购部经理 | 财务部经理 | 主管副厂长 |
| 备注 | | | | | |

2. 建立明确、合理的请购审批流程

（1）生产或使用部门根据生产计划及工作需求向仓储部门发送"物资需求单"，注明使用部门、物资名称、规格、数量、要求到货日期及用途等内容。

（2）仓储部根据物资需求情况和仓储存货情况，填写存货量，汇总物资需求信息后，将"物资需求单"传递给采购部。

（3）采购专员收到仓储部送来的"物资需求单"后，填写"采购申请表"。该表一式四联，一联采购部留存，二联返还使用部门，三联返还仓储部，四联送财务部审核。同时，编制"采购预算表"，并报采购部经理审批。

（4）采购部经理收到"采购申请表"和"采购预算表"后，对其是否在采购计划内进行审核，若符合计划，则审批签字后令采购专员转交财务部审查；若不符合，需报主管副厂长审批。

（5）财务部对"采购申请表"和"采购预算表"是否在预算内进行审查，若在预算内，则经财务部经理审批签字后，交采购专员办理采购事宜；若在预算外，则报主管副厂长审查。

（6）对于计划内采购金额大于1万元的采购项目与任何金额的计划外采购项目，均须主管副厂长审批签字后方可办理采购业务。

（7）重要物资的请购应当经过使用部门、技术部门、采购部门等相关人员决策论证后，报厂长审批。

（8）对紧急需求的特殊请购制定特殊审批程序。由于特殊原因需取消请购申请时，使用部门应通知采购部门停止采购，采购部应在"采购申请表"上加盖"撤销"印章，并退给使用部门。

（二）供应商选择控制

1. 建立并完善供应商档案

（1）建立供应商档案，档案的内容包括供应商编号、详细联系方式、地址、付款条件、交货条款、交货期限、品质评级、银行账号等，每一份供应商档案均应经过严格审核后方能归档。

（2）采购部经理指定专人管理供应商档案，并定期或不定期地对其进行更新，以保证档案的时效性。

（3）采购作业必须在已归档的供应商档案中选择供应商。

2. 建立供应商准入制度

（1）制定严格的供应商考核制度和指标，按考核流程对其进行评估，合格者方能归档。

（续）

（2）重要物资的采购供应商应经过质量管理部、生产部、技术部等的联合考核后方能进入供应商档案。如条件允许，相关人员可到供应商生产地实地考核。

（三）采购价格确定控制

1. 建立并更新价格档案

（1）采购部必须对所有的物资建立价格档案，每批物资的报价应首先与归档价格进行比较，分析价格差异的原因。如无特殊原因，原则上采购价格不能超过档案中的价格水平，否则需作出详细说明。

（2）采购部经理指定专人负责建立与维护价格档案，并根据市场情况及时更新物资价格。相关人员在更新物资价格时，须注明原因并附上相关证明。

2. 建立价格评价体系

（1）对重要的物资需建立价格评价体系。财务部、采购部、生产部、质量管理部等相关部门的人员应组成价格评价小组，每季度收集有关供应价格信息，分析、评价现有的价格水平并对归档的物资价格档案进行评价与更新。

（2）价格评价小组不定期检查价格档案，审查各物资价格的更新情况，督促相关人员完善价格档案。

3. 建立标准采购价格

财务部根据市场的变化和产品标准成本定期对重要物资定出标准的采购价格，并监督、审计采购人员积极进行采购工作，不得随意提高采购价格。

（四）采购付款控制

1. 选择合适、经济的付款方式

采购付款方式和付款时间的不同直接或间接影响着订购成本。例如，一次性付款和分期付款两种付款方式所花费的成本不同，后者入账成本明显比前者高，但因分期付款而获得的资金回报收益有可能远比多花费的成本要高。

根据付款进度的不同，工厂可以选择不同方式支付款项。主要包括以下方式：预付部分款项、货到一次性现金支付、货到票据支付、货到分期付款、货到延期付款、以上方式的组合付款等。

2. 选择合适的供应商的优惠条件

针对不同的付款方式，供应商提供的优惠政策也不同。采购部应结合工厂的具体情况，分析供应商提出的优惠政策方案，选择最合适的优惠方案，降低订购成本。

（1）若工厂的资金相对充裕且一次性付款的优惠折扣够高时，可采取货到一次性付款的方式。

（2）资金不够充裕时，一次性付款可能导致资金不足、丧失其他投资机会等损失，且供应商的优惠政策无法弥补这些损失时，采购部尽可能采用票据支付、分期付款、延期付款的方式支付款项。

（3）在工厂资金短缺时，采购部应尽可能以分期付款、延期付款的方式支付款项。

（4）经常性的物资采购，采购部可选择与固定的供应商建立良好合作关系，从而获得相对优惠的采购价格，并在工厂资金不足时可获得供应商提供的信用优惠。

3. 制定合理的付款流程

工厂应制定合理的付款流程，提高付款工作效率，降低人工成本，从而降低订购成本。

（1）采购物资运抵仓库后，仓库管理员会同采购部采购专员、质量管理部质检人员验收物资。

（续）

（2）验收时，采购专员与仓库管理员将物资与采购合同或订单、发货单等一一核对。确认无误后填写"验收单"。

（3）质检人员对物资的质量按照质检规范进行入库质检，经质检通过后，质检人员在"验收单"上签字。"验收单"一式三联，一联由仓储部留存，二联转送采购部，三联转送财务部。

（4）采购部将"验收单"与《采购合同》的副本、供应商的发票信息、银行结算凭证信息一一核对，以确认采购业务的完成情况。

（5）财务部收到"验收单"后，由成本会计将"验收单"与《采购合同》的副本、供应商的发票、银行结算凭证一一核对，并作为是否付款的依据，报财务部经理审批。

（6）经财务部经理审批通过后，成本会计根据付款依据开具付款凭证，由公司出纳按照《采购合同》规定的付款方式办理付款手续。

（五）采购人员费用报销控制

采购专员在采购过程中发生的差旅费、通信费等均属于订购成本，其报销控制审批流程如下。

1. 采购专员填写"费用报销单"，连同相关的费用凭证一起上交采购部经理审批。

2. 采购专员将采购经理签字后的"费用报销单"与费用凭证交与财务部会计处审核。

3. 财务部会计根据采购专员上交的资料，审查报销金额，按照财务部制定的《费用报销管理规定》办理报销手续，登记相关台账。费用较高的，应报财务部经理审批后办理报销手续。

4. 财务部出纳向采购专员支付报销费用。

| 编制人员 | | 审核人员 | | 审批人员 | |
|---|---|---|---|---|---|
| 编制时间 | | 审核时间 | | 审批时间 | |

## 二、紧急采购损失控制方案

| 方案名称 | 紧急采购损失控制方案 | 编　号 | |
|---|---|---|---|
| | | 受控状态 | |

**一、目的**

为降低工厂的紧急采购成本，控制紧急采购的质量及价格风险，特制定本方案。

**二、适用范围**

本方案适用于常规供方出现异常、市场出现急剧变化或事故紧急抢险时的替代采购以及其他紧急或者特殊的一次性采购业务，包括物料采购、维修、外协等。

**三、相关定义**

紧急采购是指在生产任务紧急的情况下，没有纳入正常采购计划而必须立即进行的物料采购。工厂须合理控制紧急采购，严格审批程序，保证物料供应及时，避免造成采购成本增加、物料供应不足、延误生产，进而造成待料停工、延迟发货、新产品研发滞后等损失。

**四、职责分工**

工厂紧急采购控制主要由采购部和财务部负责，具体职责如下表所示。

（续）

<table>
<tr><th colspan="6">紧急采购控制的职责划分一览表</th></tr>
<tr><th>部门</th><th>岗位</th><th>职责要点</th><th>岗位</th><th>职责要点</th></tr>
<tr>
<td>采购部</td>
<td>采购部<br>经理</td>
<td>◎ 组织紧急采购作业<br>◎ 审批"采购申请表"<br>◎ 签订《采购合同》</td>
<td>采购专员</td>
<td>◎ 与供应商谈判<br>◎ 填写"采购申请表"<br>◎ 拟订《采购合同》</td>
</tr>
<tr>
<td rowspan="2">财务部</td>
<td rowspan="2">财务部<br>经理</td>
<td rowspan="2">◎ 审核"采购申请表"<br>◎ 审核《采购合同》</td>
<td>成本会计</td>
<td>◎ 核算紧急采购的成本</td>
</tr>
<tr>
<td>出纳</td>
<td>◎ 按《采购合同》付款</td>
</tr>
</table>

**五、紧急采购审批控制**

紧急采购的审批流程与一般采购的审批流程不同，具体步骤如下。

1. 请购部门填写"紧急采购申请审批单"，注明采购物料的基本信息，同时详细说明紧急采购原因，经部门经理签字后，交给工厂领导审批，审批同意后，转交采购部实施紧急采购作业。

（1）紧急采购的物料总价值在5 000元（含）以下的，请购部门须报工厂主管副总审批。

（2）紧急采购的物料总价值在5 000元以上的，请购部门须报工厂总经理审批。

"紧急采购申请审批单"如下表所示。

**紧急采购申请审批单**

申请部门：　　　　　申请人：　　　　　　　　　　申请日期：＿＿年＿月＿日

<table>
<tr><th>内容<br>物料名称</th><th>型号规格</th><th>底价</th><th>参考价格</th><th>购买数量</th><th>购买总价</th><th>购买原因</th></tr>
<tr><td></td><td></td><td></td><td></td><td></td><td></td><td></td></tr>
<tr><td></td><td></td><td></td><td></td><td></td><td></td><td></td></tr>
<tr><td></td><td></td><td></td><td></td><td></td><td></td><td></td></tr>
<tr><td>请购部门经理确认</td><td colspan="2">签名：<br>日期：＿＿年＿月＿日</td><td colspan="2">主管副总/总经理审批</td><td colspan="2">签名：<br>日期：＿＿年＿月＿日</td></tr>
</table>

2. 特殊情况下，请购部门可直接请示工厂总经理，在实施紧急采购后补办相关审批手续。

3. 一些低值易耗品的紧急采购允许由采购部经理直接审批先行采购，之后再补办相关审批手续。

**六、紧急采购作业控制**

为规范紧急采购控制，工厂须明确紧急请购的审批权限，优化紧急采购作业流程。具体说明如下所述。

1. 采购部根据"紧急采购申请审批单"制定采购作业方式。

2. 采购专员根据采购作业方式选择两到三家比较合适的供应商进行询价与谈判，谈判内容包括采购价格、付款方式及交货的时间、地点、方式等。

3. 根据谈判结果，采购专员填写"采购申请表"报采购部经理审批。

（续）

4. 采购部经理审批通过后，采购专员将"采购申请表"交工厂主管副总或总经理审批签字。

5. 经工厂主管副总或总经理审批签字后，采购部将"采购申请表"交财务部审核。

6. 采购部与供应商签订《采购合同》，合同内容须符合国家相关法律法规和工厂的规定。

7. 物料抵达仓库后，相关部门及人员进行入库验收，并将"物料验收单"传至财务部。

8. 财务部根据《采购合同》和"物料验收单"办理付款手续，并作相关财务处理。

9. 工厂档案管理人员将相关资料归档。采购部留存档案副本，以此作为采购作业的依据。财务部留存《采购合同》副本，供财务部作为采购付款、成本核算、账务处理的依据。

**七、紧急采购的注意事项**

为了降低紧急采购成本，提高紧急采购效率和质量，工厂相关人员在紧急采购过程中须注意以下四点。

1. 在常规供应商没有出现异常的情况下，采购部应在供应商档案中选择供应商要开展紧急采购。

2. 采购价格应尽量不超过供应商档案中登记的同类物资的底价。

3. 紧急采购应尽量采用先供货、后付款的方式。遇到必须先付款才能采购的，可直接向总经理申请。

4. 因紧急情况，采购部从供应商处直接领用物料而来不及进行质量验证时，必须经质量管理部经理批准。

| 编制人员 | | 审核人员 | | 审批人员 | |
|---|---|---|---|---|---|
| 编制时间 | | 审核时间 | | 审批时间 | |

# 三、维持成本控制方案

| 方案名称 | 维持成本控制方案 | 编　　号 | |
|---|---|---|---|
| | | 受控状态 | |

**一、目的**

为了进一步做好存货持有成本、存货折旧与陈腐成本的控制工作，根据工厂采购成本管理相关制度，特制定本方案。

**二、适用范围**

本方案中的存货系指采购回来的存放于仓库中的物资，包括完好的存货及存货在维护保管过程中所产生的呆料、残料、旧料、废料等。

**三、职责分工**

（一）采购部

1. 采购部经理

组织制订采购计划，监督采购作业的执行，对采购作业天数、请购点和请购量的设置等进行审批。

2. 采购专员

（1）负责分析制定采购流程与采购作业天数，报采购部经理审批后，通报相关部门。

（2）根据生产部门、使用部门和仓储部门提供的资料，设置请购点与请购量。

（3）负责执行采购计划，进行采购作业。

（续）

（二）仓储部

1. 仓储部经理

（1）负责储库空间规划、安全库存量的组织制定与监督执行工作。

（2）负责领导监督仓库管理员的存货管理。

（3）组织制定搬运作业规范并监督执行。

（4）组织仓库存货的盘点工作，并对呆废料的处理过程予以监控。

2. 仓储部工作人员

（1）负责仓库物资的日常管理工作。

（2）执行搬运、盘点作业等。

（3）处理呆废料并登记相关账簿。

（三）财务部

1. 财务部经理

（1）审查安全库存量和请购点的设定。

（2）组织分析存货仓储成本占有率。

（3）审批《呆废料处理报告》。

2. 成本会计

（1）根据呆废料处理结果，做好相关账务处理工作。

（2）负责核算库存成本和存货仓储成本占有率等。

**四、相关术语定义**

（一）存货持有成本

存货持有成本是指因存货占用了资金而使这笔资金丧失使用机会而产生的成本。

（二）存货折旧与陈腐成本

存货折旧与陈腐成本是指存货在维持保管过程中因发生质量变异、呆滞、破损、报废等情形而发生的费用。具体费用对象包括呆料、残料、旧料、废料四种，如下图所示。

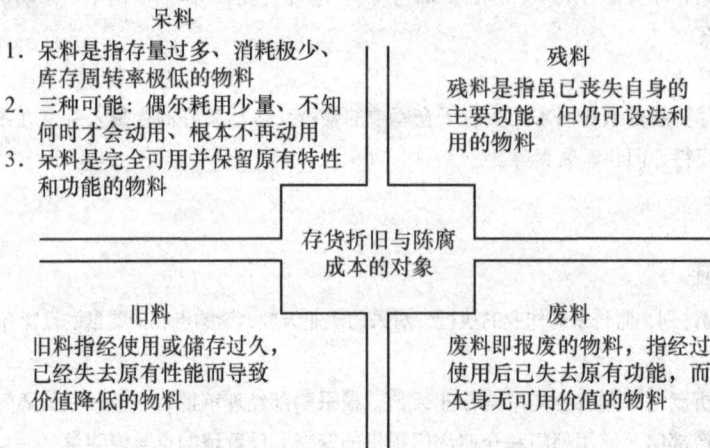

呆料
1. 呆料是指存量过多、消耗极少、库存周转率极低的物料
2. 三种可能：偶尔耗用少量、不知何时才会动用、根本不再动用
3. 呆料是完全可用并保留原有特性和功能的物料

残料
残料是指虽已丧失自身的主要功能，但仍可设法利用的物料

存货折旧与陈腐成本的对象

旧料
旧料指经使用或储存过久，已经失去原有性能而导致价值降低的物料

废料
废料即报废的物料，指经过使用后已失去原有功能，而本身无可用价值的物料

存货折旧与陈腐成本的对象

（续）

五、库存量控制

存货持有成本是维护成本的重要组成部分，而前者与存货的库存量密切相关。库存量过多，会增加库存成本和呆废料损失；库存量过少，则会供应不足，延误生产。

（一）选择合适、合理的库存控制方法

一般来说，常用来控制采购材料库存的方法有八种，如下图所示。

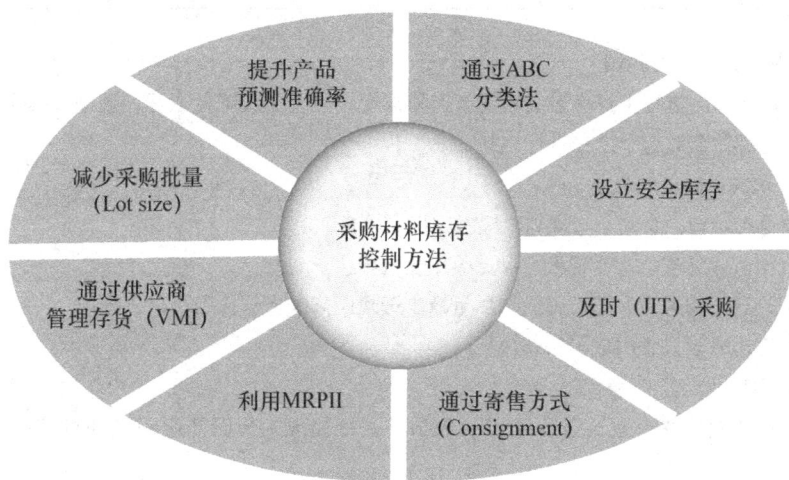

**采购材料库存控制方法图**

（二）设定合适、合理的请购点和请购量

工厂应根据物资预估日用量、安全库存量等因素设置请购点和请购量，保证及时供应物资的同时减少库存堆积，以达到控制存货持有成本的目的。不同物资的性能与用途量不同，工厂可针对重要存货设置不同的请购点和请购量。

1. 设定请购点

请购点是指当库存存货到达一定量时，采购部即需执行采购作业。请购点是采购部执行采购的预警信号，有利于降低库存成本。请购点库存量计算公式如下。

**某存货请购点的库存量＝采购作业期间的需求量＋安全库存量**

2. 确定请购量

不同的物资应设定不同的请购量。影响请购量的因素主要包括采购作业天数、最小包装量、最小交运量、仓储容量等。

六、减少呆费料的发生

（一）分析明确呆废料发生的原因

在存货采购和维持过程中，其呆废料产生的原因如下表所示。针对这些原因，工厂应采取相应的措施防止呆废料的发生。

（续）

| 呆废料产生原因一览表 | | |
|---|---|---|
| **部门名称** | **呆废料产生的原因** | |
| 采购部 | 1. 采购计划不当　　　　　　　　2. 采购质量低劣<br>3. 采购量过多　　　　　　　　　4. 生产计划更改，采购计划未更改 | |
| 仓储部 | 1. 物料计划不当　　　　2. 存量控制不当　　　　3. 仓储管理不当 | |

（二）装卸、搬运过程控制

物资搬运、装卸的过程中容易造成物资破损和报废，为避免或降低搬运、装卸过程中造成的呆废料损失，工厂各部门需对这个过程进行控制。

1. 进行合理的仓储空间规划

为便于搬运与装卸，仓储空间规划时应考虑以下因素。

（1）符合出入库管理、仓储管理、盘点等作业流程。

（2）合理设计车间通道和搬运路线，尽量减少搬运距离和搬运次数。

（3）充分考虑搬运设备的进出路线。

2. 制定搬运作业规范

为规范搬运作业，减少搬运过程物资的破损、报废损失，仓储部应制定并贯彻执行搬运作业规范。

（1）存货搬运时需视实际情况如存货的大小、数量的多少及堆放的高低等选用适当的工具和方法。

（2）搬运时应保持通道畅通，注意安全。

（3）易碎品在搬运时应避免碰撞。

（4）注意防潮、防污，存货放置时必须轻拿轻放。

（5）搬运工具操作人员（如叉车等）须严格按照工具的使用说明进行操作。

（三）仓储过程控制

存货在储存保管过程中，应尽量减少呆废料的发生，仓库管理员应做好下列工作。

1. 不同批次的同类型存货入库时要分开摆放；发放存货时，要按照先进先出的原则出库，避免造成存货存放过久不用或超出使用年限等情况的发生。

2. 严禁在仓库内吸烟、喝酒、打闹，不得将水杯、饭盒、零食等物品带入到仓库，更不得在仓库区内吃东西。

3. 严禁在仓库内乱接电源、临时电线及临时照明设施。

4. 仓储部人员应全面掌握存货的储存环境、堆层、搬运等注意事项，了解一些故障的排除方法。

5. 仓库管理员应做好仓库的防火、防盗、防汛、防潮、防锈、防霉、防鼠、防虫工作，确保存货安全。

6. 非仓储人员因工作需要进入仓库时，须经上级同意并在仓储部相关人员的陪同下方可进入仓库。所有进入仓库的人员必须遵守公司仓库管理规定。

（续）

| （四）盘点过程控制 |
| --- |

存货盘点作业是发现并确认呆废料的过程。为尽快处理呆废料，减少占用的空间，防止呆料贬值或变成废料，盘点过程中须注意以下三点。

1. 盘点人员须耐心负责、认真、仔细，切实进行盘点各项工作，清查呆料与废料并及时登记"盘点表"。
2. 盘点人员在盘点作业中须对物资轻拿轻放，切实保证物资的安全。
3. 对于已确认的呆废料，盘点人员须及时通知相关部门或人员进行处理。

（五）呆废料处理控制

为尽快处理呆废料，减少其占用仓库空间而提高库存成本、提高工作效率，工厂应制定明确的呆废料处理流程和处理方式。处理结果应报财务部审计，并进行账务调整。

| 编制人员 | | 审核人员 | | 审批人员 | |
| --- | --- | --- | --- | --- | --- |
| 编制时间 | | 审核时间 | | 审批时间 | |

# 四、缺料成本控制方案

| 方案名称 | 缺料成本控制方案 | 编　　号 | |
| --- | --- | --- | --- |
| | | 受控状态 | |

**一、背景说明**

为防止工厂因缺料造成延期交货损失、失销损失等，工厂有必要事先储存一部分生产所需的物资，因此而产生的安全库存成本是缺料成本的重要组成部分。所以，控制缺料成本主要是做好安全库存成本的控制工作。

**二、安全库存的定义**

安全库存是指了为了防止由于不确定性因素（如大量突发性订货、交货期突然延期等）而准备的缓冲库存，其主要作用是控制和优化库存量，提高库存周转速度，降低库存成本，以最低的成本实现最大的效益。

**三、安全库存的分类**

安全库存主要分为两大类，如下图所示。

安全库存的分类

（续）

#### 四、安全库存成本的控制

在物资价格确定的前提下，安全库存成本的控制工作主要集中在如何设定合理的安全库存量上。具体办法如下。

（一）预估存货的基准日用量

1. 用量稳定的存货

仓储部会同生产部依据去年日平均用量，结合今年销售目标和生产计划，预测常用存货的基准日用量。当产销计划发生重大变化时，应及时对相关存货的日用量做出相应的修正。

2. 用量不稳定的存货

由生产部相关人员根据生产要求，参考销售部提供的销售量，结合市场情况和销售计划，按照前一次使用周期中产品生产所消耗的单位用量预估此存货当前的日用量。

（二）确定采购作业天数

采购作业天数是指一次采购作业所需消耗的时间，由采购专员依照采购作业各个阶段所需的时间来设定，报采购部经理结合本工厂的实际情况进行核准后，由采购部经理组织请购作业规范文件传达至有关部门，作为请购需求及采购数量的参考依据。

（三）计算安全库存量

1. 安全库存量的计算公式

安全库存量 = 采购作业期间的需求量 × 差异管制率 + 装运延误期间的用量

其中：采购作业期间的需求量 = 采购作业天数 × 预估日用量

装运延误期间的用量 = 装运延误天数 × 预估日用量

2. 设定差异管制率

工厂生产部或物资的使用部门根据以往用量经验和实际情况预估的用量往往与实际用量存在差异。用量差异率即指实际用量超出预估用量的比例。工厂的差异管制率是指根据自身实际情况设定的允许用量差异的范围，一般设为 25%。

3. 确定装运延误天数

装运延误天数是指采购物资在运输途中因装卸和搬运原因造成物资延期到达仓库的时间。一般情况下，对于省内采购，设置的搬运延误天数为 1 天，国内其他地区为 2 天，国外亚太地区为 4 天，国外欧美地区为 6 天。

（四）修订安全库存量

用量差异管理人员于每月月初针对上月情况填写"用量差异反应表"，查明差异原因，拟订处理措施，研究是否需修正预估月用量。如需修订应在反应表的"拟修订月用量"栏内进行修订，经主管副厂长核准后送仓储部用于修订安全存量。

| 编制人员 | | 审核人员 | | 审批人员 | |
|---|---|---|---|---|---|
| 编制时间 | | 审核时间 | | 审批时间 | |

## 五、停工待料损失控制方案

| 方案名称 | 停工待料损失控制方案 | 编　号 | |
|---|---|---|---|
| | | 受控状态 | |

**一、目的**

为提升采购作业的及时性，保证工厂生产线正常运作，有效控制因缺料造成的停工损失，特制定本方案。

**二、适用范围**

本方案适用于工厂控制停工待料损失的相关事宜。

**三、相关定义**

（一）停工待料

停工待料是指非员工本人过错，因工厂或供应商原因造成的生产线停止运作或员工放假，包括订单不足、进料不良、供应商开发不及时、停水停电、机器故障等。

（二）停工待料损失

停工待料损失是指在停工待料期间工厂发生的各项费用，包括材料费、动力燃料费、应支付的生产人员的工资、福利费和应分摊的制造费用等。

**四、职责分工**

停工待料损失控制管理职责划分说明如下表所示。

**停工待料损失控制管理职责划分说明表**

| 部门或人员 | 职责 | |
|---|---|---|
| 车间主任 | 1. 分析停工待料的原因<br>3. 调配停工待料期间的人员安排 | 2. 填写"停工待料通知单"<br>4. 提出预防措施 |
| 生产部 | 1. 负责提报停工待料事件<br>3. 在停工待料期间与员工沟通 | 2. 负责处置停工待料事件<br>4. 填写"停工待料索赔通知单" |
| 采购部 | 1. 与相关供应商沟通降低停工待料损失的解决办法<br>2. 审核"停工待料索赔通知单" | 3. 与供应商谈判索赔等相关事宜 |

**五、人工损失控制措施**

工厂要从以下四个方面控制停工待料期间的人工损失。

（一）做好停工待料期间的人员工作安排

当生产车间出现停工缺料事件时，车间主任应先安排人员从事其他工作，调配后剩余的员工，由生产部统一安排或登记停工待料放假。

（二）调查事件原因，尽快解决问题并恢复生产

做好人员安排工作后，车间主任须填写"停工待料通知单"，记录事件发生的时间、原因，并报告相关部门，组织资源快速解决存在的问题，恢复正常的生产秩序。"停工待料通知单"如下表所示。

（续）

**停工待料通知单**

| 部门 | | 申请人 | | 日期 | ____年__月__日 |
|---|---|---|---|---|---|
| 停工原因说明 | 1.<br>2.<br>3. | | | | |
| 停工时间 | | | | | |
| 责任单位 | | | | | |
| 分管主管 | 签字：<br>日期：____年__月__日 | | 分管副总/总经理 | 签字：<br>日期：____年__月__日 | |

（三）停工待料期间工资损失控制

1. 工资发放基数。停工待料期间，待工工资支付基数为上年应发工资平均数的70%，按照考勤天数支付，低于××市最低工资标准者按××市最低工资标准支付。在职不满一年者，以其在职期间工资平均数作为基数。

2. 工资发放比例调整。停工待料期间，待工工资发放比例因岗因事调整，具体调整比例如下表所示。

**停工待料期间待工工资发放比例调整表**

| 序号 | 调整原因 | 工资比例调整 |
|---|---|---|
| 1 | 业务能手、双职工 | 加10% |
| 2 | 在职满1年 | 加10% |
| 3 | 在职满2年 | 加15% |
| 4 | 在职满3年及以上 | 加20% |
| 5 | 迟到 | 减1%/次 |
| 6 | 旷工 | 减3%/次 |

备注：由于工龄原因导致的比例调整，只按最高标准计发一次，不作累加计算；迟到和旷工同时按照原有制度处罚。

3. 待工工资发放时间。待工工资发放时间与原来工资发放时间一致，若相关员工在发放工资之前离职，工厂将按××市最低工资标准为基数支付该月工资。

**六、非人工损失控制措施**

为了杜绝各种异常现象对工厂生产线的危害，降低停工待料事件的发生频率，工厂须加强对停工待料非人工损失的控制措施。具体控制措施如下。

（续）

| | | | | | |
|---|---|---|---|---|---|
| 1. 对生产必须使用的原材料、燃料、辅助材料等物资设置安全库存并定期检查。设置安全库存可以有效缓解发生缺料时的突发状况，在短期内不影响生产。<br>2. 对生产线的机器设备进行定期的维护保养。与设备供应商的售后服务人员保持联系，针对如何检查和排除设备故障等问题对生产线设备操作人员或相关技术人员进行培训，减少设备故障导致停工缺料的可能，并缩短因其停工的时间。<br>3. 质量管理部必须严格执行来料检验规范，防止因材料品质问题造成停工缺料。 | | | | | |
| 编制人员 | | 审核人员 | | 审批人员 | |
| 编制时间 | | 审核时间 | | 审批时间 | |

# 生活物料成本控制

## 第三章

# 第一节 原材料成本控制

## 一、原材料成本控制点

原材料是指用于产品生产并构成产品实体的生产物料，原材料成本是生产成本最主要的组成部分，其高低变化直接影响着产品总成本及其竞争优势。原材料成本控制的关键在于控制其消耗量与采购价格，其具体控制点如图3-1所示。

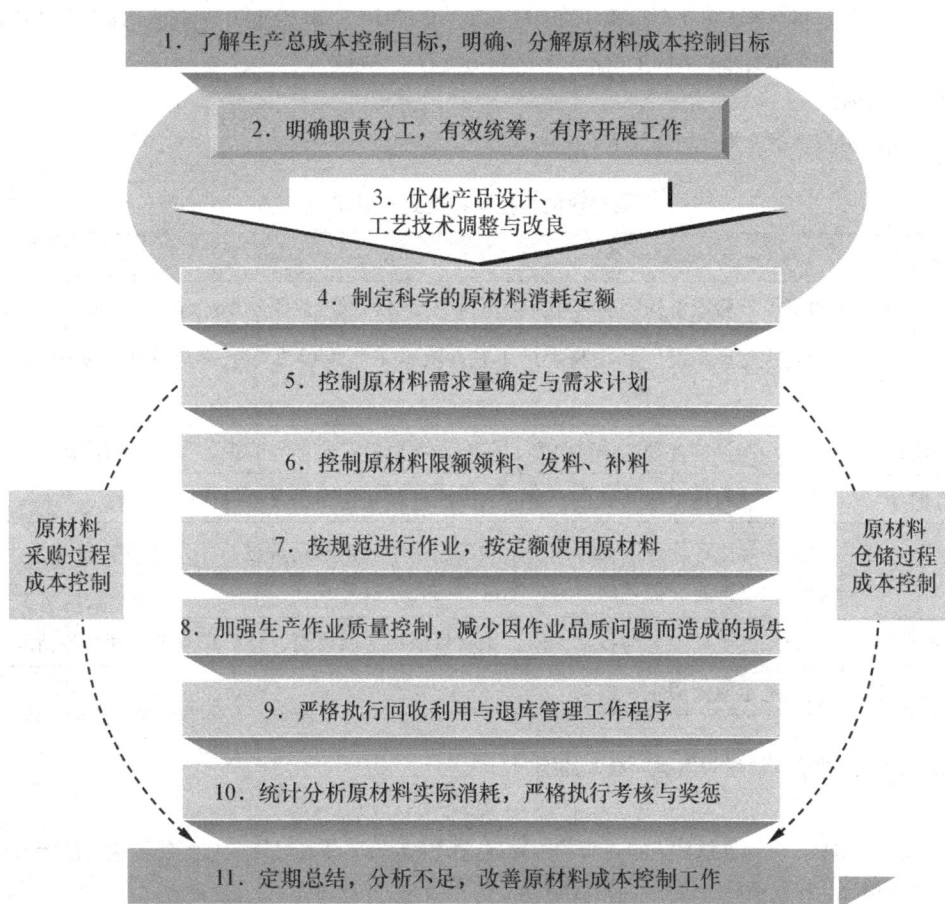

图3-1 原材料成本控制点说明

## 二、原材料成本控制方案

| 方案名称 | 原材料成本控制方案 | 编　号 | |
|---|---|---|---|
| | | 受控状态 | |

**一、目的**

为控制原材料成本，规范原材料的使用，有效降低工厂生产成本，实现成本竞争优势，结合工厂的实际情况，特制定本方案。

**二、适用范围**

本方案适用于工厂生产原材料成本费用控制相关的各项工作。

**三、相关定义**

原材料消耗定额是指在保证产品质量的前提下和一定的生产、技术组织条件下，结合产品及其工艺要求，生产单位产品或完成单位生产任务所必须消耗的原材料数量。

**四、职责划分**

原材料成本控制相关职责划分如下表所示。

原材料成本控制职责划分说明

| 部门或人员 | 职责 |
|---|---|
| 总经理 | 负责原材料成本控制相关制度的审批及原材料成本控制效果的评价 |
| 工艺技术部 | 负责优化产品设计和提高生产工艺，根据工艺流程或特定确定原材料使用和消耗定额 |
| 采购部 | 负责编制科学合理的采购计划，并在保障原材料质量的前提下降低采购价格 |
| 仓储部 | 负责原材料进出库及储存，全力减少原材料在仓储及搬运过程中的损耗 |
| 生产部 | 负责指导生产作业人员按照规范的工艺技术和损耗定额进行生产作业，并对生产过程中出现的超额消耗原材料情况进行调查分析与改进 |
| 生产车间 | 学习产品生产工艺与技术，落实原材料消耗定额控制，分析和改进超额消耗情况 |
| 车间人员 | 按规范定额使用生产物料 |

**五、产品工艺设计阶段对原材料成本的控制**

（一）优化产品设计

1. 工艺技术部产品研发设计人员以市场为导向，调研分析产品的定位，对市场份额、市场占有区域以及销售情况，在此基础上进行产品设计工作。

2. 研发设计人员定期了解查看工厂的材料价格信息库、劳动定额等。

3. 研发设计过程中，研发人员对产品成本进行有效的估算和预测，对比新旧产品的耗材情况，明确产品设计、改良的要点。

4. 研发设计人员采用目标成本方法，选择最合适的原材料而非最贵的原材料。

（续）

（二）工艺技术调整、改良

工艺技术部负责对工厂现有产品进行结构分析，并以满足功能、降低成本为目标，对产品工艺不合理及可改进之处进行改进。其具体改进方式包括以下四种。

1. 取消不必要的结构。

2. 合并细小的结构，减少原材料加工过程中的损耗。

3. 重新排列整体结构，达到减少原材料需求的效果。

4. 简化复杂的结构，降低原材料损耗。

**六、原材料消耗定额控制**

（一）制定科学的原材料消耗定额

工艺技术部对生产工艺流程与特性进行分析，计算原材料消耗定额，其制定步骤如下图所示。

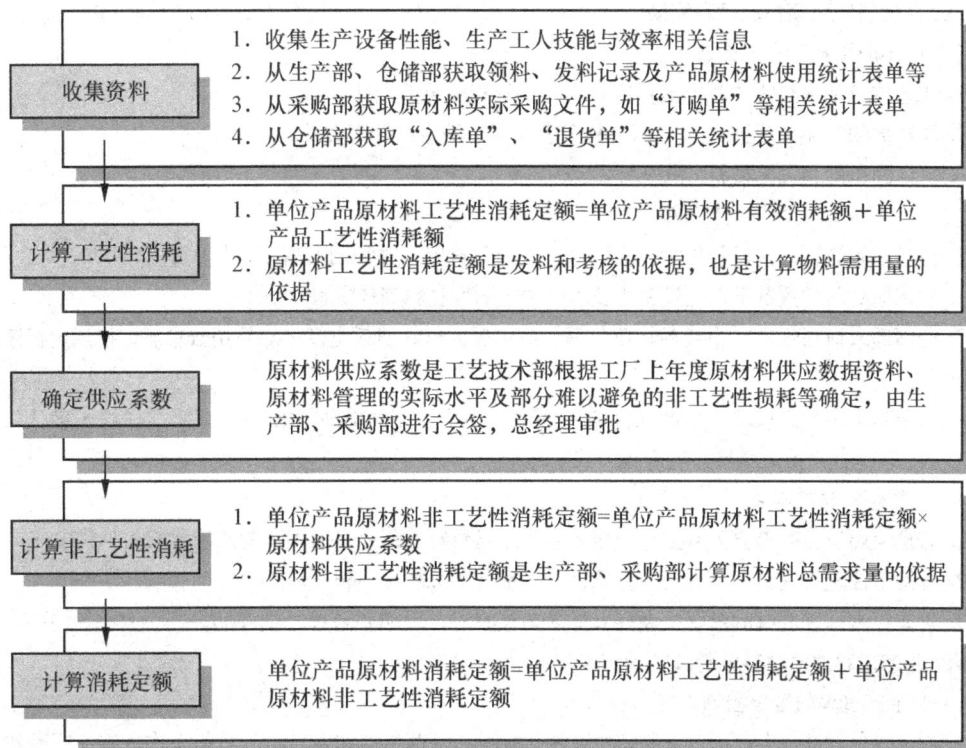

| 收集资料 | 1. 收集生产设备性能、生产工人技能与效率相关信息<br>2. 从生产部、仓储部获取领料、发料记录及产品原材料使用统计表单等<br>3. 从采购部获取原材料实际采购文件，如"订购单"等相关统计表单<br>4. 从仓储部获取"入库单"、"退货单"等相关统计表单 |
|---|---|
| 计算工艺性消耗 | 1. 单位产品原材料工艺性消耗定额=单位产品原材料有效消耗额＋单位产品工艺性消耗额<br>2. 原材料工艺性消耗定额是发料和考核的依据，也是计算物料需用量的依据 |
| 确定供应系数 | 原材料供应系数是工艺技术部根据工厂上年度原材料供应数据资料、原材料管理的实际水平及部分难以避免的非工艺性损耗等确定，由生产部、采购部进行会签，总经理审批 |
| 计算非工艺性消耗 | 1. 单位产品原材料非工艺性消耗定额=单位产品原材料工艺性消耗定额×原材料供应系数<br>2. 原材料非工艺性消耗定额是生产部、采购部计算原材料总需求量的依据 |
| 计算消耗定额 | 单位产品原材料消耗定额=单位产品原材料工艺性消耗定额＋单位产品原材料非工艺性消耗定额 |

**原材料消耗定额制定步骤示意图**

（二）原材料消耗定额执行控制

1. 工艺技术部根据已经制定的材料消耗定额编制原材料定额消耗文件，经生产部及车间会签后由车间进行试制验证。

2. 对于原材料消耗定额需要加以验证。验证内容包括原材料的工艺性消耗（边角料数量、不可回收损耗等）、原材料利用率等。

3. 经验证后的定额文件交总经理审批后由工艺技术部发放到生产部、车间、仓储部等部门执行。

（续）

4. 生产部、仓储部等严格按原材料消耗定额文件进行领料、用料，并做好各项记录与统计工作。

（三）原材料定额消耗记录

要将原材料定额消耗及时记录在"原材料定额消耗表"中。

## 七、原材料需求计划编制控制

（一）原材料需求计划编制

生产部根据原材料消耗定额及生产任务规定计算生产计划期内的材料需求量，并注明原材料的到库时间。

（二）原材料需求量计算公式

原材料需求量 =（计划产品 + 技术上不可避免的废品数量）× 单位该产品原材料消耗定额 −
        回用的该种原材料数量

## 八、原材料限额领料、发料控制

（一）明确限额发料的依据

1. 工艺技术部编制的"材料消耗定额文件"等相关工艺文件。

2. 生产部的"生产任务书"、"原材料需求计划"等生产计划文件。

3. 工厂发布的相关原材料节约文件。

（二）原材料领用发放定额控制

1. 生产车间进行原材料领用时，应填写"生产领料单"并注明所需原材料数量。

2. 领用原材料的数量不得超过工艺技术部制定的原材料消耗定额。

3. 仓储部人员在收到"生产领料单"后，应根据原材料消耗定额核对领用数量后，按规定程序进行定额发放。

4. 对于超出消耗定额的"生产领料单"，仓储部人员应予以退回，由生产车间主任修改确认后再进行核对，确保其满足消耗定额后方可发放。

（三）超额补料控制

1. 若班组由于丢失等原因需要超过限额领用原材料时，班组长需先查明原因并提出补料申请。

2. 车间主任进行核实、审查，计算原材料数量后方可超额补领材料。

3. 对非正常因素造成的超耗，经办人员需在补签的"限额领料单"上注明。

## 九、生产过程对原材料消耗成本的控制

（一）生产过程的定额控制

1. 制定操作标准。生产部负责制定生产操作标准，规范生产作业人员的具体操作，避免因操作不规范造成的原材料浪费。

2. 定额领用原材料。对于生产车间内存放的原材料，车间指定专人进行管理，按照消耗定额执行限额领用、限额发放。

3. 合理利用原材料进行生产。车间主任负责在生产过程中对作业人员进行指导和考核，监督作业人员按照消耗定额的规定和生产操作的标准执行生产，对原材料进行合理利用，减少因出现边角废料而造成的原材料浪费。

4. 记录原材料消耗数据。车间主任负责对本车间内的原材料使用消耗量进行记录，并作为控制原材料消耗的依据进行存档保管。

（续）

（二）合理下料，节约用料

1. 生产线上必须坚持"生产与节约并重"、"按定额用料"等原则，减少料头、料尾损耗，注意节约和合理利用材料，从而提高材料利用率。

2. 生产作业人员下料时，尽可能采用集中下料、精密排料、大小搭配、长短交叉、先大后小等方法，尽量减少边角料，直至无法利用为止。

3. 对生产线上产生的边角料、废料，生产作业人员应分类堆放，做好"变一用为多用、变小用为大用、变无用为有用"。

（三）加强作业质量的控制，减少因作业品质造成的损失

1. 生产部提高作业品质，降低废次品率、不良品率。

2. 生产部采用先进工艺和设备进行技术革新，提高工效、节约工时、降低材料消耗定额。

（四）回收利用

1. 生产作业人员在使用原材料进行生产时，对出现的边角料等不可随意丢弃，应经检定或加工后投入二次使用。

2. 对于不可加工再使用的边角余料，应由车间主任负责对其进行保管与整理，定期进行变卖处理或作其他用途，所得款项应交送财务部处理。

**十、严格执行考核与奖惩**

（一）考核依据

1. 以工艺文件中原材料计划用量为标准，按月通过对实际消耗用量的统计，与原材料计划用量进行比对，测出算当月的原材料利用率。

2. 原材料消耗数据的统计分析步骤如下所示。

（1）车间主任每月须认真对车间的原材料进行盘点，及时记录当月原材料领用数量和剩余数量，填报"__月份车间原材料进出清单"并上报生产部经理。

（2）生产部经理依据车间主任当月填报的"__月份车间原材料进出清单"，填写"__月份车间原材料利用率统计表"中"实际用量"一栏，并计算出当月原材料的利用率。

3. 生产部经理根据当月"生产任务书"，按产品型号、数量计算出原材料的计划用量。

4. 生产部经理在每月"__月份车间原材料进出库清单"和"__月份车间原材料利用率统计表"的基础上，积累数据进行总结分析，并将结论及时汇报给生产总监。

（二）奖惩办法

工厂将对生产过程中因制造失误造成原材料无谓损失的行为和责任人进行严惩，具体内容详见生产车间质量绩效考核的相关规定。

**十一、原材料成本控制工作改善**

（一）确定原材料利用率的基准线

生产部根据各月度"原材料利用率统计表"反映出的原材料利用率的相关数据，核定原材料利用率的基准线。

1. 若原材料利用率高于核定的基准线，工厂进行数据核实后，将视利用率差额的大小，以相应的权重比例给予车间及班组负责人以及相关人员物质奖励。

2. 若原材料利用率低于工厂核定的基准线，工厂将要求车间及班组责任人说明原因，如情节严重

（续）

者，工厂将处以重罚。

（二）及时纠正偏差

针对材料使用成本实际发生额，与材料目标成本进行比较，寻找差异并分析差异发生的原因，查明责任人，根据具体情况提出改进措施并加以贯彻执行。

（三）原材料消耗定额更正

工厂一般一年修改一次原材料消耗定额，出现下列情况之一者，生产部、工艺技术部应及时修改材料消耗定额。

1. 产品设计变更时。

2. 加工工艺变更，影响到消耗定额时。

3. 消耗定额统计有误或消耗定额文件编写有误或有遗漏时。

4. 因生产管理不善或材料管理不善而超耗者，不得提高消耗定额。

**十二、其他原材料成本控制方法**

（一）原材料采购过程成本控制要点

1. 原材料采购价格控制。

2. 原材料品质与规范控制。

3. 原材料采购时机、采购数量、采购交货期、采购方式选择控制。

4. 采购不良、腐败控制。

（二）原材料仓储过程成本控制要点

1. 原材料规范化仓储存放、盘点控制。

2. 原材料出入库控制。

3. 呆废料预防与处理操作。

| 编制人员 | | 审核人员 | | 审批人员 | |
|---|---|---|---|---|---|
| 编制时间 | | 审核时间 | | 审批时间 | |

# 三、现场超量领料管理办法

| 制度名称 | 现场超量领料管理办法 | | 受控状态 | |
|---|---|---|---|---|
| | | | 编 号 | |
| 执行部门 | | 监督部门 | 编修部门 | |

第1条　目的

为规范超量领料流程，严格控制超领物料的数量，特制定本办法。

第2条　适用范围

本办法适用于各生产车间超量领料业务。

第3条　超量领料申请

因生产需要而超量领料时，生产部相关人员需填写"超量领料申请单"。"超量领料申请单"如下表所示。

（续）

## 超量领料申请单

领用部门：　　　　　　　　　　　　　　　　　　　　日期：___年__月__日

| 制造命令号 | | | 生产批次 | | |
|---|---|---|---|---|---|
| 物料编号 | 物料名称 | 型号规格 | 超领数量 | 超领原因 | 超领率 |
| | | | | | |
| | | | | | |
| | | | | | |
| 领料员 | | | 仓管员 | | |

备注：申请单一式四份，一联生产部自存，一联交仓库，一联交领料人员，一联交财务部。

第4条　超量领料原因分析

超量领料的原因一般有以下四种。

1. 上线生产以后发现物料不足而需追补。

2. 由于生产作业不当造成物料不足需要超领。

3. 上道工序超领物料，需本工序增加生产数量而导致超领物料。

4. 其他突发原因。

第5条　超量领料控制

为了防止生产现场堆积多余物料，提高物料利用率，工厂必须加强对超量领料的管理，具体措施如下。

1. 管理人员主动参与，定期查看

生产部和仓库相关管理人员须清楚地了解工厂的生产计划和相应产品的生产批次，定期到生产现场观察和登记，对于体积小、价值相对较大的物料尤其要加强发料控制。

2. 建立生产现场的物料台账

为了使工厂更精确地控制库存量，生产部管理人员应建立生产现场的物料台账，使之与仓库的物料台账有机结合。

3. 明确超量领料的审批权限

（1）当超领率≤2%时，经生产部主管审核后可领用物料。

（2）2% <超领率≤5%时，经生产部主管审核、生产副总审批后，方可领料。

（3）当超领率>5%时，除上述人员审核外，还需经总经理审核后方可领料。

第6条　本办法经总经理审批通过后实施。

| 修订<br>记录 | 修订标记 | 修订处数 | 修订日期 | 修订执行人 | 审批签字 |
|---|---|---|---|---|---|
| | | | | | |
| | | | | | |

## 四、原材料需求计划表

编号：　　　　　　用料车间：　　　　　　　　　　　　　填制日期：____年__月__日

| 原料类别 | 原料编号 | 原料名称 | 原料规格 | 原料单位 | 计划需求 | 质量要求 | 到位时间 | | | 备注 |
|---|---|---|---|---|---|---|---|---|---|---|
| | | | | | | | 第一批 | 第二批 | 第三批 | |
| | | | | | | | | | | |
| | | | | | | | | | | |
| | | | | | | | | | | |
| | | | | | | | | | | |
| 相关说明 | 1.<br>2. | | | | | | | | | |

编制人：　　　　　　　复核人：　　　　　　　　　　　审批人：

## 五、原材料消耗定额表

编号：　　　　　用料时间：____年__月__日　　　　　　填制时间：____年__月__日

| 产品名称 | 工序名称 | 所需设备 | 原料名称 | 原料规格 | 原料单位 | 消耗定额 | 备注 |
|---|---|---|---|---|---|---|---|
| ____产品 | ____工序 | | | | | | |
| | ____工序 | | | | | | |
| | ____工序 | | | | | | |
| | …… | | | | | | |
| ____产品 | ____工序 | | | | | | |
| | ____工序 | | | | | | |
| | ____工序 | | | | | | |
| | …… | | | | | | |
| 相关说明 | 1.<br>2. | | | | | | |
| 备注 | 此表同样适用于辅助材料的定额消耗管理 | | | | | | |

编制人：　　　　　　　复核人：　　　　　　　　　　　审批人：

## 第二节 辅助材料成本控制

### 一、辅助材料成本控制点

辅助材料可简称为"辅料"，在生产过程中参与辅助作业，其成本控制点如图3-2所示。

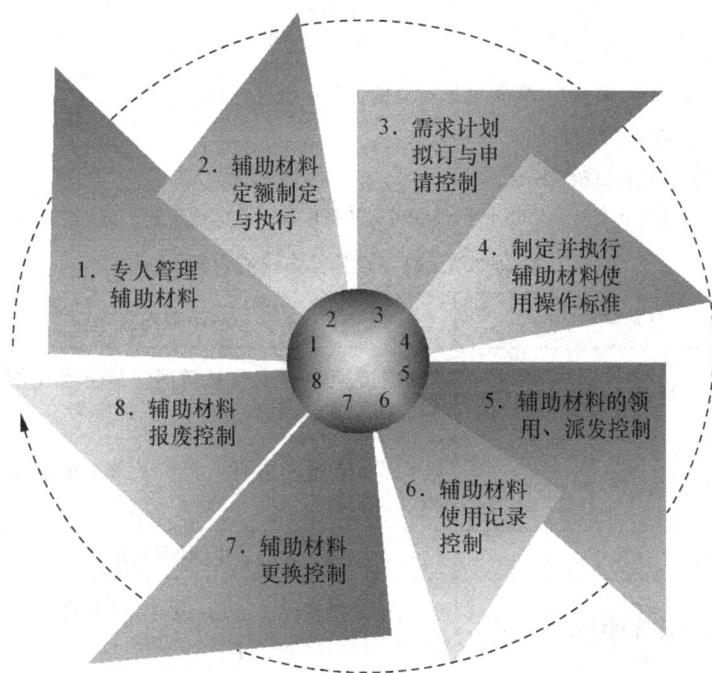

图3-2 辅助材料成本控制点说明

### 二、辅助材料成本控制方案

| 方案名称 | 辅助材料成本控制方案 | 编 号 | |
|---|---|---|---|
| | | 受控状态 | |

**一、目的**

为有效控制工厂辅助材料成本，降低产品成本，防止辅助材料的浪费，提高工厂效益，特制定本方案。

**二、适用范围**

本方案适用于本厂辅助材料管理控制相关工作。

（续）

### 三、相关定义

工厂辅助材料是指在生产过程中起辅助作用、不构成产品主要实体的消耗性材料，主要包括以下七类。

1. 工艺用化学品，如清洗剂、焊接使用的二氧化碳气体和氩气、切削加工用的冷却液等。

2. 工装、夹具和模具。

3. 低质易耗品，如刀具、钢砂、砂轮等材料容易损耗，且价值不高的物品。

4. 容器、工具和量具，具体如材料框、扳手、尺子、螺丝刀等。

5. 劳动保护用品，即口罩、手套、耳塞、胶鞋等。

6. 辅助用品，包括扫帚、拖把、抹布等物品。

7. 包装材料。

### 四、相关职责

工厂指定专人管理辅助材料，负责辅助材料的保管、派发、统计等工作。

### 五、辅助材料消耗定额控制

（一）制定科学的辅助材料消耗定额

1. 生产部确定年度生产计划后，并根据辅助材料的特性确定其消耗定额，其具体确定方法见下表。

**辅助材料消耗定额计算方法说明表**

| 序号 | 计算方法 | 适用范围及示例 |
|---|---|---|
| 1 | 按主要原材料消耗比例计算 | 适用于消耗量与主要材料消耗量具有比例关系的辅助材料，如型砂、填料、熔剂、炼钢熔剂等 |
| 2 | 按产品产量计算 | 适用于与产品产量有一定比例关系的辅助材料，如包装纸、包装箱等 |
| 3 | 按产品面积计算 | 适用于油漆、涂料、电镀等辅助材料 |
| 4 | 按设备运转时间计算 | 适用于备用零件、劳动保护用品等辅助材料，如润滑油、清洁用具、冷却液等 |
| 5 | 按定期统计实际消耗用量计算 | 适用于难以按上述方法来确定消耗定额的辅助材料，如玻璃器皿、化学试剂、针、线等用品 |

2. 经计算确定定额消耗后，由生产部将消耗定额进行分解，并由各车间对辅助材料的消耗进行月度分解，将分解结果填入下表。

**____车间月度辅助材料消耗定额制定表**

| 辅助材料种类 | 年度消耗定额 | 月度消耗定额 | | | | | 备注 |
|---|---|---|---|---|---|---|---|
| | | 1月 | 2月 | 3月 | …… | 12月 | |
| | | | | | | | |
| | | | | | | | |
| | | | | | | | |

（续）

（二）辅助材料消耗定额执行控制

1. 制定辅助材料消耗定额后，工艺技术部将定额发放到各车间及班组。

2. 各车间及班组按定额领用，仓储部登记材料发放记录。

3. 如有超定额领用现象，车间必须查明原因后方可办理。

（三）辅助材料消耗定额更正

1. 辅助材料管理人员定期到生产现场收集每件产品实际耗用各种辅助材料的数量文件并进行统计，然后将统计结果报告生产部经理。

2. 在定额执行过程中，各班组长提出、整理定额管理问题并进行记录。

3. 工艺技术部根据辅助材料消耗定额和执行过程问题记录修正定额，经生产部、车间会签后发布执行。

**六、辅助材料需求计划与采购控制**

（一）需求计划控制

生产部根据生产任务计划和辅助材料消耗定额确定相应的辅助材料需求数量，报采购人员进行采购。

（二）采购控制

1. 采购人员应根据需求数量、库存数量、辅助材料市场价格及其他实际情况进行辅助材料采购。

2. 采购人员需进行采购谈判，把握采购时机与交期，避免造成缺料现象或库存堆积现象，避免或减少不必要的损失。

3. 工厂需充分检查采购材料的质量问题，减少退换料，降低不良率。

（三）分类保管

对辅助材料需按用途或温湿度、通风与密闭、防火防爆等不同要求进行分门别类的管理，如危险品需要隔离管理、易燃易爆品要在无烟火处存放，以有效地防止辅助材料发霉、变质，预防产生呆滞料或减少呆废料数量。

**七、辅助材料使用过程的成本控制**

（一）制定并执行辅助材料使用操作标准

生产部应制定辅助材料使用操作标准，对辅助材料的耗用进行规范，并对现场作业人员予以监督、指导。

（二）辅助材料使用记录控制

1. 辅助材料管理人员负责生产现场辅助材料的保管、派发与统计工作。

2. 对辅助材料设置台账进行管理，详细登记每次辅助材料的入库、派发。

3. 随时掌握辅助材料进出情况，为阶段性统计分析工作提供依据。

（三）辅助材料的派发控制

辅助材料管理人员应根据工厂相关规定，将当日所需辅助材料预先存放于小推车上，定时、定点向车间内各班组、工序工作人员派发辅助材料，并监督其领用量不得超过使用定额。

1. 直接供给生产工序，避免各个生产现场或生产线持有在线辅助材料库存。

2. 节省一线生产人员的工时，避免现场为领取辅助材料离岗而浪费生产时间。

3. 节省辅助材料在生产现场的摆放空间。

（续）

4. 增进辅助材料管理人员对辅料用途、使用工序的了解，同时还可起到监督、检查的作用。

**八、辅助材料更换控制**

在辅助材料管理台账上分设"新领"和"更换"项，新领需有班组长批准，更换则需退还用剩残壳，如外包装盒、袋、套等物，无须班组长批准即予更换。辅助材料更换的操作方法如下表所示。

**常用辅助材料更换操作方法说明**

| 项目 | 更换方法 |
|------|----------|
| 胶水类 | 1. 用完后，保留原罐<br>2. 用小容器细分，按实际用量，发够一天所需量 |
| 油脂类 | 1. 用完后，保留原罐<br>2. 辅料小车定时推过，不足时及时添加 |
| 烙铁头 | 以坏换新 |
| 手套 | 每次发给＿＿付，每周＿＿次，以旧换新 |
| 电池 | 质检人员每人＿＿对，其他人＿＿对，用尽后在底部打"×"，每对约使用＿＿小时 |
| 说明 | 1. 以上辅助材料增加使用量时，需重新申请<br>2. 严禁人为破坏<br>3. 更换时无须签字或盖章，由辅助材料管理人员记录消耗数量<br>4. 车间主任定时巡查，如有发现多余，一律上交 |

**九、辅助材料报废控制**

辅助材料报废时，应手续齐全。残物由辅助材料管理人员进行回收、管理。

**（一）加工再利用控制**

工厂对可进行加工再利用的残物进行收集整理后实施加工再造。

**（二）报废申请与控制**

工厂对不可利用的辅助材料，应按照标准认定损坏程度后，由辅助物料管理人员填写"辅助材料废弃申请表"（如下表所示），交质量管理部门检验核准后实施。

**辅助材料废弃申请表**

| 使用部门 | | 管理部门 | |
|----------|--|----------|--|
| 申请日期 | | 希望处理日期 | |
| 拟废弃辅助材料情况 | 辅助材料名称 | | |
| | 废弃原因 | | |
| | 废弃数量 | | |
| | 备注 | | |
| | 主管人员 | | 经办人 | |

（续）

| 会签单位 | | 主办： | 日期：＿＿年＿月＿日 |
|---|---|---|---|
| 检验单位 | | 主办： | 日期：＿＿年＿月＿日 |
| 核准 | | 负责人： | 日期：＿＿年＿月＿日 |

**十、辅助材料成本降低方法**

（一）变更材质

工艺技术部负责对工厂现阶段使用的辅助材料进行分析研究，在保证生产质量的前提下，对辅助材料进行替换，达到降低成本的目的。其具体操作标准如下。

1. 用高性能材料代替低性能材料，通过减少辅助材料的总需求量来降低辅助材料的消耗。

2. 用高强度材料代替低强度材料，通过增长辅助材料的寿命来降低单位时间辅助材料的消耗。

3. 在保证质量的前提下，用便宜材料代替昂贵的材料以降低成本。

（二）设备改善

由工艺技术部与设备部门根据设备操作原理、结构、安装方式等进行分析研究，并以减少对辅助材料的使用与消耗为目的进行设备改善，从而降低辅助材料成本。

（三）包装方式改善

对于用作产品包装的辅助材料，应通过改善包装的方式降低成本，具体包括以下三个方面。

1. 包装短小轻薄化

在保证对产品的保护和在强度、寿命相同的条件下，对包装用的辅助材料进行变更，使用更短、更小、更轻、更薄的包装以达到降低成本的目的。

2. 包装合理化、标准化

包装设计人员应合理设计包装标准尺寸，减少包装材料、规格的种类，降低制作产品包装所耗用的辅助材料，降低成本。

3. 包装器械化

采用机械进行包装作业，提高包装质量和作业效率，减少包装过程的人为损耗，降低辅助材料使用成本。

| 编制人员 | | 审核人员 | | 审批人员 | |
|---|---|---|---|---|---|
| 编制时间 | | 审核时间 | | 审批时间 | |

# 三、辅助材料废弃申请表

| 使用部门 | | 管理部门 | | |
|---|---|---|---|---|
| 申请日期 | ＿＿年＿月＿日 | 希望处理日期 | ＿＿年＿月＿日 | |
| 拟废弃辅助材料情况 | 辅助材料名称 | | | |
| | 废弃原因 | 1.<br>2. | | |

（续表）

| 拟废弃辅助材料情况 | 废弃数量 | | |
|---|---|---|---|
| | 备注 | | |
| | 主管人员 | | 经办人 |
| 会签单位 | 主办：　　　　　　日期：＿＿年＿月＿日 | | |
| 检验单位 | 主办：　　　　　　日期：＿＿年＿月＿日 | | |
| 核准 | 负责人：　　　　　日期：＿＿年＿月＿日 | | |

# 第三节　外购半成品成本控制

## 一、外购半成品成本控制点

外购半成品是指工厂为生产产品而从外部购入的各种半成品，其成本控制点如图3-3所示。

1. 明确半成品外购的条件，制订外购半成品需求计划

2. 确定合理的外购半成品采购数量和采购批次

3. 选择合格的供应商，进行采购谈判，在保证质量的前提下尽量降低采购价格

4. 严格执行质量控制，减少质量不合格造成的损失，包括调换费用和错过交期

5. 规范库存管理，防止损耗或报废，降低外购半成品仓储成本

6. 严格执行领用、发放程序，并做好相关记录

7. 严格执行作业标准与规范，及时对生产人员进行培训、指导、考核与奖惩

8. 对超出外购半成品平均费用的支出项目进行审核，查找原因并制定改善措施

图3-3　外购半成品成本控制点说明

## 二、外购半成品成本控制方案

| 方案名称 | 外购半成品成本控制方案 | 编　号 | |
|---|---|---|---|
| | | 受控状态 | |

**一、目的**

为有效控制外购半成品成本，控制其数量，确保其品质，减少不必要的浪费与损失，特制定本方案。

**二、职责划分**

（一）工艺技术部

工艺技术部负责确定外购半成品的技术参数与性能要求，制作外购半成品的技术图纸。

（二）质量管理部

质量管理部负责制定并执行外购半成品的检验标准与检验规范，组织质检人员对外购半成品进行检验，确保外购半成品的质量。

（三）生产部及车间

生产部及车间负责拟订外购半成品需求计划，执行操作规范。

（四）采购部

采购部负责拟订采购计划，进行采购谈判，控制采购价格与数量。

（五）仓储部

仓储部负责统计、保管、发放工作，并做好台账登记工作。

**三、半成品外购的适用条件**

工厂从成本控制方面分析是否进行半成品外购。

1. 明确了解生产计划与生产能力，当生产能力有余时，应选择自制。

2. 外购半成品的价格不高于自制半成品的变动成本。

**四、外购半成品数量控制**

工厂需合理控制外购半成品的数量，避免数量过多或过少所产生的损失。

（一）外购半成品需求数量申请控制

各生产车间根据工厂的生产计划、生产能力、工艺技术文件等确定需要外购的半成品数量，报生产部经理审批。

（二）外购半成品采购数量控制依据

1. 生产部提交的外购半成品需求数量。

2. 仓储部详细登记外购半成品的出入库记录以及定期上报的库存报表。

3. 外购半成品的安全库存量。

（三）外购半成品采购数量确定方法

1. "零库存管理"方法。仓库储存数量很低甚至为零，适用于各个供应商信息灵通、配合度高的外购半成品。

2. 经济订货批量管理（EOQ）。采购成本和仓储成本总和最低的最佳订货量，实现订货成本和储存成本之和最小化，适用于外购半成品单价稳定，采购费用、仓储费用较大等情况。

（续）

#### 五、采购价格控制

（一）研发阶段对采购价格的控制

1. 外购半成品成本是产品总成本的重要组成部分，工艺技术人员在研发阶段需要对外购半成品进行多方对比，选择合适的型号。

2. 工艺技术人员、采购人员、生产人员应定期对外购半成品进行市场行情考察，寻找更高性价比更高的替代方案。

（二）采购阶段对价格的控制

采购部在保证外购半成品质量的前提下，应尽可能降低其采购价格，最终采购价格需经主管领导审批。

#### 六、外购半成品质量控制

工厂严格控制外购半成品的质量，减少因质量不合格造成的损失。

（一）完善质量检验规范并严格执行

质量管理部根据产品的特性和外购半成品的工艺技术要求制定外购半成品的质量要求、检验标准与规范等。

（二）严格控制采购质量

1. 采购部选择合格的供应商确保半成品的质量。

2. 外购半成品入库前，质量管理部需对其进行检验，验收合格后仓库管理人员方可办理入库手续。

（三）确保仓储质量

1. 外购半成品入库后，仓库管理人员应根据其特性放置在合适的储位，以防止磕碰、锈蚀、变质等现象的发生。

2. 仓库管理人员按规范对外购半成品进行盘点、维护、保养。

3. 外购半成品的进出库搬运工作需按规范执行。

#### 七、领用与发放控制

（一）领用控制

1. 生产车间指定专人负责外购半成品的领用工作。

2. 生产车间根据各生产人员的工序与技能及生产任务的需要，限制生产人员领用外购半成品的数量，防止因现场数量过多而发生损耗。

3. 领用外购半成品时，领用人员需填写"领用单"，经生产部经理审批后与《生产任务书》一起提交到仓库。

4. 生产车间对外协半成品的领用进行记录，记录内容包括领用时间、数量、领用人、工序等。

5. 每日生产现场剩余的外协半成品由外协半成品管理人员统一收回、保管，防治丢失、损坏。

（二）发放控制

1. 仓储部严格按照出库规范办理出库程序。

2. 仓库管理人员仔细审核外购半成品的"领用单"，确认其数量、领料人等，审核通过后方可办理出库手续。

（续）

| 八、使用控制 |
|---|

（一）执行作业标准

工艺技术部、生产部组织各生产车间对生产人员的作业规范进行培训，纠正其不正确的作业方式。

（二）监督与指导

1. 车间管理人员应随时进行巡视、监督、指导，防止出现不规范的操作而造成损失。

2. 外购半成品管理人员对外协半成品的使用情况进行记录并定期上报，发现异常时，应及时上报并查找原因，提出改善办法。

| 编制人员 | | 审核人员 | | 审批人员 | |
|---|---|---|---|---|---|
| 编制时间 | | 审核时间 | | 审批时间 | |

# 第四节　包装物料成本控制

## 一、包装物料成本控制点

包装是指为保护产品的形状和价值，方便储运与消费，按一定技术工艺方法，用包装物料（包括桶、罐、瓶、坛、筐、袋等）将产品包封并予以适当装潢和标志的工作。包装物料成本控制点如图3-4所示。

1. 设计产品包装物料时，应采用质优价廉、新颖别致的包装材料

2. 执行包装标准化作业，制定包装物料使用定额并严格监督其执行

3. 对包装物料需求计划的申请审批进行严格控制，控制采购数量

4. 采购包装物料时，需进行比价、议价，尽量降低采购价格

5. 加强对包装物料的检验，防止不合格品投入作业

6. 规范包装物料储存工作，减少储存过程中的损耗、贬值

7. 严格控制包装物料的领用与发放，进行循环利用，并做好详细记录

8. 培养节约意识，采取节约措施，进行循环利用

图3-4　包装物料成本控制点说明

## 二、包装物料成本控制方案

| 方案名称 | 包装物料成本控制方案 | 编　号 | |
|---|---|---|---|
| | | 受控状态 | |

**一、目的**

为提升工厂产品质量，规范产品包装，提高包装物料的利用率，节省包装物料成本，结合工厂产品特性，特制定本方案。

**二、适用范围**

本方案适用于工厂生产产品的包装物料成本控制工作。

**三、包装作业标准化控制**

（一）合理设计包装与选择包装材料

1. 工艺技术部根据产品特性、产品定位及质量要求，设计产品的包装。

2. 工艺技术部在选择包装物料时，应着重考虑其成本支出，采购高性价比的包装物料，既达到包装效果，又能减少浪费支出。

（二）实现包装规格的标准化

工艺技术部统一制定每一种类产品的包装标准，通过标准化包装作业，提高包装过程的效率，减少人工费用和材料费用支出，同时降低装卸和运输成本。

1. 工艺技术部在确保产品及包装质量的前提下，使用最少的包装物料，确定包装工艺流程。

2. 工艺技术部编制《包装标准化作业指导书》，并发送生产部、质量管理部等相关部门执行。

3. 生产部组织人员学习《包装标准化作业指导书》，严格根据指导书进行包装作业。

**四、制定包装物料使用定额**

工艺技术部根据设定的包装工艺流程及包装标准，确定不同包装物料的使用定额，经工艺技术部经理审批后发送生产部，生产部根据定额制订需求计划。

**五、包装物料采购价格控制**

采购价格直接影响包装物料成本。包装物料成本控制措施如下。

（一）建立并及时更新包装物料价格信息库

采购部需收集所需包装物料的价格信息，建立并随时更新信息库，以便及时了解、分析包装物料的市场价格变化，选择合适的采购时机和采购价格。

（二）了解、分析包装物料供应商信息

采购部定期更新、分析包装物料供应商信息，包括供应商的基本信息、供货价格、优惠条件、质量情况等，选择合适的供应商进行采购。

**六、包装物料采购数量控制**

（一）采购数量控制

包装物料采购数量与种类不当容易造成呆滞料的产生及重新采购等费用支出。包装物料采购数量确定依据如下。

1. 生产计划与任务书。

2. 包装材料使用定额。

（续）

3. 包装物料需求计划。

4. 仓储部的库存报表。

5. 包装物料的安全库存量。

（二）数量批次与资金安排

采购部在采购包装物料时需注意采购资金和采购批次的合理安排，充分运用供应商的优惠条件，最大限度降低包装材料成本。

**七、包装物料质量控制**

工厂严格控制外购半成品的质量，减少因质量不合格造成的损失。

（一）制定并执行质量检验标准与规范

质量管理部根据产品的特性和包装作业标准，确定包装物料及包装结果的检验标准与规范等。

（二）采购质量验收控制

包装物料入库前，质量管理部需对其进行检验，验收合格后方可办理入库手续。

（三）仓储质量维护

1. 包装物料入库后，仓库管理人员应根据其特性放置在合适的储位，防止发霉、受潮、变质等现象的发生，以免造成不必要的损耗。

2. 仓库管理人员按规范对包装物料进行盘点、维护、保养。

3. 包装物料进出库搬运工作需按规范执行。

**八、包装物料使用控制**

（一）专人负责

车间指定专人负责包装材料的领用、保管、统计等工作。

（二）限额领取与发放

包装物料管理人员根据生产任务与定额领取当日所需包装物料，并按照生产人员的工序要求限额发放。

（三）监督与指导

车间管理人员对包装作业进行监控，及时纠正不规范作业。

**九、包装作业改进**

（一）包装技术改进

工艺技术部应及时掌握包装技术动态，采购新的包装技术与工艺流程，合理减少包装物料的使用，提高物料利用率，采用绿色环保物料。

（二）尽量实现包装机械化

工厂应在生产能力、资金能力范围内尽量实现机械化包装，大幅度地提高包装效率，降低各项费用支出。

**十、开展节约活动**

（一）人力资源部组织开展节约宣传与培训

人力资源部组织进行节约宣讲与培训，培养工厂员工的节约意识。

（二）生产车间组织开展节约竞赛活动

生产车间开展包装物料节约竞赛等活动，并根据结果进行奖惩。

| 编制人员 | | 审核人员 | | 审批人员 | |
|---|---|---|---|---|---|
| 编制时间 | | 审核时间 | | 审批时间 | |

### 三、包装物料使用记录表

编号：　　　　　用料车间：　　　　　　　　　　　　　填制日期：＿＿＿年＿月＿日

| 品名 | 批号 | 包装规格 | | | | | 领料数量 | 领料人 | 日期 | 班次 |
|---|---|---|---|---|---|---|---|---|---|---|
| | | | | | | | | | | |
| | | | | | | | | | | |
| | | | | | | | | | | |
| 包装操作记录 | 操作内容 | 包装材料 | | | | | | 操作人员 | 质检时间 | 检察人员 |
| | | 材料名称 | 领料数量 | 实际使用量 | 损耗数 | 使用定额 | 退回数量 | | | |
| | | | | | | | | | | |
| | | | | | | | | | | |
| | | | | | | | | | | |
| | 本批包装总数 | | 本批包装物批号及数量 | | | | | | | |
| 备注 | | | | | | | | | | |

填写人：　　　　　　　　复核人：　　　　　　　　　　车间主任：

# 燃料动力
# 成本控制

## 第四章

# 第一节 直接燃料成本控制

## 一、直接燃料成本控制点

直接燃料是指当期工厂为生产产品而消耗的从外部购入的各种燃料，包括油、煤等。直接燃料成本控制点如图4-1所示。

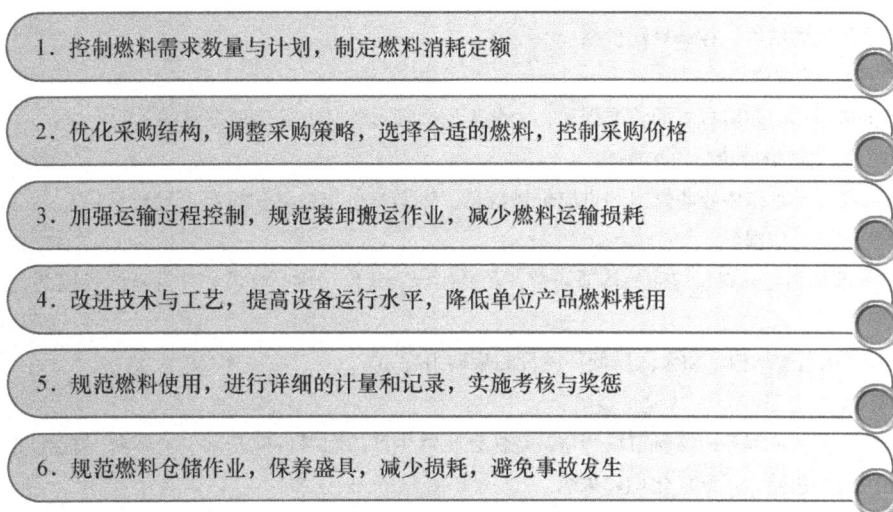

1. 控制燃料需求数量与计划，制定燃料消耗定额

2. 优化采购结构，调整采购策略，选择合适的燃料，控制采购价格

3. 加强运输过程控制，规范装卸搬运作业，减少燃料运输损耗

4. 改进技术与工艺，提高设备运行水平，降低单位产品燃料耗用

5. 规范燃料使用，进行详细的计量和记录，实施考核与奖惩

6. 规范燃料仓储作业，保养盛具，减少损耗，避免事故发生

图4-1 直接燃料成本控制点说明

## 二、直接燃料成本控制方案

| 方案名称 | 直接燃料成本控制方案 | 编　　号 | |
|---|---|---|---|
| | | 受控状态 | |

**一、背景**

为降低燃料消耗成本，规范燃料使用与管理，提高燃料的利用率，减少浪费，根据本工厂生产的实际情况，特制定本方案。

**二、适用范围**

本方案适用于工厂对所有生产用直接燃料进行成本控制的相关工作。

**三、控制燃料需求数量与计划**

（一）燃料需求计划编制依据

1. 年度生产计划。

（续）

2. 上年度实际燃料单耗和燃料的库存数量。

3. 燃料消耗定额。

（二）编制需求计划

1. 工厂燃料计划人员需从实际情况出发，以保证生产供应为中心，控制燃料价格为重点，开展燃料的计划编制工作。

2. 编制燃料需求计划的工作中，需修正两个影响较大的参数。

（1）生产计划产量。根据历年的生产情况，在生产计划产量基础上进行适当增加或减少。

（2）根据历史数据，对燃料热值（燃料发热量）进行趋势分析，调整偏差，从而计算出比较符合实际的年度燃料需求量。

**四、优化采购结构，控制采购价格**

（一）燃料采购价格控制

燃料价格是影响燃料成本的主要因素，为此工厂需通过各种方式降低燃料的采购价格。

1. 建立并更新供应价格信息库。

采购部在日常工作中收集燃料的供应价格信息，特别是价格波动信息与产地价格信息，定期汇总成册，作为采购的依据。

2. 采购部加强与燃料供应商的沟通联系，开展比价、议价工作，寻求和开发新的供应商，降低采购价格。

（二）优化采购结构，加大优质低价燃料的采购力度

1. 明确采购思路

采购部应深入了解分析燃料市场行情，在保证正常生产的燃料供应基础上，本着"优化结构，优质低价"的采购思路，不断优化燃料采购。

2. 选择合适的燃料品种

采购部应从保护设备、减少磨损、降低维护成本的角度出发，选择燃料市场上可购得的最适合工厂设备性能的燃料品种。

3. 根据工厂产品生产销售淡旺季调整采购策略

（1）销售淡季时，工厂需抓住燃料市场的商机，大批量采购优质低价燃料，控制高价燃料的采购量，使燃料成本最小化。

（2）为实现旺季最大销售收入，工厂适时调整燃料采购结构，及时采购优质燃料，以最大程度地获取旺季产品销售收入。

（3）通过优质燃料和低成本燃料的灵活切换采购来达到对产品销售市场和燃料市场的最佳平衡。

（三）燃料采购质量控制

燃料质量的好坏直接影响燃料成本和生产效率，是确定燃煤价格的基础，工厂需严格控制燃料质量，避免因质量问题造成的损失。

1. 采购部应选择合格的供应商，确保采购燃料的质量。

2. 质量管理部根据燃料的性质与检验标准对采购燃料进行检验，必要时，可购买专用检验仪器设备。

（续）

五、减少燃料运输损耗

为控制燃料成本，工厂需加强对燃料运输过程的控制，减少运输损耗。

（一）运输过程跟踪

1. 采购部跟踪燃料运输过程，及时掌握运输和装车情况，主动与供应商、运输部门沟通联系，尽快地装车发运，减少停留时间。

2. 针对运输损耗率高的现象，及时分析原因、组建押运队，押运员随车押运，确保运输安全，严厉打击偷盗，降低运输损耗。

（二）规范装卸作业，加快装卸速度

1. 工厂制定并执行装卸搬运作业规范。

2. 详细登记装卸时间，逐批考核，调动装卸人员的工作积极性、主动性。

3. 根据采购计划和实际情况及时安排库位及装卸场地，减少车辆停留时间，加快装卸速度。

六、规范燃料仓储作业，减少损耗

（一）出入库登记与管理

燃料仓储管理人员对出入库燃料进行登记，建立质量台账。

（二）严格燃料储存区管理

1. 燃料需按其特性规范堆放，定期测温，储新用旧，缩短存期，防止变质，减少自然损失。

2. 燃料保管人员应做好盛放器具的维护与保养，远离烟火，防止挥发等，避免造成浪费或事故。

3. 燃料保管人员定期进行燃料盘点，有效控制燃料仓储及进出库过程中的散落损失。

七、规范燃料使用，降低燃料成本

（一）制定燃料使用操作规范并严格执行

工厂建立关于生产用燃料使用操作规范，并制定相应的考核制度和奖惩办法，确保使用人员按规范进行操作，从而达到降低燃料成本的目的。

（二）定期总结与分析

1. 工厂随时监测和控制燃料使用，进行详细的计量和记录。

2. 工厂定期组织召开专题会议，对影响燃料成本的各项因素进行分析并提出整改措施。

八、改进技术与工艺

（一）设备运行调度控制

优化设备机组调度，逐步提高大容量、高参数设备机组的比重，减少燃料的浪费，提高设备运行效率，优先保证低燃料成本设备的运行。

（二）降低单位产品燃料耗用

1. 单位产品燃料耗用是指每生产一单位产品所耗用的燃料。

2. 工厂需加大设备机组的技术改造力度，加强设备机组的维护与检修，增加设备产能，提高设备机组运行水平，进一步降低单位产品燃料耗用。

（三）进行技术、工艺创新

工厂通过技术和工艺创新与改良，提高设备的安全可靠性、可调性、经济性和自动化水平，有效

（续）

| 降低燃料耗用。 | | | | | |
| --- | --- | --- | --- | --- | --- |

（四）制定优化运行方案

1. 工厂根据设备负荷和生产工序特点，制定出各种负荷下的优化运行方案，混合使用优质燃料和低质燃料，最大限度地发挥燃料的效能。

2. 工厂能源设备负责人全程跟踪设备运行情况，进行记录与分析，调整优化运行方案，提高设备运行效率。

| 编制人员 | | 审核人员 | | 审批人员 | |
| --- | --- | --- | --- | --- | --- |
| 编制时间 | | 审核时间 | | 审批时间 | |

# 第二节　外购动力费用控制

## 一、外购动力费用控制点

外购动力费用是指工厂在生产经营、管理过程中耗用的从外部购进的各种动力，工厂自产的动力不包括在内。外购动力费用控制点如图4-2所示。

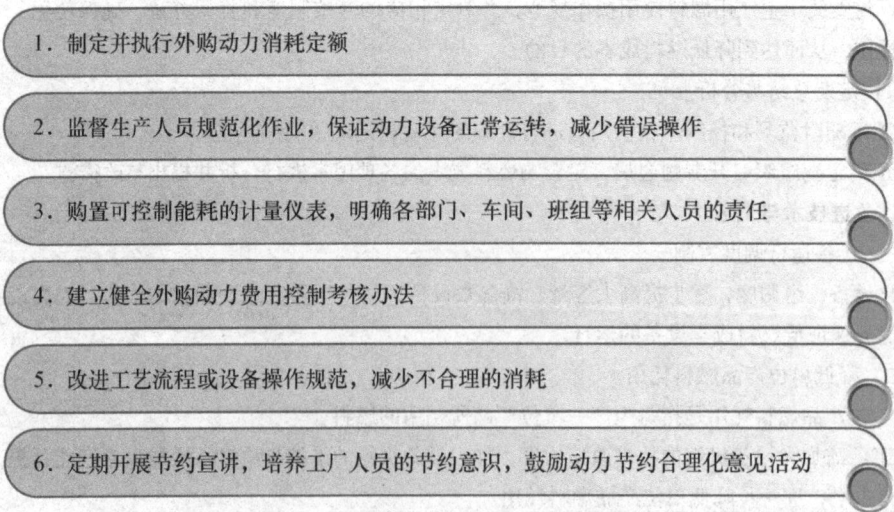

1. 制定并执行外购动力消耗定额

2. 监督生产人员规范化作业，保证动力设备正常运转，减少错误操作

3. 购置可控制能耗的计量仪表，明确各部门、车间、班组等相关人员的责任

4. 建立健全外购动力费用控制考核办法

5. 改进工艺流程或设备操作规范，减少不合理的消耗

6. 定期开展节约宣讲，培养工厂人员的节约意识，鼓励动力节约合理化意见活动

图4-2　外购动力费用控制点说明

## 二、外购动力消耗定额办法

| 制度名称 | 外购动力消耗定额办法 | | 受控状态 | |
|---|---|---|---|---|
| | | | 编　号 | |
| 执行部门 | | 监督部门 | 编修部门 | |

### 第1章　总则

**第1条　目的**

为加强外购动力定额消耗管理，降低外购动力消耗，提高工厂整体经济效益，特制定本办法。

**第2条　适用范围**

工厂外购动力消耗定额管理相关事项，除有另行规定外，均需依照本办法执行。

**第3条　相关定义**

外购动力消耗定额是指在一定的条件下，为生产单位产品或完成单位工序，合理消耗外购动力的数量标准。外购动力消耗定额是考核外购动力利用率的依据。

**第4条　相关职责**

本工厂的外购动力消耗定额由动力设备部门组织，会同生产管理部、工艺技术部等共同制定，由动力设备部人员监督各使用人员严格执行。

### 第2章　外购动力消耗定额的制定与审批

**第5条　制定原则**

工厂制定外购动力消耗定额时，必须从实际出发，深入生产第一线进行调查研究，掌握一手资料，通过实际测算、适当的科学分析和精确的核算，力求达到"快、准、全、好"的目标。

1. "快"，即制定定额迅速及时，走在生产之前，对生产起指导和促进作用。

2. "准"，依靠长期的定额资料积累和经常了解分析生产情况，使外购动力消耗定额准确。

3. "全"，即完整、齐全，各生产环节、各生产车间、各生产工序、各类产品均应制定完整的外购动力消耗定额。

4. "好"，即定额指标既积极又可靠，既具有先进性又切实可行，对于外购动力单耗尚未达到行业平均水平的部门，定额要从严核定，以利于调动一切积极因素。

**第6条　外购动力消耗定额的分类及计算**

1. 对于带动机器设备运转的动力，一般先按实际性能、开动马力计算动力消耗量，再与加工每种产品所耗用的机器台时数相乘后，得到生产单位产品该机器所耗的动力。具体内容如下表所示。

**机器设备性能及动力消耗计算表**

| 机器设备名称 | （中文） | | |
|---|---|---|---|
| | （英文） | | |
| 制造厂商 | | 原厂编号 | |
| 机器规格与性能 | 1. 最大机速 | | |
| | 2. 使用机速 | | |

（续）

| 机器规格与性能 | 3. 材料规范 | |
| --- | --- | --- |
| | 4. 最高产量 | |
| | 5. 正常产量 | |
| | 6. 机器尺寸 | |
| | …… | |
| 动力消耗量 | 1. 电力 | |
| | 2. 压缩空气 | |
| | …… | |
| 图纸 | | |

2. 对于用在生产工艺过程的动力，如冶炼所消耗的电力、蒸汽等动力，则可直接按单位产品来确定。

3.《外购动力消耗定额草案》制定后，需经员工讨论和有关部门审核、主管领导审查批准后方可执行。

第7条 外购动力消耗定额审查

生产部、工艺技术部等需对动力设备部制定的外购动力消耗定额进行逐项、逐级审查，审查内容包括但不限于以下九个方面。

1. 审查制定外购动力消耗定额工作报告的说明。

2. 审查是否符合国家当前有关外购动力方针、政策和法规。

3. 审查外购动力消耗定额的生产作业项目。

4. 审查重点项目的变化情况和原因。

5. 与历年外购动力消耗的资料对比，分析是否符合外购动力消耗的规律性。

6. 审查制定过程中的计算依据，并验算外购动力消耗定额是否正确。

7. 审查是否积极采用了节能新技术。

8. 审查是否已采纳了群众讨论及各级审批过程中提出的正确意见。

9. 审查拟订实现外购动力消耗定额措施的情况。

第8条 外购动力消耗定额审批

经审查后，外购动力消耗定额须报主管领导审批，经审批后在工厂范围内执行。其审批标准如下所示。

1. 外购动力消耗定额要先进、合理、齐全、准确。

2. 外购动力消耗定额要达到工厂的历史水平或低于上一年度的实际消耗水平。

3. 外购动力消耗定额管理制度及岗位责任制建立健全，并切实执行。

4. 实行按定额供能和按实际消耗的考核奖惩。

5. 计量表准确、齐备。

### 第3章 外购动力消耗定额的执行与检查

第9条 外购动力消耗定额的执行

外购动力消耗定额经审查、审批通过后，工厂各生产相关部门需贯彻执行。

（续）

第 10 条 建立定额管理档案

动力设备部门按照核定的外购动力消耗定额和生产任务核实供应，各生产车间均需建立外购动力消耗定额的管理档案。

第 11 条 健全并执行定额供应制度

动力设备部门应与生产部密切配合，建立健全外购动力定额供应制度、消耗定额分级管理和奖惩制度，做到以外购动力定额管理生产、指导生产、监督生产，以便实现最小的外购动力消耗。

第 12 条 详细登记动力使用消耗记录

生产部及各生产车间应配合动力设备部门做好外购动力消耗的原始记录和统计分析工作，从外购动力进厂、转换、分配到最终消耗，各个环节都应有健全的原始记录，记载各种外购动力在不同阶段、不同环节的使用情况和消耗情况。

第 13 条 外购动力消耗定额在贯彻执行进程中必须经常检查分析

1. 了解外购动力消耗定额在实际生产过程中的执行情况及取得的效果。

2. 及时发现定额在执行过程中的缺点和不足，找出问题，及时采取措施，改进外购动力消耗定额，使其更加符合生产环节的实际情况。

第 14 条 检查方法选择

检查方法采取统计分析和实际查定相结合的办法，力求使外购动力消耗定额更符合实际、更全面。

第 15 条 定额分析与工艺改进

在检查定额执行情况的基础上进行定额分析，以便找出外购动力浪费的原因，从而采取有效措施推动设计或工艺方面的改进，积极采用节能新技术、新材料，以不断提高生产水平、降低外购动力消耗。

### 第 4 章 外购动力消耗定额的修订

第 16 条 外购动力消耗定额的修订频次

工厂一般每年对外购动力消耗定额进行一次修订，以便于贯彻执行。修订审批程序与制定过程相同。

第 17 条 外购动力消耗定额的临时性修订时机

遇到下列情况时，外购动力消耗定额可进行必要的临时性修改。

1. 在外购动力消耗定额执行过程中，发现定额脱离实际或计算有误时。

2. 产品结构、用能设备和生产工艺有重大改变时。

3. 外购动力品种、规格、质量等发生重大变动时。

### 第 5 章 外购动力消耗定额的考核与奖惩

第 18 条 外购动力消耗定额考核的目的

通过外购动力消耗定额考核，工厂要实现以下四个目的。

1. 通过生产实践的检验，考察制定的外购动力消耗定额是否合理。

2. 通过考核，与工厂历史最好水平、与行业内先进水平比较，找出差距。

3. 通过考核，积累完整的历史资料，为指导生产和有效地进行外购动力管理提供科学的依据。

4. 通过考核，进一步加强外购动力消耗定额管理工作。

第 19 条 外购动力消耗定额考核方法

定额考核一般采用对比分析的方法进行，即将制定的外购动力消耗定额与执行消耗定额的实际结果进行比较，从而找出差额并分析研究产生差额的原因，以便及时采取必要的措施。

（续）

第20条　外购动力消耗定额的考核指标

外购动力消耗定额的考核指标一般主要设外购动力消耗定额达成率、单位产值外购动力消耗量等指标。

1. 外购动力消耗定额达成率 $= \dfrac{实际消耗的外购动力总量}{外购动力消耗定额} \times 100\%$

2. 单位产值外购动力消耗量 $= \dfrac{外购动力消耗总量}{总产值}$

第21条　外购动力消耗定额考核结果应用

外购动力消耗定额考核必须与严格的奖惩制度相结合，从而有利于调动生产人员节能降耗的积极性。

1. 工厂对严格执行外购动力消耗定额的部门或个人给予表彰、奖励。

2. 对于不按照定额使用动力的行为或现象，一经发现，工厂立刻给予纠正，并根据实际情况给予警告或罚款处分。

### 第6章　附则

第22条　本办法由动力设备部负责制定，报总经理审定后执行，修订、废止时亦同。

第23条　本办法自颁发之日起生效。

| 修订记录 | 修订标记 | 修订处数 | 修订日期 | 修订执行人 | 审批签字 |
|---|---|---|---|---|---|
| | | | | | |

## 三、外购动力费用控制方案

| 方案名称 | 外购动力费用控制方案 | 编　号 | |
|---|---|---|---|
| | | 受控状态 | |

**一、目的**

为控制外购动力的消耗，降低动力消耗费用，减少浪费与不必要的损失，从而降低产品的生产成本，获得竞争优势，特制定本方案。

**二、适用范围**

本方案适用于工厂的外购动力费用控制相关事项。

**三、责任划分**

（一）动力设备部

1. 动力设备部是外购动力管理、使用的归口管理部门，选择合适的低能耗的设备，制定外购动力消耗定额。

2. 动力设备部设专人管理外购动力，负责其日常的统计、控制工作。

（1）动力管理人员应在日常生产中监督外购动力的消耗并做好详细记录。

（2）当动力消耗出现异常时，动力管理人员应及时上报相关领导，分析查找原因，制定改善措施。

（续）

（二）工艺技术部

工艺技术部参与制定并审查外购动力的消耗定额，对产品进行技术、工艺改良，降低产品动力消耗。

（三）生产部

1. 组织各车间执行外购动力的消耗定额文件。

2. 组织执行工厂的节能降耗活动。

3. 严格执行生产作业标准、规范。

**四、外购动力消耗过程控制**

（一）制定并执行外购动力消耗定额

动力设备部对生产情况进行深入分析，协同生产部、工艺技术部制定并执行外购动力消耗定额，其制定依据如下。

（1）以往生产单位产品所需消耗的外购动力数量。

（2）外购动力所提供的能量。

（3）工厂的生产环境现状等。

（二）生产部采取各种节能措施

1. 在设备的使用上，生产部需控制设备的空转率和无效作业率。

2. 在人员操作上，生产部严格监督各生产人员执行规范化作业，减少错误操作。

（三）使用计量仪表

生产部购置可控制能耗的计量仪表、分装电表、流量表等，以明确各部门、车间、班组的责任。

**五、外购动力费用控制考核**

（一）签订责任书

工厂与动力管理相关人员签订责任书，明确相关人员的职责与权限并作为考核依据。

（二）考核方法

在考核中将外购动力的实际消耗与定额消耗及预定指标进行对比，得出考核结果。

（三）考核指标及评分

具体考核指标及相关评分方法如下表所示。

外购动力费用控制考核指标及评分表

| 考核指标 | 权重 | 计算公式或说明 | 评分标准 | 得分 |
|---|---|---|---|---|
| 单位产品外购动力消耗定额达成率 | 45% | $\dfrac{单位产品实际消耗的外购动力量}{单位产品外购动力消耗定额} \times 100\%$（M） | 1. 当 $100\% -$ \_\_\_\_% $\leq M \leq 100\% +$ \_\_\_\_% 时，该项得满分<br>2. $M >$ \_\_\_\_% 时，每高出\_\_\_\_%，扣\_\_\_\_分 | |
| 单位产值的外购动力消耗量 | 35% | $\dfrac{外购动力消耗总量}{总产值}$ | 1. 指标计算结果为 \_\_\_\_ 时，该项得满分<br>2. 每高于\_\_\_\_，扣\_\_\_\_分<br>3. 每低于\_\_\_\_，加\_\_\_\_分 | |

（续）

| 考核指标 | 权重 | 计算公式或说明 | 评分标准 | 得分 |
|---|---|---|---|---|
| 节能降耗提案结果 | 20% | 部门、车间或个人提出节能降耗合理化建议的条数与实施效果 | 1. 考核期内，无提案，该项得 0 分<br>2. 每提出____条提案得__分，直至该项满分<br>3. 提案经推行后获得成效的，该项满分，并视成效大小给予奖励 | |
| 最终得分 | | | | |

（四）考核结果运用

根据车间、班组、岗位操作实际考核情况，对优秀车间、优秀班组、优秀员工的评选予以加分奖励。

**六、工艺流程或设备改进，减少不合理消耗**

（一）设备改进

1. 动力设备部不断提出设备的节能改进方案，尽量选用低能耗的设备，减少管理设备对动力的需求。

2. 动力设备部对所有设备进行节能化改造，逐步淘汰高动力耗用的设备。

（二）工艺改进

1. 工艺技术部不断改进工艺流程，减少工艺流程中对动力的需求。

2. 工艺技术部开展动力回收利用的研究，确保其安全性、科学性、经济性，经考核论证后实施。

**七、开展节约活动，减少对动力的浪费**

工厂定期开展节约宣讲，培养节约意识，开展动力节约合理化意见活动。

| 编制人员 | | 审核人员 | | 审批人员 | |
|---|---|---|---|---|---|
| 编制时间 | | 审核时间 | | 审批时间 | |

# 直接人工
# 成本控制

第五章

# 第一节　生产人员工资费控制

## 一、各种形式控制点

### （一）固定工资控制点

固定工资是指工厂为了保证生产人员的生活必需，根据这些人员的岗位、学历、技能等因素确定的相对固定的报酬。其控制点如图 5-1 所示。

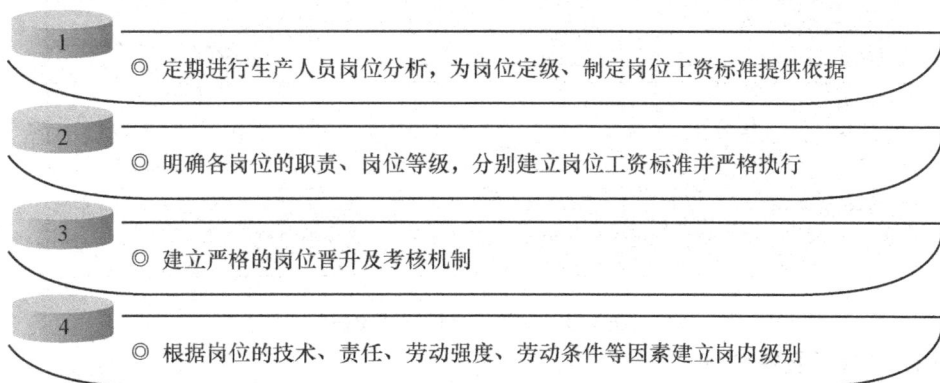

◎ 定期进行生产人员岗位分析，为岗位定级、制定岗位工资标准提供依据

◎ 明确各岗位的职责、岗位等级，分别建立岗位工资标准并严格执行

◎ 建立严格的岗位晋升及考核机制

◎ 根据岗位的技术、责任、劳动强度、劳动条件等因素建立岗内级别

**图 5-1　固定工资控制点说明**

### （二）浮动工资控制点

浮动工资是指工厂根据自身的经营状况、生产人员贡献的大小等因素给予生产人员的一种工资待遇，有利于提高生产人员的积极性。其控制点如图 5-2 所示。

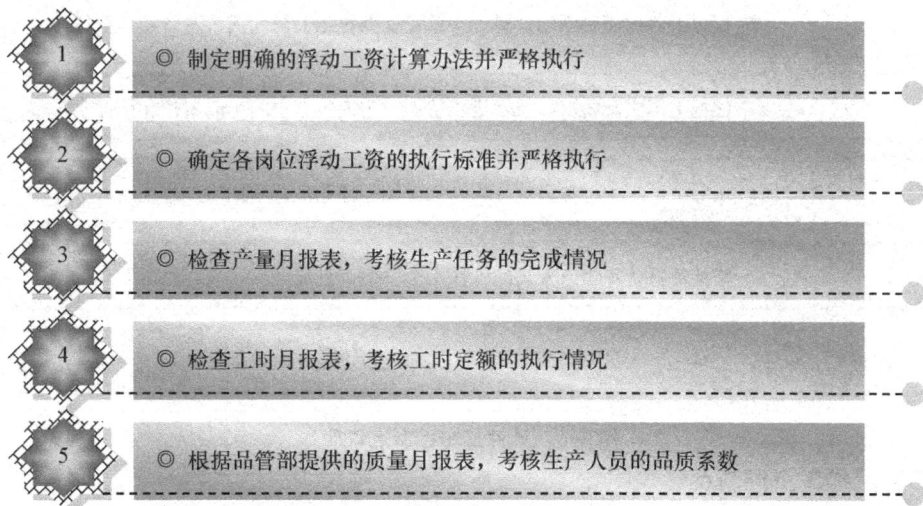

◎ 制定明确的浮动工资计算办法并严格执行

◎ 确定各岗位浮动工资的执行标准并严格执行

◎ 检查产量月报表，考核生产任务的完成情况

◎ 检查工时月报表，考核工时定额的执行情况

◎ 根据品管部提供的质量月报表，考核生产人员的品质系数

**图 5-2　浮动工资控制点说明**

### （三）计时工资控制点

计时工资是指工厂按单位时间工资标准和生产人员实际工作时间来计算其劳动报酬的一种方式。其控制点如图5-3所示。

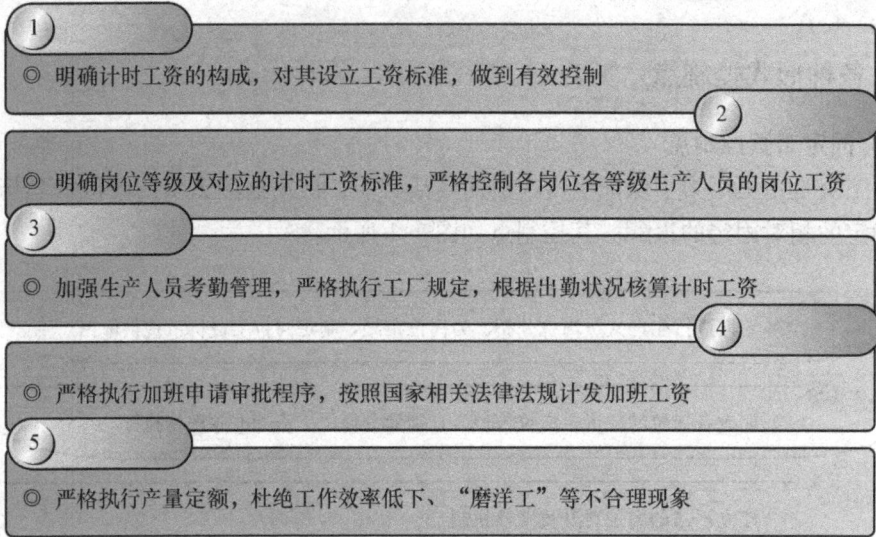

①
◎ 明确计时工资的构成，对其设立工资标准，做到有效控制

②
◎ 明确岗位等级及对应的计时工资标准，严格控制各岗位各等级生产人员的岗位工资

③
◎ 加强生产人员考勤管理，严格执行工厂规定，根据出勤状况核算计时工资

④
◎ 严格执行加班申请审批程序，按照国家相关法律法规计发加班工资

⑤
◎ 严格执行产量定额，杜绝工作效率低下、"磨洋工"等不合理现象

**图5-3　计时工资控制点说明**

### （四）计件工资控制点

计件工资是指工厂按照生产人员生产的合格品的数量（或作业量）和预先规定的计件单价来计算工资报酬的一种形式。其控制点如图5-4所示。

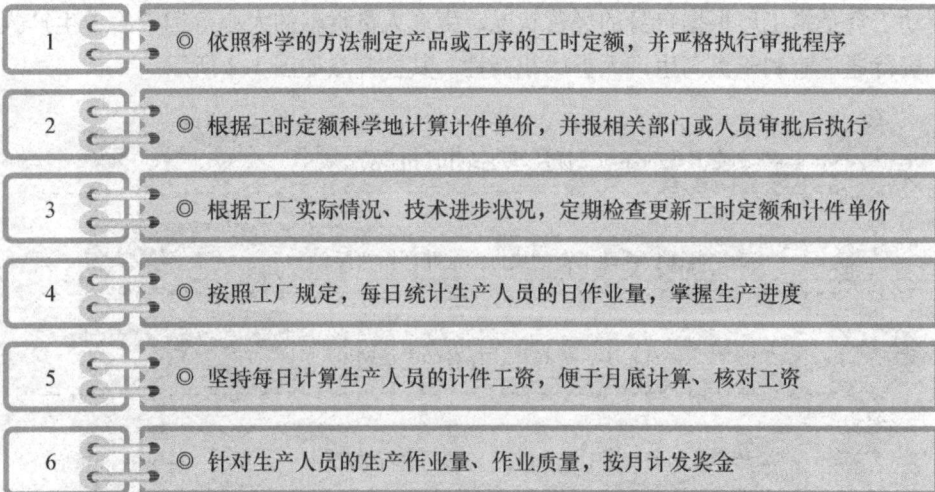

| 1 | ◎ 依照科学的方法制定产品或工序的工时定额，并严格执行审批程序 |
| 2 | ◎ 根据工时定额科学地计算计件单价，并报相关部门或人员审批后执行 |
| 3 | ◎ 根据工厂实际情况、技术进步状况，定期检查更新工时定额和计件单价 |
| 4 | ◎ 按照工厂规定，每日统计生产人员的日作业量，掌握生产进度 |
| 5 | ◎ 坚持每日计算生产人员的计件工资，便于月底计算、核对工资 |
| 6 | ◎ 针对生产人员的生产作业量、作业质量，按月计发奖金 |

**图5-4　计件工资控制点说明**

### （五）定额工资控制点

定额工资是指工厂在实施定额作业的基础上，按照生产人员完成定额的比例支付工资

报酬的一种形式。其控制点如图5-5所示。

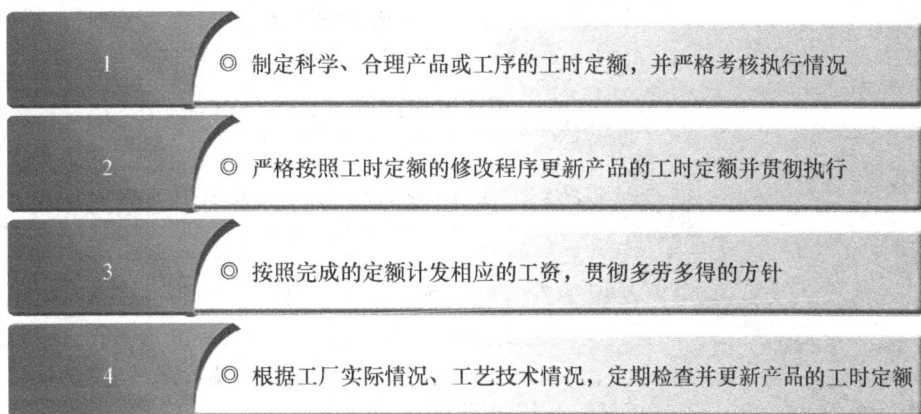

**图5-5　定额工资控制点说明**

### (六)加班工资控制点

加班工资是指在工厂现行作业时间制度控制的基础上延长工作时间而支付的工资。工厂在控制加班工资时的控制点如图5-6所示。

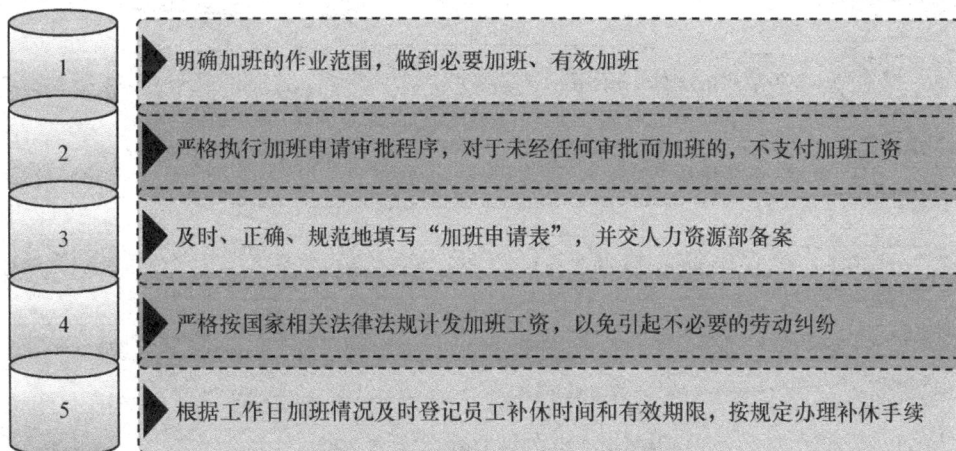

**图5-6　加班工资控制点说明**

### (七)生产人员奖金控制点

生产人员奖金是工厂对生产人员超额生产部分或生产绩效突出的部分所支付的报酬，是生产人员工资的重要补充，是工厂激励生产人员高效生产的重要手段。工厂在控制奖金方面的控制点如图5-7所示。

### (八)生产人员津贴控制点

生产人员津贴是指工厂为了补偿生产人员在特殊条件下额外的劳动消耗或因其他特殊原因支付给生产人员报酬的一种补充性工资形式，其控制点如图5-8所示。

合理确定奖金总额

明确奖励的范围、周期和计奖的生产组织

严格奖金发放审批程序，防止出现乱发、滥发奖金的问题

根据工厂经营、生产的需要确定奖励项目，并设定发放奖金的条件

建立完善的奖金分配办法，并对本办法的执行情况、奖金的发放进行检查

根据工厂经营状况、生产计划完成情况、生产人员的生产任务完成情况计发奖金

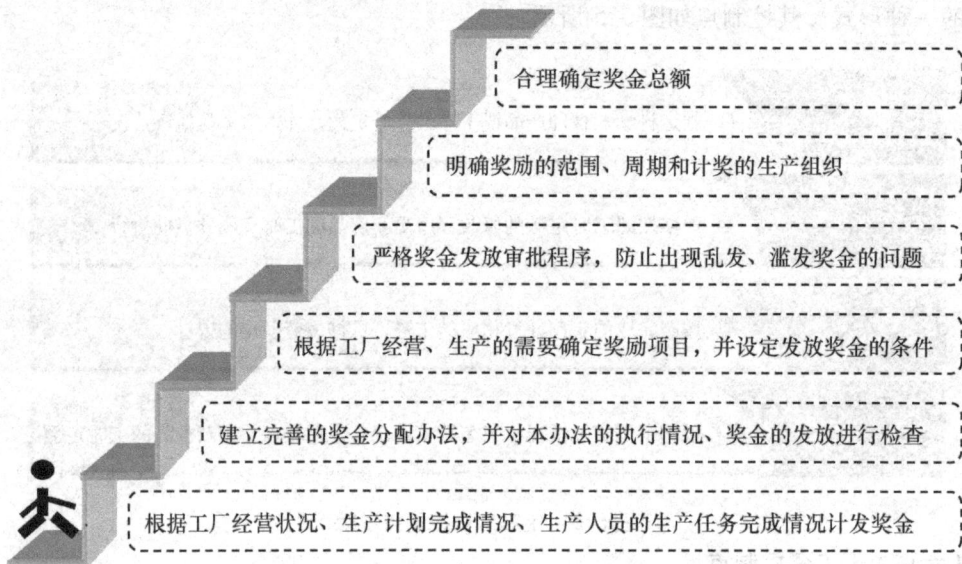

图5-7　生产人员奖金控制点说明

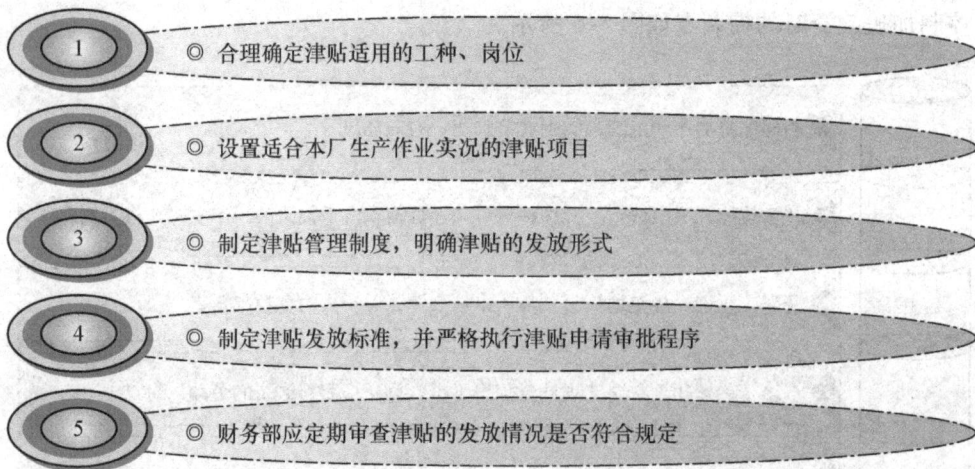

1　◎ 合理确定津贴适用的工种、岗位

2　◎ 设置适合本厂生产作业实况的津贴项目

3　◎ 制定津贴管理制度，明确津贴的发放形式

4　◎ 制定津贴发放标准，并严格执行津贴申请审批程序

5　◎ 财务部应定期审查津贴的发放情况是否符合规定

图5-8　生产人员津贴控制点说明

## 二、浮动工资管理办法

| 制度名称 | 浮动工资管理办法 | | 受控状态 | |
|---|---|---|---|---|
| | | | 编　号 | |
| 执行部门 | | 监督部门 | 编修部门 | |
| 第1章　总则 | | | | |

第1条　目的

为进一步提高工厂的生产效率和管理效率，充分调动广大生产人员的工作积极性，有效控制生产

（续）

人员工资费用，真正体现按劳分配的原则，特制定本办法。

第 2 条　相关定义

1. 生产人员

本办法中所称的生产人员指直接或间接从事产品生产活动的人员，包括一线班组长。具体来说，生产人员是指各生产部中工厂正式任命的管理人员（车间主任级以上人员）、文职人员之外的所有人员。

2. 浮动工资

本办法中所提的浮动工资是指工厂向生产人员所发放的报酬中浮动的那一部分工资，属于直接人工成本的范畴。其发放的直接依据是生产人员的工作绩效、工作表现和公司的经济效益状况。

### 第 2 章　生产人员浮动工资管理职责

第 3 条　工厂总经理或授权审批人

审核、批准工厂有关生产人员浮动工资的管理办法。

第 4 条　人力资源部

（1）负责制定浮动工资的评定细则、发放办法等。

（2）负责确定浮动工资的比例、每月评定与计算。

第 5 条　财务部

（1）负责对浮动工资管理办法、评定细则等规定制度予以备案。

（2）每月根据人力资源部浮动工资的计算结果发放浮动工资。

第 6 条　生产部

协助人力资源部完成生产人员浮动工资的评定工作。

### 第 3 章　生产人员浮动工资评定、计算

第 7 条　生产人员浮动工资占工资总额的比例

对于生产人员，其浮动工资与基本工资的比例为 1∶1。

第 8 条　生产人员浮动工资的基本公式

$$浮动工资 = 定额浮动工资 × 工时完成率 × 品质系数 × 调整系数$$

第 9 条　定额浮动工资的确定

1. 制定定额浮动工资标准

定额浮动工资由人力资源部按生产人员的工种、岗位等因素确定的一个常数。相同岗位、相同工种、相同技能的人员，其定额浮动工资是相同的，具体数额请参照"生产人员定额浮动工资标准表"。

2. 确定定额浮动工资的限额

定额浮动工资的限额根据工厂的经济效益、同行业的薪酬动态进行调整，调整幅度由工厂层决策人员集体讨论决定。

第 10 条　确定工时完成率

生产人员的工时完成率以生产部"生产工时月报表"上记载的数据为准，工时完成率的计算公式如下。

$$工时完成率 = \frac{实际完成工时}{定额工时} × 100\%$$

第 11 条　确定品质系数

生产人员的品质系数就是质量管理部根据送检产品的质量检验结果而评定的一个系数，其范围一

（续）

般为0~1.2。具体评定情况如下表所示。

<h3 style="text-align:center">生产人员品质系数评定表</h3>

| 序号 | 评定要点 | | 品质系数 |
|---|---|---|---|
| 1 | 能超额完成生产任务，并具有一定的创造性 | | 1.2 |
| 2 | 能按时完成工作任务而又无过失 | | 1.0 |
| 3 | 不能按时完成生产任务 | 影响个人的生产进度 | 0.8~0.9 |
| | | 影响生产部后一道工序的进度 | 0.7 |
| | | 严重影响生产部工作进度 | 0.6 |
| 4 | 能按时完成生产任务，但在完成生产任务的过程中有不合格品 | 不合格品率为___% | 0.9 |
| | | 不合格品率为___% | 0.7~0.8 |
| | | 不合格品率为___% | 0.4~0.6 |
| 5 | 不能按时完成生产任务又有不合格品产生 | | 0~0.4 |

第12条 确定调整系数

生产人员浮动工资调整系数一般为1.0，但当生产量发生特别变动或出现其他特殊情况时，由生产部经理确定一个合适的系数并报人事副总审核后，报送工厂总经理批准。

<h3 style="text-align:center">第4章 浮动工资的发放控制</h3>

第13条 浮动工资的发放时间

浮动工资每月评定一次，与基本工资同时发放，但是，当月发放的浮动工资实际上是上一个月度的浮动工资。

第14条 日常检查与定期考核在生产人员浮动工资发放中的应用

1. 车间核算员每天公布生产车间前一天每位生产人员的工时数，由车间主任签批后于当天公示张贴，以便促进当日工时定额未达标的人员日后对工作进行改善。

2. 人力资源部定期对车间、生产人员进行绩效考核，考核结果将作为生产人员浮动工资在评定核算基础上进行调整的依据之一。

<h3 style="text-align:center">第5章 附则</h3>

第15条 本办法的制定、修订与解释

1. 本办法由生产部制定，经人事副总审核后，报工厂总经理批准并报财务部备案。

2. 本办法的修订、解释权归生产部所有。

第16条 本办法的生效

本办法自____年__月__日生效。自生效之日起，有关生产人员浮动工资的管理均依本办法执行。

| 修订记录 | 修订标记 | 修订处数 | 修订日期 | 修订执行人 | 审批签字 |
|---|---|---|---|---|---|
| | | | | | |
| | | | | | |

## 三、计时工资控制办法

| 制度名称 | 计时工资控制办法 | | 受控状态 | |
|---|---|---|---|---|
| | | | 编　　号 | |
| 执行部门 | | 监督部门 | 编修部门 | |

第 1 条　目的

为调动生产人员的积极性，提高生产效率，实行以产量、质量、成本、安全为一体的目标管理，通过加强对生产人员计时工资的考核管理，实现工厂的增产增效，特制定本办法。

第 2 条　适用范围

本办法适用于不易计件的生产作业人员及执行计时工资制的生产一线人员，不包括辅助生产人员和生产车间的管理人员。

第 3 条　计时工资的定义

计时工资是指按照员工的工作时间来计算工资报酬的一种方式，生产人员的计时工资主要由岗位工资、出勤奖金（罚金）、工龄工资三大部分构成。

第 4 条　岗位工资控制

1. 计时人员的岗位工资

根据生产人员劳动强度、责任大小、工作技能、工作环境等因素的不同，工厂对不同等级的生产人员设定不同的小时工资率，并根据标准工时的执行情况计算计时工资。不同等级岗位工资标准如下表所示。

**不同等级岗位工资标准表**

| 岗位等级 | 对应职位 | 小时工资率（元/小时） |
|---|---|---|
| 1 级 | 初级工 | ＿＿＿ |
| 2 级 | 熟练操作工 | ＿＿＿ |
| 3 级 | 技术工人（含班组长等骨干工人） | ＿＿＿ |

2. 按实际工时计发岗位工资

（1）实际工时≤标准工时

岗位工资＝实际工时×小时工资率

（2）实际工时＞标准工时

岗位工资＝实际工时×小时工资率＋奖金系数×（标准工时－实际工时）×小时工资率

其中，奖金系数一般按生产人员作业品质来定，计算公式为：

$$奖金系数＝品质系数＝\frac{实际作业合格率}{作业要求的合格率}×100\%$$

3. 生产人员岗位工资的计发核定

为做好生产人员岗位工资的计发工作，生产车间管理人员应按日做好生产人员的工时统计工作，

（续）

按产品线分别向工厂行政人事部呈报，以便行政人事部按时核定生产人员的计时工资。

### 计时人员岗位工资核定表

日期：＿＿年＿月＿日

| 产品名称 | | | | 适用制造批号 | |
| --- | --- | --- | --- | --- | --- |
| 作业名称 | 标准工时 | 实际工时 | 产品质量等级 | 相应等级小时工资率 | 应付岗位工资总额 |
| | | | | | |
| | | | | | |

审核人：　　　　　　　　　　　　　　填表人：

第5条　出勤奖金（罚金）控制

为规范考勤管理，保证生产任务的按时完成，工厂一般按月度计发工资，并设立出勤奖金（罚金）。其具体的核算控制方法参照下表。

### 出勤奖金（罚金）核定表

| 月出勤情况 | | 计算标准 |
| --- | --- | --- |
| 全勤 | | 全勤奖100元 |
| 迟到、早退 | 时间小于5分钟且次数在3次以内 | 无全勤奖 |
| | 时间小于5分钟但次数超过3次 | 3次以后每次扣5元 |
| | 大于5分钟小于20分钟 | 每次扣10元 |
| | 大于20分钟 | 按"0.5×（8×小时工资率）"扣罚 |
| 事假 | 半天 | 按"0.5×（8×小时工资率）"扣罚 |
| | 1天（含）以上 | 按"事假天数×（8×小时工资率）"扣罚 |
| 病假 | 半天 | 不扣工资 |
| | 1天（含）以上 | 按"病假天数×（4×小时工资率）"扣罚 |
| 旷工 | 半天 | 按"8×小时工资率"扣罚 |
| | 1天 | 按"2×（8×小时工资率）"扣罚 |
| | 2天 | 按"4×（8×小时工资率）"扣罚 |
| | 3天（含）以上 | 视为自动离职 |

第6条　工龄工资控制

由于生产人员为工厂连续服务的年限不同，其所享受的工龄待遇也有所不同，工龄工资通常是按年递增的。

1. 适用范围

工厂规定在工厂工作满一年以上的正式员工享有月工龄工资。

（续）

2. 计算方法

工龄工资以月度为周期发放，其计算公式为：月工龄工资＝本厂服务年数×10 元。

第 7 条　本办法的生效

本办法由工厂行政人事部根据工厂的实际情况制定，并有权依工厂的发展或实际情况进行修订。制定或修订后，需报工厂总经办审批，自颁发之日起生效实施。

| 修订记录 | 修订标记 | 修订处数 | 修订日期 | 修订执行人 | 审批签字 |
|---|---|---|---|---|---|
| | | | | | |
| | | | | | |

# 四、计件工资实施细则

| 制度名称 | 计件工资实施细则 | | 受控状态 | |
|---|---|---|---|---|
| | | | 编　号 | |
| 执行部门 | | 监督部门 | 编修部门 | |

## 第 1 章　总则

第 1 条　目的

本着下列三个方面的目的，根据工厂的实际情况，特制定本细则。

1. 消除目前的计时工资制度带来的种种弊端。

2. 发掘员工的内在潜力，调动员工积极性，增强激励机制。

3. 为最大限度地保证一线员工的利益，充分体现"按劳分配、多劳多得"的分配原则。

第 2 条　适用范围

本细则适用于本工厂的技工、普工、辅助普工等工种的生产一线工人。

第 3 条　工资实施细则制定的原则

1. 员工发展导向原则

工厂鼓励工人努力学习专业知识，提升自己的能力，提高技术水平和工时效率，并在薪资上保证付出与回报的协调统一。

2. 质量第一原则

工厂在鼓励员工提高生产效率的同时，高度强调质量的重要性，使员工待遇与产品质量紧密相关。

3. 节约、低消耗原则

工厂为督促工人提高节约意识，严格控制物料消耗，保证高效率、低消耗的生产，从而将物料消耗控制情况与工人的薪资水平挂钩。

## 第 2 章　计件工资的形式

第 4 条　相关定义

1. 计件工资

计件工资是指结合产品的数量、质量和事先设定的计件单价来计算的工资。

（续）

2. 计件单价

工厂依据工作性质、劳动强度、工人平均工作能力、工人平均产量等因素确立该岗位员工完成每件产品应得的工资。

3. 无责任底薪

工厂为保证工人日常生活所需，结合当地规定的最低工资标准和工人的技能水平，确立工人无需工作即能得到的最低工资。

4. 计件提成

工厂按照工人在单位时间内（一个月）生产的产品数量和计件单价确定应支付给工人的工资。

第5条　工厂采取的工资形式

工厂依据实际情况，将采取"无责任底薪＋计件提成"的计件工资制。

### 第3章　计件工资核算细则

第6条　无责任底薪核算

无责任底薪是工厂向按照工厂正常工作时间上班的工人提供的福利底薪，为保证工人日常生活所需，无责任底薪一般为工人平均工资的20%。

第7条　计件提成工资的核算

计件提成是工人计件工资制中主要的工资组成部分，该部分工资金额为计件单价与工人在单位时间内（一个月）所完成的合格产品数量的乘积。

第8条　计件单价的确立与控制

计件单价是根据综合分析生产劳动强度、市场薪资水平、平均产品成本、产品利润等方面因素确立的工人每生产一件合格产品所享受的工资。

1. 生产劳动强度分析

由于生产人员的工种、岗位不同，生产部需要依据国家《体力劳动强度分级 GB3869-1997》及岗位研究的理论和实践的技术要求调查劳动时间率、平均能量代谢率、劳动强度指数、劳动强度分级等指标，综合分析出工厂工人的具体劳动强度级别，为人力资源部确立计件单价提供有效数据。

2. 平均产品成本确立

（1）财务部依据工厂近半年财务报表中直接材料成本、直接人工成本、制造费用、销售费用、管理费用等相关数据，核算出近半年产品成本的财务数据。

（2）采购部依据原材料及其他生产所需的产品市场价格得出采购数据。

（3）生产部在财务部、采购部提供数据的基础上，结合生产实际情况对数据进行补充。

3. 产品利润资料获取

销售部通过对该产品的近半年的市场售价、市场价格走势、销售过程中的正常损耗等指标的综合分析，得出市场销售数据并提供给人力资源部。

4. 市场薪资水平获取

（1）人力资源部对生产部提供的劳动强度认定进行分析，确立同等劳动强度市场上的工作类型。

（2）对同行的计件单价水平进行调查，获取有效信息。

（3）分析薪资调查结果，结合销售部、财务部、采购部、生产部所提供的信息，确立初步的计件单价。

（续）

（4）生产部对计件单价进行综合分析并进行修正，确立计件单价后报送上级批准实施。

第9条　产品数量与质量的审核与生产过程的控制

1. 计件产品数量确定

工厂车间统计员对经质检部检验合格产品进行计件，并报送人力资源部进行工资核算。

2. 产品质量确定

（1）工厂按规定对半成品质量检验结果、工序间互检、工序和设备自检等质量指标进行考核，并制定相应的奖惩措施。

（2）工厂计件工资所运用的产品数量仅为合格产品数量，不合格产品中，对于其中可以进一步加工改为合格产品的产品可进一步进行加工，记入下次计件数据中。

（3）对于重复生产造成的不良影响及生产事故等的处罚，按照工厂相应的惩罚制度执行。

第10条　生产人员材料消耗目标达成情况的考核

1. 考核指标

材料消耗目标达成情况采用整个车间各类材料的节约率或浪费率来考核，计算公式分别如下。

$$材料节约率 = \frac{某材料消耗定额 - 该材料实际消耗量}{该材料消耗定额} \times 100\%$$

$$材料浪费率 = \frac{某材料实际消耗量 - 该材料消耗定额}{该材料消耗定额} \times 100\%$$

2. 考核及奖惩办法

（1）对整个车间来说，材料节约率每增加1个百分点，将给予____元奖励；材料浪费率每增加1个百分点，将予以____元的罚款。

（2）对于奖励或处罚的款项，由车间主任根据各级人员的责任大小按比例分摊，并于生产工人的计件工资中增加或扣除。

第11条　生产设备损毁情况的考核

生产部依据工人遵守设备操作规程的情况及其因错误、野蛮操作造成的设备事故损失等进行考核，并进行直接性的现金处惩。

第12条　计件工资的发放控制

1. 计件工资由车间统计员根据计件单价按实核算，由车间主任审核，人力资源部核准。

2. 若计件工资核算有误，应由车间主任、统计员、生产人员三方共同商讨、勘误更正并签名确认后方可生效，不可由车间单方面更正，否则更改结果无效。

3. 工厂每月____日前通过现金或银行转账的形式发放工资，如有特殊情况延迟，将提前通知。

### 第4章　附则

第13条　本细则未规定事项依据工厂相关薪酬制度执行，必要时可及时编制新制度或增编补充制度。

第14条　本细则由人力资源部负责最终解释，自____年__月__日起正式实施。

| 修订记录 | 修订标记 | 修订处数 | 修订日期 | 修订执行人 | 审批签字 |
|---|---|---|---|---|---|
| | | | | | |
| | | | | | |

## 五、定额工资管理制度

| 制度名称 | 定额工资管理制度 | | 受控状态 | |
|---|---|---|---|---|
| | | | 编　号 | |
| 执行部门 | | 监督部门 | 编修部门 | |

第 1 章　总则

第 1 条　目的

为建立合理、公正的工资制度，体现按劳分配的原则，调动生产作业人员的工作积极性，结合工厂的实际情况，特制定本制度。

第 2 条　适用范围

本制度适用于车间内的生产一线工人。

第 3 条　工资制度制定的原则

1. 业绩导向原则，即工厂鼓励员工积极提高劳动生产率，并享受与之相符的工资待遇。

2. 质量第一原则，即工厂在鼓励员工提高生产效率，提高产量的同时，必须严把质量关，强调质量的重要性，使员工待遇与产品质量紧密相关。

第 2 章　定额工资的形式

第 4 条　相关定义

1. 定额工资，是指工厂在生产人员进行定额作业的基础上，按照生产人员完成定额的多少支付的相应工资报酬，主要包括工时定额工资和计件定额工资。

2. 工时定额工资，是指按照生产单位产品或某工序所规定的标准时间消耗量、实际工作时间、差额工资系数和应得赏罚等要素进行计算的工资。执行定额管理的产品与工序，须有科学准确的计量标准，并能进行严格的考核。

3. 计件定额工资，是指按照员工实际产量、标准产量、差额工资系数和质量系数等要素来计算的工资。它不直接用劳动时间来计量劳动报酬，而是用一定时间内的劳动成果来计算。

第 5 条　工厂采取的定额工资形式

1. 对于大部分一线生产人员而言，都是独立完成单个产品的生产过程，将采用差别计件定额工资制，即按照生产人员个人在一个生产周期内（一个月）所完成的产品数量及质量，进行综合考评，确定员工该月生产水平所处的级别，享受该级别所对应的薪酬福利标准。

2. 对于另一部分人员将采用工时定额工资制，如工厂部分一线熟练工人主要从事培养新人的工作，履行"师傅"的职责，未直接参与生产，可依其带领工人的数量、完成工作的数量与质量等因素综合考评出其所处的工资级别，然后依据实际工作时间核算出其应得的工资。

第 3 章　定额工资管理组织与职责

第 6 条　工厂定额审查小组

审查小组由主管副总指定工艺技术部和生产部相关人员组成，一般为三名主管及以上职位人员。其职责主要有以下三点。

1. 负责审查工艺技术部和生产部制定或修改的定额标准。

（续）

2. 每半年定期检查定额标准并组织修改定额标准。

3. 监督各车间对定额标准的执行。

第7条　工艺技术部定额专员

1. 依据工厂定额标准及领导的有关规定，负责工厂内定额标准的组织制定和日常管理，并组织各车间贯彻执行。

2. 负责定额的统计分析工作，平衡各车间的定额水平。

第8条　各车间核算员

1. 负责定额标准在本车间内的贯彻执行和管理工作。

2. 负责工厂要求的各种报表的提报工作。

第9条　人力资源部

人力资源部经理带领、指导薪酬专员负责制定本制度，对实施过程进行控制与调整，保证制度的顺利实行，以及生产人员薪酬福利的发放管理工作。

### 第4章　定额制定与修改控制

第10条　定额制定控制

1. 定额制定原则

（1）考虑各车间、各工序、各班组之间的平衡。

（2）同一工序、同一产品定额唯一。

（3）各尽所能，按劳分配。

2. 定额制定依据

（1）根据生产工作经验对个人生产能力进行估算。

（2）统计、分析生产数据，根据多人生产同一种产品的情况测出数据进行统计计算。

（3）对类似产品或工序间进行对比分析。

（4）分析工厂的技术工艺水平和设备的先进程度。

3. 新产品定额制定流程（如下图所示）

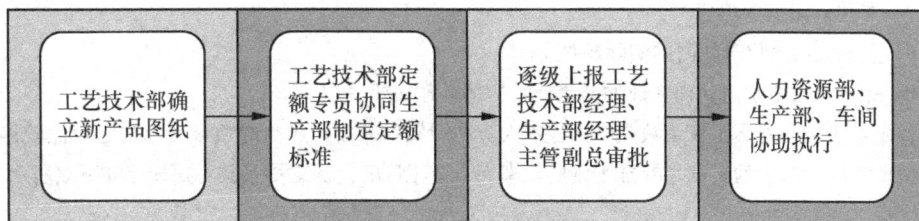

**新产品定额制定流程图**

第11条　定额的修改控制

1. 修改审批程序控制

（1）工艺技术部定额专员根据生产部定额调查和工厂生产状况，提出修订定额申请，并拟订新定额。

（2）经定额审查小组审查通过后，由主管副总审批签字。

（续）

（3）工艺技术部发布新的定额标准，生产部、生产车间执行新的定额标准。

（4）生产车间对产品定额有异议时，须及时向工艺技术部和定额审查小组提出，并填写"产品定额修改表"，工艺技术部和定额审查小组对其进行审核评价并交由主管副总签字后，执行新的定额标准。

2. 定额检查

工艺技术部和定额审查小组每半年对定额标准复核一次，报主管副总批准生效后，生产车间执行新的定额标准。

3. 定额临时修改控制

如遇下列情况之一，对定额有重要影响时，相关部门可申请临时修改定额。

（1）引进先进的技术和工艺，大大提高了生产效率。

（2）原材料规格改变。

（3）产品规格改变。

（4）生产设备、工具发生改变。

## 第5章　计件定额工资核算控制

第12条　计件定额工资核算标准

工厂计件定额工资实行差别计件定额工资标准，依据工厂现有技术设备、生产能力等多方面因素综合分析，综合制定出每人单位时间（一个月）定额标准，各级定额核算人员依据工人的实际产量、完成量对应的单价、质量系数综合核算工人单位时间（一个月）的应得工资。

第13条　计件定额工资核算公式

1. 超过计件定额时：$W = [X \times A + (S-X) \times B \times A] \times t$。

2. 未超过计件定额时：$W = S \times B \times A \times t$。

第14条　计件定额工资核算公式的说明

1. W：单位时间内应得工资总额。

2. X：定额标准。

3. A：单位产量工资单价。

4. S：生产人员单位时间内的实际产量。

5. B：生产人员单位时间内完成的产量所对应的差额工资系数。

计件定额工资的差额工资系数是依据生产人员在周期内完成产成品的数量与标准定额比较得到的工作能力所处级别对应的工资与标准工资的比率。生产工厂的差额工资系数对照情况如下表所示。

**计件定额工资差额工资系数对照表**

| 完成标准量的百分比 | 150%以上 | 120%～150% | 100%～120% | 100% | 100%以下 |
|---|---|---|---|---|---|
| 差额工资系数 | 1.5 | 1.3 | 1.1 | 1 | 0.9 |

注：以上百分比范围中，均包含上限百分比，不包含下限百分比。

6. t：质量系数。

质量系数是综合考评员工完成产成品的质量等级对应的参数，如下表所示。

（续）

### 计件定额工资质量系数对照表

| 合格率（%） | … | 96~97（含） | 95~96（含） | 95 | 94（含）~95 | 93（含）~94 | … |
|---|---|---|---|---|---|---|---|
| 质量系数（t） | … | 1.2 | 1.1 | 1 | 0.9 | 0.8 | … |

## 第6章　工时定额工资核算控制

**第15条　工时定额工资核算标准**

工时定额工资实行差别工时定额工资标准，依据个人技术能力、完成工作数量与质量等多方面因素综合分析，确定差额工资的级别，然后根据实际工作时间、各级别单位工资标准、所受奖惩等因素核算出其应得工资。

**第16条　工时定额工资核算公式**

核算公式：$W = T \times U \times Y + F$。

1. W——单位时间内应得工资总额。

2. T——实际工作时间。

3. U——对应级别的差额工资系数。

工时定额的差额工资系数是指综合分析员工的各项考评指标所得到的员工所处的级别所对应的工资与标准工资的比率，如下表所示。

### 工时定额的差额工资系数对照表

| 所处级别 | A | B | C | D |
|---|---|---|---|---|
| 差额工资系数 | 1.5 | 1.2 | 1 | 0.9 |

4. Y——单位时间标准工资。

5. F——所受奖惩总额。

**第17条　工时定额工资的考核**

由于采取工时定额工资制的工人一般比普工承担着更大的责任，所以工厂对其设立了相应的考核办法与奖惩细则，即对这些工人的出勤时间、工作效率、安全生产、所带普工的工作业绩与表现等指标进行考核，并根据考核结果进行相应的奖惩。

## 第7章　附则

**第18条**　所有定额工资将于次月10日核算完成并发放。

**第19条**　本制度解释权归工厂人力资源部，自____年__月__日起执行。

| 修订记录 | 修订标记 | 修订处数 | 修订日期 | 修订执行人 | 审批签字 |
|---|---|---|---|---|---|
| | | | | | |
| | | | | | |

## 六、加班工资控制办法

| 制度名称 | 加班工资控制办法 | | 受控状态 | |
|---|---|---|---|---|
| | | | 编　号 | |
| 执行部门 | | 监督部门 | 编修部门 | |

第1条　目的

根据《中华人民共和国劳动法》、《中华人民共和国劳动合同法》关于用人单位安排劳动者延长工作时间及在休息日、法定节假日加班应当支付加班工资的规定，结合工厂生产人员保底计件工资制度，本着下列三大目的，特制定本办法。

1. 杜绝不合理的加班。

2. 规范工厂加班工资的计算与支付。

3. 在必须加班时，激发员工的工作热情，满足市场供货需求。

第2条　适用范围

本办法适用于实行计件工资制的一线生产人员（包括班组长）的加班工资控制。

第3条　相关释义

1. 加班是指在工厂规定工作时间以外的超时工作。

2. 加班工资是指因规定工作时间以外的超时工作而支付的工资。

第4条　加班范围控制

为做到必要加班，控制生产人员的加班工资，避免因不必要加班而造成损失，工厂在下列情况下，方准许相关生产人员进行加班。

1. 在正常工作时间完不成生产任务但又必须在规定的时间内完成。

2. 临时布置的紧急生产任务。

3. 必须于班后或休息日完成的生产任务。

第5条　合理安排生产日程和作业计划以控制加班

1. 各车间每月必须根据生产部下达的生产计划和批量时间进度要求，合理组织安排员工生产，并在每月生产计划下达后两个工作日内，将当月生产日程及"生产人员安排表"报人力资源部备案。

2. 各车间在安排生产人员时，要根据各工序的人员编制合理确定。

3. 各车间根据核定出勤天数完成生产任务，当月若因停料、停电、停气等因素而利用休息日上班的不计加班。

4. 各车间在生产计划外追加计划等客观原因需要安排员工在休息日加班的，生产车间必须在加班前与人力资源部核定，核算时如实申报和真实记录员工加班时间及其完成的生产量。

第6条　加班申请审批控制

为确保必要加班、有效加班，本工厂所有加班均需经过申请审批。未经申请审批的加班，视为无效加班，工厂不予支付加班工资。

1. 加班申请

各车间生产人员的加班一般由班组长根据生产任务的具体情况提出申请，填写"生产人员加班申

（续）

请单"，生产人员也可根据实际情况向班组长提出加班申请。"生产人员加班申请单"的样式如下表所示。

**生产人员加班申请单**

车间：　　　　　　　　　　　　　　　　　　申请日期：___年__月__日

| 加班类别 | □ 工作日 | | □ 公休日 | | □ 法定节假日 | |
|---|---|---|---|---|---|---|
| 加班原因 | | | | | | |

| 日期 | | 姓名 | 工作内容和地点 | 实际加班时间 | | | 计件数 | 加班费 |
|---|---|---|---|---|---|---|---|---|
| 月 | 日 | | | 起 | 止 | 时数 | | |
| | | | | | | | | |
| | | | | | | | | |
| | | | | | | | | |
| 合计 | | —— | | —— | —— | —— | —— | |
| 备注 | | 加班时间超过1小时才能申报，加班满4小时按半个工作日计算，以此类推 | | | | | | |
| 生产部经理 | | 车间主任 | | 班组长 | | 申请人 | | |
| 主管会计 | | | | 出纳员 | | | | |

2. 加班申请的审批过程

（1）车间主任根据车间生产计划，在"加班申请表"上签字后，交由生产部经理审批签字。

（2）经生产部经理审批通过后，车间班组长报人力资源部备案，并落实加班工作。各车间应严格审批流程，若事前未完善手续的，事后不予补发加班工资，由此造成的一切后果由车间负责。

（3）人力资源部审核加班申请手续是否完备，根据"生产人员加班申请表"计算生产人员的加班工资。

第7条　加班工资核算控制

1. 加班工资核算时间

加班工资每月计算一次，加班时间应以考勤数据和"生产人员加班申请表"为依据，并于加班后一个工作日内送交人力资源部，逾期不作加班处理。

2. 加班时间的计算

（1）人力资源部在计算加班工资时，首先应根据车间人员的既定编制进行核算。若当月有员工请假天数在5天以上，可调减生产量；5天及以下由车间自行调整。

（2）在工作日因工作原因需要加班的，从18：00开始计算实际加班时间，加班时间超过1小时方能申报加班，加班至20：00后需扣半小时的用餐时间；在休息日及节假日加班，若包含用餐时间的，实际加班时间要减去半小时的用餐时间。

3. 加班工资的计算控制

（1）生产人员在国家法定节日（元旦、春节、清明节、劳动节、端午节、中秋节、国庆节）加班的，

（续）

加班工资按岗位工资的300%与当日计件工资之和支付，即：

$$加班当日工资所得 = \frac{岗位工资}{21.75} \times 3 + 当日计件工资$$

（2）生产人员周六、周日加班的，加班工资按岗位工资的200%与当日计件工资之和支付，即：

$$加班当日工资所得 = \frac{岗位工资}{21.75} \times 2 + 当日计件工资$$

（3）生产任务紧急等特殊情况下，生产人员需在工作日加班的，每日加班若超过4小时，可经生产部经理、生产副总审批同意后，由人力资源部按生产人员正常工作时间的小时岗位工资的150%支付，即：

$$加班时工资所得 = \frac{岗位工资}{21.75} \div 8 \times 1.5 \times 加班小时数 + 计件工资$$

（4）生产人员需在工作日加班的，未超过4小时的，一般予以累计后调休，不支付加班工资。若加班至20：00，予以误餐补贴每人每餐____元；若加班至21：00，可予以报销从工厂至住所的出租车车费。

（5）试用期人员工作日及休息日加班时，一律予以调休，并予以误餐补贴每人每餐____元。

（6）支付加班工资的生产人员不得申请误餐补贴，不得报支交通费用。

第8条　加班工资支付控制

财务部在支付生产人员加班工资及相关费用时，需按前述规定审查加班手续是否完备。

| 修订记录 | 修订标记 | 修订处数 | 修订日期 | 修订执行人 | 审批签字 |
|---|---|---|---|---|---|
| | | | | | |
| | | | | | |

# 七、生产人员奖金管理办法

| 制度名称 | 生产人员奖金管理办法 | | 受控状态 | |
|---|---|---|---|---|
| | | | 编　号 | |
| 执行部门 | | 监督部门 | 编修部门 | |

## 第1章　总则

第1条　目的

为提升薪酬水平的竞争力，鼓励工人结合工作思考工作捷径、提升工作效率，并对工人的努力进行奖励，激励工人，结合工厂实际，特制定本办法。

第2条　适用范围

本办法所规定奖金面向所有为工厂生产做出贡献的一线工人。

（续）

## 第2章　工厂的奖金构成

**第3条　奖金的构成**

工厂为激励为工厂生产做出贡献的工人，结合工厂效益、工人日常工作情况、原材料使用率、工人工作思考成果、工人技术能力等指标，制定以下四种奖金项目。

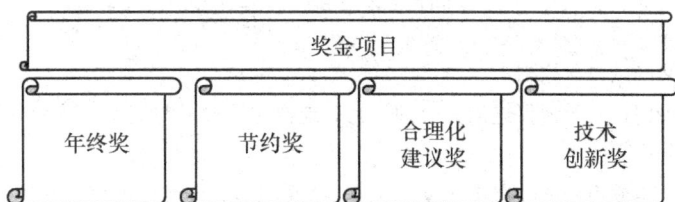

```
┌─────────────────────────────────────────────┐
│                  奖金项目                      │
└─────────────────────────────────────────────┘
  ┌────────┐  ┌────────┐  ┌────────┐  ┌────────┐
  │ 年终奖  │  │ 节约奖  │  │ 合理化  │  │  技术   │
  │        │  │        │  │ 建议奖  │  │ 创新奖  │
  └────────┘  └────────┘  └────────┘  └────────┘
```

**工厂奖金项目示意图**

**第4条　奖金获得资格控制**

工厂对于本年度出现以下任一情况的工人，将取消其本年度所有项目奖金的获得资格。

1. 本年度内出现重大生产事故者。

2. 本年度生产的产品出现严重质量问题，并对工厂造成不良外部影响者。

3. 本年度内出现严重违反工厂规章制度者。

4. 本年度本人出现社会犯罪等社会危害行为者。

5. 本年度所在车间评分低于 60 分或个人评分低于 60 分者。

## 第3章　奖金的发放及控制

**第5条　年终奖发放流程与控制**

年终奖是工厂在年终依据工厂效益，对本年度为工厂生产做出贡献的工人发放的奖金。工厂年终奖发放程序如下。

1. 工厂年初核算确定年终奖发放比例。

2. 工厂年终依据本年度利润总额、年终奖发放比例确定年终奖总额。

3. 工厂依据各车间的劳动生产率、安全成品率、工人团结度等指标对车间进行评分，核算出年终各车间应得的年终奖总额。

4. 各个车间依据工厂规定对工人上年表现、劳动生产率、安全成品率、物耗、设备完好率等指标进行评分考核，并提交工人年终个人得分数据。

5. 人力资源部依据车间考评总分、工人考评总分、年终奖总额等指标核算出工人应得的年终奖金额，提交上级批准后，由财务部负责发放。

**第6条　年终奖发放考核与控制**

工厂年终奖的发放实行双重考核，严格控制，以达到发放奖金所要取得的效果。

1. 工厂对各个车间依据其产量指标、劳动生产率指标、质量指标、成本指标、安全指标、环境指标、设备管理指标、部门协作指标等进行综合考核评分，并依据所有车间年度得分、本车间得分、奖金总额计算出该车间应得总奖金。其计算公式如下。

$$车间应得奖金总额 = 工厂年终奖总额 \times \frac{车间考核得分}{工厂所有车间考核总分}$$

（续）

2. 各个车间对本车间工人依据其上年表现、劳动生产率、安全成品率、物耗、设备完好率等指标进行综合考核评分。并依据车间年度奖金总额、本车间所有工人总得分、工人个人得分计算出该工人应得奖金。其计算公式如下。

$$个人应得奖金 = 车间年终奖总额 \times \frac{个人考核得分}{车间所有工人考核总分}$$

第7条　节约奖的发放与控制

节约奖是工厂专门设立的为促进工人合理、充分地使用原材料与能源，减少原材料、能源浪费，提高工人节约意识的个人奖项。

节约奖的发放，主要由生产部在年终考核时对工人原材料、能源使用情况进行考核，对考核处于A级的工人进行的一次性现金奖励，奖励金额为____元。其具体考核细则如下表所示。

**节约奖考核标准表**

| 等级 | 所需达到标准 |
|---|---|
| A | 1. 原材料使用率在工厂规定原材料使用率的95%以下<br>2. 全年未出现停工未断电、断水、断气的现象<br>3. 能主动监督其他工人节约情况，起到带头作用<br>4. 按照"设备操作规范"操作设备、爱护设备，设备损毁率低于工人平均水平 |
| B | 1. 原材料使用率能达到工厂规定的水平<br>2. 具有节约意识，全年仅出现三次以下不节约行为<br>3. 能够按照"设备操作规范"操作设备，设备损毁率不高于工人平均水平 |
| C | 1. 原材料使用率高于工厂规定水平<br>2. 经常会出现浪费能源和原材料的行为，在工厂造成不良影响<br>3. 不按规范操作设备，经常出现野蛮操作、设备损毁等情况 |

第8条　合理化建议奖的发放与控制

合理化建议奖是工厂为鼓励工人对生产或工厂运营等方面积极提出自己的见解所设立的奖项。该项奖项在年终统一发放，奖励金额为____元。工人要申请该奖项必须符合以下三项考核标准。

1. 结合工厂实际情况，提出了有效的建议。

2. 所提建议能够应用于工厂生产之中，并能取得积极的效果。

3. 工人本年度考核车间得分和个人得分均高于60分。

第9条　技术创新奖的发放与控制

技术创新奖是工厂为鼓励工人充分运用自己的科学文化知识，积极结合生产过程进行思考，对取得对生产确实有效的技术创新的工人进行奖励而设立的奖项，依据该技术创新每年为工厂所创造的价值向工人发放对应等级奖金。

技术创新奖的具体金额将依据技术所创造的利润进行确定，如下表所示。

（续）

**技术创新奖励标准表**

| 技术创新每年为工厂创造利润 | 奖励比例 | 技术创新每年为工厂创造利润 | 奖励比例 |
|---|---|---|---|
| 1 000 万元以上 | 18% | 5 万元～50 万元（含） | 5% |
| 200 万元～1 000 万元（含） | 12% | 5 万元（含）以下 | 1% |
| 50 万元～200 万元（含） | 8% | —— | —— |

工人要申请该奖项必须符合以下三项考核标准。

1. 结合工厂实际生产，提出相应的技术创新。

2. 所提技术创新能够运用于实际生产中，使用半年后仍能为工厂创造价值。

3. 该技术创新为工人自主创新，社会上不存在同样的技术，不存在侵权或虚假的情况。

**第4章　附则**

第10条　本办法未规定事宜按照工厂其他制度的相关规定实施。

第11条　本办法最终解释权归人力资源部所有，自___年__月__日起正式实施。

| 修订记录 | 修订标记 | 修订处数 | 修订日期 | 修订执行人 | 审批签字 |
|---|---|---|---|---|---|
| | | | | | |
| | | | | | |

# 八、生产人员津贴管理制度

| 制度名称 | 生产人员津贴管理制度 | | 受控状态 | |
|---|---|---|---|---|
| | | | 编　号 | |
| 执行部门 | | 监督部门 | 编修部门 | |

**第1章　总则**

第1条　目的

为完善薪酬制度，提升工人福利待遇水平，协助解决工人的后顾之忧，提升工人的工作热情，结合工厂实际，特制定本制度。

第2条　适用范围

本制度适用于工厂所有一线生产人员。

**第2章　住房津贴的管理与控制**

第3条　住房津贴面向对象

住房津贴适用于与工厂签订正式劳动合同但不在集体宿舍居住的工人。

第4条　住房津贴的发放控制

1. 住房津贴发放条件

不选择集体住宿的工人要申请获得住房津贴的，必须符合以下工厂规定的特殊情况。

（续）

（1）工人在本地有自有常住住房者。

（2）工人已婚，需在外租房，不适合住宿集体宿舍者。

（3）因特殊情况，工人休息时需经常外出，不适合集体住宿者。

（4）有其他特殊情况，向上级申请并获得允许者。

2. 住房津贴发放金额

工厂对符合以上规定的工人，结合所在地的住房成本，随工资发放____元/人·月的住房津贴。

## 第3章　夜班津贴的管理与控制

第5条　夜班津贴面向对象

夜班津贴适用于工厂有生产需要时参与夜班生产的工人。

第6条　夜班津贴的发放与控制

1. 夜班津贴的发放

工厂在生产任务较重的情况下，一般运用四班三轮换的形式进行 24 小时生产作业。在进行 24 小时生产作业时，工厂向参与夜班生产的工人发放夜班津贴，具体标准为____元/人·次。

2. 夜班津贴的发放控制

按照工厂的相关规定，工厂只对同时符合以下三个条件的夜班工作的工人发放夜班津贴。

（1）工作时间必须包含 0：00～04：00 这个时间区间。

（2）审核依据必须按照实际到岗情况，而不依据排班情况。

（3）夜班生产时生产情况正常，没有出现重大生产事故。

## 第4章　粉尘津贴的管理与控制

第7条　粉尘津贴面向对象

粉尘津贴适用于在产生有害颗粒物较多的车间作业的工人。

第8条　粉尘津贴的发放与控制

1. 粉尘津贴的发放

工厂对于打砂车间、翻砂车间等产生粉尘较严重的车间工作的工人发放粉尘津贴，以最大程度地维护工人的合法权益。考虑到这些车间工作的特殊性，工厂按照工作时间差别计算粉尘津贴金额。

2. 粉尘津贴的发放控制

考虑到粉尘环境对人体的危害性，工厂主要运用时间指标差别计算粉尘津贴。其具体核算标准如下。

**粉尘津贴的发放标准表**

| 每日工作时间（小时） | 津贴标准（元/人·日） | 每日工作时间（小时） | 津贴标准（元/人·日） |
|---|---|---|---|
| 0～2（含） | 15 | 4～6（含） | 50 |
| 2～4（含） | 30 | 6 小时以上 | 80 |

## 第5章　技术津贴的管理与控制

第9条　技术津贴面向对象

工厂中的技术人才和技术能手。

（续）

第10条 技术津贴的发放与控制

1. 技术津贴的发放

工厂依据国家相关工人技术等级标准及工厂的工人考核标准对工人进行技术评定，并按照以下技术津贴标准发放技术津贴。

**工厂技术津贴标准一览表**

| 技术等级 | 津贴标准（元/人·月） | 技术等级 | 津贴标准（元/人·月） |
|---|---|---|---|
| 首席技师 | 1 300 | 高级工 | 300 |
| 高级技师 | 800 | 中级工 | 200 |
| 技师 | 500 | —— | —— |

2. 技术津贴的发放控制

工厂对技术津贴的发放将依据国家相关工人技术等级标准及工厂的"工人考核标准"要求考核工人，只有达到以下条件中任意三条及以上的工人才有资格申请技术津贴。

（1）按照《中华人民共和国____行业工人技术等级标准》的规定，达到工厂规定等级者。

（2）在工厂工作三年以上，并在工厂工人技术等级评定考试中考核合格者。

（3）在____技术学校、____技术培训机构学习两年以上并考核合格者。

（4）国家统招高校____专业大专以上学历，并 在工厂工作一年以上者。

（5）掌握____等新技术，并在生产工作中取得成效、提高生产效率者。

**第6章 附则**

第11条 本制度每年修改一次，若一年内制度的考核指标有重大变化，则按照工厂关于制度修改的规定进行及时修改。

第12条 人力资源部拥有对本制度的最终解释权。

第13条 本制度结合其他薪资制度共同执行，自____年__月__日起施行。

| 修订记录 | 修订标记 | 修订处数 | 修订日期 | 修订执行人 | 审批签字 |
|---|---|---|---|---|---|
| | | | | | |
| | | | | | |

# 第二节 生产人员福利费控制

## 一、福利费控制点

为提升生产人员对工作、工厂的满意度，工厂可按国家相关法律法规，在经济实力允许的前提下，为生产人员提供各种福利，不断提升生产人员的福利水平。同时，为使每一分钱都花在刀刃上，工厂要做好福利费的合理利用和有效控制工作。其具体控制点如图5-9所示。

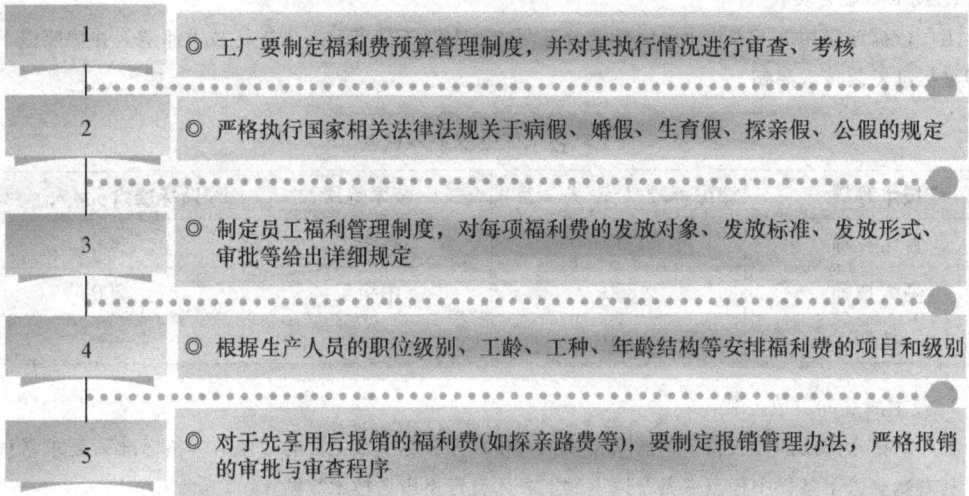

| 1 | ◎ 工厂要制定福利费预算管理制度，并对其执行情况进行审查、考核 |
|---|---|
| 2 | ◎ 严格执行国家相关法律法规关于病假、婚假、生育假、探亲假、公假的规定 |
| 3 | ◎ 制定员工福利管理制度，对每项福利费的发放对象、发放标准、发放形式、审批等给出详细规定 |
| 4 | ◎ 根据生产人员的职位级别、工龄、工种、年龄结构等安排福利费的项目和级别 |
| 5 | ◎ 对于先享用后报销的福利费(如探亲路费等)，要制定报销管理办法，严格报销的审批与审查程序 |

**图5-9　生产人员福利费控制点说明**

## 二、福利费管理办法

| 制度名称 | 福利费管理办法 | | 受控状态 | |
|---|---|---|---|---|
| | | | 编　号 | |
| 执行部门 | | 监督部门 | 编修部门 | |

### 第1章　总则

**第1条　目的**

为加强工厂费用管理，在保证工厂福利措施效果的同时，严格控制福利费用的使用情况，减少成本支出，达到"花最少的钱，办最多的事"的目的，特制定本办法。

**第2条　适用范围**

本办法适用于工厂所有一线生产工人福利费用的控制。

**第3条　制定原则**

1. 以达到福利措施期望效果为基础原则。
2. 详细计划、精确核算，遵循"量入为出、略有节余"的原则。
3. 严格控制工人福利费用的使用，严禁无计划提高标准而增加福利总开支。

### 第2章　福利费开支项目管理与控制流程

**第4条　福利费开支项目**

工厂设立众多福利项目，对于福利费用的开支控制，需要依据以下标准一览表制定实施细则并严格执行。

（续）

| 项目 | 金额 | | 申请或给付条件 | 应附有关证件 |
|---|---|---|---|---|
| 结婚贺礼 | 工作未满1年者 | 500元 | 1. 工人本人结婚者<br>2. 男女双方同在工厂工作者，可各自申请一份 | 喜帖、结婚证明 |
| | 工作1年以上 | 1 000元 | | |
| 生育贺礼 | 500元 | | 1. 工作满3个月（含）以上的工人，其本人或配偶生产者<br>2. 男女双方同在工厂工作者，可各自申请一份<br>3. 多胞胎按胎数比例增给，无胎数限制 | 出生证明、户口本 |
| 生日礼金 | 50元 | | 工作满3个月（含）以上的工人本人生日 | 人力资源部提列的工人生日名单 |
| 丧葬费 | 工人本人死亡者 | 6 000元及挽联一副 | 1. 同一事故，其父（母）子、兄弟（姐妹）、配偶，同在工厂工作者，由其中一人申请一份<br>2. 工人本人丧亡者，由其主管代为申请，并由主管前往致赠 | 死亡证明、户口本、讣文 |
| | 工人的父母、配偶、子女、配偶的父母丧亡者 | 3 000元及挽联一幅 | | |
| | 工人的祖父母、外祖父母、配偶的祖父母丧亡者 | 挽联一幅 | | |
| 体检费 | 按体检费用控制办法中的项目费用负担 | | 1. 已与工厂签订正式劳动合同的工人<br>2. 体检项目在工厂规定的项目内 | 医院开具的体检报告 |
| 抚恤金 | 死亡者一次性抚恤金3 000元，受伤者依据受伤程度发放500元~3 000元的抚恤金 | | 1. 已与工厂签订正式劳动合同的工人<br>2. 死亡抚恤金由其主管代为申请，并由主管前往致赠 | 伤残证明或死亡证明 |
| 职工活动费用 | 生日聚会、运动会、集体旅游活动等费用占总预算15% | | 1. 所举行活动必须属于年初策划项目<br>2. 原则上此项费用仅限于集体活动，不包含小团体活动 | 活动策划及领导批示 |
| 职工生活用品购置费用 | 15元/人·月 | | 1. 已与工厂签订正式劳动合同的工人<br>2. 此部分物品由人力资源部负责购买与发放 | 已批准购买清单、购物发票 |

第5条　福利费用的控制流程

1. 各部门应依据工厂福利制度目标对福利制度的计划、实施、总结等过程进行严格控制，按照标

（续）

准的流程执行，最大限度地控制工厂的福利费用支出。

2. 人力资源部、生产部、财务部等部门应相互协调，保证福利制度的顺利执行。

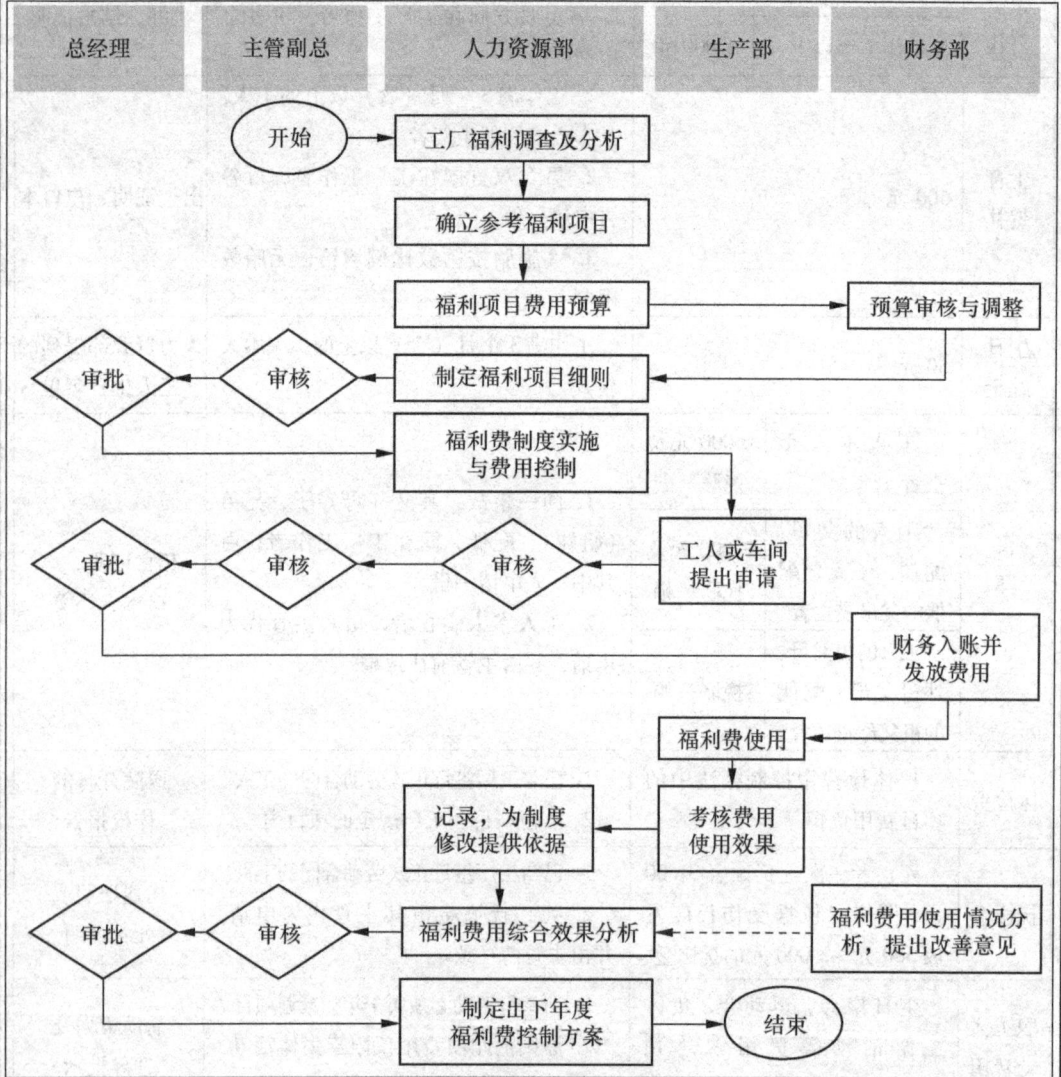

3. 福利费用控制流程如下图所示。

| 总经理 | 主管副总 | 人力资源部 | 生产部 | 财务部 |
|---|---|---|---|---|

开始 → 工厂福利调查及分析

确立参考福利项目

福利项目费用预算 → 预算审核与调整

审批 ← 审核 ← 制定福利项目细则 ←

福利费制度实施与费用控制

审批 ← 审核 ← 审核 ← 工人或车间提出申请

财务入账并发放费用

福利费使用

记录，为制度修改提供依据 ← 考核费用使用效果

审批 ← 审核 ← 福利费用综合效果分析 ⇠ 福利费用使用情况分析，提出改善意见

制定出下年度福利费控制方案 → 结束

**福利费用控制流程图**

**第3章　福利费用管理各阶段控制细则**

第6条　福利费用计划控制

1. 人力资源部设计福利调查问卷时，需有侧重地设立引导性题目，引导工人答出自己最关注的福利项目，不能让工人产生"多多益善"的感觉，造成工厂福利费用的增加。

（续）

2. 人力资源部设计福利项目的过程中，要针对调查结果和生产部的分析报告中工人最关心的福利项目设立出激励效果最明显的福利制度，而非"闭门造车"，盲目设立福利项目，增加工厂的福利费支出。

3. 人力资源部对同行业的福利体系进行调查分析时，要注意有选择性地参考并与工厂实际相结合，制定出有竞争力的福利管理办法，而非盲目借鉴、增多项目，增加福利费用。

4. 人力资源部结合生产部提供的数据对每个福利项目进行预算时，需要结合总费用与该项目预计比重进行合理预算，使每个福利项目都发挥其最大功效，避免出现因费用设置不合理而使本项目作用降低甚至起反作用的现象，使该项投入的收益率降低。

5. 财务部对各个预算进行审核、调整时，需严格依据工厂财务状况、财务目标和财务制度进行，保证每个环节的有效性与收益最大化。

6. 人力资源部制定各个项目的实施细则时，要注意各项目适用对象的差异性，合理限定范围，尽量不出现所有工人同时执行一项福利项目的情况，避免该福利管理办法的效力降低。

第7条　福利费用使用控制细则

1. 生产部管理人员和工人必须熟悉、掌握工厂福利管理办法，不能出现模棱两可的理解，影响福利项目执行的效果。

2. 按照计划财务部对办理统一采购的福利物资按季度汇总办理审批手续。

3. 福利费的收支账务程序比照一般会计制度办理，支出金额超过 2 000 元以上者需提交主管副总及总经理审批。且财务部每半年需提交一次"福利费支出明细表"，交主管副总及总经理审批并公布。

4. 对于工人需要在事后持有效证件申领的福利费，为避免工人弄虚作假、不按要求进行费用申领的行为发生，生产部、人力资源部、财务部需对该项目的所属范围、真实性、准确性等方面进行三级审核，以保证工厂福利费用的最大利用率。对于以下情况，工厂可不予发放。

（1）申领金额高于该项目规定的申领金额上限，超过部分不予发放。

（2）申领金额严重超过该项目市场价格，按照该项目市场均价发放。

（3）工人若有弄虚作假、冒名顶替或出具虚假证件、证明的行为，工厂对该项目费用将不予发放并取消其全年的福利费用使用权利。

5. 财务部应严格控制福利费用的使用范围，下列项目不应该从福利费用中支出。

（1）工人奖金、津贴和补助支出。

（2）商业保险属于个人投资行为，所需资金不得从应付福利费列支。

（3）业务招待费支出。

（4）其他与福利费无关的各项支出。

第8条　福利费效果评估

1. 人力资源部对费用投入效果的总结与调整

在本年度结束后，人力资源部按照以下流程对本年度福利管理办法实施的效果进行分析总结，并对下年度福利管理办法进行调整。

（1）针对各福利项目的实施效果与生产管理者、工人沟通，了解该项目的实施效果。

（续）

（2）运用工人流失率、招聘成本、培训成本等数据分析福利管理办法的实施效果。

（3）利用前两步所获得的数据对本年度福利管理办法的效果进行细化分析，并提出下年度调整意见，提交上级领导批准。

2. 财务部福利费用使用总结与调整

在财务部做年末财务总结时，需对本年度福利费用的支出、管理费用、人工成本等数据进行分析，得到该部分费用的支出与收益比率，并为上级提供下年度福利费用调整的依据。

### 第4章 附则

第9条 本办法与其他制度产生冲突，属福利费的部分均按本办法执行。

第10条 本办法未尽事宜，如各福利项目考核标准等，按工厂相关考核制度执行。

第11条 本办法自＿＿年＿月＿日起实施。

| 修订记录 | 修订标记 | 修订处数 | 修订日期 | 修订执行人 | 审批签字 |
|---|---|---|---|---|---|
| | | | | | |
| | | | | | |

# 三、体检费控制制度

| 制度名称 | 体检费控制制度 | | 受控状态 | |
|---|---|---|---|---|
| | | | 编　　号 | |
| 执行部门 | | 监督部门 | 编修部门 | |

### 第1章 总则

第1条 目的

在贯彻实施工厂体检制度的基础上，为控制工厂体检费用的支出，保证每笔体检费能够充分利用，特制定本制度。

第2条 适用范围

本制度所指体检费用适用于所有与工厂签订正式劳动合同的工人。

第3条 体检相关规定

1. 本制度中的"体检"是指工厂每年一次的全体工人体检活动。新工人的入职体检不包括在内，此部分费用由工人自己承担。

2. 体检费用的支付形式是由工厂制定并直接支付给体检机构，工厂不负责工人独立体检所产生的费用。

### 第2章 体检项目与体检机构选择控制

第4条 体检项目选择控制

1. 体检项目选择遵循原则

（1）提前发现、有效控制的原则。

（续）

（2）依据岗位性质及工作内容确定体检项目的原则。

（3）减少无关体检项目，有效控制体检费用的原则。

2. 体检项目选择控制细则

工厂根据工种、岗位级别和工人工龄的不同，并依据该岗位的体检需求制定不同的体检套餐，规定不同的体检项目，避免因不必要的体检项目的增多致使体检费用过高的问题。

在依据工作内容选择体检项目的同时，工厂依据工人工龄逐渐增加部分非必需体检项目，既保证了体检对工人疾病的发现、控制作用，又提高了该项福利对工人的激励作用。其具体标准如下表所示。

**工人体检项目标准表**

| 生产工种 | 岗位级别 | 工人工龄 | 体检套餐 | 体检项目 |
|---|---|---|---|---|
| —— | 初级工、中级工、辅助工 | 满5年及以上 | A1 | 略 |
| | | 5年以下 | A2 | 略 |
| | 高级工、班组长 | 1年以上 | A3 | 略 |
| —— | 初级工、中级工 | 满5年及以上 | B1 | 略 |
| | | 5年以下 | B2 | 略 |
| | 高级工、班组长 | 1年以上 | B3 | 略 |

第5条　体检机构选择与控制

为控制体检费，工厂应选择符合工厂生产特征和实际情况的体检机构进行体检。

1. 人力资源部在选择体检机构时，应充分考虑工厂生产人员的年龄结构、体检人数、体检级别等因素。

2. 对相关的体检机构进行询价、对比，依据工厂的体检费预算选择专业体检机构为工人进行体检。

3. 尽量与一家体检机构保持长期合作关系，以便获得更多的优惠和服务。

### 第3章　体检费中其他支出的控制

第6条　体检时间成本控制

人力资源部必须合理安排体检时间，张贴"体检时间安排表"，保证顺利体检的同时，避免影响生产任务的完成，增加机会成本。

1. 工人体检时间的安排应充分考虑工厂生产销售的淡旺季，避免在旺季进行体检从而延误生产。工厂可根据历年的生产销售情况，并结合本年度销售、生产计划，安排工人在淡季进行体检。

2. 安排工人体检时间时，工厂必须分析生产任务情况，合理进行操作岗位的值班调度，保证各个工序顺利进行，不影响生产任务的完成。

第7条　体检交通费控制

1. 原则上，工厂安排生产人员统一乘坐免费的班车前去体检，提高体检工作效率，减少时间的浪费。

（续）

2. 工厂按照各车间体检时间表调整工厂班车和司机，规范体检的安排，避免因延误或混乱等导致其他成本的产生。

3. 对于因故无法按时参加统一体检并通过上级批准的工人，工厂可再统一安排一次体检。如果体检人数较少，工厂可提供市内公共交通费用，由工人择时前去体检。

### 第4章　附则

第8条　本制度由人力资源部及财务部共同监督执行。相关费用的申报与使用按照工厂财务制度的相关规定执行，未尽事宜按照工厂其他相关规定执行。

第9条　本制度由总经理签字后，自____年__月__日起实施。

| 修订记录 | 修订标记 | 修订处数 | 修订日期 | 修订执行人 | 审批签字 |
|---|---|---|---|---|---|
| | | | | | |
| | | | | | |

## 四、探亲费管理办法

| 制度名称 | 探亲费管理办法 | | 受控状态 | |
|---|---|---|---|---|
| | | | 编　号 | |
| 执行部门 | | 监督部门 | 编修部门 | |

### 第1章　总则

第1条　目的

1. 保证工人享有应得的探亲权利。

2. 有效控制工厂对工人探亲费的支出，提高费用的使用价值。

第2条　适用范围

从报到之日起，在工厂工作满一年以上的正式工人，若与配偶或与父母分居两地，可以按照工厂的探亲假规定享受相应天数的探亲假及报销一定费用的待遇。

### 第2章　探亲假期时间控制

第3条　探亲假期时间安排

各部门应按照国家法律和工厂关于探亲假的规定严格控制探亲假的时长与时点安排，避免因工人休假时间安排不当而造成的工期延长、时间成本增加等问题的出现。具体的时间安排按照下表所示。

**工人探亲假期时间安排明示表**

| 类别 | | 年次 | 假期时长 |
|---|---|---|---|
| 已婚 | 探父母 | 4年1次 | 20天 |
| | 探配偶 | 1年1次 | 30天 |
| 未婚 | 探父母 | 1年1次 | 20天 |
| | | 2年1次 | 45天 |

（续）

第4条　探亲假期特殊情况的时间控制

对于一些特殊情况，工厂应给出如下明确的控制规定，以最大限度地避免因特殊情况而造成的工厂时间成本增加。

1. 探亲假包含公休假和法定假，工人可选择错开公休假和法定假。

2. 工人夫妻双方均有权享受探亲假者，一年只给予一方探亲假一次。

3. 探亲假原则上不能分期使用，如果确因工作需要，不能让此工人较长时间离开工作岗位，经领导批准后方可分期使用。

4. 工人探亲假应尽可能安排在生产淡季，且尽量不延误工厂重大或紧急的生产任务。

5. 工人享受探亲假后，不再享受本年度的年假。

### 第3章　探亲费的使用管理

第5条　探亲费适用范围控制

1. 生产部及其他相关部门应对探亲费申请人的资格进行严格审查，对于符合国家法律法规和工厂关于探亲假管理制度规定的人员才能予以批准，并发放规定的探亲费用。

2. 具体发放范围依据下图所示。

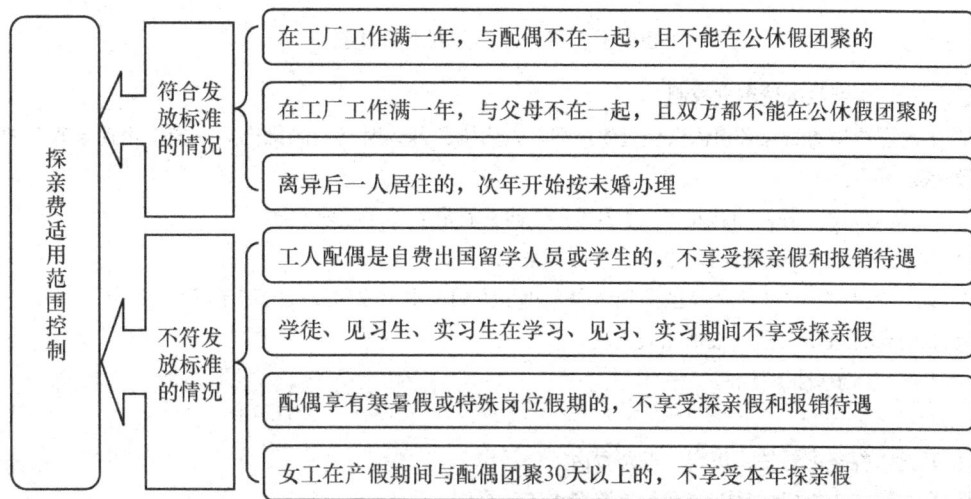

**探亲费适用范围控制图**

第6条　探亲假使用的控制

1. 工人使用探亲假期权利，必须按照下图所示的程序与控制点，经审核批准后，方可使用假期并报销相关费用。

2. 在探亲假的审批、使用、费用报销程序中，各个相关部门必须依据探亲假的管理规定对各个环节进行严格控制，减少相关成本，达到控制探亲费的目的。

（续）

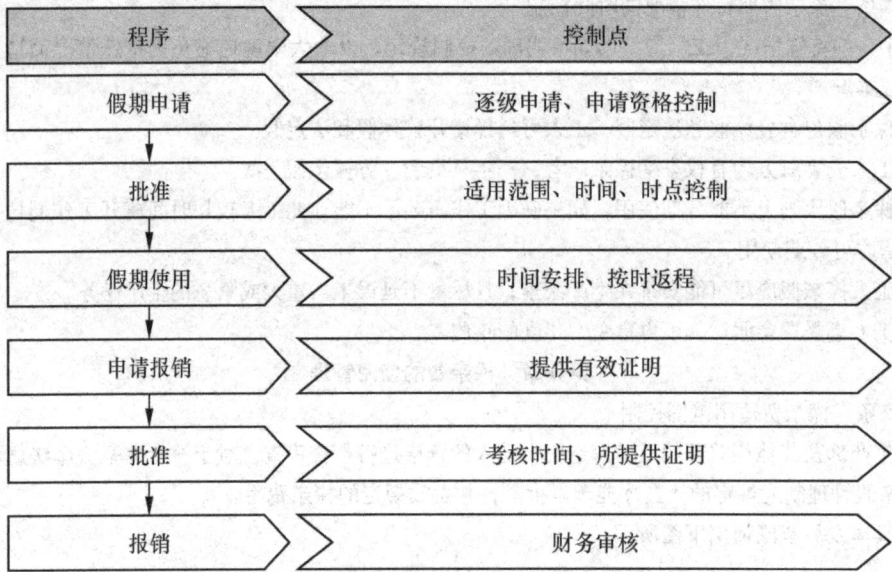

| 程序 | 控制点 |
|------|--------|
| 假期申请 | 逐级申请、申请资格控制 |
| 批准 | 适用范围、时间、时点控制 |
| 假期使用 | 时间安排、按时返程 |
| 申请报销 | 提供有效证明 |
| 批准 | 考核时间、所提供证明 |
| 报销 | 财务审核 |

**探亲假使用程序及控制点示意图**

第7条　探亲假申请审批控制

申请探亲费用的工人必须依次经过生产部、人力资源部、财务部的批准后才能使用探亲假并领取规定的探亲费用。

1. 申请人填写"探亲审批单"，经车间主任同意后报生产部经理审批。

2. 生产部经理审批通过后，报人力资源部审批。

3. 人力资源部根据工人当年的奖罚记录和申请人的基本家庭信息核定探亲假。

4. 财务部经理审批同意报销相关费用。

第8条　探亲费报销控制

1. 报销金额控制

（1）工人探望配偶的，探亲往返路费由工厂报销。

（2）未婚工人探望父母，探亲往返路费由工厂报销。

（3）已婚工人探望父母的，探亲往返路费在工资额30%以内的部门由本人自理，超过部分由工厂报销。

（4）夫妻同属工厂工人且都具备每四年探望一次父母的条件，双方同时探望其中一方父母的，原则上可按上条规定报销同去一地的往返路费，但不得只选择远距离而不去近距离的探望地点，以两个四年平衡计算。

（5）因特殊情况而分段使用探亲假的，其探亲路费每年只能报销一次。

2. 探亲往返路费控制

工厂规定的工人探亲往返路费包括往返车船费、途中住宿费和市内交通费等。其具体报销标准如下表所示。

126

（续）

### 工人探亲路费报销标准一览表

| 探亲路费分类 | | 报销标准 |
|---|---|---|
| 往返车船费 | 火车 | 报销硬座车费，年满50周岁以上并连续乘火车48小时以上的可报硬席卧铺费 |
| | 汽车 | 无铁路的地方，凭电脑打印票按实报销 |
| | 轮船 | 报销四等舱位费或比统舱高一级舱位费 |
| | 飞机 | 按火车或轮船方式进行费用报销 |
| 途中住宿费 | 因交通条件必须中途转车、转船并在中转地点住宿的 | 每中转一次，可凭票据报销一天的普通房床位的住宿费 |
| | 连续乘长途汽车及其他交通工具，夜间停驶必须住宿的 | 住宿费凭票据报销 |
| | 意外事故造成交通暂时中断，等待恢复期间的住宿费 | 凭当地交通机关证明和住宿费单据报销 |
| 市内交通费 | 按起止站的直线公车费凭据报销 | |

#### 第4章　探亲期间工人薪酬发放控制

第9条　工人依法享有带薪探亲假，在探亲假期间的工资按其岗位基本工资标准发放，其中绩效工资与奖金停发。

第10条　工人在假期结束后，因地震、洪水等不可抗力无法按时回工厂上班者，按照交通延长假进行补假，仍然发放其岗位基本工资。

第11条　工人在假期结束后，因自身原因未及时回工厂上班者，若请假，则按照事假处理，停发工资；若未请假，按照工厂考勤制度中关于旷工的处罚规定处理。

#### 第5章　附则

第12条　本办法未尽事宜按照工厂其他制度执行。

第13条　本办法最终解释权归财务部所有，自＿＿年＿月＿日起实施。

| 修订记录 | 修订标记 | 修订处数 | 修订日期 | 修订执行人 | 审批签字 |
|---|---|---|---|---|---|
| | | | | | |
| | | | | | |

## 五、医疗费管理办法

| 制度名称 | 医疗费管理办法 | | 受控状态 | |
|---|---|---|---|---|
| | | | 编　号 | |
| 执行部门 | | 监督部门 | 编修部门 | |

### 第1章　总则

第1条　目的

为控制工厂医疗费用支出，结合工厂福利管理制度与医疗报销的相关规定，特制定本办法。

第2条　适用范围

本办法所规定医疗费适用于所有与工厂签订正式劳动合同的工人。

第3条　工厂的医疗费制度

工厂除为工人缴纳基本医疗保险外，设有医疗补贴以保证工人基本日常医疗需求，并建立医疗报销制度，在最大程度上减轻工人的医疗负担。

### 第2章　工厂医疗补贴发放控制

第4条　正式工人的医疗补贴控制

工厂为减轻工人日常医药费用负担，每月随工人工资为每位正式工人发放一定的医疗补贴，每月补贴医药费控制在____元。

第5条　试用期工人或劳务派遣工人的医疗补贴控制

1. 试用期工人或劳务派遣工人不享有每月医疗补贴。

2. 因病住院的医疗费用报销程序与正式工人相同。

3. 扣除当年医药补贴后，超支部分按50%报销。

### 第3章　医疗费报销控制

第6条　报销条件的控制

工厂规定对于符合以下两个条件的工人的医疗费用进行报销。

1. 工人保险个人账户余额用完后。

2. 工人个人自付医疗费用达到本人工资总额的2%以上。

第7条　报销条件的补充控制

各部门应从以下几方面对医疗费用的报销条件进行补充控制。

1. 工厂医疗费报销范围包括药品费、住院费、理疗费、注射费、手术费、检验费、X光透视费、计划生育费、接生费、针灸费、辅料费、住院煎药费、危重输血费等。

2. 工人到诊所及专科医院看病，工厂不报销医药费。

3. 工人自购药品一律不给予报销。

4. 到本市以外医院就医者，需经总经理批准后，持医院的证明资料进行报销。

5. 病情危急、抢救需用贵重药品的，需经总经理批准方可报销。

第8条　报销手续的控制

工人医疗费的报销必须按照以下程序进行。

1. 工人需到医疗保险定点医疗机构就诊，享受规定的医疗保险待遇。

（续）

2. 工人所花费的医疗费用从个人账户支付。

3. 工人依据医生诊断证明，报车间主任、生产部批准后，向人力资源部备案。

4. 工人依据医院的证明资料，填报"医疗费用报销单"，经人力资源部经理批准后，报财务部审核。

5. 财务部审核无误后，报总经理审批后，由财务部进行报销。工厂报销工人自付医药费的80%。

### 第4章 病假控制

第9条 工厂病假制度及病假工资计算方法

1. 工厂在工人因病或因伤需要请假并出具工厂认可医院的医疗证明后，可批准其病假请求，并按照规定发放病假期间的工资。

2. 工厂依据工人的工龄和基本工资，按照一定的比例支付其病假工资，计算公式为：日工资×计算比例×病假日。

第10条 病假工资计算基数说明

工厂以工人的工资为计算基数，根据国家法律法规的规定，工人每月计薪工作日为21.75天，因此，工人日工资为：月工资÷21.75（天）。

第11条 病假工资计算比例的确定

工厂依据一年内病假的长短及工龄确定工人病假工资的计算比例。其具体比例规定如下表所示。

### 工人病假工资（补贴）计算比例表

| 请假时间 | 工龄 | 计算比例 | 请假时间 | 工龄 | 计算比例 |
|---|---|---|---|---|---|
| 不超过6个月 | 不满2年 | 60% | 超过6个月且未满1年 | 不满1年 | 40% |
| | 已满2年不满4年 | 70% | | 已满1年不满3年 | 50% |
| | 已满4年不满6年 | 80% | | 已满3年及3年以上 | 60% |
| | 已满6年不满8年 | 90% | —— | —— | —— |
| | 已满8年及8年以上 | 100% | —— | —— | —— |
| 其中，病假工资可以低于当地最低工资标准，但不能低于当地最低工资标准的80% | | | | | |

### 第5章 附则

第12条 本办法由财务部编制，解释权归财务部所有。

第13条 本办法自公布之日起生效。

| 修订记录 | 修订标记 | 修订处数 | 修订日期 | 修订执行人 | 审批签字 |
|---|---|---|---|---|---|
| | | | | | |
| | | | | | |

## 六、婚嫁费控制方案

| 方案名称 | 婚嫁费控制方案 | 编　　号 | |
|---|---|---|---|
| | | 受控状态 | |

**一、目的**

（一）控制婚嫁费用支出

由于工厂生产以年轻工人为主，婚嫁费用在工厂属较大的福利支出。为有效控制总福利费用和因婚假而产生的时间成本，特制定本方案。

（二）增强婚嫁费用的激励效果

为突显工厂对一线工人的关爱，提高工人对福利措施的感受度，提升福利费用的收支回报率，特制定本方案以使各部门对婚嫁费有科学的控制依据。

**二、适用范围**

（一）结婚假期适用范围控制

工厂依据国家政策法规的相关规定并结合工厂的实际情况，规定在工厂工作一年以上的工人结婚时均享有三天的带薪婚假。对于符合规定的晚婚工人，将增加七天的晚婚假期。

结婚假期的适用范围需从以下四个方面进行控制。

1. 需在工厂工作一年以上。

2. 必须是符合《中华人民共和国婚姻法》规定的首次结婚。

3. 婚假申请或销假必须以结婚证为证明，且结婚日期需与请假时间相符。

4. 申请晚婚假的工人必须符合《中华人民共和国婚姻法》的晚婚规定。

（二）结婚贺礼发放范围控制

对符合婚假条件的工人，工厂会依据其工龄发放一定的结婚贺礼。

**三、婚假时间控制**

（一）结婚假期时间安排

工厂对工人的结婚假期时间有详细的规定，各主管部门在审批工人假期时须严格按照工厂的规定审核。工厂为激励核心工人，随工人工龄的增加，会给予一定的结婚延长假。其具体内容如下表所示。

**结婚假期时间标准一览表**

| 工龄 | 婚假天数 | 晚婚假天数 |
|---|---|---|
| 1~3年 | 3 | 7 |
| 3~5年 | 4 | 10 |
| 5~8年 | 6 | 15 |
| 8年以上 | 8 | 20 |
| 注：结婚双方均为本工厂工人者，双方均可按照标准申请婚假 | | |

（续）

（二）注意事项

各主管部门在依据上述标准对工人的婚假时间进行控制的同时，为了更有效地从时间上控制因婚假而造成的时间成本的增加，需要从以下几个方面进行进一步的控制。

1. 严格控制婚假的起止日期，婚假若与法定假日和双休日重复，不予补休。

2. 对于工人未按时返回工厂的情况，若工人已经请假并获得批准，则按照事假执行，停发工资；若工人未请假或请假未获批准的，按旷工处理。

3. 对于在"五一"、"十一"等结婚高峰期申请婚假的工人，若当时处于工厂的生产高峰期，相关部门则要进行更严格的审核与控制，以避免出现工期延误的情况。同时，工厂需合理安排生产工作，将该工人请假所造成的影响降至最小。

**四、结婚贺礼发放标准控制**

工厂为提高结婚贺礼的激励效果，依据工龄对工人的结婚贺礼发放标准进行了规定，相关部门在控制结婚贺礼的申请与发放过程中，应严格按照该标准执行。结婚贺礼标准如下表所示。

### 结婚贺礼标准一览表

| 工龄 | 结婚贺礼标准（元） | 工龄 | 结婚贺礼标准（元） |
|---|---|---|---|
| 1～3 年 | 500 | 5～8 年 | 1 500 |
| 3～5 年 | 1 000 | 8 年以上 | 2 000 |

注：结婚双方均为本厂工人者，工厂依据标准发放双份的结婚贺礼

**五、其他事项**

本方案结合工厂薪酬福利制度、考勤管理制度执行，经总经理批准后，自＿＿年＿月＿日起实施。

| 编制人员 | | 审核人员 | | 审批人员 | |
|---|---|---|---|---|---|
| 编制时间 | | 审核时间 | | 审批时间 | |

# 七、抚恤费控制方案

| 方案名称 | 抚恤费控制方案 | 编　号 | |
|---|---|---|---|
| | | 受控状态 | |

**一、目的**

为有效管理工厂抚恤费，减少抚恤费支出，依据国家法律法规和工厂福利制度中对抚恤费的规定，特制定本方案。

**二、工厂抚恤费政策**

工厂对与工厂有劳动关系的所有死亡工人和受工伤的工人设立对应的死亡抚恤费和工伤抚恤费。同时，对符合工厂规定的特殊情况的工人伤亡设有特别抚恤费。

（续）

### 三、抚恤费申领控制

符合工厂规定范围的伤亡工人或其家属可在规定时间（工伤为三个月、死亡为一年）内持工伤证明书或死亡证明书、户口本等有效证明、证件向工厂申领抚恤费。

（一）申领权限控制

1. 领用抚恤费的家属除遗嘱另有指定外，其领取顺序依国家相应法律法规的规定依次为配偶及子女、父母、祖父母、孙、同胞兄弟姐妹。

2. 如果领用抚恤费的家属中，同一顺位内有数人时，应共同具名平均领用，如有愿意放弃者，应出具书面声明。

3. 工人死亡如无家属时，工厂指定人员代为殓葬，并承担丧葬费。死亡者家属无法及时到来的，由工厂代为殓葬，但其应领抚恤费应待其家属到达时，按照规定手续发放，并扣除代为殓葬所需的费用。

（二）抚恤费领用流程控制

工厂对于申领抚恤费的过程应严格按照标准程序执行，各环节各部门应严格审查，确保抚恤费的顺利合理发放。其具体流程如下图所示。

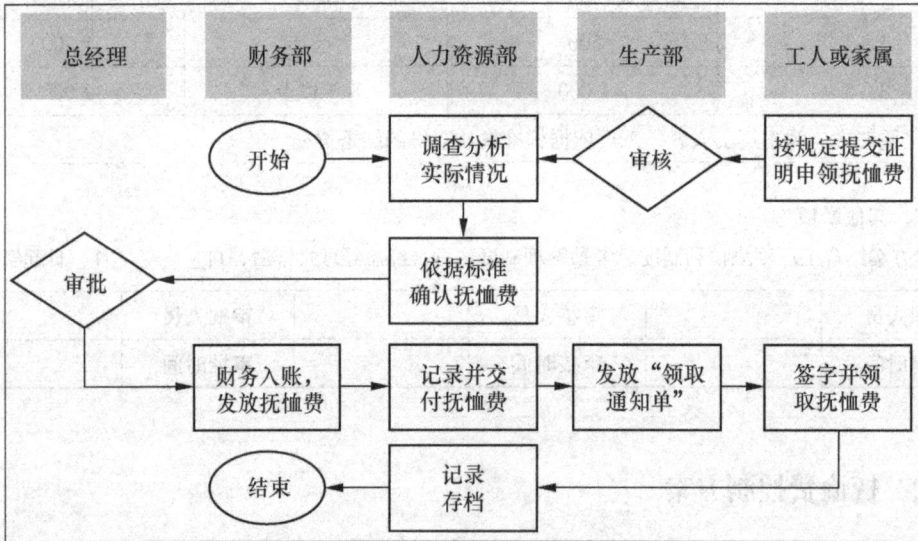

**抚恤费领用流程图**

### 四、工伤抚恤费控制

（一）工伤的范围控制

工人属以下情形者，才能核定为工伤，享受相应的抚恤费。

1. 在工作时间和工作场所内，因工作原因受到事故伤害的。

2. 工作时间前后在工作场所内，从事与工作有关的预备性或者收尾性工作受到事故伤害的。

3. 在工作时间和工作场所内，因履行工作职责受到暴力等意外伤害的。

4. 患职业病的。

（续）

5. 因工外出期间，由于工作原因受到伤害或者发生事故下落不明的。

6. 在上下班途中，受到伤害的。

在以上情形中，因违法犯罪、醉酒、自残、自杀原因造成受伤的，不能认定为工伤。

（二）正式工人的工伤抚恤

工人因受工伤不能上班者，除按医疗保险报销医药费外，治疗期间工厂需按月发放基本工资，但以两年为限。

（三）试用期工人、劳务派遣工人的工伤抚恤

试用期工人、劳务派遣工人因工伤不能上班者，除按医疗保险报销医药费外，治疗期间按月给予合同规定工资，合同期限小于两年者，以合同期限为期限限制，合同期限大于两年者，以两年为最长期限。

**五、死亡抚恤费控制**

（一）死亡的范围控制

1. 工人在工作或从事与工作相关的活动过程中因工作原因造成死亡的，按照因工死亡的标准发放抚恤费。

2. 所有与工厂有劳动关系的工人因非工作原因造成死亡的，按照非因工死亡的标准发放抚恤费。

3. 工人因逾工伤假而停薪留职六个月内死亡者，按照非因公死亡的标准发放抚恤费。

（二）因工死亡抚恤费控制

工人因工死亡者，按照其在工厂工龄和最后月份的岗位工资发放抚恤费。其具体标准可参照下表所示。

**因工死亡抚恤费发放标准表**

| 工龄 | 计发基数工资 | 抚恤费发放标准 |
|---|---|---|
| 5 年以内 | 最后月份基本工资 | 一次性发给 40 个月本薪的抚恤费 |
| 5 年（含）以上 | 最后月份基本工资 | 每满一年增发一个月本薪的抚恤费，但最高以发 28 个月为限 |
| 按照法律规定，抚恤费最低不少于 4 万元，最高不超过 12 万元 | | |

（三）非因工死亡工人的抚恤费控制

工人非因工死亡者，按照其最后月的基本工资发放抚恤费，其发放标准如下所示。

1. 在工厂工龄未满 1 年者，发 5 个月基本工资作为抚恤费。

2. 在工厂工龄 1 年以上者，每满一年增发一个月基本工资，最高以 10 个月基本工资为上限。

3. 抚恤费最高为人民币 4 万元。

（四）死亡抚恤费领用纠纷控制

为有效避免因死亡抚恤费的领用而与家属发生纠纷，工厂在控制流程的同时，还应依据申请表及保证书等进行规范化控制。具体内容如下表所示。

（续）

### 死亡抚恤费领用申请表

| 申请人姓名 | | 性别 | | 年龄 | | 与死者关系 | |
|---|---|---|---|---|---|---|---|
| 籍贯 | | | 身份证号 | | | | |
| 死亡人姓名 | | 性别 | | 身份证号 | | | |
| 到职日期 | | 所属部门 | | 职称 | | 工资 | |
| 死亡日期 | | 死亡原因 | | 是否因工死亡 | | 社保办理情况 | |
| 申请金额 | 人民币： | 万 | 仟 | 佰 | 拾 | 元整 | |
| 总经理 | | 财务部 | | 人力资源部 | | 生产部 | 申请人 |

应附交户口本、身份证复印件各两份，死亡证明书两份，并签以下保证书。

保证书

保证人_____今保证_____先生（女士）确系贵工厂所故_____先生之家属，并依照国家法律法规之规定，具有最优先资格申领贵工厂发给的死亡抚恤费，若有不符情况，致使贵工厂遭受损害的，保证人保证立即赔偿贵工厂一切损失，并放弃先诉抗辩权。

保证人：_____

身份证号：_____

日期：____年__月__日

#### 六、特别抚恤费控制

工人因下列事件之一而致伤或死亡者，除按上述相关规定发放抚恤费外，经工厂确认后，依据其最后一个月的基本工资，发放3～10个月的特别抚恤费。

1. 明知危险奋勇救护同仁或公物者。
2. 不顾危险尽忠职守抵抗强暴者。
3. 于危险地点或时间工作尽忠职守者。

#### 七、方案修改与实施

1. 财务部按照国家相关法律法规变动及工厂实际情况，按照规定程序，可对本方案内容进行修改。
2. 本方案结合工厂关于抚恤费的管理制度实施，于____年__月__日起生效。

| 编制人员 | | 审核人员 | | 审批人员 | |
|---|---|---|---|---|---|
| 编制时间 | | 审核时间 | | 审批时间 | |

## 八、丧葬费控制方案

| 方案名称 | 丧葬费控制方案 | 编　　号 | |
|---|---|---|---|
| | | 受控状态 | |

#### 一、目的

为控制工厂丧葬费的支出，结合工厂的相关规定，将制定本方案。

（续）

**二、适用范围**

工厂规定丧葬费的发放范围如下。

1. 丧葬费针对的工人包括正式工人、试用期工人及劳务派遣的工人。

2. 工人直系亲属死亡者，工厂给予工人规定天数的丧假并酌情发放一定的丧葬费。

**三、因工死亡的工人丧葬费控制**

（一）因工死亡的范围界定

工人的死亡符合以下条件者，属于因工死亡的范围，按照因工死亡丧葬费的补偿标准发放丧葬费。

1. 因患职业病死亡的。

2. 在上下班途中受到伤害而造成死亡的。

3. 在工作时间和工作场所内因工作原因死亡的。

4. 在工作时间和工作场所内因履行工作职责受到暴力等意外伤害而死亡的。

5. 在工作时间和工作岗位突发疾病死亡，或者在48小时之内经抢救无效死亡的。

6. 工作时间前后在工作场所内从事与工作有关的预备性或者收尾性工作而造成死亡的。

（二）因工死亡的丧葬费标准控制

因工死亡工人的丧葬补助用于工人的丧葬办理。其标准固定为本市上年度工人平均工资6个月的标准。如实际发生费用未达到该标准费用，将余额发放给其财产第一继承人。

**四、非因工死亡的工人丧葬费控制**

（一）非因工死亡的范围界定

工厂界定非因工死亡的范围需依据以下三个要点。

1. 该工人的死亡不属于因工死亡的范围。

2. 该工人与工厂已签订劳动合同，存在实际的劳动关系。

3. 该工人属于因病、自然原因或遭受意外死亡的，或者该工人参与违法活动的，不发放丧葬费。

（二）非因工死亡的丧葬费标准控制

工人非因工死亡的，工厂一次性发给其财产第一继承人丧葬补助＿＿＿元，用于工人的丧葬办理。

1. 非因工死亡的丧葬补助申请参照因工死亡丧葬补助申请流程办理。

2. 生产部代表工厂到工人家中慰问，并给予丧葬补助。

**五、直系亲属死亡的丧葬费控制**

工厂按照法律规定，对于直系亲属死亡的工人给予丧假及丧葬费补助。

（一）丧假申请控制

1. 工人本人向工厂人力资源部提出申请，提供相关证明（如户口本复印件、死亡证明等复印件），证明资料可在丧葬事务办理后补交。

2. 工厂人力资源部审批丧假申请，根据具体情况给予1~3天的丧假。

3. 工人外地的直系亲属死亡时需要工人本人去外地料理丧事的，可以根据路程远近另给予路程假。

（二）丧假工资发放

1. 在工厂规定的丧假及路程假期间，人力资源部按工人所在岗位的基本工资标准计发工资。

（续）

2. 对于超出丧假及路程假天数的，若该工人请假，则按事假处理，工厂可不予发放工资；未请假的，按照旷工进行处罚。

（三）直系亲属死亡的丧葬费控制

工人直系亲属死亡的，可向工厂人力资源部提出丧葬费申请、填写申请表并附相关证明（可在办完丧葬后补交），按照工厂相关的规定领取一次性丧葬费____元。

**六、丧葬费申请程序控制**

工厂规定丧葬费的申请与发放必须按照规定的程序进行，其流程如下图所示。

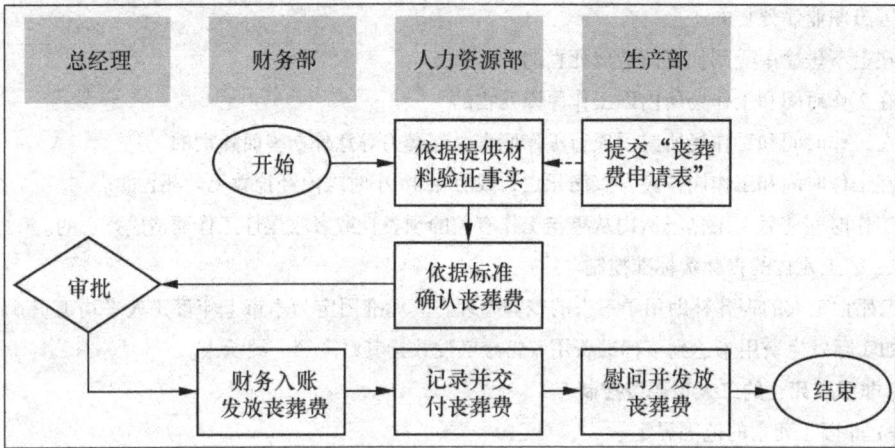

丧葬费申请程序示意图

**七、其他事项**

本方案结合工厂员工休假制度及丧葬费管理办法实施，于____年__月__日起生效。

| 编制人员 | | 审核人员 | | 审批人员 | |
|---|---|---|---|---|---|
| 编制时间 | | 审核时间 | | 审批时间 | |

# 主要制造费用控制

## 第六章

# 第一节　水电费控制

## 一、车间水电费控制点

制造费用中的水电费是指工厂生产部及生产车间所发生的外购生产用水、用电的费用。生产车间水电费控制点说明如图6-1所示。

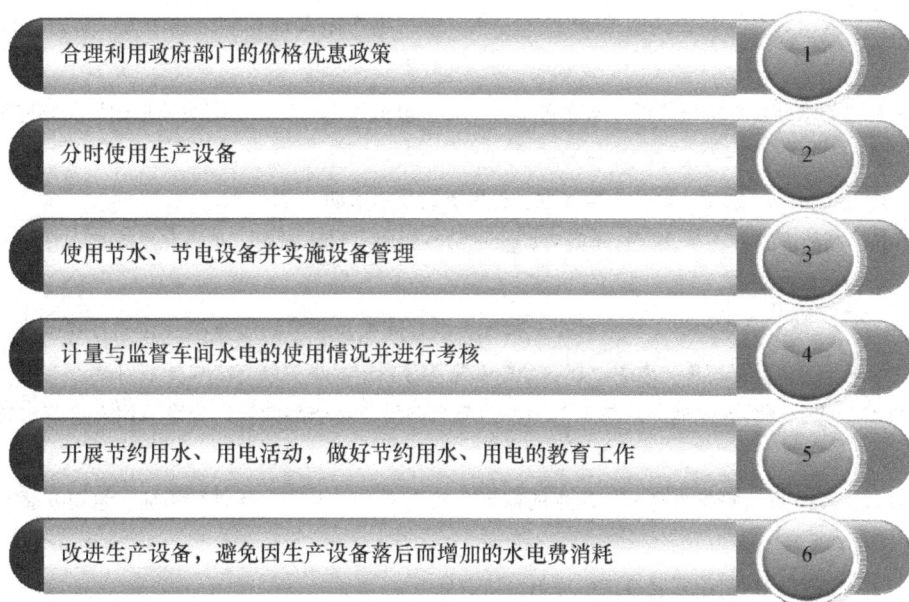

| | |
|---|---|
| 合理利用政府部门的价格优惠政策 | 1 |
| 分时使用生产设备 | 2 |
| 使用节水、节电设备并实施设备管理 | 3 |
| 计量与监督车间水电的使用情况并进行考核 | 4 |
| 开展节约用水、用电活动，做好节约用水、用电的教育工作 | 5 |
| 改进生产设备，避免因生产设备落后而增加的水电费消耗 | 6 |

图6-1　车间水电费控制点说明

## 二、车间水费控制办法

| 制度名称 | 车间水费控制办法 | | 受控状态 | |
|---|---|---|---|---|
| | | | 编　号 | |
| 执行部门 | | 监督部门 | 编修部门 | |

**第1章　总则**

第1条　为消除车间的用水浪费现象，严格控制车间生产用水消耗，降低车间水费，结合工厂的实际情况，特制定本办法。

第2条　本办法适用于工厂各车间的生产用水管理。

（续）

第3条　工厂主要采取节约用水、减少用水浪费等方式控制车间水费的支出。

## 第2章　职责划分

第4条　为更好地指导各车间做好节水工作，加强对车间生产用水的监管，减少浪费，工厂特设节水办公室。

第5条　节水办公室每年根据本市节水办公室下达的用水指标，制订工厂用水计划，并明确生产车间用水计划和生活用水计划。

第6条　生产部根据工厂节水办公室制订的生产用水计划，按车间（或产品）分解用水计划，并组织各车间、班组研究节水措施。

第7条　节水办公室指定专人负责节水工作，根据生产用水计划制定各车间、各班组的用水指标。

第8条　节水办公室组织开展节水先进个人、先进班组评比活动，定期对节水标兵及先进班组予以表彰和奖励。

## 第3章　开展节约用水活动

第9条　节水办公室在生产区、车间等场所张贴节约用水宣传挂图、条幅和彩旗等，宣传节约用水的生产方式和生产活动。

第10条　节水办公室根据工厂实际生产情况，结合同类企业节约用水的经验和有效做法，印制生产节约用水小手册或宣传单，人手一册，介绍在生产过程中节水的好方法和基本知识。

第11条　节水办公室定期介绍与工厂相关的节水型设备和产品知识，分享采用先进节水技术和生产工艺的经验。

第12条　各车间可根据自身节约用水的需要，加强员工节水技术及政策培训，组织开展节约用水讲座。

第13条　工厂定期组织开展员工节约用水知识竞赛。

第14条　工厂组织生产车间及班组开展"我为节约用水献计献策"活动，征集员工对节水工作的建议，并对提出合理化建议的员工给予奖励。

## 第4章　实施车间节水设施管理

第15条　车间需维护、改善供水管道、水龙头及配套设施。

1. 调整供水水压，在保证生产需求的前提下，尽量降低水压。

2. 改造自来水管道。

第16条　车间需根据各班组的用水情况，选择重点部位安装水表、阀门，以方便统计用水量且有利于控制出水量。

第17条　车间有计划地更换或改造较为费水的水龙头，拆除多余的水龙头，从合格供应商处选购节水型水龙头。

第18条　在条件允许的情况下，工厂在车间推广经济适用的节水技术，如生产用水重复利用技术、高效冷却水技术、干洗清洗、喷淋清洗等节水技术，并对重点工艺采取节水措施。

（续）

**第5章　计量与检查车间生产用水**

第19条　工厂在生产车间普及水表计量，以便如实统计各作业单位的用水量和节约用水的定量考核数据。

第20条　节水办公室指定专人定期统计车间各作业单位的用水量，并如实呈报节水办公室。

第21条　节水办公室定期或不定期巡视车间的各用水点，从跑、冒、漏、滴、长流水、重复利用等方面进行检查，确保各车间严格贯彻工厂的节水措施。其具体检查内容如下表所示。

**车间节水情况检查表**

| 项目 | 检查要点 | 检查结果 | | 备注 |
| --- | --- | --- | --- | --- |
| | | 是 | 否 | |
| 车间节水项目 | 自来水管是否漏水 | | | |
| | 水龙头的垫衬是否做定期检查 | | | |
| | 水龙头夜间是否关好 | | | |
| | 多余的水龙头是否废除 | | | |
| | 用过的水是否重新利用 | | | |
| | 是否利用工业用水 | | | |
| | 是否定期检查水表 | | | |
| | 自来水栓是否是旋塞栓 | | | |

第22条　节水办公室检查人员若在检查过程中发现不合理用水、浪费水的现象，有权对当事人及其主管人员进行指正。

第23条　作为各作业单位或人员的日常考核项目之一，检查结果由节水办公室呈报行政人事部。

第24条　节水办公室设立浪费用水、污染环境的举报电话和投诉箱，以积极发挥基层员工的监督作用。

**第6章　附则**

第25条　本办法由节水办公室负责制定，解释权归节水办公室所有。

第26条　本办法报总经理审批确认后，自颁发之日起生效，修订、废止时亦同。

| 修订记录 | 修订标记 | 修订处数 | 修订日期 | 修订执行人 | 审批签字 |
| --- | --- | --- | --- | --- | --- |
| | | | | | |
| | | | | | |

## 三、车间电费控制规定

| 制度名称 | 车间电费控制规定 | | 受控状态 | |
|---|---|---|---|---|
| | | | 编　号 | |
| 执行部门 | | 监督部门 | 编修部门 | |

### 第1章　总则

第1条　为加强车间用电管理，在保证车间正常生产的情况下，控制车间电费支出，减少不合理支出，根据国家及本市相关法律法规，结合工厂的实际情况，特制定本规定。

第2条　本规定适用于工厂生产部及车间电费控制各相关事项，包括用电、节电、用电检查等。

第3条　工厂设节电办公室，加强对车间生产用电的监管，指导车间做好节电工作。节电办公室的具体职责如下。

1. 每年根据国家及本市对工厂生产用电或设备用电的要求，制订工厂用电计划。

2. 按车间（或产品）分解用电计划，并组织各车间、班组研究节电措施。

3. 加强对生产过程中用电的监督、检查。

第4条　本规定所指的车间电费控制主要通过执行分段用电、改善设备用电、审查监督临时用电及开展节约活动等方式实现。

### 第2章　充分运用分时电价政策

第5条　工厂节电办公室应及时掌握国家电力主管部门、各级物价部门、各级电力部门关于电价优惠的相关政策，对适合工厂的优惠政策需进行了解、分析，并将其作为依据，合理制定优惠时间、优惠项目内产品的生产数量和生产指标。

第6条　节电办公室加强对生产各车间、各班组分时电价宣传，把分段电费价格、时间段宣传到班组，并与班组生产指标、考核挂钩，以提高广大职工分时计价的意识。

第7条　生产调度员根据分时电价原则合理安排生产任务，尽量将生产任务安排到平段以及谷段进行，保证设备高负荷地运行。

### 第3章　车间设备节约用电

第8条　工厂积极推广用电设备经济运行方式，及时改造和淘汰国家限制、禁止使用的生产用电设备。

第9条　工厂对车间的照明线路进行改造，逐步淘汰普通照明灯具，采用新型高效节能灯。

第10条　各车间对自身照明装置进行核查，根据时间、地点及天气等情况确定合理的照明分配方案。

第11条　车间需确保照明自动投入装置正确、好用，并指定专人负责手动切换。

第12条　生产办公室空调温度不得超过26℃，要求员工避开峰段在谷段时间集中使用复印、打印设备。

第13条　车间生产辅助设备的投入应根据负荷的情况及时调整，以提高辅助设备负荷率，避免出现"大马拉小车"的情况。

（续）

第14条　设备应根据其运行情况和生产计划及时启停，启停作业需严格按设备操作规范执行。

第15条　工厂需加强设备的监控及分析工作，当设备有故障时，操作人员需及时联系维修人员处理，严禁无故停用。

第16条　对变压器的负荷情况进行统计分析，对于长期轻载运行的变压器所带负荷的电源进行更改，提高运行变压器的负荷率，减少轻载变压器的运行数量。

第17条　对生产车间的一些可控设备实施重点管理，管理办法如下表所示。

**生产车间相关设备重点管理办法表**

| 设备名称 | 设备运作特点及重点管理办法 |
|---|---|
| 熔炼设备<br>（如保温炉） | 1. 熔炼炉（保温炉）必须24小时运作，难以错峰用电<br>2. 通过加强设备维护、人员配备等措施，使熔炼车间产能最大化，以降低单位电耗 |
| 后加工设备<br>（如粗精轧机） | 1. 用电消耗量大，改三班制生产为两班制生产，实行早、夜班生产计划，从而避开中班用电峰值时段<br>2. 将换轧辊时间尽量安排在峰值时段 |
| 大型拉丝设备 | 1. 大型拉丝设备的功率大，可间断生产<br>2. 合理编排计划，平、谷时段最大限度地发挥设备产能，减少峰值时段的启停机时间 |
| 机修设备 | 机修车间在设备保养或检修时应尽量安排在峰段，而将生产不急需的配件及自制设备的焊接、车铣加工安排在平段或谷段进行 |
| 辅助设备 | 1. 将原料打包、成品检验等辅助生产人员安排在峰段就餐，以节省峰段用电时间<br>2. 强化对辅助设备的管理，以确保正常生产，降低产品单位电耗 |

### 第4章　车间临时用电控制

第18条　临时电源的接引必须由用电班组提出接引申请，由所在车间审核并指定接引位置及接引负荷，生产部经理审批后方可由用电班组于指定位置进行接线工作。

第19条　临时用电车间有关人员必须测好用电设备的负荷大小，用电设备负荷不能大于开关容量。

第20条　生产部对临时用电班组进行审查，对临时用电的形式、部位进行确认，掌握临时用电状况，检查用电情况。

### 第5章　车间用电检查与奖惩

第21条　各车间、各班组之间进行节能考核，将考核结果纳入到各车间主任、各班组长的月度考核中，并与相关人员的绩效工资挂钩。

第22条　各车间、各班组相关人员均应认真填写统计表，计算每月节电效果，分析原因，总结经验，为下一阶段节电工作打下坚实基础。

第23条　生产部对生产车间的节电工作进行检查和监督，定期统计各工段的用电量，并结合产量、产品结构做详细对比，以便精确掌握数据，宏观调控电能损耗。

（续）

| 第6章　附则 | | | | |
|---|---|---|---|---|

第 24 条　本规定由节电办公室制定，解释权归节电办公室所有。

第 25 条　本规定报总经理审批确认后，自颁布之日起生效，修订、废止时亦同。

| 修订记录 | 修订标记 | 修订处数 | 修订日期 | 修订执行人 | 审批签字 |
|---|---|---|---|---|---|
| | | | | | |
| | | | | | |

# 第二节　租赁与保险费控制

## 一、用具租赁费用控制点

制造费用中的用具租赁费是指工厂生产部及所属生产车间租赁用于生产制造的用具所支出的费用。用具租赁费用的控制点如图 6-2 所示。

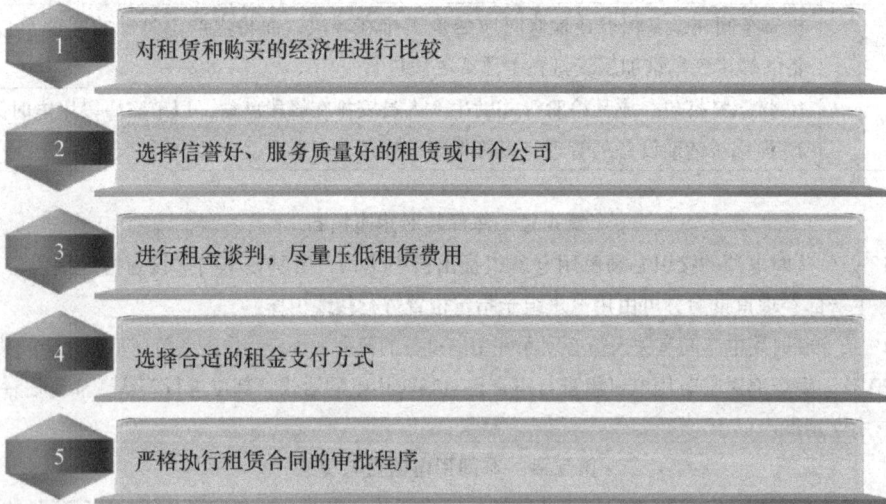

1　对租赁和购买的经济性进行比较

2　选择信誉好、服务质量好的租赁或中介公司

3　进行租金谈判，尽量压低租赁费用

4　选择合适的租金支付方式

5　严格执行租赁合同的审批程序

图 6-2　用具租赁费用控制点说明

## 二、设施设备保险费控制点

制造费用中的设施设备保险费是指生产车间当年支付的设施、设备等财产的保险费。设施设备保险费控制点如图 6-3 所示。

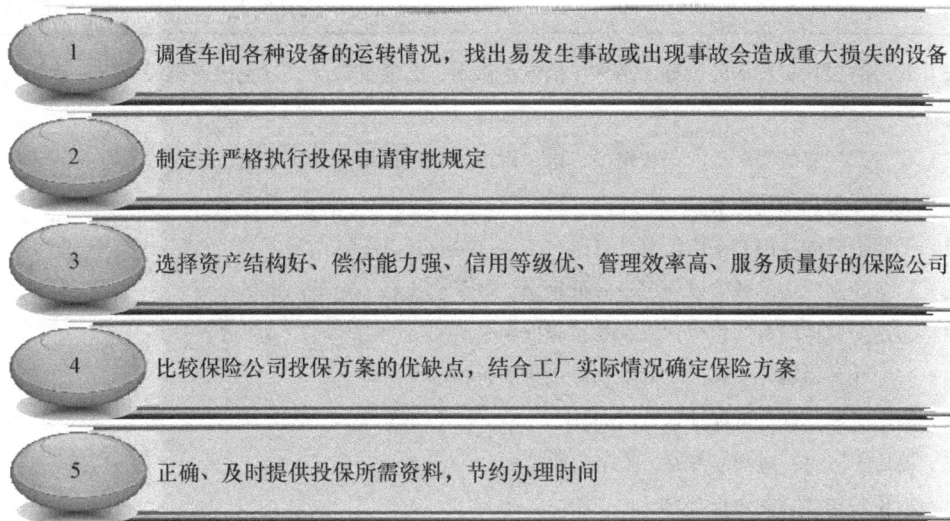

| 1 | 调查车间各种设备的运转情况，找出易发生事故或出现事故会造成重大损失的设备 |
| 2 | 制定并严格执行投保申请审批规定 |
| 3 | 选择资产结构好、偿付能力强、信用等级优、管理效率高、服务质量好的保险公司 |
| 4 | 比较保险公司投保方案的优缺点，结合工厂实际情况确定保险方案 |
| 5 | 正确、及时提供投保所需资料，节约办理时间 |

图6-3　设施设备保险费用控制点说明

## 三、厂房租赁费用控制方案

| 方案名称 | 厂房租赁费用控制方案 | 编　号 | |
| --- | --- | --- | --- |
| | | 受控状态 | |

**一、目的**

为减少工厂厂房租赁费用的支出，特制定本方案。

**二、适用范围**

本方案仅适用于工厂厂房租赁费用控制的相关工作事宜。

**三、职责分工**

1. 生产部经理根据工厂实际情况制订厂房租赁计划，计划书中应包括厂房位置、面积和租金预算等。

2. 生产部相关人员负责收集房源，并对厂房进行实地考察。

3. 财务部相关人员负责选定中介公司和进行租金谈判。

4. 财务部经理负责审核厂房租赁计划和租赁合同。

**四、厂房租赁费用控制措施**

1. 快速、有效地收集房源信息

（1）通过中介机构收集房源信息时，要选择信誉好、专业性强的中介公司，并对收集到的房源信息进行分类以节约时间。

（2）生产部相关人员要根据《租赁计划书》中的厂房要求缩小房源范围，提高房源信息的时效性和准确性，减少附加费用。

2. 仔细对厂房进行实地考察、核实

（1）根据中介公司提供的房源信息，选择3~4家合适的厂房进行实地考察。

（续）

（2）看房时要核实厂房的位置、结构、供电、供水、交通等情况，以免因基础设施不好而增加房屋维修费用。

（3）要特别注意核实厂房的产权情况，以免因产权到期而增加费用支出。

3. 谈判时尽量压低租金价格

（1）不要过分表露出对某座厂房的好感。

（2）尽量找出厂房的缺陷以便要求降低租金，如配套设备不足等。

（3）通过与其他厂房的租金比较，要求降低租金。

（4）与中介公司搞好关系，争取拿到最优惠的价格。

（5）如果时间允许，可拖延谈判时间。

（6）僵持不下时，应果断离开。

4. 严格执行租赁合同审批程序

（1）财务部相关人员应将租赁合同送交财务部经理审核。

（2）财务部经理审核通过后，交总经理审批。

（3）总经理审批通过后，才可与中介公司签订租赁合同。

| 编制人员 | | 审核人员 | | 审批人员 | |
|---|---|---|---|---|---|
| 编制时间 | | 审核时间 | | 审批时间 | |

## 四、用具租赁费用控制办法

| 制度名称 | 用具租赁费用控制办法 | | 受控状态 | |
|---|---|---|---|---|
| | | | 编　号 | |
| 执行部门 | | 监督部门 | | 编修部门 | |

### 第1章　总则

第1条　为加强对工厂生产用具的租赁管理，控制用具租赁费用的支出，降低生产成本，特制定本办法。

第2条　本办法适用于工厂生产车间用具租赁费用控制的相关工作事宜。

第3条　生产部、设备管理部的职责分工如下。

1. 生产部负责向设备管理部提出生产用具租赁申请。

2. 设备管理部审核、制定租赁方案，开展具体的租赁工作。

第4条　本办法所指的用具租赁费用是工厂生产车间租赁用于生产制造的用具所支出的费用。

第5条　用具租赁工作原则。

1. 内部调剂优先，即在工厂内部无法解决时方可考虑租用。

2. 全面考察租赁公司，综合考评租赁公司的质量、服务、价格等情况。

（续）

## 第2章　租赁方式的选择控制

第6条　工厂考虑租赁用具时，需对租赁用具和购买用具的经济性进行比较，确定是否采取租赁方式。

第7条　租赁方式选择确定方法。

在用具产生的经济效率相同的条件下，对租赁用具所发生的成本和购买用具所发生的成本进行比较，具体如下。

1. 租赁成本＝租金×（1－所得税率）。

2. 购买成本＝购买价格＋贷款利息－（设备折旧＋贷款利息）×（1－所得税率）。

3. 当租赁成本低于购买成本时，工厂可选择租赁方式。

第8条　生产部车间填写《用具租赁申请书》，明确所需租赁用具的数量、规格、型号，交设备管理部审核。

第9条　设备管理部审核生产车间的租赁申请，确定通过工厂内部无法调剂时，制定租赁方案，内容包括租赁名称、规格、型号、数量、计划租赁时间等，上交生产副总审核签字。

## 第3章　租赁公司选择控制

第10条　工厂可通过各类渠道寻找用具租赁公司，选择3~4家进行询价，要求其提供信用调查资料。

第11条　备选的用具租赁公司须具备以下基本条件。

1. 优质快捷的服务和良好的信誉。

2. 充裕、先进的可租用用具。

3. 技术人员具有丰富的经验和精湛的技术。

第12条　用具租赁人员与租赁公司代表就租赁的期限、租赁价格、支付方式、双方责任等进行沟通、洽谈。

第13条　洽谈过程中，设备租赁人员应尽可能争取优惠的价格，减少租赁费用的支出。

第14条　在满足质量要求的前提下，用具租赁人员应选择报价低、服务优的租赁公司，与其谈判，商议具体事宜。

第15条　质量管理部人员需仔细检验预租用工具是否符合工厂要求，工作性能是否完好等。

第16条　用具租赁人员在签订合同前，需仔细阅读合同条款，明确工厂的权利和义务，并将合同送交生产副总审查。

## 第4章　租金支付控制

第17条　工厂应根据财务状况选择合适的租金支付方式，降低租赁成本。

第18条　工厂若采用一次性付款方式，应确定租赁公司所能提供的优惠额度，同时比较资金用于其他投资的投资报酬率。

第19条　工厂选择分期付款时，若选择按租金全款在规定租赁期限内多次支付时，需调查、计算、分析支付的银行利息、汇率等，选择最合适的支付时间段。

第20条　财务部建立用具租赁台账，详细记录租金的支付情况和相关费用的支出情况。

第21条　财务部按租赁合同规定按时缴纳租赁费，不得延误，如因未按时缴纳引起对方索赔，从而造成损失的，由相关责任人承担。

（续）

### 第5章　附则

第22条　本办法由工厂设备管理部制定，解释权归设备管理部所有。

第23条　本办法经总经理审批通过后，自发布之日起执行。

| 修订记录 | 修订标记 | 修订处数 | 修订日期 | 修订执行人 | 审批签字 |
|---|---|---|---|---|---|
| | | | | | |
| | | | | | |

# 五、车间保险费用控制办法

| 制度名称 | 车间保险费用控制办法 | | 受控状态 | |
|---|---|---|---|---|
| | | | 编　　号 | |
| 执行部门 | | 监督部门 | 编修部门 | |

### 第1章　总则

第1条　为满足工厂车间投保要求，尽可能控制保险费用支出，特制定本办法。

第2条　本办法所指的保险费用是指生产车间支付的房屋、设备等财产的保险费。

第3条　生产部、行政部、财务部的职责划分如下。

1. 生产部负责提供各种设备的运行情况和房屋使用情况，并对设备的投保提出建议。

2. 行政部负责选择投保设备、房屋，提出投保申请，并与保险公司协商保险金额和保险费率，办理投保的相关手续。

3. 财务部负责审核保险金额和保险费率，经总经理审批通过后，办理支付手续。

### 第2章　保险标的选择控制

第4条　生产部对生产车间各种设备的运转情况进行调查，了解设备的使用时间、工作时间、事故发生情况等。

第5条　生产部根据调查结果，针对以下设备提出投保申请。

1. 易发生事故并会造成一定经济损失的设备。

2. 较少发生事故，一旦发生会造成重大经济损失的设备。

第6条　生产部随时关注房屋的使用情况，发现问题及时报告行政部。行政部及时跟进情况并进行投保决策，定期对生产车间房屋进行检查。

第7条　执行投保申请审批。

1. 行政部根据车间房屋投保名及生产部提交的需投保的设备名单填写"投保申请表"，经行政部经理审核后交生产副总审核。

2. 生产副总审核通过后，交总经理审批。

3. 总经理审批通过后，由财务部办理投保支付手续。

### 第3章　保险公司选择控制

第8条　工厂选择保险公司时，应考虑五大因素，具体如下表所示。

（续）

**保险公司选择标准一览表**

| 项目 | 说明 | 备注 |
|------|------|------|
| 资金结构 | ◆ 了解保险公司是否上市或整体上市，整体上市的保险公司一般具有良好的资金结构 | |
| 偿付能力 | ◆ 偿付能力是指保险公司偿还债务的能力。偿债能力强的保险公司可以快速解决经济损失问题，避免更大的经济和名誉损失<br>◆ 工厂可以从国家保险监督委员会披露的《偿债能力报告》中获知保险公司的偿付能力 | |
| 信用等级 | ◆ 参考评估机构对保险公司的信用等级评价，选择信用等级优的保险公司 | |
| 服务质量 | ◆ 由于保险合同生效后，工厂需要和保险公司经常打交道，如缴费、地址变更、理赔等，选择服务质量好的保险公司可节省办事时间和成本 | |
| 管理效率 | ◆ 从保险公司产品创新力、市场竞争力、市场号召力、盈利能力、决策能力、应变能力、凝聚力等方面衡量管理效率的高低，选择管理效率高的保险公司 | |

第9条 选择投保方案。工厂收到保险公司提供的保险方案后，应结合工厂的实际情况对方案进行优劣势分析，选择合适的投保方案，在达到投保目的的同时节省费用。

第10条 对于不易损坏的设备或房屋，可选择财产基本险。

第11条 设备损坏的几率高且易造成严重经济损失的，可选择财产综合险。

第12条 工厂还可选择财产险附加损失保险、财产保险附加盗窃保险等。

**第4章 附则**

第13条 本办法由工厂行政部制定，解释权归行政部所有。

第14条 本办法经总经理审批后执行。

| 修订记录 | 修订标记 | 修订处数 | 修订日期 | 修订执行人 | 审批签字 |
|------|------|------|------|------|------|
| | | | | | |
| | | | | | |

## 六、设备保险费用控制方案

| 方案名称 | 设备保险费用控制方案 | 编　号 | |
|------|------|------|------|
| | | 受控状态 | |

**一、目的**

为满足生产车间设备投保要求，尽可能控制保险费用的支出，特制定本方案。

**二、适用范围**

本方案适用于工厂生产车间设备保险费用控制工作的相关事宜。

（续）

### 三、职责分工

1. 生产部负责提供各种设备的运转情况，并对设备投保提出建议。

2. 行政部负责选择投保设备，并提出申请。

3. 财务部负责与保险公司协商保险金额和保险费率，并办理投保相关手续。

### 四、相关定义

本方案中的保险费用是指工厂生产车间当年支付的房屋、设备等财产的保险费。

### 五、保险标的

本方案中的保险标的是指工厂生产车间的各种设备。

### 六、设备保险费控制措施

1. 选择投保设备

（1）生产部相关人员对生产车间各种设备的运转情况进行调查并登记。设备运转情况调查表如下所示。

#### 设备运转情况调查表

| 内容<br>设备名称 | 购买时间 | 使用年限 | 每天工作时长 | 发生事故的次数 | 事故造成的损失 | 投保建议 |
|---|---|---|---|---|---|---|
| 设备_____ | | | | | | |
| 设备_____ | | | | | | |
| 设备_____ | | | | | | |

（2）行政部相关人员根据调查结果，找出易发生事故并造成一定经济损失的设备，及较少发生事故但一旦发生事故会造成重大经济损失的设备。

2. 制定并严格执行投保申请审批规定

（1）财务部相关人员根据行政部提交的需投保设备名单，填写"投保申请单"。

（2）财务部经理审核"投保申请单"，审核后交总经理审批。

（3）总经理审批通过后，财务部相关人员方可办理投保手续。

3. 选择合适的保险公司及投保方案

（1）财务部相关人员在选择保险公司时，要从资产结构、偿付能力、信用等级、管理效率、服务质量五个方面进行综合考虑，以节省办理投保手续的时间和成本，保证投保质量。

（2）对保险公司提供的投保方案进行认真分析，结合设备的实际使用情况选择最合适的投保方案，节省投保费用。

| 编制人员 | | 审核人员 | | 审批人员 | |
|---|---|---|---|---|---|
| 编制时间 | | 审核时间 | | 审批时间 | |

## 第三节 检验与工具费控制

### 一、车间检验费控制点

制造费用中的车间检验费是指工厂生产部及生产车间当年支付的用于研发、试验、检验方面的费用。具体包括进行检验的人工费、材料费、办公费、仪器设备购置费、设备折旧、燃料动力费、外委检验费、寄运费、差旅费等。车间检验费的控制点如图6-4所示。

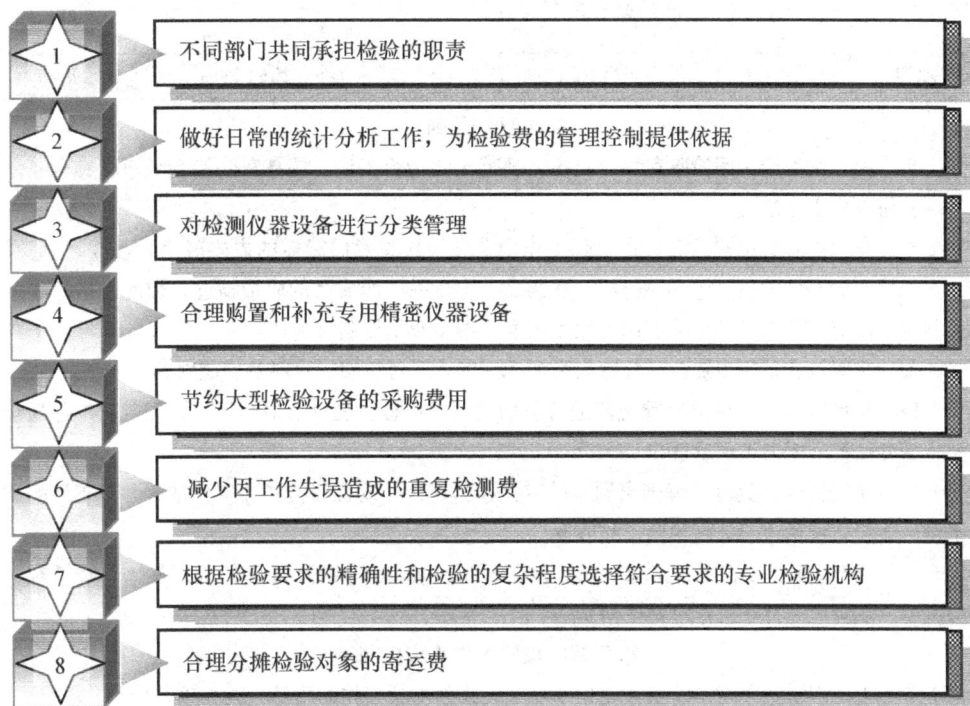

| | |
|---|---|
| 1 | 不同部门共同承担检验的职责 |
| 2 | 做好日常的统计分析工作，为检验费的管理控制提供依据 |
| 3 | 对检测仪器设备进行分类管理 |
| 4 | 合理购置和补充专用精密仪器设备 |
| 5 | 节约大型检验设备的采购费用 |
| 6 | 减少因工作失误造成的重复检测费 |
| 7 | 根据检验要求的精确性和检验的复杂程度选择符合要求的专业检验机构 |
| 8 | 合理分摊检验对象的寄运费 |

图6-4 车间检验费控制点说明

### 二、车间工具费控制点

制造费用中的车间工具费是指工厂为完成生产任务所要消耗的工具总量所产生的费用。车间工具费控制点说明如图6-5所示。

| | | |
|---|---|---|
| 1 | ◎ 根据前期实际消耗情况制定工具消耗定额及储备定额 | |
| 2 | ◎ 根据工具使用情况严格控制以旧换新的标准和借用流程 | |
| 3 | ◎ 定期或不定期检查工具保管及使用情况 | |
| 4 | ◎ 制定并严格执行工具赔偿规定 | |

**图6-5　车间工具费控制点说明**

## 三、车间检验费用控制办法

| 制度名称 | 车间检验费用控制办法 | | 受控状态 | |
|---|---|---|---|---|
| | | | 编　号 | |
| 执行部门 | | 监督部门 | 编修部门 | |

**第1章　总则**

第1条　为控制生产车间检验费用的支出，规范车间检验工作，提高车间检验效率，结合工厂的实际情况，特制定本办法。

第2条　车间检验费用的界定。在实际工作中，车间检验费用涵盖的内容较多，涉及产品试制、量产，直到生产的不同阶段，包括原材料、在制品、半成品、产成品的质量检验，因此工厂对检验费用的控制应以职能划分为基础，从部门的角度出发，细化费用控制措施。

第3条　车间检验费用主要包括检验人员的人工费、设备折旧、材料费、燃料动力费等。

第4条　生产检验科室按照检验规范进行采购检验、过程检验以及最终检验，以规避产品质量风险，防止不良品流入下道工序或客户手中。

第5条　所有检验人员应了解国家颁布的有关检验规范、规程和检测评定标准，学习工厂的质量管理手册，加强质量意识，提高检验工作效率。

第6条　所有检验人员应及时总结经验，改善不足，减少工作失误导致的重复检测，降低对检测设备的占用，减少检测费和工作时间的浪费。

**第2章　检验工作程序控制**

第7条　工厂需制定车间检验工作流程与规范，改善检验工作的质量，减少重复检测。

第8条　生产车间依据生产计划编制车间检验计划，经品管部经理审批后转生产检验科室执行。

第9条　车间检验费用由车间负责人向生产部经理提出申请，报生产副总审批通过后，生产检验科室检验人员开展检验试验活动。

第10条　检验人员收到"检验任务通知单"后，与申请人交接并清点样品及其他检验资料，并安排检验工作。

第11条　检测工作完成后，由检验人员填写《检测报告》，生产部经理审查后，送交车间申请人，若无需重复检验，则将样品、资料等一并返还申请人。

（续）

第12条　工厂生产检验科室专人负责检验仪器设备的日常保养和资料归档，定期对仪器进行校正，确保仪器正常运行。

第13条　生产检验科室记录检测的持续时间、频率、产品数量、测试办法、测试结果等信息，定期统计汇总检验费用。

### 第3章　重复检验工作控制

第14条　在检验过程中发生下列情况时，需进行重复检验。

1. 更换原材料供应商或发生工艺改变，其来料检验标准尚未明确或处于技术研究过程中时，对大批量的原材料进行重检。

2. 工厂产品出现异常，在未确认不良品数量、比例和批次等关键信息时，对成品进行全检。

3. 前期检验完毕，相关人员对良品、不良品未作标识区分或隔离，导致不良品混入合格品而必须进行复检。

4. 产品生产过程发生异常，由于返工返修作业方案不成熟而重复返工返修带来的重复检验。

第15条　大批量的原材料检测标准未经清晰界定或出现信息缺失时，工厂应慎重实施检验。

第16条　在向工艺技术部门提供质量信息时，应采取抽检的方式。

第17条　产品异常信息不明确时，应尽量选择抽检，避免因信息有误造成检验费的浪费，同时加快确定异常信息的速度。

第18条　当返修返工方案不确定时，为避免大量产品的返工返修，应尽量选择小批量试验以求短时间内明确作业方案之后，再对其余产品进行返修，同时一次性完成返工返修产品的复检工作。

### 第4章　附则

第19条　本办法由工厂生产部制定，解释权归生产部所有。

第20条　本办法经总经理审批后执行。

| 修订记录 | 修订标记 | 修订处数 | 修订日期 | 修订执行人 | 审批签字 |
|---|---|---|---|---|---|
| | | | | | |
| | | | | | |

## 四、车间工具费用控制细则

| 制度名称 | 车间工具费用控制细则 | | 受控状态 | |
|---|---|---|---|---|
| | | | 编　号 | |
| 执行部门 | | 监督部门 | 编修部门 | |

### 第1章　总则

第1条　为控制车间工具费用的支出，规范工具保管、领用、以旧换新、移交、报废等程序，避免发生工具超标领用及调任无交接等现象，减少浪费与损失，特制定本细则。

第2条　本细则对车间工具费用支出的控制主要通过制定并执行工具消耗定额及储备定额、领用退还控制、检查赔偿控制等方式进行。

（续）

第3条　工厂在各生产车间设立工具室，负责车间生产作业的工具供应工作，设备管理部负责对工具进行统筹管理。

第4条　工厂车间工具种类繁多，常用工具有切削工具、测量工具、模具、夹具、扳钳工具、风动工具、电动工具、金属模型、焊切工具等。

第5条　相关定义。

1. 工具消耗量是指工厂为完成生产任务所要消耗工具的总量。

2. 工具的消耗定额是指在一定的技术装备和生产技术组织条件下生产一定数量的产品需要消耗的工具总量，它是编制工具采购、生产计划、发放工具和考核车间、班组及工人使用工具状况的依据。

3. 工具的储存额是指为使工厂的生产不发生间断而需要储备一定工具的数量。

## 第2章　工具消耗定额控制

第6条　工具消耗定额由工厂设备管理部、生产部会同财务部，根据前期实际消耗情况，按照单位产量消耗工具费用或全月消耗工具费用总额制定。

第7条　相关人员在编制工具消耗定额时，需考虑相关因素，制定切实可行的工具消耗定额。影响工具消耗定额的因素分析如下表所示。

### 影响工具消耗定额的因素分析

| 序号 | 影响因素 | 说明 |
|---|---|---|
| 1 | 设备先进性和新旧程度 | 现代化设备和新设备所需工具的消耗较小 |
| 2 | 作业人员技术熟练程度和劳动积极性 | 技术熟练程度高，劳动积极性强，有利于工具正常、节约使用 |
| 3 | 生产任务的安排状况和动力的供应状况 | 均衡安排生产有利于设备能力的充分发挥，降低工具的消耗设备所需动力的连续、稳定供应有利于降低工具的消耗定额 |
| 4 | 管理水平高低情况 | 提高管理水平可降低工具消耗，日常的维护、保养、宣传以及教育等工作的开展情况将直接影响工具消耗的高低 |

第8条　工具消耗定额下达到车间后，车间应进一步落实到班组、个人，每半年或最长每年修订一次。

第9条　为避免停产等待工具造成损失，或因工具储备数量过多造成资金占用过多、增加库存成本和损耗等，工厂需制定工具的储备定额。

第10条　工厂工具的储备定额可根据工具消耗定额、历史经验、采购周期等确定。

## 第3章　工具领用与退还控制

第11条　设备管理部根据设备机台使用工具情况统一制定工具发放标准。

第12条　工具领用原则。

1. 各设备机台负责人首次领用工具时必须在领用标准范围内。

（续）

2. 换领必须以旧（坏）换新。

第13条　首次领用工具时，须填写"工具领用单"，注明用途和保管责任人，交车间主任签准后领用。

第14条　以旧（坏）换新时，由工具检验人员鉴定工具的好坏，属人为造成的损坏由责任人承担责任。

第15条　原工具丢失或在最低使用期限内损坏的，由责任人按规定赔偿后方可重新领用。

第16条　相关人员调职或离职时，在其填写调职或离职单的同时，由人力资源部发给其一份"工具移交表"，由调职或离职人员持表到车间工具室退还工具。

第17条　移交工具时，如有工具数量不足，车间工具室应在"工具移交表"上签字并注明缺少的工具及价格，由财务部从其工资中扣除。

第18条　车间工具室收回旧工具时必须认真检查，如仍可用，则请领用人继续使用。如可修复，可联系相关专业人员修复。

第19条　如工具有一定损耗但不影响使用，车间工具室应尽量请领用人领用可用的旧品。

第20条　旧品领用只需以旧换旧，不需填写"工具领用单"。

### 第4章　工具借用控制

第21条　为方便借用常用工具，车间工具室设部分常用操作工具备借，也可办理临时借用。

第22条　借用工具时，借用人必须填写"工具借用申请单"，说明借用时间、归还时间、用途、保管责任人等，经车间主任签字后，方可借用。

第23条　车间工具室负责催还借出工具，如有丢失或损坏，借用人应按规定赔偿。

第24条　归还工具时，车间工具室在"工具借用申请单"上签名确认。

### 第5章　工具检查与赔偿控制

第25条　设备管理部及生产车间负责定期或不定期检查操作工具的保管与使用情况，如发现有私自购买的劣质工具，设备管理部有权没收。

第26条　检查人员如发现工具有未过最低使用期的损坏、遗失等影响操作的情况，应责令责任人在一定时间内补齐工具，也可自己补购或赔偿后重新领用。

第27条　工具赔偿工作按如下规定执行。

1. 工具丢失，由责任人赔偿原价。

2. 在使用限期内损坏，以旧（坏）换新前必须赔偿。

3. 生产车间向财务部提供"工具领用单"或"工具赔偿单"，财务部直接从责任人当月工资中扣除。

### 第6章　附则

第28条　本细则由车间工具室负责解释。

第29条　本细则经总经理审批通过后执行。

| 修订记录 | 修订标记 | 修订处数 | 修订日期 | 修订执行人 | 审批签字 |
|---|---|---|---|---|---|
| | | | | | |
| | | | | | |

# 研发技术费用控制

## 第七章

# 第一节 研发设计费控制

## 一、研发费用控制点

研发费用是指工厂开发新产品、新技术所发生的费用，包括新产品设计费、工艺规程制定费、设备调试费、原材料和半成品试验费、技术图书资料费、研发人员工资、研究设备的折旧、委托其他单位进行科研试制的费用、试制失败损失费用及其他与新产品和新技术研究有关的费用。研发费用的控制点说明如图 7-1 所示。

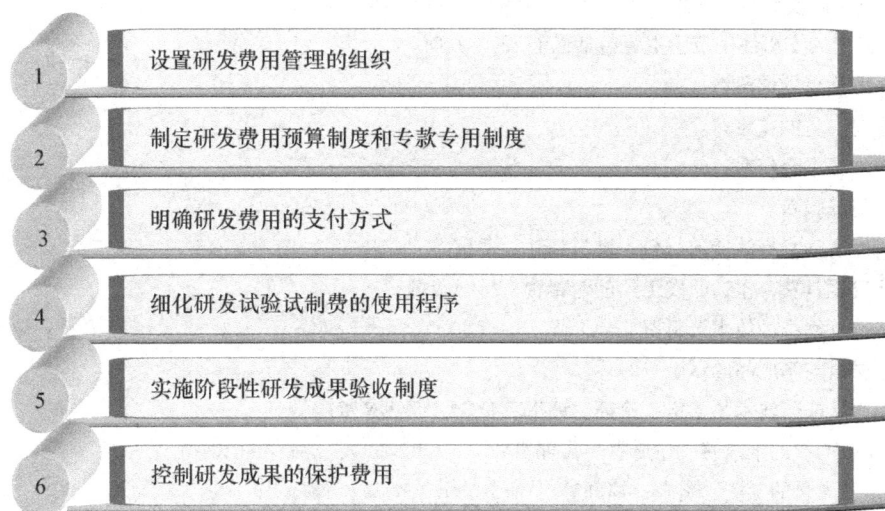

| 1 | 设置研发费用管理的组织 |
| 2 | 制定研发费用预算制度和专款专用制度 |
| 3 | 明确研发费用的支付方式 |
| 4 | 细化研发试验试制费的使用程序 |
| 5 | 实施阶段性研发成果验收制度 |
| 6 | 控制研发成果的保护费用 |

图 7-1 研发费用控制点说明

## 二、研发经费控制办法

| 制度名称 | 研发经费控制办法 | | 受控状态 | |
|---|---|---|---|---|
| | | | 编　号 | |
| 执行部门 | | 监督部门 | 编修部门 | |
| 第 1 章　总则 | | | | |

第 1 条　目的
本着以下四个目的，根据工厂经营发展的实际情况和技术发展现状，特制定本办法。
1. 合理使用研发经费，降低产品或技术研发的成本。
2. 使用有限的经费创造最大的价值。

（续）

3. 防止研发经费的流失与浪费。

4. 确保工厂依靠技术进步加速发展。

第2条　研发经费管理原则

1. 计划统筹安排的原则。

2. 研发经费承包制原则。

3. 节约使用、讲求经济效益的原则。

### 第2章　研发经费的来源与列支范围

第3条　研发经费的来源

1. 集团公司财务中心按销售额的＿＿＿＿％提取用于重点产品研发的专项拨款。

2. 工厂从其他方面筹措研发费用。

第4条　研发经费的使用范围

研发经费的支出使用范围主要包括以下13个方面。

1. 研发项目的调研费。

2. 研发人员的差旅费。

3. 对外技术合作费。

4. 外委试验费。

5. 研发活动直接消耗的材料、燃料和动力费用。

6. 研发工具费，包括研发工具的购置费、折旧费等。

7. 研发过程中的技术资料费。

8. 原材料与半成品的试验费。

9. 新产品或新技术的鉴定、论证、评审、验收、评估等费用。

10. 知识产权的申请费、注册费、代理费等。

11. 研发人员的工资、奖金、福利等。

12. 为达到研发目的所发生的专家咨询费。

13. 研发失败的损失。

### 第3章　研发经费管理组织与相关制度

第5条　设立研发经费管理的专门组织

1. 工厂应设立专门的研发委员会，由总经理、副总、财务部、技术部、生产部等相关部门的经理组成，主要负责审议研发经费的预算、审议研发项目、审议研发的成果等。

2. 工厂成立研发部，直接对工厂总经理负责，任何人无权干预。

第6条　建立研发经费预算制度

1. 研发经费应编制单独的预算。

2. 研发部一般需要根据已制订的年度研发计划，在财务部的协助下，对下一年度的研发经费进行预算，并编制"研发经费预算报表"。

3. 研发经费预算必须通过研发委员会的审批。

第7条　建立研发经费专款专用制度

（续）

研发经费按单项预算拨给，单列账户，实行专款专用，由研发部掌握、财务部监督，不准挪作他用。

第8条　对研发项目建立项目负责制

1. 工厂拟对某一产品或某项技术进行研发时，应指定专门的项目负责人。

2. 项目负责人主要负责组织研发项目小组，并根据项目的具体进度分配研发经费，并定期接受工厂对于研发进度和经费使用情况的考核。

3. 工厂会根据项目进度成果和经费使用情况进行处理，如果研发项目小组在规定时间内完成研发工作且研发经费有剩余，将剩余费用按照一定的比例奖给研发项目小组。

第9条　对研发项目建立进度报告制度

1. 研发部或项目小组应定期编制《研发项目进度报告》，呈报研发委员会审核。

2. 研发委员会应根据研发项目的进度报告审核项目的进度成果，并根据项目的进展情况按预算拨款。

3. 若研发委员会在审核项目进度的过程中发现无任何进展，或在研发过程中遇到超出想象的困难时，则应及时组织人员重新审视研发项目，重新确定其经济性。若重新审视的结果为不经济，则立即停止拨款。

第10条　建立项目经费使用报告制度

每年年底，财务部应将本年度研发项目经费的提取和使用情况向总经理汇报。

### 第4章　研发经费的使用程序

第11条　相关部门或研发部提出的研发项目课题

1. 新产品开发项目一般均由研发部填写"新产品开发合同评审立项表"，分析该产品的经济效益和发展前景。

2. 技术部、生产部签署初步意见后，有关领导按质量体系要求，组织合同（包括书面或口头的）评审会，决定是否立项开发。

3. 研发项目立项的同时做出研发经费预算，经领导批准后报财务部备案。

4. 开发过程中的费用据实报销，项目完成后结算，实际经费超过预算10%以上的，必须补充报告说明原因。

第12条　技术部主动提出的技术革新和技术开发课题

1. 此类课题包括工艺改进，设备改进，新材料、新技术的引进探索和试验，自制设备设计试制等。

2. 上述课题需要申请使用研发经费的，由技术部申请立项，填写"技术革新和技术开发立项申请表"，说明改进或开发内容，提出详细的工作计划和经费预算。

3. "技术革新和技术开发立项申请表"经主管领导组织审核或直接批准后实施。

4. "技术革新和技术开发立项申请表"需交财务部备案，作为研发经费列支的依据。

5. 项目完成后结算，实际经费超过预算10%以上的，必须补充报告说明原因。

第13条　工厂领导在工作决策中认为必须列入技术开发的项目

工厂领导在工作决策中认为必须列入技术开发的项目，可经过调查研究和充分协商后，由总经理临时下达"技术开发项目工作令"，直接指定负责人和参与人员，核定奖励经费和其他经费。"技术开发项目工作令"需报财务部备案。

（续）

## 第5章 研发经费部分列支项目的控制措施

**第14条 研发项目的奖励与考核**

1. 研发项目的奖励，事先应进行成果评价，填写"研发成果评价表"，领导批准后由财务部兑现。

2. 工厂应按照研发经费的一定比例，对出成果比预定时间早、出成果时剩余研发经费较多、采用新技术节省大量研发经费的人员或项目组进行重奖。

3. 人力资源部负责对研发部或研发项目组制定考核指标，并提交研发委员会确认。

4. 人力资源部对研发部或研发项目组制定的考核指标，应将研发经费的控制情况与研发进度、研发阶段成果等挂钩，如阶段研发成果占总成果的比重、研发经费进度预算达成率等。

5. 人力资源部应定期对研发部或研发项目组进行考核，对完不成考核指标的进行惩处。

**第15条 技术资料费的归口管理**

1. 技术资料费由研发部归口管理，由其根据需要不定期申请经费成批更新和添置技术图书。

2. 各部门技术人员因工作需要，也可临时购置少量技术资料，交技术资料室归档后限期借阅，但需经研发部经理审核后方可在技术资料费中报销。

3. 技术人员要添置长期留用的工具书，必须提出书面申请，经研发部经理签字同意后方可购买报销。

**第16条 研发工具费用的控制**

1. 技术部与研发部应共同制定研发工具的使用规范，特别是对于高价值、高精度的研发工具，必须由达到操作要求的人员使用，避免因操作失误造成研发工具的损坏，增加研发工具的使用成本。

2. 研发部应指派专人对研发工具进行保养，延长研发工具的使用寿命，提高研发工具的使用效率，降低研发工具的更新、修理费用。

3. 人力资源部应将研发工具的保养项目纳入对研发人员的绩效考核体系中。

**第17条 合作开发项目的研发费用控制**

对于涉及与大专院校、研究机构和国内外企业之间进行技术合作的项目，必须按《合同法》与对方签订《技术合作开发合同》，经总经理办公会议研究批准后执行。实施过程中的费用由财务部严格按合同执行。

**第18条 因研发而发生的其他费用**

其他因产品研发或技术开发所产生的费用，相关单据由工厂的主管领导签字后，直接在研发经费中列支，与其他费用界限不清时，由财务副总判定。

## 第6章 附则

**第19条** 本办法由财务部制定，经工厂总经理办公会（中、高层领导班子组成）审议后，呈请总经理审批后公告实施。修改、废止时亦同。

**第20条** 本办法自____年__月__日起公告实施。

| 修订<br>记录 | 修订标记 | 修订处数 | 修订日期 | 修订执行人 | 审批签字 |
| --- | --- | --- | --- | --- | --- |
| | | | | | |
| | | | | | |

## 二、设计制图费用管控办法

| 制度名称 | 设计制图费用管控办法 | | 受控状态 | |
|---|---|---|---|---|
| | | | 编　号 | |
| 执行部门 | | 监督部门 | 编修部门 | |

### 第1章　总则

第1条　目的

为最大限度地控制产品研发和技术开发过程中的设计制图费用，确保设计制图的质量，特制定本办法。

第2条　相关定义

1. 设计制图费，主要是指工厂因产品研发或工艺技术需求而支付的费用，具体可以分为内部设计制图费和外委设计制图费。

2. 内部设计制图费，具体包括设计制图所花费的人工费、工具材料费、资料费、专利许可费、软件费、办公费等。

3. 外委设计制图费，具体包括选择、评估外委设计单位过程中发生的调查、考察等费用，根据设计制图的质量支付给外委设计单位的设计制图费用，以及针对外委项目工厂特设置项目管理小组所发生的费用等。

### 第2章　内部设计制图费控制

第3条　责任部门

技术研发部是控制内部设计制图费的职能部门。

第4条　控制措施

为了实现对内部设计制图费的有效控制，工厂必须做好以下三项工作。

1. 做好资源共享，减少因沟通不充分而造成的机会成本。

（1）借助工厂内部的计算机信息平台做好技术资源和信息资料的共享工作，降低因资源不共享而对现有技术资源所造成的浪费。

（2）在有效提高设计人员的设计制图效率和制图质量的同时，降低因沟通不充分而导致的信息不均衡、设计时间延长等机会成本，增强设计团队的整体设计能力，从而减少不必要的人工成本，控制设计制图费的增加幅度。

2. 完善对必需的专利许可费和软件费的审批流程。

对于研发设计人员在工作过程中需要用到的外部专利许可或高级设计制图软件费用，工厂应制定严格、规范的审批流程，对购买专利许可和软件所产生的使用费进行监督和控制，以提高资金的利用效率，减少不必要的费用支出。

3. 制订工作计划，控制设计进度。

（1）在研发设计项目开始前，技术研发部或研发项目小组应制订周密的工作计划，设立进度成果目标。

（2）在研发设计项目进行的过程中，技术研发部或研发项目小组应随时跟踪项目进展情况和进度成果目标实现情况，以确保设计制图工作的进度，及时发现和解决设计制图中的困难，节省人工成本，减少项目占用的时间。

（续）

## 第3章　委外设计制图费控制

**第5条　委外设计单位的评估与选择**

以简单计分、统一流程、审核公平为基础评价各委外设计单位，评估内容包括其技术能力、进度管理能力、品质管理能力、售后服务能力以及报价水平等。

### 委外设计单位评分表

| 评分项目 | 内容 | 得分 | 备注 |
| --- | --- | --- | --- |
| 技术能力 | 依专业员工（具备相关专业认证）与全部员工的比例来计分 | | |
| 进度管理能力 | 依以往项目进度计划的达成率或达成能力来计分 | | |
| 品质管理能力 | 依以往品质计划的达成率或达成条件来计分 | | |
| 售后服务能力 | 依以往解决客户问题的工作效率或服务能力来计分 | | |
| 报价水平 | 依整体和关键项目的报价以及各个部分在报价中的比例来计分 | | |
| 设计单位总评 | | | |

根据各设计单位的评分结果，选择性价比较高的设计单位执行设计制图工作，以保证设计制图的质量，降低设计制图成本。

**第6条　加强对设计制图费变更的控制**

1. 设计发生变更的前提

在外部单位进行设计的过程中，工厂需求发生变化、对设计图纸等提出修改意见、设计单位本身的因素等都会导致设计发生变更，结果可能影响到设计的成本、进度、质量等因素。

2. 设立委外设计的管理组织

针对大型委外设计项目，工厂应设立专门的项目管理小组，其成员包括技术人员及部门主管、设计的实施和使用人员等，由其对外委设计的供应商进行评估和选择，监督执行进度，审批变更和费用支出等。

3. 控制变更的具体措施

由于项目变更可能对设计制图的进度、成本、质量等各大要素产生较为显著的影响，因此，项目管理小组应通过以下三项措施对设计活动进行控制。

（1）编制"委外设计制图进度表"，对日程和事项进行合理安排，明确各个阶段要实现的进度目标、质量目标和要控制的成本预算。

（2）编写《设计任务书》，明确委托设计的具体内容，申明要求的进度和质量。

（3）提出变更时，需综合多方面信息，对变更后的成本效益进行研究和论证，确实应当执行变更时应提供《变更建议书》供决策者参考。

## 第4章　附则

**第7条　本办法由技术研发部制定，呈总经理办公会审议批准。修订、废止时亦同。**

**第8条　本办法自颁发之日起生效。**

| 修订<br>记录 | 修订标记 | 修订处数 | 修订日期 | 修订执行人 | 审批签字 |
| --- | --- | --- | --- | --- | --- |
| | | | | | |
| | | | | | |

## 四、设计制图变更控制流程

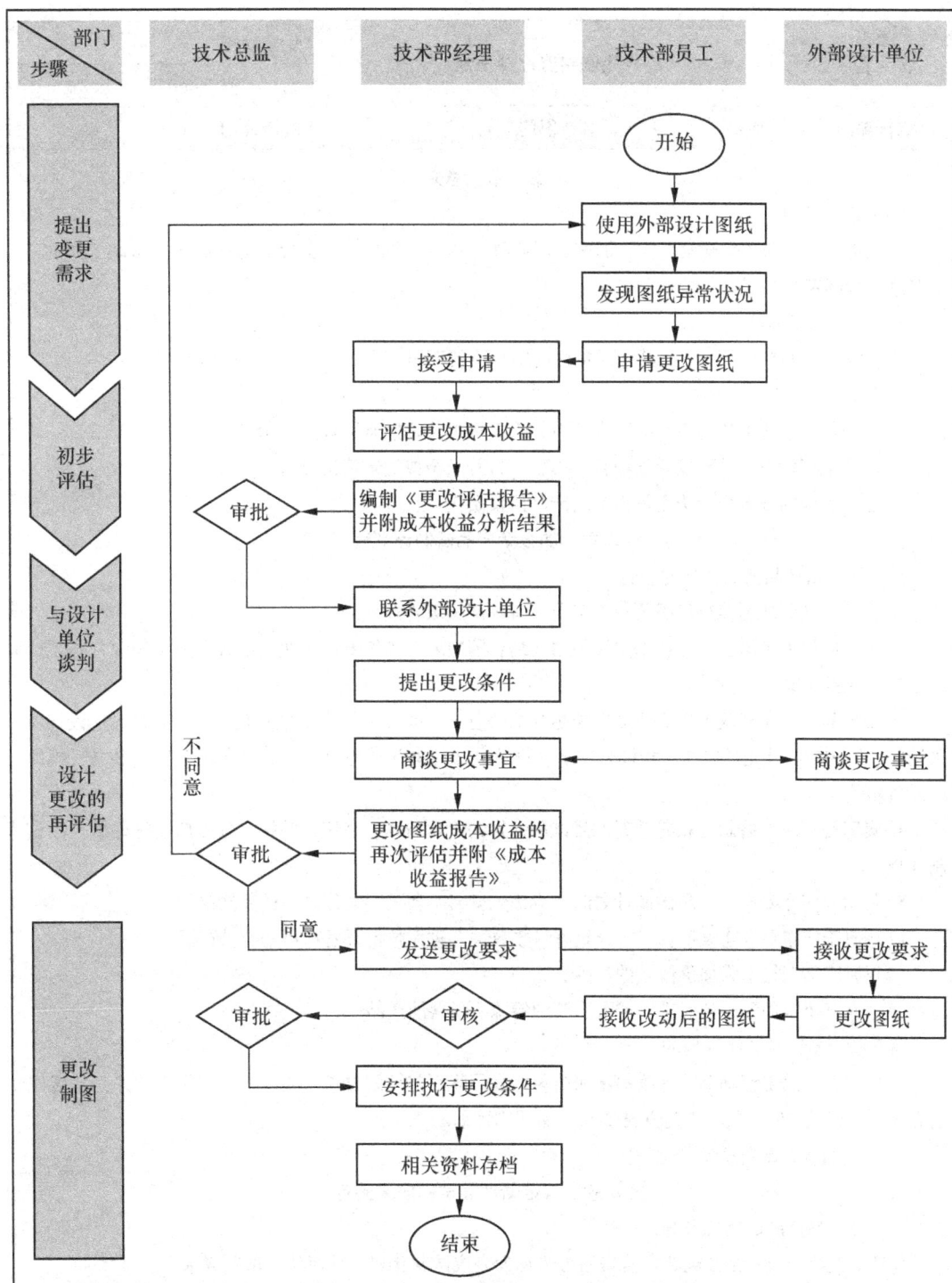

## 五、新产品试制费控制规定

| 制度名称 | 新产品试制费控制规定 | | 受控状态 | |
|---|---|---|---|---|
| | | | 编　　号 | |
| 执行部门 | | 监督部门 | 编修部门 | |

### 第1章　总则

**第1条　目的**

为促进工厂的新产品开发工作，加速工厂调整产品结构的步伐，实现对新产品研发试制工作的科学管理，特制定本规定。

**第2条　适用范围**

本规定适用于本工厂新产品试制经费的使用与控制工作。

**第3条　新产品试制经费**

1. 属于集团公司下达的新产品研发项目，由上级单位按照有关规定拨给经费。

2. 属于工厂的新产品研发计划项目，由工厂自筹资金按规定拨给经费。

3. 工厂对外的技术转让费用可作为新产品研发费用。

### 第2章　加强新产品试制计划管理

**第4条　新产品试制计划的制订**

1. 新产品试制计划实行集团公司、工厂、研发部三级管理。

2. 工厂应根据集团公司的技术发展规划，结合国内外市场需要及企业发展方向，每年编制本工厂的新产品试制计划。

3. 工厂的新产品开发工作应建立厂长领导下的总工程师（或技术副总）负责制。新产品的设计应采用国际标准或国外先进标准，积极采用现代设计方法并加强试验研究，验证工艺和工艺装备，提高产品可靠性。

4. 集团公司应严格制定和完善新产品试制计划的管理与考核办法，并指导各工厂安排好新产品试制计划。

5. 集团公司在安排新产品试制计划时，应优先安排具备下列条件之一的新产品。

（1）属于国家重点建设项目、国家重点科技攻关和重大技术开发项目的有关产品。

（2）属于高新技术附加价值高的产品。

（3）属于出口创汇、替代进口或大量节约能源、材料的产品。

**第5条　新产品试制计划的审批**

1. 集团公司总工程师办公室根据集团公司的发展规划与计划要求，结合各工厂提出的产品发展规划和年度新产品试制计划，审定并落实新产品试制计划。

2. 新产品试制计划每年下达一次。

### 第3章　规范新产品试制成果鉴定

**第6条　新产品试制成果的认定条件**

新产品的试制成果必须经鉴定合格后方可视为完成试制计划，继而认定试制成果。

（续）

第7条　新产品鉴定的过程控制

1. 新产品鉴定应按照国家相关部委的科学技术成果鉴定办法进行。

2. 新产品在完成样机试制、检测试验、工业性运行实验并合格的基础上，方可进行技术鉴定。

3. 样机鉴定合格且已解决鉴定过程中发现的必须改进的技术问题，经负责组织样机鉴定的部门审批后方能转入小批试制或正式投产。

第8条　新产品样机鉴定的条件

1. 已进行性能测试和试验并具有必要的工业运行报告（含现场试验报告或用户报告）。

2. 具有完整的技术文件资料，包括计划任务书、技术总结、成套设计图纸技术条件及有关说明，必要的工艺文件、标准化审查报告、产品技术经济分析报告、试制总结、鉴定大纲等。

第9条　新产品批试鉴定（或生产定型）的条件

对于批量生产的新产品，在样机试制鉴定后，应组织小批试生产并鉴定，以验证工艺规程、工艺装备、检测方法等是否符合批量生产。这种批试鉴定（或生产定型）需具备以下三个条件。

1. 通过样机鉴定且批量生产的产品，经测试、工业运行，达到原设计要求或合同要求，质量可靠。

2. 具有满足批量生产条件的工艺设备、装置和必要的检测设备。

3. 具备必要的技术文件，如技术总结报告，工艺文件、设计图纸及产品说明书，样机鉴定意见的修正报告、性能测试报告、标准化审查与质量分析报告、技术经济分析报告、用户试用报告等。

第10条　样机鉴定与批试鉴定的取舍

1. 未经样机鉴定的新产品不得直接进入批试鉴定（或生产定型）。

2. 对于专用性较强、市场需要量不大，且在工艺、工装等方面与原产品基本相似的产品，其样机鉴定和批试鉴定可合并进行。

### 第4章　新产品试制经费使用控制

第11条　新产品试制经费的专款专用

1. 新产品试制经费按单项预算拨给，单列账户，专款专用。

2. 费用经总工程师审查、厂长批准后，由技术研发部掌握、财务部监督，不准挪作他用。

第12条　新产品试制经费的使用程序

新产品试制经费，严格按其发生情况实行经费申请、分配、下达、检查等程序，财务部负责经费的申请受理、拨付、使用监督与费用核算工作。

### 第5章　附则

第13条　本规定由技术研发部制定，呈总经理办公会审议批准。修订、废止时亦同。

第14条　本规定自颁布之日起生效。

| 修订记录 | 修订标记 | 修订处数 | 修订日期 | 修订执行人 | 审批签字 |
|---|---|---|---|---|---|
| | | | | | |
| | | | | | |

# 第二节  工艺技术费控制

## 一、工艺技术费控制点

工艺技术是指工业产品的加工制造方法，包括从原材料投入到产品包装全过程的原料配方、工艺流程、工艺指标、操作要点、工艺控制等。控制工艺技术费用是为了减少生产加工过程中原材料和技术的消耗，降低工厂的生产成本。工艺技术费控制点如图7-2所示。

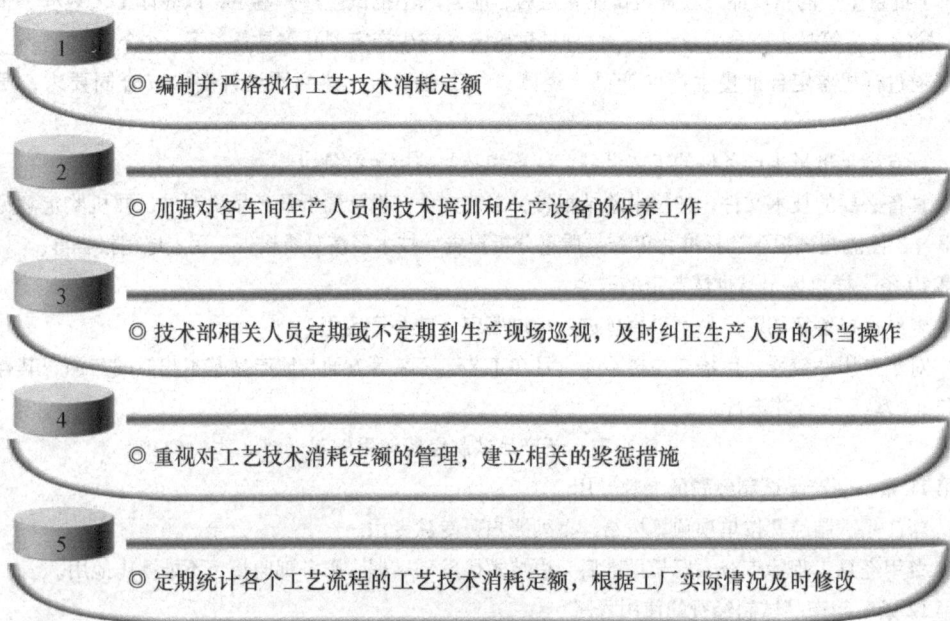

1　◎ 编制并严格执行工艺技术消耗定额

2　◎ 加强对各车间生产人员的技术培训和生产设备的保养工作

3　◎ 技术部相关人员定期或不定期到生产现场巡视，及时纠正生产人员的不当操作

4　◎ 重视对工艺技术消耗定额的管理，建立相关的奖惩措施

5　◎ 定期统计各个工艺流程的工艺技术消耗定额，根据工厂实际情况及时修改

图 7-2　工艺技术费控制点说明

## 二、技术改造费用控制办法

| 制度名称 | 技术改造费用控制办法 | | 受控状态 | |
|---|---|---|---|---|
| | | | 编　　号 | |
| 执行部门 | | 监督部门 | 编修部门 | |
| 第 1 章　总则 | | | | |
| 第1条　为提升工厂的技术水平，加快工厂技术进步，规范工厂的生产管理，提高工厂经济效益，特制定本办法。 | | | | |

（续）

第2条　技术改造（简称"技改"）是指工厂在现有基础上用先进的技术代替落后的技术，以促进技术进步。工厂实施技改的具体目标包括以下五个方面。

1. 改革产品结构，促进产品更新换代，提高新产品质量。

2. 减少产品生产过程中能源、原材料等物资的消耗以及劳动消耗，降低生产成本。

3. 合理利用资源，提高各种资源的综合利用率。

4. 加强对生产薄弱环节的管理，提高其生产能力。

5. 促进安全生产，加强环境保护。

第3条　本办法适用于工厂实施的工程类技改、设备类技改等项目。

### 第2章　技改经费管理原则

第4条　工厂对集团拨入的技改资金应单独建立账户，在技改项目与技改项目之间、技改项目与生产经营之间进行严格区分，不准挪作他用。

第5条　每个技改项目都要确立项目负责人，对项目实施全过程、技术方面、经费使用方面以及验收方面等负全责。技改项目管理办公室（工厂的主管副总任办公室主任，研发部、技术部、生产部、设备部抽调人员参与）负责全部技改项目的实施与管理工作。

第6条　财务部负责对技改项目的合同、预算实行内部审计并对其进行现场抽查，保证合同和预算的合理性、合法性，并负责对技改项目经费的使用情况进行审核、监督，保证专款专用、专门归集、专户核算。

第7条　技改项目施工单位必须严格按实施方案和审计后的合同、预算施工，保证进度和质量，未经内部审计的合同和预算不准实施。

第8条　技改项目的所有支出必须由主管副总、总会计师联合签字，必须具有合规的原始单据，否则财务人员有权不予支付。

第9条　所有技改项目资金必须按项目概算中的项目合同和预算支付。如有特殊情况，必须报主管副总批准，并由总会计师、总经理联合签字方可支付。

### 第3章　工程类技改费用控制细则

第10条　对内承包技改项目的拨款办法及程序。

1. 施工部门依据施工图编制预算交财务部审计。

2. 审计通过后，编制工程资金拨款计划，将施工进度表、工程预算、工料分析单等上报技改项目管理办公室。

3. 按工程进度拨付工程款，拨至工程总造价的80%停拨，要求各施工部门编制决算，待决算通过审计后再拨至工程总造价的90%，预留5%的工程质量保证金、5%的工程款以备调整，达不到"优良"或"合格"不予结算。

4. 施工部门需借款时，应填写"借款单"一式三份，由技改项目管理办公室主任签字、技改项目经理签字、总会计师签字、财务部经理签字后，到主管会计处办理借款。

5. 施工部门借款外购材料要及时报账，发票上要有本部门负责人和经办人的签字。

第11条　对外承包技改项目管理方法及程序。

在对外承包技改项目中，本厂简称为"甲方"，项目的施工单位简称为"乙方"。

（续）

1. 要求乙方根据合同和施工图编制预算交财务部审计。

2. 审计通过后，将工程预算上报技改项目管理办公室。

3. 结算工程进度款时，每月____日前乙方应向甲方监理单位提交上个月的工程结算文件四份，由监理核定工程量及工程进度结算。三日内审核完毕，并附审核意见。

4. 经监理核定后的月份进度结算每月____日提交给甲方相关部门。甲方于当月____日内核定完月份进度结算，并转交财务部审计，每月____日完成（如遇休息日，顺延至工作日）。

5. 经甲方核定后的月份进度结算每月____日转交给乙方技改项目管理办公室，财务部自存一份。

6. 乙方接到经甲方核定后的月份进度结算书后，按结算审定后的____%提取月份工程进度款，并由乙方办理工程支付申请，送交监理盖章。

7. 乙方将工程支付申请转交给甲方，并开具内部发票，交甲方审定盖章后生效。乙方在收到工程款后的两个工作日内开具发票到乙方财务部办理结算手续。

8. 工程进入最后收尾阶段，甲方拨付工程进度款额度至工程总造价的80%停拨，待工程竣工验收达到按合同签定的"优良工程"后，甲、乙双方决算，按财务部审定后的工程总造价的90%找补工程款。待总体工程全部验收后再拨5%工程款，预留5%工程质量保证金，待质保期后结算。

### 第4章 设备类技改费用控制细则

**第12条** 设备类技改项目，若总估价在10万元（含10万元）以上的，或不足10万元但同类设备总量估算价在30万元以上的，需统一组织招标。定标后，向中标单位发出《中标通知书》，依据招标文件、投标书签订《技改项目实施合同》。

**第13条** 若拟技改的设备估价在10万元以下，经公司价格小组审核，设备部负责按技术指标要求组织技改，并组织相关部门对技改成果进行验收。

**第14条** 在签订《技改项目实施合同》时，必须写清特别设备的安装调试费用和培训费用以及三包期和预留质保金。否则，财务部有权不付款。

**第15条** 按合同要求办理借款，付款的同时应督促对方开具发票。

**第16条** 设备类技改项目费用的各项支出，必须有预算，要严格控制，不许超支。工厂有取费规定的按规定执行，项目临时标准由技改项目管理办公室提出，经总经理、总会计师、主管副总经理联合审批，报财务部审核、备案后方可支付。

### 第5章 附则

**第17条** 本办法由财务部负责起草、修订和解释工作。

**第18条** 本办法呈报工厂办公会审议批准后，自颁发之日起生效实行。修订、废止时亦同。

| 修订记录 | 修订标记 | 修订处数 | 修订日期 | 修订执行人 | 审批签字 |
|---|---|---|---|---|---|
| | | | | | |
| | | | | | |

## 三、工装模具费用控制方案

| 方案名称 | 工装模具费用控制方案 | 编　号 | |
|---|---|---|---|
| | | 受控状态 | |

**一、目的**

为使工装模具的管理使用科学化、规范化，在保证工装模具正常使用的前提下，提高模具的上机成形率、套次产量和寿命，控制工装模具的管理费用，提升工厂的经济效益，特制定本方案。

**二、工装模具费用的构成**

工装模具费用是指工厂在采购、使用、保管、修理工装模具的过程中发生的相关费用，包括但不限于工装模具的采购费用、维护与保管费用、使用费用、修理费用等。

**三、工装模具费用控制措施**

（一）货比三家，有选择地进行招标采购

要想降低工装模具的费用，必须在保证其质量的前提下，降低采购价格。

1. 工厂与工装模具供应商建立长期、稳定的合作关系，以不断提高模具的质量。

2. 实行货比三家的招标采购方式，以便控制工装模具的采购价格，进一步降低采购成本。

3. 按照 ISO 质量体系要求，对供应商的资质、质量、价格、服务、交货期、信用情况等进行综合评定，确定合格的模具供应商。

（二）建立健全工装模具的科学管理制度

1. 建立工装模具过程管理制度。工装模具的验收、试模、入库、保管、发放、使用、修理、报废、补充是工装模具管理的全过程，实行分厂、车间两级管理，每一环节都有专人负责。

2. 建立工装模具档案，修订完善工装模具验收与试模管理办法，全面记录每一套工装模具的原始数据，以此为依据评价工装模具的状况，以不断提高工装模具的水平。

3. 根据生产需求合理保存工装模具，在保证生产的前提下，尽可能减少采购数量。

4. 对工装模具实行分类存放和库存动态管理，综合考虑其使用状况和供应周期。

5. 建立健全工装模具报废补充制度，明确工装模具的报废标准。工装模具的报废补充应坚持动态管理、少量多次、合理库存的原则。

（三）优化工装模具使用条件，延长其使用寿命

提高工装模具的使用寿命，即减少工装模具的失效。

1. 严格按照工艺条件，规范、合理地使用工装模具。

2. 根据模具类型、尺寸合理确定加热温度、时间，保护性使用模具。

3. 减少模具的激冷、激热变化，避免将冷水直接浇到模具上面。

（四）增强工装模具的修理水平

1. 建立工装模具使用随行卡制度，详细记录上机情况，对不合格模具锯好料头，为修模提供可靠依据。

2. 对修模工进行技术培训，提高修模水平。

3. 对工装模具修理中存在的共性问题及时总结经验，攻关解决难题。

| 编制人员 | | 审核人员 | | 审批人员 | |
|---|---|---|---|---|---|
| 编制时间 | | 审核时间 | | 审批时间 | |

## 四、工装模具治具管理流程

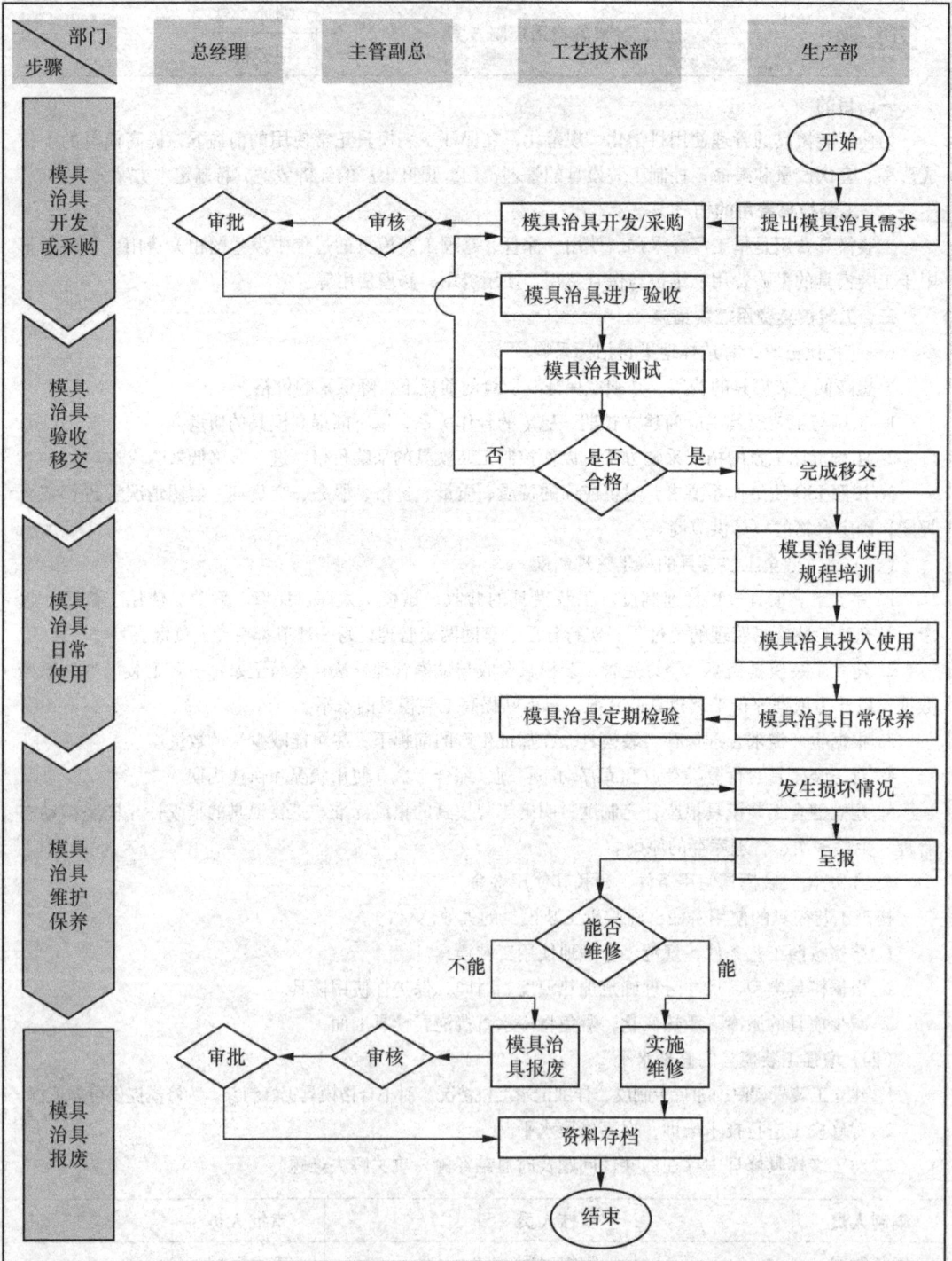

| 部门<br>步骤 | 总经理 | 主管副总 | 工艺技术部 | 生产部 |
|---|---|---|---|---|

流程图：

- 模具治具开发或采购：开始 → 提出模具治具需求 → 模具治具开发/采购 ← 审核 ← 审批
- 模具治具验收移交：模具治具进厂验收 → 模具治具测试 → 是否合格（否→审核；是→完成移交）
- 模具治具日常使用：完成移交 → 模具治具使用规程培训 → 模具治具投入使用
- 模具治具维护保养：模具治具定期检验 ← 模具治具日常保养 ← ；发生损坏情况 → 呈报 → 能否维修（不能→模具治具报废←审核←审批；能→实施维修）
- 模具治具报废：资料存档 → 结束

## 五、技术引进费用控制方案

| 方案名称 | 技术引进费用控制方案 | 编　　号 | |
|---|---|---|---|
| | | 受控状态 | |

**一、目的**

为进一步提高工厂的技术水平，在加强交流、借鉴和学习国内外先进经验的基础上，规范技术引进工作，使技术引进的成果最大化，控制技术引进费用，提高工厂经济效益，特制定本方案。

**二、适用范围**

本方案适用于工厂在引进技术过程中所发生的一系列费用，包括但不限于下列费用。

1. 专利权、专有技术等的使用费。

2. 技术引进前期的调查、可行性分析与评审所发生的人员费用、差旅费、考察费用。

3. 技术引进合同签订期间所发生的费用，如谈判人员费用、差旅费等。

4. 对于引进技术的培训所发生的费用，包括受训人员参加培训的费用、供应方专家来厂指导工作所发生的费用等。

**三、相关术语定义**

（一）技术引进

技术引进是指通过贸易或经济技术合作的途径，从境内外工厂、企业、团体或个人获得技术，包括以下四种类型。

1. 专利权或其他工业产权的引进。

2. 通过图纸、技术资料、技术规范等形式提出的工艺流程、配方、产品设计、质量控制及管理等方面的专有技术的引进。

3. 技术服务的引进。

4. 为了实现上述技术所匹配的手段，如生产线、成套设备、测试仪器、专用设备等的引进。

（二）影响技术引进费的因素

1. 引进技术的独占性。

2. 引进技术的使用权限。

3. 使用引进技术销售产品的范围。

4. 引进技术费的支付方式。

5. 技术引进费的结算货币。

6. 使用引进技术时的预期生产量。

7. 违反技术引进合同条款后的索赔与罚款。

8. 是否存在可达到同一种结果的多种技术。

9. 引进技术的老化程度。

**四、技术引进费用控制措施**

（一）建立技术引进费用控制组织

1. 由工厂总经理、技术副总及与技术相关的部门经理或技术专家组成的技术委员会，主要负责评估引进的技术及其费用。

（续）

2. 技术部应积极跟踪国内外的技术发展现状，提供技术引进的相关项目。

（二）加强技术资料收集的控制

1. 技术委员会指定专人根据工厂的技术发展规划和本工厂、市场的现状，积极收集与拟引进的技术有关的信息资料。

2. 尽量收集、选择与工厂的发展实现无缝对接的技术，如工厂已具备与该技术相配套的设备及人员，则可提高技术引进的谈判筹码，间接减少技术引进过程的服务事项，从而有利于降低技术引进的费用。

3. 工厂所收集的技术应处于中等偏上的水平。因技术的发展日新月异，现阶段的高端技术引进费用高昂且淘汰时间不定，引进风险较高；对工厂而言，此时引进高端技术会导致技术引进费用的不合理支出。

4. 工厂所收集的技术信息应是成熟的技术信息，避免工厂引进技术后支付额外的费用。

5. 收集能达到同一目的但不同类的技术信息，方便工厂进行对比，进行经济性选择。

6. 收集的技术信息应尽量保证所需原材料、零配件的通用性与普遍性，防止技术转让方利用所需原料的特殊性与稀缺性使本工厂支付额外的费用。

（三）加强技术引进费的评审控制

1. 对于选定的技术，转让方提出报价后，工厂的技术委员会应对支付费用通过分析可行性的方式进行审核，结合工厂现状与技术本身的信息分析技术与本厂的相符程度、评价技术引进费是否值得。

2. 当评审涉及金额较大或对工厂有重要意义的技术时，应邀请第三方专业评估机构对拟引进技术的价值进行公平、公正地评估，得出此项技术的真实价值后，再判断其经济性。

3. 在对技术的评审中，关键要确定使用技术时所需要的原材料、零配件是否属于垄断供应状态，以免增加引进该项技术后的额外支出。

（四）加强合同条款的拟订控制

1. 根据工厂的发展前景与自身情况，对技术的独占与否、使用权限及产品销售范围进行决策。

2. 控制技术引进费用的支付方式。

（1）若工厂一次性全额付款，应确定转让方所能提供的优惠额度，同时比较此项付款的资金用于其他投资的收益率。

（2）若工厂分期付款，且选择在规定年限内分多次支付时，需调查、计算分期支付的银行利息、汇率等，确定分期支付所要支付的费用。

（3）若工厂分期付款，且选择按技术投产后的产量分批支付时，需根据产品市场的前景、对产品的产量与销售量进行保守的预期，在此基础上提取分期付款的额度。

（4）根据工厂的财务现状，对比三种支付方式会产生的成本，选择成本较低的支付方案。

3. 在合同中需要注明是否存在技术使用费的支付问题。

4. 谈判时，对于技术转让方提出的技术管理费，工厂应坚决拒绝。

5. 在技术引进合同中要明确规定转让方的转让范围，包括配套的设备、资料及设备维修、人员培训等。

6. 拟订好的合同条款应交给技术引进方面经验丰富的法律专家进行审核，防止因合同条款的疏漏而增加技术引进费用的不合理支出或引起技术引进诉讼问题。

（续）

| （五）加强引进技术的使用控制 |||||||
| --- | --- | --- | --- | --- | --- | --- |
| 1. 取得转让的技术后，工厂应及时组织技术专家进行技术攻关，尽快消化、掌握技术，避免因技术受制于转让方而额外支付费用。 |||||||
| 2. 本工厂的技术专家在掌握引进的技术后，应在此基础上积极进行研发、升级，以减少工厂在技术引进费用方面的额外支出。 |||||||
| （六）建立技术引进的评估机制 |||||||
| 1. 引进技术一年后，工厂应对技术引进后的成果、收益进行评估，并形成评估报告。 |||||||
| 2. 在评估报告中，应指出工厂在本次技术引进过程中的优缺点，并制定具体的改善措施，减少工厂在下次技术引进时的不合理支出。 |||||||
| 编制人员 | | 审核人员 | | 审批人员 | |
| 编制时间 | | 审核时间 | | 审批时间 | |

# 设备管理费用控制

## 第八章

# 第一节　设备管理费用控制策略

## 一、设备管理费用控制点

设备管理是为了保持设备技术的最佳状态，使设备的维修和管理费用最经济，进而保证企业顺利开展生产经营活动。设备管理费用控制点说明如图8-1所示。

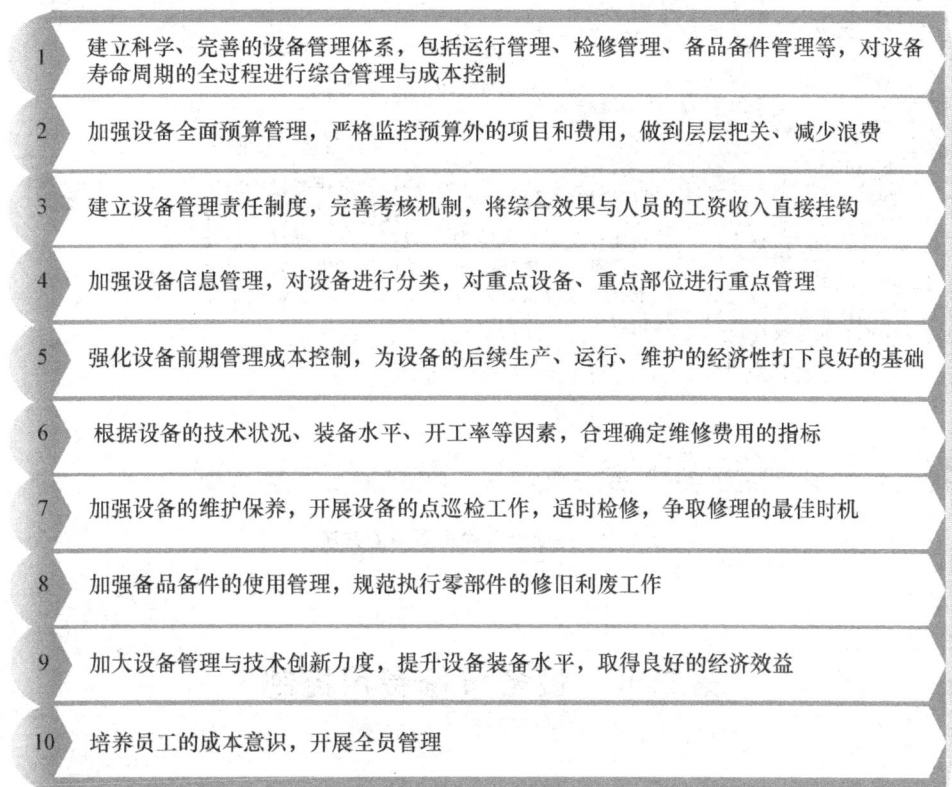

1　建立科学、完善的设备管理体系，包括运行管理、检修管理、备品备件管理等，对设备寿命周期的全过程进行综合管理与成本控制

2　加强设备全面预算管理，严格监控预算外的项目和费用，做到层层把关、减少浪费

3　建立设备管理责任制度，完善考核机制，将综合效果与人员的工资收入直接挂钩

4　加强设备信息管理，对设备进行分类，对重点设备、重点部位进行重点管理

5　强化设备前期管理成本控制，为设备的后续生产、运行、维护的经济性打下良好的基础

6　根据设备的技术状况、装备水平、开工率等因素，合理确定维修费用的指标

7　加强设备的维护保养，开展设备的点巡检工作，适时检修，争取修理的最佳时机

8　加强备品备件的使用管理，规范执行零部件的修旧利废工作

9　加大设备管理与技术创新力度，提升设备装备水平，取得良好的经济效益

10　培养员工的成本意识，开展全员管理

图8-1　设备管理费用控制点说明

## 二、设备管理费用降低方法

工厂应积极主动地控制设备管理费用，达到降低生产经营总成本的目的，设备管理费用降低的方法如图8-2所示。

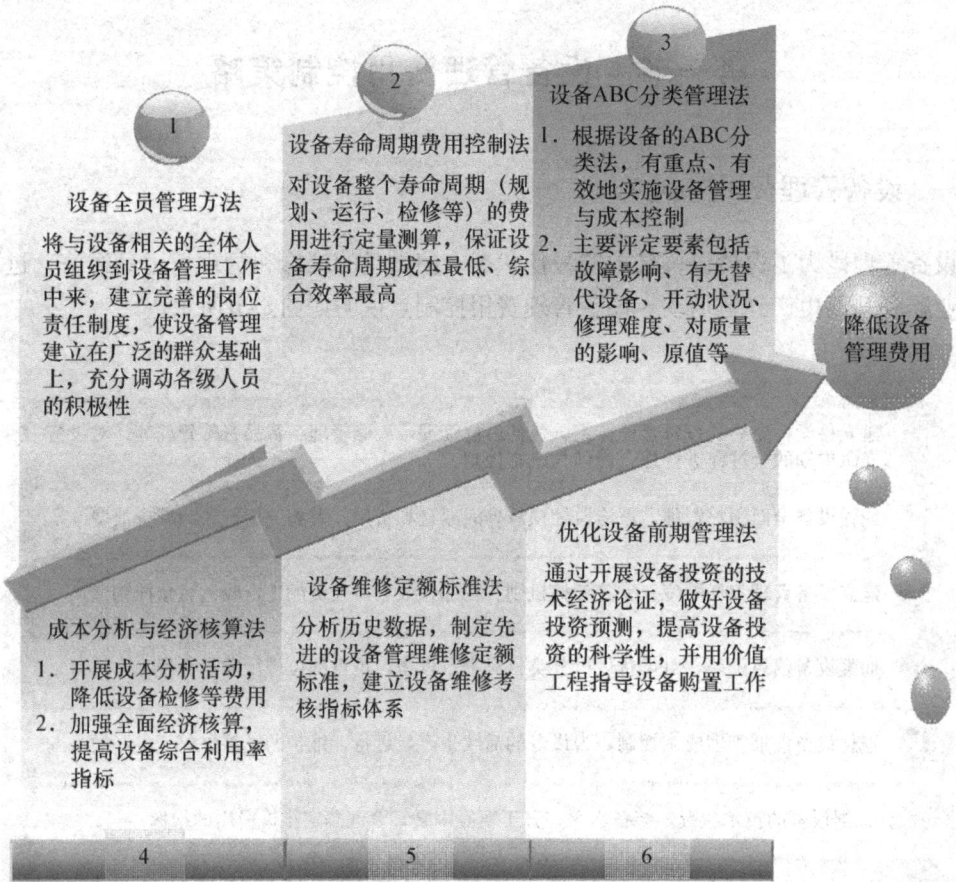

图 8-2　降低设备管理费用的方法

# 第二节　设备维修费用控制

## 一、设备维修费用控制点

设备维修费是指工厂为保持和恢复设备技术性能所产生的费用，包括检测、保养、润滑、疏通、备件及材料更换等费用，是工厂日常经营成本中的重要组成部分。设备维修费用控制点说明如图 8-3 所示。

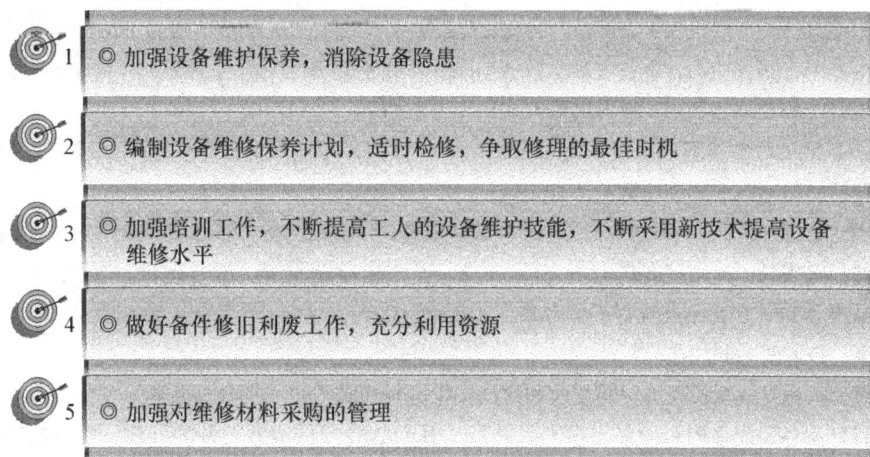

图 8-3　设备维修费用控制点说明

## 二、设备维修费用管理办法

| 制度名称 | 设备维修费用管理办法 | | 受控状态 | |
|---|---|---|---|---|
| | | | 编　　号 | |
| 执行部门 | | 监督部门 | 编修部门 | |

### 第1章　总则

第 1 条　为加强设备维修管理工作，科学合理地控制设备维修的费用支出，降低生产经营成本，减少浪费，结合工厂的实际情况，特制定本办法。

第 2 条　本办法适用于工厂设备维修费用控制的相关工作事项。

第 3 条　设备维修费用是指除设备大修费用外，工厂用于设备维护、小修、项修以及故障修理等有关的一切费用。

### 第2章　设备前期管理控制

第 4 条　设备可维修性考察。

设备的可维修性是降低维修费用、减少停工损失的重要措施，特别对于一些瓶颈环节的设备，其可维修性更为重要。根据设备的重要程度，工厂在购置设备时需着重考察其可维修性。

第 5 条　设备选型统一。

工厂在设备选型时，需选择统一的机型，既便于备件的储备、通用互换，也便于维修的组织，节省库存费用。

第 6 条　设备采购控制。

1. 工厂需提高采购人员的思想素质和工作技能，严把采购质量关。

2. 采购人员需重点考虑采购质量、价格，开展采购谈判，选择合理的性能价格比。

第 7 条　设备维修方式选择。

设备维修方式包括日常维修、事后维修、预防维修、生产维修、改善维修、预知维修等多种方式，

（续）

各种方式的费用有很大差别，设备管理应根据不同设备和不同情况，综合运用多种维修方式，确保设备的正常运行，减少维修费用。设备维修方式选择方法如下。

1. 根据不同的故障类型选择设备维修方式，如对状态易于监测的故障实施预知维修，对维修方便、有规律的故障实施定期维修等。

2. 根据经济性的不同选择维修方式，将事后维修费、预防维修费、状态监测费、停机损失费等进行比较，选择费用最少的修理方式。

3. 按设备不同的劣化形态选择维修方式。

第8条　技术资料归档与分析。

工厂设专人做好购置设备的资料查收和建档工作，整理随机带来的技术资料，注意收集包装箱内夹带的资料以及各装配件附带的零星资料，并经认真筛选后归档，为设备的维修、备件选购等提供依据。

### 第3章　合理确定设备维修标准

第9条　工厂应根据设备技术状况、装备水平、开工率等因素，合理确定维修费用的指标并严格执行。

第10条　工厂需合理选择自修或委外维修方式，工厂内部能修的应尽量采取自修，是否委外修理取决于对工厂的检修能力、经济性、时效性等的考虑。

### 第4章　加强设备维护与保养

第11条　工厂应正确操作、合理使用、精心维护设备，防止设备零部件非正常磨损与损坏，延长修理间隔期，减少维修费用。

第12条　工厂需减少以下两类维修浪费。

1. 设备失修是指由于设备检查漏项、预测不准确、经费不足或对设备不重视而造成的设备失修现象。

2. 过剩维修是指由于对设备进行过多的维修安排，或者过分追求设备性能的完好，要求过剩的功能造成的维修浪费。

第13条　工厂需进行综合故障分析，加强对设备磨损、设备故障变化规律的研究并采取对策，具体工作内容如下。

**设备故障规律的对策分析**

| 阶段 | 具体操作 |
| --- | --- |
| 初期故障期 | 精心安装、认真调试、强化试运转、严格验收，规范化操作 |
| 偶发故障期 | 精心使用、润滑、定期检修、保养 |
| 损耗故障期 | 及时进行预防维修和改善维修，重视经济和技术劣化分析 |

第14条　工厂应严格执行设备操作规范化与维修规范化，杜绝设备零部件的人为损坏以及设备事故的发生。

（续）

第 15 条　工厂需加强设备的点巡检工作，争取修理的最佳时机。

第 16 条　工厂应根据设备的不同情况，运用预防维修的方式，确保设备的正常运行，减少维修费用，如对状态易于监测的故障实施预防维修。同时对于重点设备、重点部位要重点监控。

第 17 条　维修保养人员必须掌握润滑材料的性能并合理选用，了解设备的润滑特点，避免因管理和使用中的盲目性，引发润滑故障，加剧设备磨损，缩短设备的使用寿命，造成较大的经济损失。

第 18 条　对选定的代用油品，维修保养人员需进行试运行，若发现问题，应及时采取技术措施。只有在确认润滑效果良好时，方可正式使用。

第 19 条　工厂应积极推行润滑工作规范化管理，对设备润滑实施定点、定量、定质、定人、定时管理。

### 第 5 章　维修人员管理

第 20 条　工厂对设备操作人员进行专业技术培训，进一步学习操作、维护、检修的基础知识，掌握常见设备故障诊断方法、紧急设备事故处理措施等，并进行必要的考核，从而激励员工不断钻研业务，适应工作要求，提高维修人员的综合素质。

第 21 条　工厂重视提高设备的有效作业率，实行"责任与维修"、"维修人员年度考评制"等管理制度，加强设备管理激励机制的建设与维修人员自我约束机制的建设。

第 22 条　工厂定期组织开展"五漏"整顿，消除操作与维修"七项有害行为"等多项活动，提高设备有效作业率，降低维修费用。

第 23 条　为搞好成本管理，工厂就维修费用问题召开专题会议，进行研究分析，商定各种对策并及时下达会议结果，在各相关部门进行专题说明并提出要求。

### 第 6 章　开展节能降耗

第 24 条　工厂制定并严格执行旧件的修复、零件的损坏鉴定程序与奖罚处理规定，降低维修费用，充分发挥和调动维修人员的积极性。

第 25 条　为适应市场形势，维修人员应积极参与并配合工厂进行原辅材料的优化配置工作，在基本不增加费用的前提下积极调整设备，适应各种原辅材料，使优化工作得以顺利进行。

### 第 7 章　监督与考核

第 26 条　工厂对设备使用期维修费用进行控制与考核，加强设备维护保养、设备维修技术攻关、外购备件控制、备件的修旧利废等工作。

第 27 条　工厂对设备维修技术进行监察与考核，加强维修技术攻关，保证设备基本处于完好状态，保持设备管理、设备资源配置的最优化。

第 28 条　工厂对设备进行调剂、调拨、报废再利用，优化设备资源配置，盘活闲置资产。

### 第 8 章　附则

第 29 条　本办法由设备管理部编制，解释权归设备管理部所有。

第 30 条　本办法经总经理审批后，自颁布之日起执行。

| 修订记录 | 修订标记 | 修订处数 | 修订日期 | 修订执行人 | 审批签字 |
|---|---|---|---|---|---|
| | | | | | |
| | | | | | |

# 三、车间维修费用控制方案

| 方案名称 | 车间维修费用控制方案 | 编　　号 | |
|---|---|---|---|
| | | 受控状态 | |

**一、目的**

为了加强对车间维修费用的控制与管理工作，科学合理地控制车间的费用支出，最大程度地降低产品的生产成本，特制定本方案。

**二、适用范围**

本方案适用于工厂生产车间维修费用控制的各项工作事宜。

**三、职责分工**

1. 生产车间设备安全员负责车间的生产设备安全运行，并核算车间维修费用。

2. 设备管理部负责制定车间维修费用限额标准并下达到生产车间。

3. 财务部相关人员负责车间维修费用的收集、统计与分析。

4. 人力资源部负责车间维修费用控制的考核与奖惩。

**四、相关定义**

车间维修费用是指除设备大修理费用外，生产车间用于设备维护、小修、项修以及故障修理等有关的一切费用。

**五、车间维修费用的构成**

车间维修费用的构成有以下两点。

1. 备件材料费，包括领用的各种材料、备件、润滑油脂成本费及自制备件工时费等。

2. 协作劳务费是指委托修理车间或其他部门协作的劳务费。

**六、车间维修费用限额的确定**

车间维修费用限额的确定工作主要由设备管理部完成，具体过程如下。

1. 生产车间负责的维修任务主要包括日常维护、定期维护与检查、定期精度调整、小修和故障修理等工作。

2. 生产车间设备安全员负责做好上述维修任务的记录和维修费用的统计核算工作。

3. 根据这些统计数字和工厂规定的定期维护、检查、精度调整及预防性试验的周期，结合车间设备技术状况，再加上车间维修费用的相关历史资料，设备管理部负责确定车间设备维修费用限额。

**七、车间维修费用的统计核算资料控制**

车间维修费用的统计核算工作，由生产车间设备安全员同财务部相关人员一起完成，统计核算的依据主要包括以下四个方面的资料文件。

1. 设备故障修理记录。

2. 设备定期维护记录。

3. 设备定期检查记录。

4. 设备定期精度调整记录。

（续）

八、车间维修费用控制的考核

（一）考核对象

车间维修费用控制的考核对象主要是各车间维修小组。

（二）考核应遵循的原则

车间维修费用考核的原则是车间设备维修的实际总成本不得超过预先设定的月度维修费用限额。

（三）考核方式

对车间维修费用控制的考核是以月度为单位进行的，具体考核方式如下。

1. 月初，设备管理部相关人员向车间维修小组签发"费用限额卡"，发生车间维修费用时，逐项登记，随时结算余额。

2. 月末，财务部相关人员审核"费用限额卡"，计算超支或节约额，按规定予以奖惩。

（四）考核结果的运用

1. 对于在考核期内能够通过工作或改善建议等为工厂节约维修成本的维修小组，将节约金额的____%作为奖励。

2. 对超支的维修小组成员，根据超支的实际情况，工厂将采取罚款、培训、调岗等措施。

3. 考核结果直接关系到被考核小组成员的评级、晋升、季度奖及年终奖。

4. 人力资源部负责车间维修费用的考核与奖惩。

| 编制人员 | | 审核人员 | | 审批人员 | |
|---|---|---|---|---|---|
| 编制时间 | | 审核时间 | | 审批时间 | |

# 四、大修理费用支出控制方案

| 方案名称 | 大修理费用支出控制方案 | 编　　号 | |
|---|---|---|---|
| | | 受控状态 | |

**一、目的**

为控制设备的大修理费用，减少浪费，降低生产经营成本，特制定本方案。

**二、适用范围**

本方案适用于工厂设备大修理费支出控制的相关工作事项。

**三、管理职责**

设备管理部在控制设备的大修理费用时，要严格履行下列控制职责。

1. 严格划分大修理范围。

2. 制订大修理费用计划，控制大修理费用开支。

3. 消灭无功负荷，减少能源的放散率。

4. 在保证各项设备运行良好的前提下，积极开展修配改、修旧利废和能源的综合利用工作。

5. 提高备件自给率和设备检修质量，缩短检修工期。

6. 控制备件外购和外委加工修理，降低检修成本。

（续）

**四、大修理费支出范围控制**

出现下列情况之一的不得列入大修理费用支出。

1. 经检测，大修理后仍不能满足工艺要求和保证产品质量的。

2. 设备老化、技术性能落后、能耗高、效率低、经济效益差的。

3. 大修理虽能恢复性能，但与设备更新相比仍不经济的。

4. 严重污染环境，危害人身安全与健康，改造不够经济的。

5. 国家规定应淘汰的设备。

**五、编制设备大修理费用支出计划**

设备大修理费用计划是年度内工厂设备修理计划的组成部分，由设备管理部负责编制，具体步骤如下。

1. 采用技术测算法测算单台设备的大修理费用，然后将每一大修项目的计划费用汇总起来，形成年度大修理费用计划。

技术测算法，又称预算法，即根据《设备大修理技术任务书》规定的修理内容、修理工艺、质量标准，修前编制的换件明细表和材料表等修理技术文件及修理工期要求，通过技术测算确定单台设备的大修理计划费用。

2. 与财务部协商平衡后，报主管副总审批后执行。

3. 每年6月份，设备管理部负责修改、调整年度设备大修理计划时，应按测算的单台设备大修理计划费用调整全年的大修理费用计划。

**六、设备大修理的监督、控制**

设备管理部应在各生产车间、班组的配合下，在生产过程中加强对设备运行情况的监督、控制，并做好以下八个方面的工作。

1. 大修理费用严格执行修理工程定额，费用总额原则上不准超出年度计划。

2. 设备经过整体检查后，及时修订《修理技术任务书》及"备件、材料明细表"。

3. 严格按备件、材料表限额领料，计划外用料需经主修技术人员签字同意后方可发放。

4. 合理组织设备检修或修理作业，减少待工、窝工损失。

5. 尽量采用修复技术，节省备件费用。

6. 加强质量管理，避免返工及废品损失。

7. 大修理工程竣工后，剩余的备品、备件或拆下的尚有价值的零部件，应作价退库，冲减大修理费用，不得形成账外物资。

8. 大修理工程竣工后，对于拆下来的无使用价值的机电产品，应回收残值，冲减大修理费用的支出。

**七、核算大修理费用**

设备大修理工程竣工后，必须按实际发生的费用核算单台设备大修理费用，核算依据主要包括以下五个方面的资料文件。

1. 设备修理施工命令单及完工通知单.

2. 设备大修理工时统计表。

3. 备件、材料领用单。

4. 材料计划价格与实际价格差异账单。

5. 劳务转账单。

（续）

| 八、大修理费用控制情况的考核 |
| --- |
| 　　人力资源部把降低设备修理费用与设备管理部及设备维护保养人员的经济利益挂钩，建立健全设备大修理质量、进度、费用目标的考核与奖励办法。<br>　　1. 对大修理费用控制情况的考核对象，主要是设备管理主管及以上级别的管理人员。<br>　　2. 原则上，单台设备实际发生的大修理费用不得超过单台设备的大修理计划费用。<br>　　3. 对于设备管理部在全年完成的大修理项目中，允许对单台设备的实际大修理费"以盈补缺"，但必须控制总实际成本不超过年度大修理费用计划。<br>　　4. 对设备管理部经理、设备主管的考核，主要依据年初签订的目标责任书。例如，对于设备管理部经理，在年初即与其签订《设备管理目标责任书》，在责任书中明确规定其在设备大修理费用控制方面的责任与工作目标。 |

| 编制人员 | | 审核人员 | | 审批人员 | |
| --- | --- | --- | --- | --- | --- |
| 编制时间 | | 审核时间 | | 审批时间 | |

# 第三节　设备润滑与备件费用控制

## 一、设备润滑费用控制点

　　设备润滑费用是指工厂在设备润滑过程中发生的费用，包括润滑剂采购费用、润滑工具费用、事故损失等。工厂采用先进的设备润滑费用控制方法可以减缓设备磨损，降低设备的运转和维修费用，进而降低产品的生产成本。设备润滑费用的控制点说明如图8-4所示。

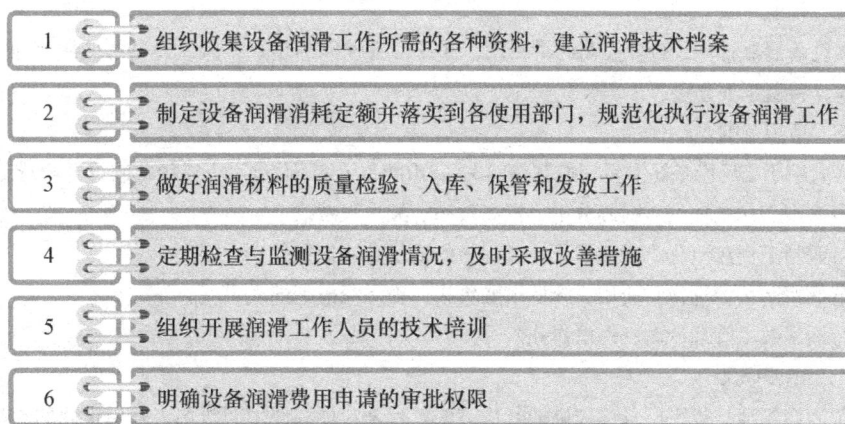

| 1 | 组织收集设备润滑工作所需的各种资料，建立润滑技术档案 |
| 2 | 制定设备润滑消耗定额并落实到各使用部门，规范化执行设备润滑工作 |
| 3 | 做好润滑材料的质量检验、入库、保管和发放工作 |
| 4 | 定期检查与监测设备润滑情况，及时采取改善措施 |
| 5 | 组织开展润滑工作人员的技术培训 |
| 6 | 明确设备润滑费用申请的审批权限 |

**图 8-4　设备润滑费用控制点说明**

## 二、设备备件费用控制点

设备备件是指修理设备时用来更换磨损或老化零部件的设备零部件。控制设备备件费用是为了规范工厂设备备件管理，降低设备备件费用，保证维修质量。设备备件费用控制点如图8-5所示。

1. 对设备进行全面地生产保全，减少设备备件的更换费用

2. 确定设备备件需求，制订科学的设备备件需求计划，杜绝设备备件的无计划采购

3. 对采购的设备备件进行质检，防止因使用劣质备件而增加成本

4. 指定专人负责设备备件的保管、发放、使用统计工作

5. 指定专人管理废弃或更换过的设备备件，能废物利用的尽量利用，尽量减少设备备件给工厂带来的损失

图8-5 设备备件费用控制点说明

## 三、设备润滑费用控制办法

| 制度名称 | 设备润滑费用控制办法 | | 受控状态 | |
|---|---|---|---|---|
| | | | 编　　号 | |
| 执行部门 | | 监督部门 | 编修部门 | |

### 第1章 总则

第1条 目的

为加强设备润滑管理，合理控制润滑费用，保持设备性能和精度，延长设备的使用寿命，降低生产经营成本，特制定本办法。

第2条 适用范围

本办法适用于工厂设备润滑费用控制等相关工作事项。工厂通过以下途径控制设备润滑费用。

1. 实行润滑工作责任制，明确分工、提高效率、减少浪费。

2. 实行润滑工作规范化，避免因作业过程中的浪费及违规操作造成损失。

3. 规范润滑药剂的选择与使用，降低采购价格，确保润滑剂的质量。

4. 实行润滑技术管理，改良润滑作业。

第3条 相关释义

1. 设备润滑管理是指工厂采用先进的管理方法，合理选择和使用润滑剂，采用正确的给油方式以保持设备良好的润滑状态等一系列技术措施。设备润滑管理主要包括以下两方面的内容。

（续）

（1）防止设备异常磨损，杜绝润滑油泄漏。

（2）预防设备工作可靠性下降和润滑故障的发生，提高设备利用率，降低设备运转费用和维修费用。

2. 设备润滑费用包括润滑剂采购价格、润滑人员工资、润滑工具费用、事故损失等。

### 第2章　落实设备润滑工作责任

第4条　归口管理

工厂设备管理部是设备润滑管理及润滑费用控制的归口管理部门，其主要职责如下。

1. 建立并完善设备润滑管理工作规范，规范化执行并监督设备润滑工作。

2. 收集整理润滑工作所需的各种技术、管理资料，建立润滑技术档案，编制设备的润滑图表及卡片，指导操作工、润滑工和维修工等搞好设备润滑工作。

3. 核定设备润滑材料及其消耗定额，按时编制年度、季度润滑材料计划，并按月把消耗定额指标分解落实到各使用部门。

4. 实施润滑材料的质量检验，做好润滑材料入库、保管和发放工作。

5. 确定设备清洗换油周期，编制年度、季度和月份设备清洗换油计划，组织废油回收和再生利用工作。

6. 做好设备润滑状态的定期检查与监测工作，及时采取改善措施，更换缺损润滑元件、装置和加油工具，改进润滑方法。

7. 采取积极措施治理漏油，消除油料浪费，防止污染环境。

8. 组织润滑工作人员的技术培训，研究国内外润滑管理的先进经验，推广应用润滑新技术和新材料，实现设备润滑工作的科学管理。

第5条　明确润滑作业相关人员职责

1. 设备操作人员负责每天、每周或经常用手动润滑泵为润滑点加油；负责开关滴油杯，旋拧加脂杯，并通过油窗监视油位等。

2. 设备润滑人员负责为储油箱定期添油，清洗换油，为手动润滑泵添加油脂，为输送链条、装配带等共用设备定期加油，按计划取油样送检等。

3. 设备维修人员负责润滑装置与滤油器的修理、清理与更换，负责拆卸部位的清洗换油及治理漏油等。

第6条　润滑费用申请与审批责权

1. 设备管理部根据设备的具体情况等拟订设备润滑工作计划并编制润滑工作预算，经设备管理部经理签字后报财务部审核。

2. 财务部结合当年总预算、历史润滑费用使用情况对设备润滑预算进行审批，由财务部经理签字。

3. 设备管理部严格执行润滑费用预算，按规定办理使用申请、审批手续。

4. 预算外的润滑费用申请需经设备主管副总审批。

5. 总经理有对润滑费用支出的最终决定权。

（续）

## 第3章　规范设备润滑工作

第7条　设备润滑规范化工作原则

1. 适油原则，选用适当规格的润滑油剂。

2. 适时原则，按规定时间加油、检查及换油。

3. 适量原则，加用适当分量的润滑油剂。

4. 适位原则，将润滑剂加到需要润滑的部位。

5. 适人原则，选择合适的人进行加油、换油、检查。

第8条　推行设备润滑的"五定"、"三过滤"制

1. 工厂推行设备润滑的"五定"制，具体操作如下。

### 设备润滑的"五定"制说明

| 项目 | 内容 | 具体说明 |
|---|---|---|
| 五定 | 定点 | 确定每台设备的润滑部位和润滑点，保持其清洁与完好无损，实施定点给油 |
| | 定质 | 按照润滑图表规定的油脂牌号用油，润滑材料及掺配油品必须经检验确认合格，润滑装置和加油器具需保持清洁 |
| | 定量 | 在保证良好润滑的基础上，实行日常耗油量定额和定量换油，做好废油回收退库工作，治理设备漏油现象，防止浪费 |
| | 定期 | 按照润滑图表或卡片规定的周期加油、添油和清洗，对储油量大的油箱应按规定时间抽样化验，视油质状况确定清洗换油、循环过滤及抽验周期 |
| | 定人 | 按润滑图表上的规定，明确作业人员、维修人员、润滑人员对设备日常加油、添油和清洗换油的分工，并确定取样送检人员，做到各负其责、互相监督 |

2. 工厂推行设备润滑油的"三过滤"制，具体要求如下。

### 设备润滑油的"三过滤"制说明

| 项目 | 内容 | 具体说明 |
|---|---|---|
| "三过滤"（为减少油液中杂质含量，防止尘屑等杂质随油进入设备而采取的净化措施） | 入库过滤 | 油液经过输入库注入油罐储存时，必须经过严格过滤 |
| | 发放过滤 | 油液注入润滑容器时要过滤 |
| | 加油过滤 | 油液加入设备储油部位时也必须先过滤 |

## 第4章　润滑药剂使用控制

第9条　润滑剂种类的选用控制

1. 根据设备工作条件选择合适的润滑油品。

2. 根据设备使用说明书选择润滑剂。

（续）

第 10 条　润滑剂的采购、验收管理

1. 润滑剂的采购应通过正当渠道，做到货比三家，到正规的油品生产厂家或销售公司购买，以防假冒伪劣产品混入。

2. 工厂对购入的润滑剂油品要进行严格的检测验收，防止流入不合格产品。

第 11 条　润滑剂的日常保管

润滑剂应正确保管、分类存放，避免潮湿环境，以防水分或灰尘进入，影响油品使用性能或导致油品变质。

第 12 条　废油的回收管理

设备管理部应将废油重新收集起来，避免环境污染，同时以备采用相关技术进行再生，做到循环使用。

### 第 5 章　润滑技术管理

第 13 条　润滑技术资料的管理

设备管理部对润滑技术资料进行整理、归档，编制设备润滑卡片，建立润滑技术档案，以作为技术分析的依据。

第 14 条　润滑技术管理的重点

润滑技术管理的重点是对设备的润滑故障采取早期预防和对已发生的润滑故障采取科学的处置对策，尽量减少浪费与损失。具体对策包括以下五点。

1. 编制设备清洗换油计划和油量需求计划。

2. 制定油料消耗定额。

3. 对在用油状态进行监测，分析设备润滑故障的表现形式和原因，从摩擦副材质、润滑油品的质量等方面分析设备润滑故障，在润滑方法、润滑装置、润滑系统等多方面综合采取对策。

4. 防止润滑剂泄漏。

5. 加强技术人员与操作人员的教育培训工作。

第 15 条　开展设备润滑技术活动

工厂不定期开展设备润滑技术活动，主要包含以下三方面内容。

1. 技术润滑示范、培训活动。

2. 防止设备润滑油品的泄漏。

3. 油液净化活动。

### 第 6 章　附则

第 16 条　本办法由设备管理部编制，解释权归设备管理部所有。

第 17 条　本办法经总经理审批后，自颁布之日起执行。

| 修订记录 | 修订标记 | 修订处数 | 修订日期 | 修订执行人 | 审批签字 |
|---|---|---|---|---|---|
| | | | | | |
| | | | | | |

## 四、设备备件费用管理规定

| 制度名称 | 设备备件费用管理规定 | | 受控状态 | |
|---|---|---|---|---|
| | | | 编　号 | |
| 执行部门 | | 监督部门 | 编修部门 | |

### 第1章　总则

第1条　目的。为规范工厂设备备件管理，控制设备备件费用的合理支出，保证维修质量，特制定本规定。

第2条　适用范围。本规定适用于工厂设备备件费用管理控制的相关事宜。

第3条　相关职责划分如下所示。

**设备备件管理职能划分表**

| 序号 | 部门/岗位 | 职能描述 |
|---|---|---|
| 1 | 设备管理部 | 负责编制并执行设备备件计划及费用预算，负责备件的协调及管理 |
| 2 | 采购部 | 负责设备部件的采购事宜，包括询价、议价和合同签订 |
| 3 | 工艺技术部 | 负责编制设备备件的工艺流程并设计生产用图纸 |
| 4 | 质量管理部 | 负责购进的备件和自制备件的质量验收工作 |
| 5 | 生产部 | 负责在规定的时间内生产出符合要求的设备备件 |
| 6 | 仓储部 | 负责设备备件的入库、仓储及发放工作，并负责编制设备备件仓储报表 |
| 7 | 财务部 | 负责审核备件费用预算，对备件费用的支出情况进行审核 |

第4条　相关释义。

1. 备件

本规定中的备件是指在设备维修工作中使用的，按照设备的磨损规律和零部件使用寿命进行事先加工、采购、储备的设备零部件。

2. 设备备件消耗定额

设备备件消耗定额是根据工厂的工艺设备条件、生产规模和经营水平，为保证完成生产计划和设备维修计划，需制定的一种备件标准消耗量。

### 第2章　设备备件费用的组成及管理控制目标

第5条　设备备件费用的组成。

设备备件费用包括备件购买/生产费用、维修费用和机会成本。具体说明如下。

1. 备件的购置成本是一种显性的有形成本，可通过商务谈判和技术谈判等方式降低这部分成本。

2. 机会成本是指为了工厂应对设备突发故障和设备备件周期保养，保持生产的连续性而提前购置的成本。

3. 维修成本是指工厂对更换下来的备件进行维修而投入的成本。

第6条　备件费用管理控制目标。

1. 将生产设备发生故障时所造成的停工损失降到最小。

（续）

2. 将设备维修时间和修理费用降至最低。

3. 将备件库的储备资金压缩到合理供应的最低水平。

**第3章　设备备件计划管理**

**第7条**　设备管理部编制备件计划时，应将设备备件分类并进行分别编制，具体分为以下四类。

1. 易耗件、常换件计划，此类部件主要在设备维护时使用。

2. 非常换计划，此类部件主要在设备大修、中修时使用。

3. 主要结构件计划，此类部件主要在设备发生故障后的修理时使用。

4. 引进设备专用部件，此类部件主要在进口设备的保养、维修时使用。

**第8条**　备件计划的编制，需参考以下数据资料。

1. 使用部门上报的备件需求量。

2. 备件的仓库存储量。

3. 备件在计划期前的结转量。

4. 计划期内的设备维修计划。

5. 设备备件在历史同一时期的使用数量。

6. 备件的生产、采购周期等。

**第9条**　设备管理部应本着经济性与合理性的原则控制与平衡计划期内的设备备件的需求数量。

**第10条**　编制好的设备备件计划必须经主管副总审批通过后方可执行，重大计划或费用较高的计划应报总经理审批。具体的审批权限根据工厂采购相关制度中的具体规定执行。

**第4章　设备备件的获取控制**

**第11条**　设备管理部需选择备件的获取方式，即选择采购还是自制，并在每种备件的标注中注明。

**第12条**　采购的备件必须是工厂无法生产或设备的生产能力不足而无法满足供应的备件。

**第13条**　采购人员在了解需采购的备件信息后，应评估同一型号备件供应商的资料，包括资质、生产能力、质量保证体系、工艺流程、价格等，甚至到厂家实地考察，在兼顾质量优秀与价格便宜的基础上，选择合适的生产厂商并与之订立采购合同。

**第14条**　采购部开展商务和技术谈判，以保证购买的备件价廉质优。

**第15条**　与生产厂商订立的《备件采购合同》要详细规定备件的名称、型号、规格、图号、材质、数量、单价、交货期、质量标准、交货方式等内容。

**第16条**　采购部需建立稳定的备件供应网络，减少采购中的一些中间环节，降低采购成本。

**第17条**　自制的设备备件由生产部根据设备备件的生产工艺及图纸要求安排生产并注意监控质量。

**第18条**　生产部应保证在规定的时间内按规定的质量要求与数量要求生产设备备件。

**第19条**　质量管理部应把好质量验收关，检验采购与自制的生产备件，确保其符合设备要求。

**第20条**　备件库管理人员若发现备件的数量、规格、质量、名称等有不相符的现象时，必须拒绝备件入库并通知相关人员，杜绝备件库中有不合格的备件，否则备件库的管理人员将负全部责任。

**第5章　设备备件的仓储控制**

**第21条**　对于入库的备件，库管人员应及时登账，防止入库备件的漏记、错记。

（续）

第 22 条　备件库中的备件应分类整齐摆放，在每类备件的摆放位置应用备件卡，对重要的备件要注意其保管环境，不得损坏备件的外包装。

第 23 条　备件管理库要做好防火、防盗、防潮、防霉、防锈等工作，库管人员应定期检查备件的保管情况，必要时应予维护保养。

第 24 条　备件库的库管人员应定期清点库中的备件数量，并编制"备件库存报表"，向有关人员反映备件的库存状况。

第 25 条　备件出库后，备件库管员应及时对备件出库数量进行登记，防止漏记，保证库中的财物相符。

### 第 6 章　设备备件使用与修复控制

第 26 条　备件使用原则。

1. 备件检修时，能换备件，不换备品；能换备品，不换整台设备；能够加工的备件，一律不外购。

2. 各设备使用部门需建立备品备件消耗台账。

3. 各设备使用部门应加强维护、认真巡检、正确操作，避免设备故障和事故的发生，从而降低备品备件消耗。

第 27 条　设备管理部应编制先进合理的设备备件消耗定额与储存定额并严格执行，在满足设备实际维修需要的同时达成工厂的指标。

第 28 条　设备备件消耗定额与储存定额也需每年修改一次，以保持其合理性和先进性。

第 29 条　对于检修过程中的紧缺备品备件，由检修员紧急上报设备管理部经理，设备管理部经理负责联系相关部门尽快解决，以满足设备检修要求。

第 30 条　对于更换后的备件，应视情况予以修复、重复利用，做好修旧利废工作，尽量减少备品备件费用的发生。

第 31 条　各设备使用部门负责核算本部门每月备品备件的发生费用，月末和年末进行汇总，作为备品备件储备、领用及考核的依据。

### 第 7 章　改进设备诊断技术

第 32 条　在实际工作中，工厂需杜绝设备运行中人为劣化的现象，严格按规范操作设备。

第 33 条　工厂需运用先进科学的设备诊断技术尽早发现设备的异常状态，及时诊断和排除设备的劣化问题并做好相关预案，避免或减少损失。

### 第 8 章　附则

第 34 条　本规定由设备管理部制定，其解释权、修改权归设备管理部所有。

第 35 条　本规定自颁布之日起执行。

| 修订<br>记录 | 修订标记 | 修订处数 | 修订日期 | 修订执行人 | 审批签字 |
|---|---|---|---|---|---|
| | | | | | |
| | | | | | |

# 质量成本
# 费用控制

第九章

# 第一节 预防成本控制

## 一、预防成本控制点

预防成本是指企业预防不良产品或服务所发生的成本，包括计划与管理系统、人员训练、品质管制过程，以减少不良品发生的几率所产生的成本。预防成本的发生可以使故障成本下降。预防成本控制点说明如图9-1所示。

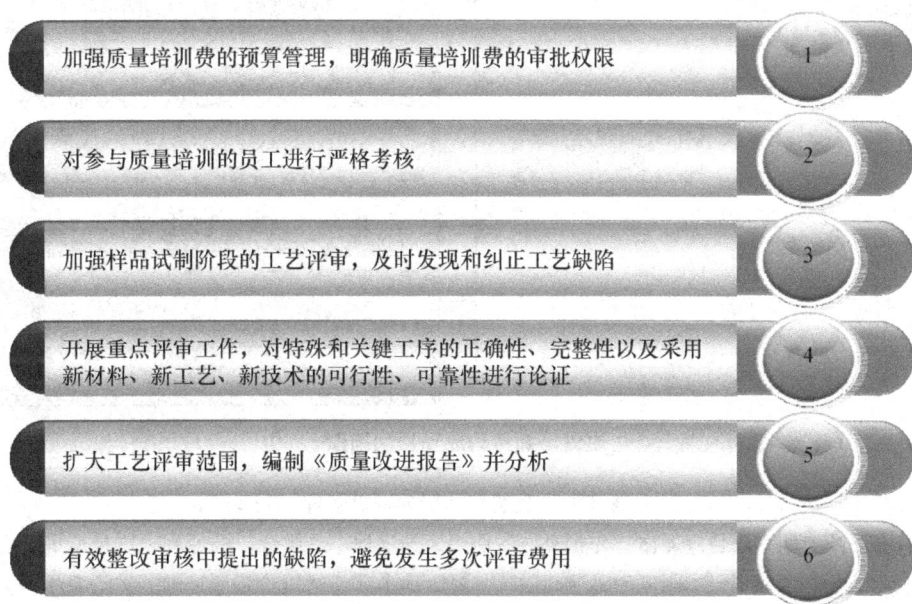

加强质量培训费的预算管理，明确质量培训费的审批权限　1

对参与质量培训的员工进行严格考核　2

加强样品试制阶段的工艺评审，及时发现和纠正工艺缺陷　3

开展重点评审工作，对特殊和关键工序的正确性、完整性以及采用新材料、新工艺、新技术的可行性、可靠性进行论证　4

扩大工艺评审范围，编制《质量改进报告》并分析　5

有效整改审核中提出的缺陷，避免发生多次评审费用　6

图9-1 预防成本控制点说明

## 二、质量培训费管理办法

| 制度名称 | 质量培训费管理办法 | | 受控状态 | |
|---|---|---|---|---|
| | | | 编　号 | |
| 执行部门 | | 监督部门 | 编修部门 | |

### 第1章 总则

第1条 为规范、指导工厂的质量培训费控制工作，为质量培训费的预算、开支报销及核算工作提供支持，依据工厂职工培训管理制度及相关财务规定，特制定本办法。

第2条 本办法适用于质量培训费的管理控制工作，该项费用的发生部门包括行政人事部、品管部、生产部及生产车间、班组。

（续）

第3条 质量培训费是指工厂为达到质量要求或改进产品质量的目的，提高相关人员的质量意识和质量管理的业务水平所支付的培训费用。具体费用项目如下图所示。

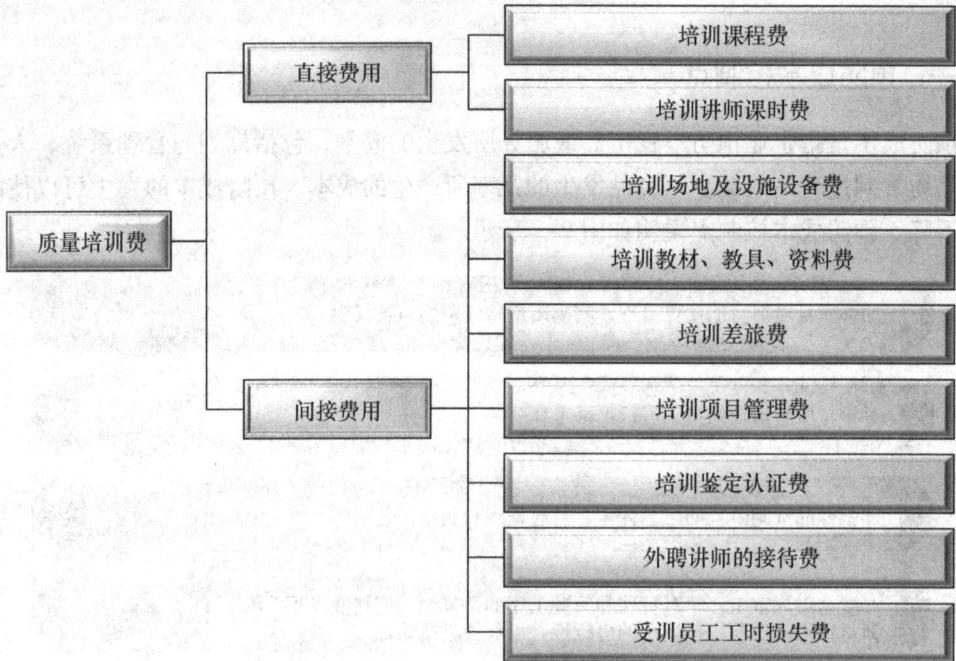

**质量培训费构成项目明细图**

### 第2章 质量培训费的预算管理

第4条 所有培训项目应遵循"先预算、后使用，先审批、后执行"的原则，质量培训费也不例外。品管部、生产部在拟订本年度的培训计划时，要明确本部门的质量培训计划并进行费用预算，报财务部审批后，交行政人事部备案。

第5条 财务部负责汇总编制品管部、生产部的质量培训费用预算，列入工厂年度培训费用预算总额并按规定程序审批。

第6条 财务部根据审批通过的年度质量培训费预算总额，按照品管部、生产部的年度培训需求，在品管部、生产部及行政人事部之间进行分配。

第7条 质量培训工作均实行项目管理制。质量培训经理应填写"质量培训项目申报表"，详细列支该项培训的费用预算，经批准后实施。

**质量培训项目申报表**

编号： 　　　　　　　　　　　　　　　　　填表日期：＿＿年＿月＿日

| 质量培训<br>项目名称 | | 培训对象 | □ 技术人员<br>□ 质量人员<br>□ 生产操作人员 |
|---|---|---|---|

（续）

| 培训主办部门 | | 培训类别 | ☐ 部门级　☐ 公司级 |
|---|---|---|---|
| 培训人数 | | | ☐ 内部培训　☐ 外出培训 |
| 培训时间 | ___月_日 ~ ___月_日 | | ☐ 团体　☐ 非团体 |
| 培训地点 | | 评估方式 | ☐ 一级　☐ 二级<br>☐ 三级　☐ 四级 |
| 培训目的 | | | |
| 培训内容 | | | |
| 培训费用预算 | 费用项目 | | 金额（单位：元） |
| | | | |
| | | | |
| | | | |
| | 合计 | | |
| 质量培训经理 | | 品管部 | 行政人事部 |
| 财务部 | | 主管副总 | |

第8条　对于实施过程跨年度的培训项目，应分年度进行预算，并给出说明。

**第3章　质量培训费的报销控制**

第9条　质量培训费的报销严格按照工厂的财务报销审批流程执行。

第10条　质量培训费的使用应遵循"谁主办、谁负责"以及"专款专用"的原则。质量培训经理是培训费用使用的直接责任人，应当确保质量培训费落实到品管人员、生产人员及质量手册责任人的培训上，在确保合理、合规使用的同时，确保培训效用的最大化。

第11条　质量培训费应在年度质量培训预算范围内支出，以质量培训项目的形式进行报销。预算外的质量培训费需报总经理批准。各级管理人员的审批权限如下表所示。

**质量培训费审批权限一览表**

| 费用标准 | 权限审核人 | 权限审批人 | 权限批准人 |
|---|---|---|---|
| ___元以下 | 部门经理 | 行政人事部经理 | 财务部经理 |
| ___元（含）以上 | 行政人事部经理 | 财务部经理 | 总经理 |

第12条　质量培训费的报销应基于严格的审批流程，经过报销审批后，由财务部出纳人员办理预算额度内培训费的支付业务。

第13条　质量培训经理在报销质量培训项目费用时应如实提供下列报销凭证。

1."质量培训项目申报表"、"质量培训项目评估表"（如下表所示）、"质量培训考勤表"

（续）

## 质量培训项目评估表

编号：　　　　　　　　　　　　　　　　　　　　填表日期：　　年　月　日

| 质量培训项目名称 | | 培训对象 | □ 技术人员<br>□ 质量人员<br>□ 生产操作人员 |
|---|---|---|---|
| 培训主办部门 | | 培训类别 | □ 部门级　　□ 公司级 |
| 培训地点 | | | □ 内部培训　□ 外出培训 |
| 培训时间 | 　　月　日 ~ 　　月　日 | | □ 团体　　　□ 非团体 |
| 培训学时 | 　　小时 | 评估方式 | □ 一级　　□ 二级<br>□ 三级　　□ 四级 |
| 完训人数 | | 完训率 | |

### 效果评估

| 学员对讲师评价 | □ 很满意 | □ 满意 | □ 不满意 |
|---|---|---|---|
| 培训课程满意度 | □ 很满意 | □ 满意 | □ 不满意 |
| 培训课程实用性 | □ 很满意 | □ 满意 | □ 不满意 |
| 培训环境 | □ 很满意 | □ 满意 | □ 不满意 |

### 档案评估

| 文本文档　□ 通过　□ 未通过 | 电子文档　□ 通过　□ 未通过 |
|---|---|

### 费用评估

| 实际发生培训费用 | 费用项目 | 金额（单位：元） |
|---|---|---|
| | | |
| | | |
| | | |
| | 合计 | |

| 质量培训经理 | | | 行政人事部经理 | | | |
|---|---|---|---|---|---|---|
| 课时费发放情况列示 | 培训讲师 | 等级 | 受训部门 | 课程 | 课时 | 金额 | 领款人签字 |
| | | | | | | | |
| | | | | | | | |
| | | | | | | | |

2. 培训合同

对于外训项目，还应提供该项目的培训通知；对于聘用外部培训师或非培训机构的专业人士授

(续)

课,不能签订《培训合同》或相关协议书的,应提供能证明项目实施的文本凭证。

3. 符合财务规定的费用凭证

外聘非培训机构专业人士不能出具正规发票的,应提供课时费领取的原始文本记录,并依据法律法规代扣代缴相关税费。

### 第4章 质量培训费的核算与考核

第14条 对已发生的质量培训费,质量培训经理应填写"质量培训费报告表",写明发生该费用的部门及各项费用明细,经相关领导审核后报财务部。

### 质量培训费报告表

质量培训费发生部门: 报告日期:___年__月__日

| 明细<br>培训<br>内容 | 参加<br>人数 | 合计<br>工时 | 直接费用 | | 间接费用 | | | | | | | 合计 |
|---|---|---|---|---|---|---|---|---|---|---|---|---|
| | | | 课程费 | 课时费 | 场地<br>及设<br>备费 | 教材、<br>教具、<br>资料费 | 培训差<br>旅费 | 培训<br>项目<br>管理费 | 鉴定<br>认证费 | 接待费 | 员工<br>工时<br>损失费 | |
| | | | | | | | | | | | | |
| | | | | | | | | | | | | |
| | | | | | | | | | | | | |
| 合计 | | | | | | | | | | | | |

质量培训经理: 相关部门经理:

第15条 财务部将核算期内品管部、生产部及行政人事部因组织开展质量培训而发生的质量培训费按部门汇总,计入质量成本账户"预防成本"之"质量培训费"科目中。

第16条 根据财务部质量培训的核算结果,行政人事部对品管部、生产部执行质量培训费预算的情况进行比较分析。对严重超支的部门,要调查超支原因,并将质量培训费、质量培训所发挥的效用与相关部门负责人的奖金挂钩。

第17条 质量培训开展一段时间后,行政人事部负责观察、调查生产车间操作工人对遵守质量规程的改善情况、产品废损率的降低幅度等,以及品管部误检、漏检的控制情况等,评估质量培训的长期效用,从而合理评价质量培训费的投资收益率。

### 第5章 附则

第18条 本办法由品管部提出,财务部负责制定、修订与解释工作。

第19条 本办法经工厂总经理办公会审议批准后,自颁布之日起实施。修订、废止时亦同。

| 修订<br>记录 | 修订标记 | 修订处数 | 修订日期 | 修订执行人 | 审批签字 |
|---|---|---|---|---|---|
| | | | | | |
| | | | | | |

## 三、质量评审费控制方案

| 方案名称 | 质量评审费控制方案 | 编　号 | |
|---|---|---|---|
| | | 受控状态 | |

**一、目的**

为确保工厂产品的质量状况，使产品能顺利通过相关方的审核、取得客户的认可或第三方认证，同时有效控制工厂各项资源的浪费和质量评审费的不合理支出，特制定本方案。

**二、质量评审费的定义**

质量评审费是对工厂的产品质量审核和质量体系评审所支付的费用以及新产品投产前进行质量评审所支付的费用，发生单位主要为品管部、研发部及工艺技术部。

1. 按评审对象的不同来划分

从评审对象的不同来划分，质量评审费包括产品认证及质量评审费、体系评审费两个方面。

2. 按质量评审费发生主体的不同来划分

从质量评审费发生主体的不同来划分，质量评审费还可分为外部评审费和内部评审费，其中外部评审费的发生主体主要是客户或第三方专业评审机构。

3. 从质量评审费包括的具体内容来划分

从质量评审费包括的具体内容来划分，质量评审费主要包括资料费、会议费、办公费、评审咨询费等。

**三、本方案中质量评审费的控制重点**

本方案着重对如何有效控制第三方专业评审机构的评审咨询费进行说明。

**四、第三方评审咨询费的控制措施**

1. 制定评审咨询费预算

开展质量评审之前，品管部应将前期已发生的评审咨询费作为参考，结合本次的评审目标、评审范围等因素，以现有评审服务市场价格水平为依据，制定评审费预算并根据财务相关规定报批。

2. 合理选择外部评审的第三方评审咨询机构

品管部经理负责组织质量体系专员对市场已有的各评审咨询机构进行对比和甄选，并控制质量评审机构的选择过程。

（1）质量体系专员对评审市场各机构的专业资质、报价、服务内容等进行初步了解。

（2）在广泛询价的基础上，质量体系专员选定三家最符合工厂要求的咨询机构。

（3）以品管部经理为主导，与质量体系专员提交的三家评审机构进行进一步洽谈，按照控制评审咨询费、择优汰劣的原则进行价格谈判。

（4）经过多番的价格谈判后，品管部最终根据工厂的实际情况和具体需求并结合本行业的特点，从三家有意向的评审机构中选出服务内容和服务水平具有较强优势、性价比高的评审服务机构，以保证质量评审费的合理支配。

3. 充分做好评审准备工作，争取一次性通过评审

品管部应与评审机构进行充分沟通，尽量多地掌握评审的具体内容、需要筹备的条件以及所有的辅助事项，并将相关信息及时、有效地传达至相关协作部门，争取一次性通过评审，避免发生二次评审费用。评审准备工作主要包括以下六个方面，具体内容如下图所示。

(续)

| 样品准备 | • 客户对产品的质量审核或第三方产品认证可能需要对产品样品进行相关试验测试，因此，工厂应准备适量的样品备用 |
|---|---|
| 生产现场评审准备 | • 根据产品的性能要求对相关生产线的生产设备、工艺装备、测试检验设备进行归集和检查，核实设备的生产能力和可靠性<br>• 准备好生产和测试作业指导书<br>• 需要针对新产品的特殊生产要求对相关生产人员进行培训<br>• 新工艺的可行性、可靠性验证资料、新材料的进料检验记录等 |
| 质量人员知识准备 | • 研发部产品管理人员、品管人员、质量体系专员、产品认证专员应熟悉和掌握产品的特殊性能、特殊生产工艺和可能出现的质量问题等 |
| 评审所需文件资料准备 | • 根据内部产品开发流程整理产品标准/客户要求、可公开的研发技术文件、使用新工艺或者新材料的特殊要求、产品功能和可靠性测试结果、试产结论、产品相关的作业指导书等文件资料<br>• 进行质量体系评审时，还需整理体系质量手册、程序文件、作业指导书等体系文件 |
| 招待工作筹备 | • 品管部提前列明第三方评审机构来工厂评审的日期、行程及接待要求，并提交给行政部，以便行政部妥善安排评审人员的交通、食宿和行程等事宜 |
| 及时整改缺陷 | • 品管部对评审机构提出的缺陷，督促相关部门进行限期整改，经过内部审核确认改进有效后，及时向评审机构申报改善方案和结果，避免发生多次评审费用 |

评审准备工作详解图

| 编制人员 | | 审核人员 | | 审批人员 | |
|---|---|---|---|---|---|
| 编制时间 | | 审核时间 | | 审批时间 | |

# 第二节　鉴定成本控制

## 一、鉴定成本控制点

鉴定成本是指为检查和评定原材料、半成品或产成品等是否达到规定的质量标准所发生的费用。只有在合理控制预防成本的基础上，工厂才能更好地开展鉴定成本的控制工作。鉴定成本的控制点说明如图9-2所示。

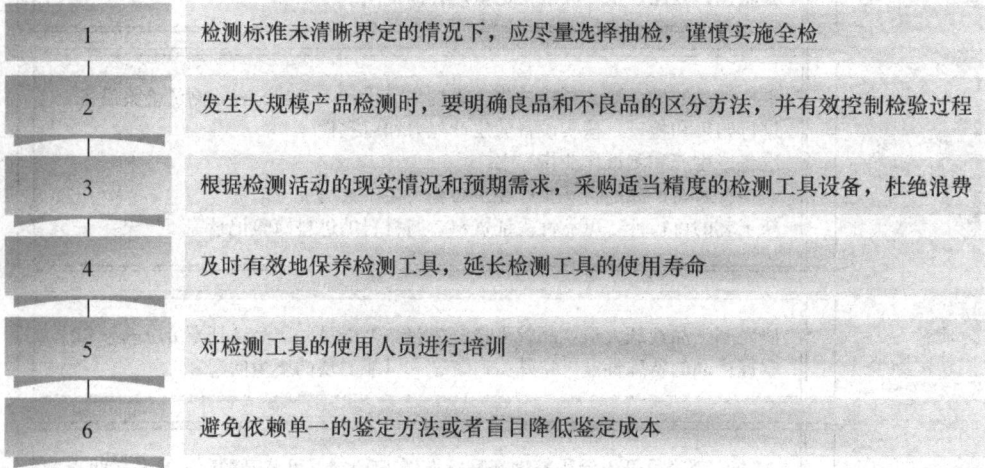

| 1 | 检测标准未清晰界定的情况下，应尽量选择抽检，谨慎实施全检 |
| 2 | 发生大规模产品检测时，要明确良品和不良品的区分方法，并有效控制检验过程 |
| 3 | 根据检测活动的现实情况和预期需求，采购适当精度的检测工具设备，杜绝浪费 |
| 4 | 及时有效地保养检测工具，延长检测工具的使用寿命 |
| 5 | 对检测工具的使用人员进行培训 |
| 6 | 避免依赖单一的鉴定方法或者盲目降低鉴定成本 |

图9-2　鉴定成本控制点说明

## 二、检测试验费管理办法

| 制度名称 | 检测试验费管理办法 | | 受控状态 | |
|---|---|---|---|---|
| | | | 编　号 | |
| 执行部门 | | 监督部门 | 编修部门 | |

### 第1章　总则

第1条　目的

为规范、指导本工厂的检测试验费控制工作，为检测试验费的发生、统计分析与核算工作提供支持，依据工厂质量管理规定及成本费用管理办法等，特制定本办法。

第2条　适用范围

本办法适用于工厂管理因质量检验、测试、试验等活动而发生的相关费用。

第3条　检测试验费的定义

检测试验费是指对进厂的原材料及生产过程中的半成品、成品按质量标准进行试验、检验等时所发生的费用，具体包括人工费、材料费、办公费、检测仪器设备购置费、检测仪器设备折旧、燃料动力费、委外试验费、寄运费、差旅费等。

### 第2章　检测试验费的控制规划

第4条　检测试验费的控制点

检测试验费的控制点如下图所示。

（续）

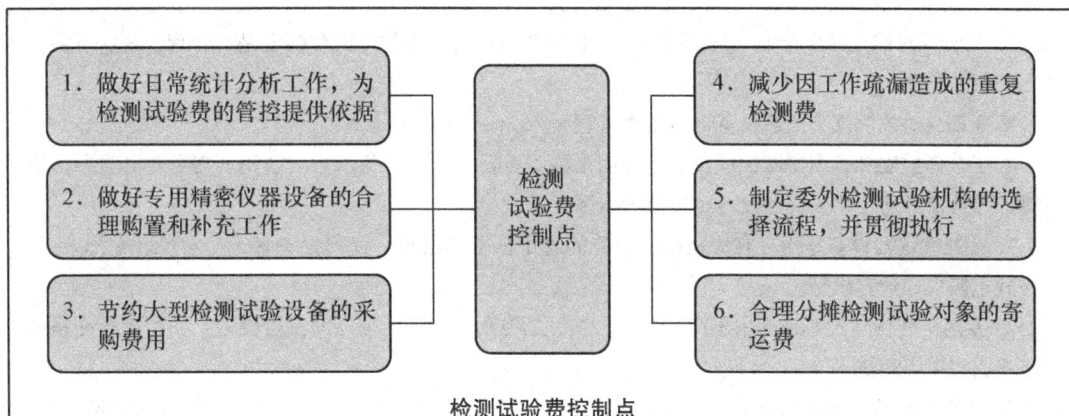

**检测试验费控制点**

第 5 条　检测试验费的控制环节

在实际工作中，检测试验涵盖的内容较多，涉及多个部门和产品试制、批试、量产、质量问题追溯等不同阶段。因此，检测试验费的控制应以职能划分为基础，从不同部门、科室的角度出发细化费用的控制措施。

第 6 条　品管部相关科室的检测试验职责划分

工厂发生检测试验费的科室主要是工厂品管部的所属科室，各科室主要通过顺利实施产品各阶段的生产和品质管控活动而实现各自在检测试验费方面的控制职责，具体内容如下图所示。

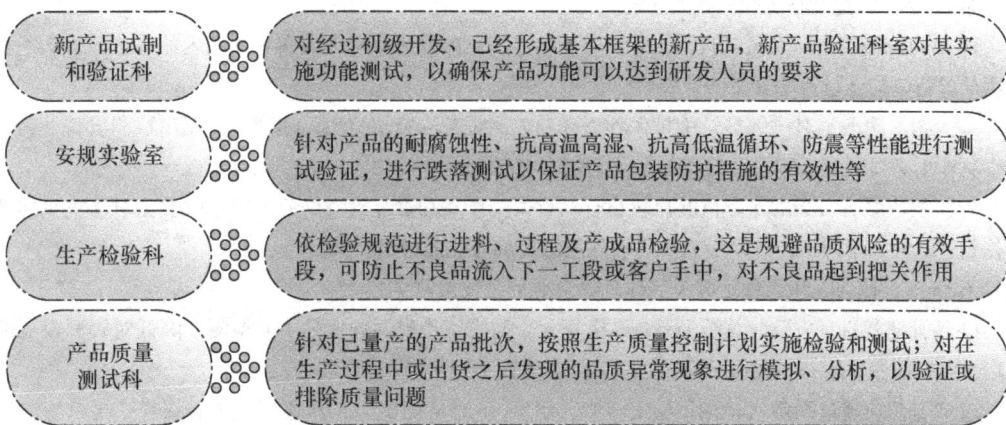

**品管部各科室的检测试验职责**

### 第 3 章　检测试验费的控制措施

第 7 条　加强检测试验费用统计

1. 品管部应要求上述相关科室记录检测试验的持续时间、频率、产品数量、测试办法、测试结果等信息，并定期统计汇总检测试验费。

（续）

2. 品管部对照产品生产的产量、批次，分析检测试验费波动的方向和幅度是否合理，是否存在改善的空间。

第8条　对检测试验仪器设备进行分类管理

为了合理控制和管理检测试验仪器设备因采购、更新或者补充所产生的费用，需要对其进行分类管理。检测试验所使用的仪器设备可以分为以下三种。

1. 一般性仪器设备是指具有检验测试功能的通用性工具器具、仪器设备等，如卷尺、游标卡尺、便携式电阻仪、计算机等。

2. 专用精密仪器设备是指用于产品维修、检测的专用、精密性很高的仪器设备，如精密型变压电源、精密型电阻测试仪等。

3. 低值易耗品是指检测试验工作中经常用到的价值比较低、易损耗的常用物品，如试纸、塑胶袋、贴纸等。

第9条　专用精密仪器设备的采购

1. 专用精密仪器设备可以依据精度、性能分为不同等级。采购个人使用的仪器时，应以满足申购者日常工作需要为准；采购集体使用的仪器时，以满足所有人的需要为准。同时，注意控制采购价格，防止价格过高超出实际需要。

2. 根据工厂的发展和产品投产计划，应适时更新和补充相应的专用精密仪器设备，以保证检测试验仪器可以满足产品开发的需要，顺应行业内产品检测试验所用器具的主流方向以及客户要求。

3. 适当采购精密仪器设备，合理使用检测试验费，可以减少质量工作失效的风险，降低不良质量成本转移的可能性。

第10条　大型检测试验设备的采购

1. 采购价格较高的大型试验设备时，应该结合工厂内检测活动的现实和预期内的需求，采购适当精度的设备，防止设备购置费的浪费。

2. 及时、有效地对设备进行维护保养以降低大型设备的修缮费用，达到节约使用检测设备、避免产生更多不必要的设备购置费的目的。

3. 工厂应结合自身的实际情况比较自行购置大型设备和委外检测试验的成本收益。对于少量的产品检测、试验和仪校工作可以考虑委托或外包给外部专业的检测机构。

第11条　改善工作品质，减少工作疏漏造成的重复检测

1. 品管部各科室应及时总结经验、改善不足，减少工作失误导致的重复检测，降低对检测设备的占用，节省检测试验费和工作时间。

2. 品管部应通过制定《检测试验工作管理制度》，对检测试验工作进行规范和指导，规范检测试验工作的流程，改善检测试验的环境，提高检测试验工作的质量。

第12条　委外检测试验机构选择控制

1. 有区别地选择委托检测机构，可以节约不必要的委外检测费用。

2. 选择检测试验机构时，工厂应根据试验要求的精确性和试验本身的复杂程度选择有资质的专业检测机构，也可以选择检测资质、检测能力符合要求的其他企业所属的实验室，或者在检测材料性能时选择有供货合同的供应商协助。

（续）

| 第13条　合理分摊检测试验对象的寄运费 |
| :--- |
| 当工厂离集团公司或其他工厂较远时，待检测不良品、样品的寄运费较高。因此，为了有效控制寄运费的增长，减少浪费，工厂应根据检测申请或待检测样品的问题责任，合理分摊检测中产生的寄运费，防止因责任界定不清晰造成的寄运行为失控、费用大幅增长等不合理现象。 |

第4章　附则

第14条　本办法由品管部提出，财务部负责制定、修订与解释工作。

第15条　本办法经工厂总经理办公会审议批准后，自颁布之日起生效。修订、废止时亦同。

| 修订记录 | 修订标记 | 修订处数 | 修订日期 | 修订执行人 | 审批签字 |
| :---: | :---: | :---: | :---: | :---: | :---: |
| | | | | | |
| | | | | | |

## 三、检测设备购置费控制办法

| 制度名称 | 检测设备购置费控制办法 | | 受控状态 | |
| :---: | :---: | :---: | :---: | :---: |
| | | | 编　号 | |
| 执行部门 | | 监督部门 | 编修部门 | |

第1条　目的

本着下列三个目的，根据工厂生产质量管理办法及财务管理规定，结合工厂现有检测设备的实际情况，特制定本办法。

1. 确保检测设备的精准性、稳定性和可靠性。

2. 选购合适的检测设备，严格控制大型检测设备的购置费用。

3. 合理、规范地操作和使用检测设备，避免检测设备过快损耗后增加二次购置费。

第2条　适用范围

本办法主要用于控制对鉴定产品性能和质量起着关键作用的检测设备购置费。

第3条　控制职责及分工

检测设备购置费的发生单位主要指工厂的检验、测试、试验、仪校等科室及执行采购作业的采购部。

1. 品管部相关人员的主要职责

（1）质量专员负责填写检测设备的采购申请，或汇总各使用部门（包括检验科、测试试验科、仪校科等）提交的申请，并写明检测设备的名称、型号、功能、检测精度、供应商资格等具体要求，报品管经理批准后转交采购部，及时采购。

（2）品管经理对采购申请进行审批，协助采购部采购检测设备，组织检测人员对刚采购回来的设备仪器进行检测、调试，并对相关使用人员进行培训等。

2. 采购部的主要职责

根据品管部提交的检测设备采购申请及具体要求，由采购部经理组织采购专员实施采购。

207

（续）

第4条　检测设备购置控制措施

1. 做出检测设备购置的决策时，采购部需结合本工厂的检测活动的现实需求和未来需求采购适当精度的设备，最大程度上杜绝检测设备购置费的浪费。

2. 工厂应结合自身的生产规模、检测作业量等因素，考虑将少量的产品检测、试验和仪校作业委托或外包给外部专业检测机构，以避免产生检测设备高昂的购置费。

第5条　做好检测设备的维护保养，尽可能延长检测设备的使用寿命

及时、有效的维护保养可以最大程度上延长检测设备的使用寿命，从长远的角度达到控制设备购置费的目的。

1. 制定检测设备维护保养制度，对检测设备关键部位的每日点检做出规定，确保设备可以正常运行。

2. 按规定做好检测设备的维护保养，请设备供应商定期检测设备的关键精度和性能。

3. 编制《检测设备作业指导书》，确保操作人员正确使用检测设备。

第6条　本办法由品管部提出，财务部负责制定、修订与解释工作。

| 修订<br>记录 | 修订标记 | 修订处数 | 修订日期 | 修订执行人 | 审批签字 |
|---|---|---|---|---|---|
| | | | | | |
| | | | | | |

## 四、检测设备检校费控制方案

| 方案名称 | 检测设备检校费控制方案 | 编　号 | |
|---|---|---|---|
| | | 受控状态 | |

**一、检测设备检验费产生的背景**

检测设备是否处于精准状态会直接影响到质量数据和质量信息的准确性、可靠性，并影响到对原材料、外购外协件、在制品、半成品和产成品的检验结果以及与规定要求进行比较判断的结论。因此，工厂应对检测设备进行定期检定、校准，确保检测设备的精准性、可靠性，由此产生了检测设备的检校费。

**二、制定本方案的目的**

为了通过检测设备切实执行检定、校准工作来保证检测设备的精度，并对检校费的支出进行合理控制，特制定本方案。

**三、检测设备检校费的定义**

检测设备检校费是指因检测设备的检定、校准等维护工作而产生的费用，主要发生部门是工厂的仪校部门。检校费具体由两部分费用构成：一是检校工具的购置费、维护保养费等，二是仪校部门的人工费、办公费等。

（续）

| | |
|---|---|
| **四、检测设备检校费控制的职责划分** | |

**（一）仪校部门**

1. 根据待检校的检测设备的精度、数量和使用情况，请购适当的仪校工具。

2. 制订检测设备校验计划，对校验人力、物力和日程做出合理安排。

3. 监督检测设备的使用部门及时送校。

4. 根据自身实力合理安排检测设备的委外校准工作。

**（二）检测设备的使用部门**

根据仪校部门发布的校验通知，检测设备的使用部门及相关人员将部门内使用的相关检测设备、仪器按时送交仪校部门进行校准、检定。

**五、检测设备检校费的控制措施**

**（一）仪校工具的采购控制**

仪校部门应根据检测设备的特性、数量和需要校验的频率等因素，确定购置仪校工具的精度、数量、市场基本报价、供应商资格等要求，经仪校部经理审核、技术副总审批后报送采购部，由专业采购专员执行仪校工具的采购工作。

**（二）加强检测设备的使用培训与指导**

仪校部门应定期或不定期地检查检测设备的使用状况，对使用人员予以指导或培训，防止错误操作或野蛮操作造成检测设备损坏而形成非预期的检校费用。

**（三）合理计划对检测设备实施校验的费用**

仪校部经理应组织编制《检测设备校验作业指导书》，根据检测设备的特性确定校验周期，并确保周期性检定和校准工作可以覆盖所有需要校验的检测设备，以达到有效利用校验费用的目的。

| 编制人员 | | 审核人员 | | 审批人员 | |
|---|---|---|---|---|---|
| 编制时间 | | 审核时间 | | 审批时间 | |

# 第三节　内部损失成本控制

## 一、内部损失控制点

内部损失是指产品在出厂前因产品和服务没有满足顾客要求而造成的损失，以及处理品质缺陷所发生的费用之和，包括废品损失、返工损失、停工损失、产量损失以及产品降级损失等。内部损失控制点说明如图9-3所示。

| | | |
|---|---|---|
| 1 | ◎ 开工前全面检查，尤其是关键工序和特殊过程，保证生产过程符合工艺规程规定的要求 | |
| 2 | ◎ 合理采购原材料和辅助材料，控制物资的库存量 | |
| 3 | ◎ 加强对生产人员的培训工作 | |
| 4 | ◎ 新产品试制完成后，要对产品流程进行全方位探查和审视，降低出现返工、返修的可能 | |
| 5 | ◎ 严格制定返工返修的作业流程和报废流程 | |
| 6 | ◎ 对生产设备进行定期维护和保养，做好水火灾害预防工作，降低停工的发生率 | |
| 7 | ◎ 改善产品的防护措施和储存环境 | |
| 8 | ◎ 合理确定产品降级等级，及时分析降级原因 | |
| 9 | ◎ 对事故处理结论进行追踪和归档，避免同类质量事故再次发生，减少质量事故处理费 | |

**图9-3　内部损失控制点说明**

## 二、废品损失费控制规定

| 制度名称 | 废品损失费控制规定 | | 受控状态 | |
|---|---|---|---|---|
| | | | 编　号 | |
| 执行部门 | | 监督部门 | 编修部门 | |

第1条　目的

为了降低生产和周转中的产品损耗，有效控制废品损失费，在提高工厂质量水平的同时提升工厂的经济效益，特制定本规定。

第2条　废品损失费的定义

1. 因产成品、半成品、在制品达不到质量要求且无法修复或在经济上不值得修复以致报废所产生的损失费用。

2. 外购元器件、零部件、原材料在采购、运输、仓储、筛选等过程中因质量问题导致的损失费用。

第3条　建立健全报废流程与审批制度

1. 建立健全工厂的报废流程及报废审批制度，防范和监督因不合理的报废行为引发的废品损失费。工厂各种物资的报废均需严格执行如下图所示的流程。

（续）

开始

出现待报废品

现场取样判定待报废品的质量

有价值 ← 估算返工成本 → 无价值

返工处理

检验 —— 不合格

合格

入堪用品库

报废

入报废库

结束

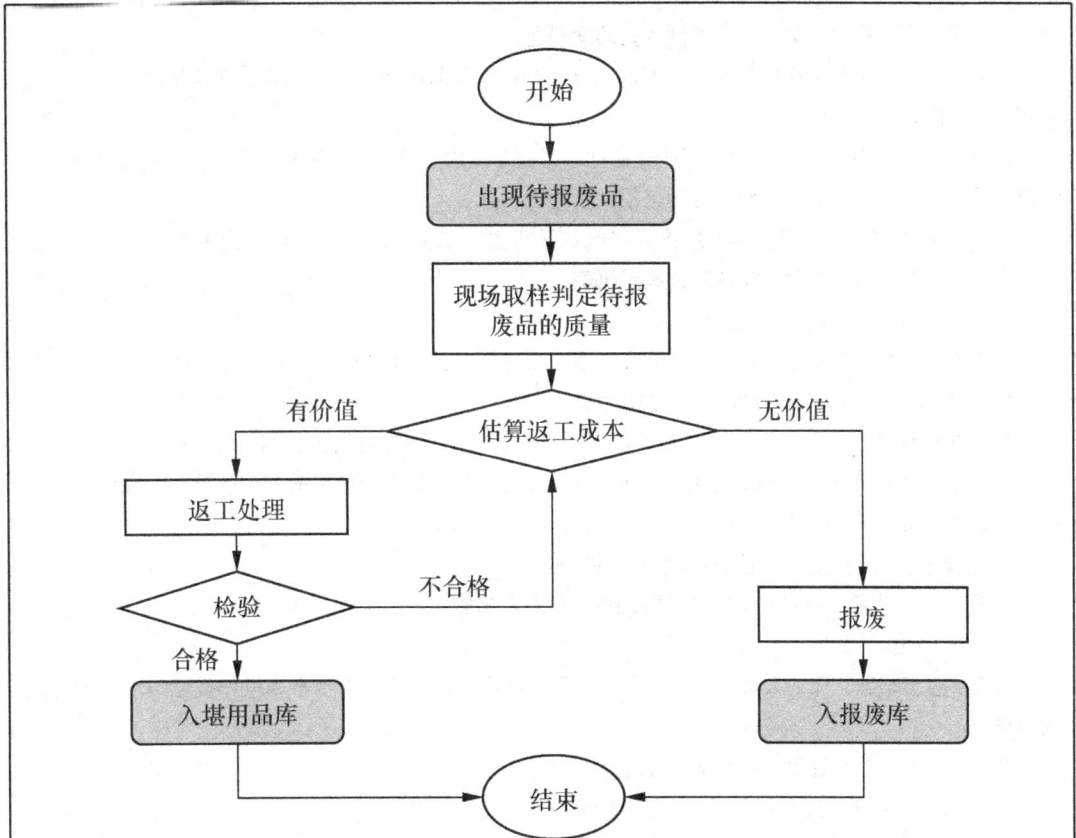

**待报废品审批鉴定流程**

2. 对有质量问题的产品设置堪用品库，对可以维修并且有维修价值的产品进行单独管理，以备后续使用。

第4条 了解废品损失形成的原因

产品在生产、储存、周转运输的过程中，由于人、机、料、法、环等因素造成的报废，具体原因包括但不限于以下八个方面。

1. 操作人员的质量意识和技能水平不足形成废品。

2. 机器设备或工艺装备不合格形成废品。

3. 原材料或辅助材料、燃料等不符合相关标准形成废品。

4. 《生产作业指导书》出现错误或不明确形成废品。

5. 产品周转过程中由于防护措施不当形成废品。

6. 生产或储存的环境与产品要求不符形成废品。

7. 生产线为了追赶生产进度而忽略质量标准形成废品。

8. 单次采购原物料的数量过大，与实际使用情况产生较大差距，原产线停产、转产造成较多原物料丧失使用价值形成废品。

（续）

第5条 合理采购原辅材料，控制物资的库存量

针对原辅材料采购过多的情况，生产部、仓储部和采购部应注意以下两点，在原辅材料得到充分利用的同时降低废品损失费。

1. 下达"采购通知单"的生产部或仓储部应以满足预期内的工单产量和安全库存为目标，以节约库存成本和避免报废损失为原则，合理申报缺料的采购数量。

2. 采购部应以生产部或仓储部提报的缺料数量为主要依据，适当结合供应商的供应政策进行采购，在节约采购成本的同时，注意防范报废风险。

第6条 加强开工前的检验检查

加强开工前的检验检查，以提高产品合格率，减少生产过程中的废品损失。具体内容如下。

1. 生产前对机器设备进行调试及维护保养。

2. 对进厂原物料进行严格把关（尤其对亟待上线投产的特采原材料报各相关部门进行审批）。

3. 对生产工序和生产过程，特别是关键工序和特殊过程，要进行严格的开工前检查，保证生产过程的人、机、料、法、环等生产条件符合工艺规程规定的要求。

4. 完善作业指导书、作业注意事项等文件资料。

5. 改善工艺装备，设定合理的环境温湿度并进行严格管控。

第7条 加强人员培训工作

对人员进行培训，保证人员具备操作资格和质量意识，其业务技术水平和操作技能可以满足规定的要求。

第8条 加强生产过程的测量统计与改进

1. 采用合适的统计技术和方法，对过程的异常实施重点控制。

2. 对过程的工序能力进行测量和改进，保证工序能力可以满足工艺要求。

第9条 本规定由品管部提出，财务部负责制定、修订与解释工作。

| 修订<br>记录 | 修订标记 | 修订处数 | 修订日期 | 修订执行人 | 审批签字 |
|---|---|---|---|---|---|
| | | | | | |
| | | | | | |

# 三、返工返修费管理规定

| 制度名称 | 返工返修费管理规定 | | 受控状态 | |
|---|---|---|---|---|
| | | | 编　号 | |
| 执行部门 | | 监督部门 | | 编修部门 |

### 第1章　总则

第1条 目的

为从源头上做好返工返修作业的控制工作，最大程度上预防返工返修费的发生，保证工厂的经济效益，特制定本规定。

（续）

第2条 返工返修费的含义

返工返修费是指为修复不合格产品、半成品、在制品，并使之达到质量要求所支付的费用，主要包括重复检验费；返工返修所消耗的人工费；返工返修所消耗的原材料费、燃料动力费。

### 第2章 返工返修费管理规划

第3条 返工返修费控制责任部门

产品研发部、生产部及各级生产单位、工艺技术部、质量管理部、仓储部等都可能是控制返工返修费的责任部门。

第4条 掌握产生返工返修费的来源

为了更好地控制返工返修，应从根源做起。返工返修费的主要来源有以下五个方面。

1. 量产后才暴露出来的产品设计存在缺陷而达不到客户要求，或新材料、新工艺与其他生产条件相冲突形成的批量性返工、返修。

2. 发现生产线或原材料导致的批量性品质异常后，对当批或前一批的产品全部返工、返修。

3. 周转过程中对产品防护不当对受损产品进行返修。

4. 不适当的储存环境导致产品品质达不到原有的质量要求而必须进行的返工返修。

5. 可接受水平内的人为差错、材料品质异常、设备出错导致对个别产品进行的返工返修。

### 第3章 返工返修费控制办法

第5条 对试产流程进行全方位监控

新产品通过设计验证之后、量产之前，工厂应组织专门人员对试产流程进行全方位监控，全程探查和记录不良产品的相关信息，从产品设计以及操作人员、机器设备和工艺装备、原材料、作业指导书、生产环境等多个环节进行不良原因分析，尽量在批量生产之前发现产品的所有缺陷，减少量产之后发生返工返修费的可能。

第6条 改善产品防护措施和产品储存环境

改善产品防护措施和产品储存环境，减少此类因可改善的差错导致损失的可能性。

第7条 严格执行生产自检和制程检验规定

生产部和质量管理部应严格执行生产自检和制程检验的规定，一旦发现生产线或原材料导致的批量性品质异常，应做出及时处理，包括管控不良材料、立即换线作业、区分和隔离不良品、及时追溯前批存在品质风险的产品等，防止不良产品继续增加，同时缩小产生返工返修费的范围。

第8条 及时记录品质异常并进行分析

生产部应对通常情况下维持在一定、可接受范围内的人为差错、材料品质问题、设备出错导致的产品异常及时记录和定期整理，有助于及早发现大规模品质问题，从而降低出现大批量返工返修费的可能性。

第9条 建立规范的返工返修作业流程

生产线因质量问题而进行的返工返修作业，应执行统一的流程（如下图所示），并通过"返工返修报告单"统计返工返修费的各项支出。

（续）

```
                          ┌────────┐
                          │  开始  │
                          └────┬───┘
                               │
┌──────────┐            ┌──────▼──────┐            ┌──────────┐
│ 半成品检验 │──────────▶│  发现质量异常 │◀──────────│  成品检验  │
└──────────┘            └──────┬──────┘            └──────────┘
                               │
                         ┌─────▼─────┐
                         │ 合格产品保留 │
                         └─────┬─────┘
                               │
                         ┌─────▼─────┐
                         │ 不合格品处理 │
                         └─────┬─────┘
                               │
                         ┌─────▼─────┐
                         │  纠正评估   │
                    ┌────┴─────┬─────┴────┐
              ┌─────▼────┐     │    ┌──────▼──────────┐
              │ 生产排程  │     │    │ 生产作业单位安排返工作业 │
              └─────┬────┘     │    └──────┬──────────┘
                    │    ┌─────▼─────┐     │
                    └───▶│ 生产线返工  │◀────┘
                         └─────┬─────┘
              ┌────────────────┴────────────────┐
         ┌────▼────┐                      ┌──────▼──────┐
         │ 制程检验 │                      │  产成品检验   │
         └────┬────┘                      └──────┬──────┘
              │ 通过                             │ 通过
      ┌───────▼────────┐                  ┌──────▼──────┐
      │  进行下一道工序   │                  │   入成品库    │
      └───────┬────────┘                  └──────┬──────┘
              │            ┌────────┐            │
              └───────────▶│  结束  │◀───────────┘
                           └────────┘
```

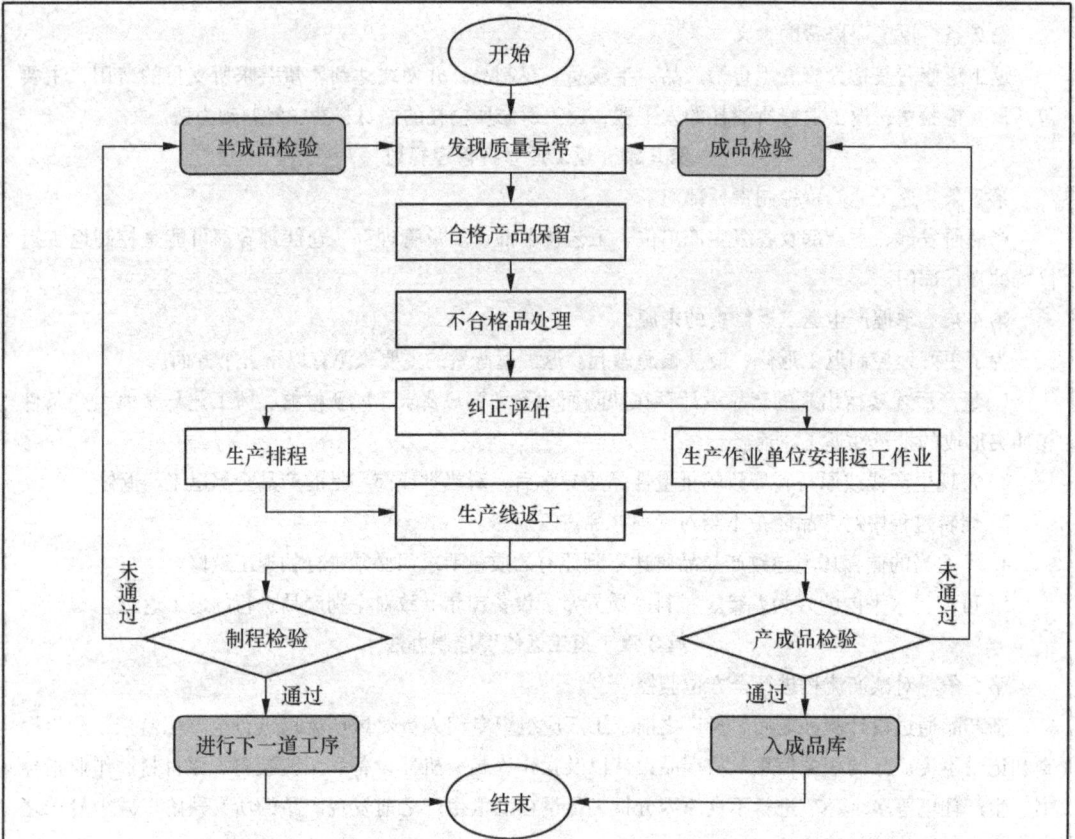

**返工返修作业流程图**

### 第4章　附则

第10条　本规定由生产部提出，财务部负责制定、修订与解释工作。

第11条　本规定经总经理办公会审议批准后，自颁布之日起生效。

| 修订记录 | 修订标记 | 修订处数 | 修订日期 | 修订执行人 | 审批签字 |
|---|---|---|---|---|---|
|  |  |  |  |  |  |
|  |  |  |  |  |  |

## 四、质量事故处理费控制方案

| 方案名称 | 质量事故处理费控制方案 | 编　　号 |  |
|---|---|---|---|
|  |  | 受控状态 |  |

**一、目的**

为妥善解决工厂生产车间发生的质量事故，合理控制质量事故处理费用支出，特制定本方案。

（续）

**二、适用范围**

本方案适用于工厂质量事故处理费支出控制的相关事宜。

**三、相关释义**

质量事故处理费是指对已发生的质量事故进行分析处理所发生的各种费用，具体包括事故处理人员人工费、办公费、会议费、不良品实验鉴定费、质量人员与销售人员或原材料供应商联络的通信费、赴供应商处考察的差旅费等。

**四、质量事故处理费的责任部门**

根据工厂内质量事故的发生来源，产生和控制质量事故处理费的主要责任部门有研发部、生产部、质量管理部。

**五、质量事故处理费的控制措施**

1. 研发部、生产部的控制措施

研发部、生产部是发生设计、生产类质量事故的主要责任单位，应主动配合事故处理人员分析调查事故发生的原因，并提出相应的改善对策，同时对事故的处理结论进行追踪和存档，并将重大事故作为培训案例通报整个部门，以达到避免同类质量事故再次发生、减少质量事故处理费的目的。

2. 质量管理部的采购质量管理人员控制措施

质量管理部的采购质量管理人员是处理原材料品质异常的主要责任人员，其主要职责如下。

（1）负责与原材料供应商进行及时沟通，要求其做出快速有效的处理措施，以控制工厂质量事故处理费的扩大和蔓延。

（2）有责任配合事故处理人员的工作进度，督促供应商限期整改。

（3）有责任与采购部一起对供应商进行评价或更换，监督供应商来料品质，避免同类事故再次发生，减少未来的质量事故处理费。

3. 质量管理部的质量事故处理中心控制措施

质量事故处理中心隶属于质量管理部门，其主要职责是在工厂组织相关部门分析事故原因和确定改善对策时，保证事故得到妥善、快速解决，控制质量事故处理费。

为减少质量事故处理费的发生，预防同类事故再次发生，质量事故处理中心需要做好以下两点。

（1）设立事故处理责任制和关键业绩指标（KPI），对事故处理的时间进度、反馈、结案率等做出严格要求，减少质量事故拖延的时间和为相关单位带来的处理成本。

（2）对质量事故进行详细记录和统一存档，为产品和生产部的决策人员提供信息，以便对频繁发生质量事故的产品系列或生产线、生产工艺、原材料等进行改善或转换，提高产品质量，将质量事故处理费控制在较低水平。

| 编制人员 | | 审核人员 | | 审批人员 | |
|---|---|---|---|---|---|
| 编制时间 | | 审核时间 | | 审批时间 | |

# 第四节　外部损失成本控制

## 一、外部损失控制点

外部损失是指产品出厂后因质量缺陷而产生的一切损失和费用，包括索赔费用、保修费用、退货损失、诉讼费、产品降价损失等。外部损失控制点说明如图9-4所示。

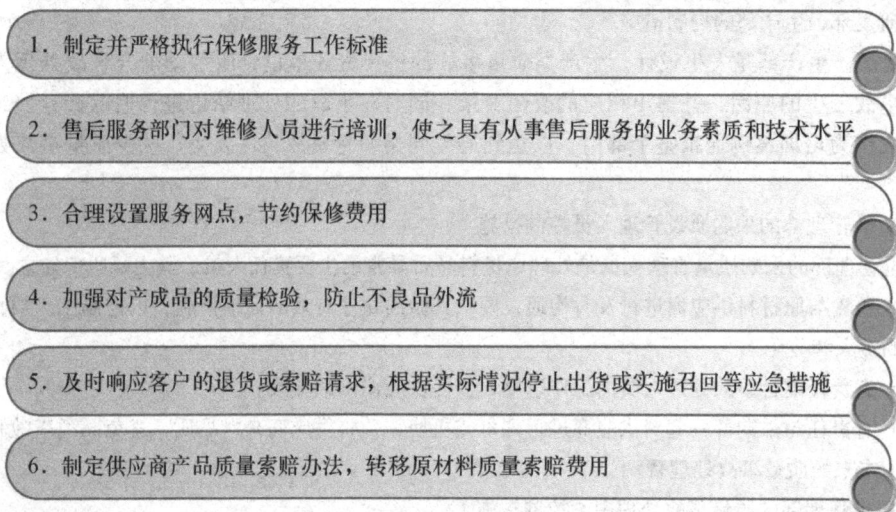

1. 制定并严格执行保修服务工作标准

2. 售后服务部门对维修人员进行培训，使之具有从事售后服务的业务素质和技术水平

3. 合理设置服务网点，节约保修费用

4. 加强对产成品的质量检验，防止不良品外流

5. 及时响应客户的退货或索赔请求，根据实际情况停止出货或实施召回等应急措施

6. 制定供应商产品质量索赔办法，转移原材料质量索赔费用

图9-4　外部损失控制点说明

## 二、保修费用费控制办法

| 制度名称 | 保修费用费控制办法 | | 受控状态 | |
|---|---|---|---|---|
| | | | 编　　号 | |
| 执行部门 | | 监督部门 | 编修部门 | |

### 第1章　总则

第1条　目的。为了向客户提供优质的售后服务，在提升保修服务质量的基础上控制保修费用的不合理增长，根据工厂售后服务管理规定，特制定本办法。

第2条　保修费是指根据保修合同规定或于保修期内，为客户提供修理服务或纠正非投诉范围的故障和缺陷等所支付的费用，具体包括产品保修过程中产生的更换零部件成本、器材费、工

（续）

具费、运输费，售后服务机构的运营费用以及维修人员的工资、福利费、差旅费、办公费、劳保费等。

第 3 条　售后服务部门是保修费用控制的主要责任部门。

第 2 章　保修费用的事前控制

第 4 条　售后服务部门需事先制定保修服务的工作标准、制度和规定，使保修服务工作的开展有章可循，既要让客户满意，又要避免非约定保修产生的额外费用。

第 5 条　售后服务部门应对维修人员进行培训，使之具有从事售后服务的业务素质和技术水平，既防止不合理的二次维修费发生，又防止因服务不到位而引起用户不满，甚至造成退货、换货、诉讼和索赔的发生。

第 6 条　售后服务部门应主动为客户提供技术咨询或培训日常维修保养的知识，实现销售后要及时为用户做好产品的防护性维修，降低产品不合理使用的风险，提高用户对产品和服务的满意程度，减少不必要的保修工作和费用。

第 7 条　合理配置资源，节约保修费用。

1. 应合理设置服务网点，既满足客户对服务时间的要求，又可以减少保修费用的支出。

2. 规定上门服务的范围和条件，对路途较远的保修服务可向客户适当收取交通补偿费并提前告知。

第 3 章　保修费用的事后控制

第 8 条　保修业务发生时，责任维修人员应及时填制"产品保修费用报告单"，经过相关领导的批准、有关部门负责人的会签，并于保修任务完成以后，将保修费用发生情况向财务部报告。"产品保修费用报告单"的内容如下表所示。

产品保修费用报告单

填报部门：　　　　　　　　　　　　　　　　　　　　　　编号：＿＿＿年＿月＿日

| 产品型号（编号） | 保修数量（台） | 差旅费（元） | 人工费（元） | 零件材料费（元） | 工具设备费（元） | 其他费用（元） | 合计（元） |
|---|---|---|---|---|---|---|---|
|  |  |  |  |  |  |  |  |
| 保修说明 |  |  | 维修人员签字 |  |  |  |  |
|  |  |  | 主管领导意见 |  |  |  |  |
|  |  |  | 用户签字 |  |  |  |  |
| 会签 | 厂长 |  | 总经济师 |  |  | 财务部 |  |
|  |  |  |  |  |  |  |  |

第 9 条　售后服务部门应将经常出现的、怀疑为批量性异常的不良产品信息反馈给生产部和质量管理部，这样不仅可以帮助生产部、质量管理部及时发现、分析出现的品质问题，还可以预防未来出现更多的维修需求，从而达到节约保修费用的目的。

（续）

| 第 4 章　附则 | | | | | |
|---|---|---|---|---|---|
| 第 10 条　本办法由营销部协助财务部制定，其修订权、解释权归财务部所有。 | | | | | |
| 第 11 条　本办法经总经理办公会审议批准后，自颁布之日起实施。 | | | | | |
| 修订<br>记录 | 修订标记 | 修订处数 | 修订日期 | 修订执行人 | 审批签字 |
| | | | | | |

# 三、退货损失费控制方案

| 方案名称 | 退货损失费控制方案 | 编　　号 | |
|---|---|---|---|
| | | 受控状态 | |

**一、退货损失费的含义**

退货损失费是指产品交付后，由于质量问题、替代品竞争、客户自身原因等造成退货、换货而给工厂带来的收入损失及所支付的全部费用，具体表现为有形损失费与无形损失费。

1. 有形损失费包括工厂为退换货而付出的人工费、包装损失费、运输费、产品损耗和退回产品的销售收入等成本费用。

2. 无形损失费包括因处理退货方式、制度不当或过多的退货而可能引发的消费纠纷、信誉损失和品牌危机带来的费用。

**二、退货损失的来源**

工厂可控的退货损失，主要有以下三种。

1. 不符合质量标准的产品在生产环节未被发现，售出后被客户退回。

2. 产品因批量性质量问题被退货之后，同批产品的销售未能及时中止导致更多不良品被退货。

3. 工厂不合理的退货制度或售后服务不佳导致更大范围的退货。

**三、退货损失费的控制措施**

根据上述分析，工厂应从以下三种控制措施入手，逐步减少和控制退货损失费的产生。

1. 加强检验，防止不良品外流

产品质量的优劣从一定程度上决定了产品退货比例的高低。退货作业的主要预防措施是加强检验，把好产品质量关，即在生产、进货、销售、储存等过程中进行及时、有效的检验，确保工厂在产品未进入流通环节前能够发现产品的质量缺陷，减少退货的可能。

2. 及时响应，防止更多退货

销售部门和质量事故处理部门应建立标准的质量问题处理流程（如下图所示），对确定是或者怀疑是批量性质量问题而导致客户抱怨、退货等事故，且仍有存货或处于运输途中的产品，及时停止出货或实施召回等应急措施，防止更多不良品销售到客户手中而为工厂带来更大损失。

（续）

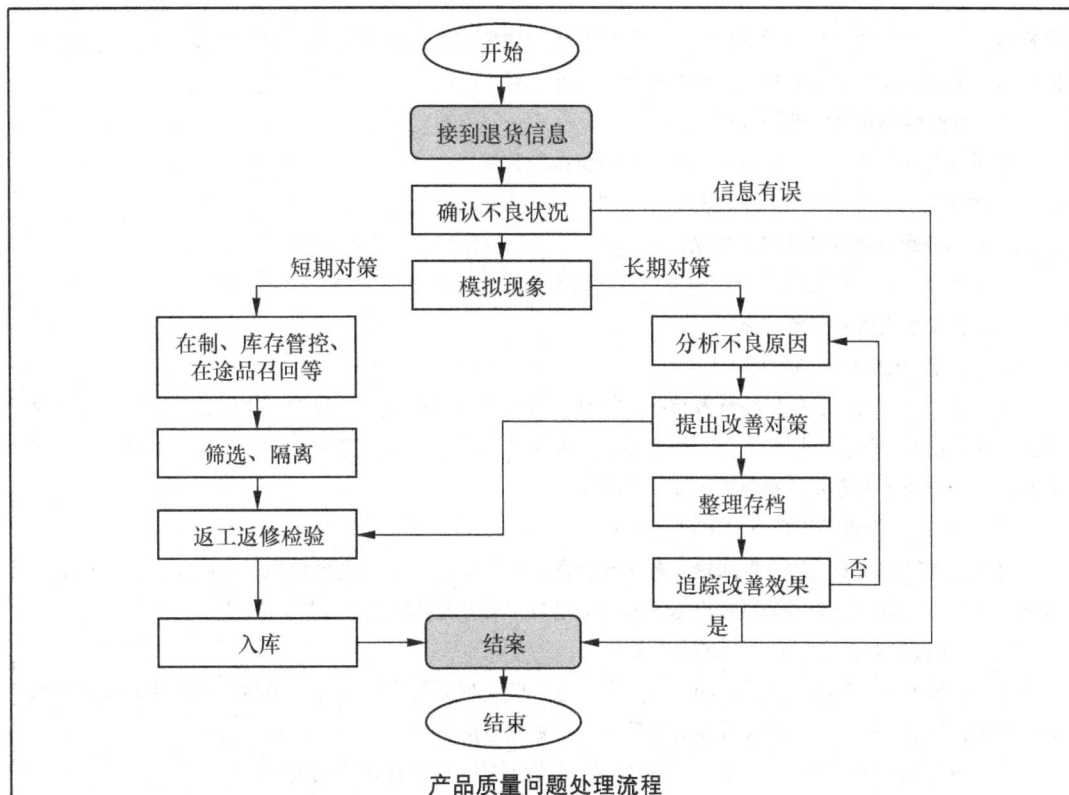

产品质量问题处理流程

3. 建立合理高效的退货管理制度

工厂应积极主动的面对退货管理工作，通过制定简捷易行、合理高效的退货管理制度，针对退货条件、退货手续、退货价格、退货比率、退货费用分摊、退货货款回收等问题以及违约责任、合同变更与解除条件等相关事宜事先与客户、经销商达成一致，在出现问题时对客户的退货做出快速反应，这将有助于提升产品在客户心目中的形象，降低退货管理成本，减少已发生的和未来的退货损失。

| 编制人员 | | 审核人员 | | 审批人员 | |
|---|---|---|---|---|---|
| 编制时间 | | 审核时间 | | 审批时间 | |

## 四、质量索赔费控制方案

| 方案名称 | 质量索赔费控制方案 | 编 号 | |
|---|---|---|---|
| | | 受控状态 | |

**一、质量索赔费的含义**

质量索赔费是指产品出厂后，因产品质量未达到标准，对客户的生产、生活、人身造成伤害或不

（续）

良影响，而对客户提出的申诉进行赔偿、处理所支付的费用，包括支付客户的赔偿金、上交相关机构的罚金、索赔处理费及应诉所发生的差旅费、诉讼费等。

**二、质量索赔费的特点与分类**

按照质量索赔费的常见形态，以下三类需要特别关注。

1. 由于原材料品质异常导致的质量索赔费。

2. 与客户存在争议的质量索赔费。

3. 已经或将会产生较大社会影响的质量索赔案件形成的质量索赔费。

**三、质量索赔费的控制措施**

（一）制定供应商产品质量索赔办法

为加强对供应商产品质量的有效控制，转移原材料质量索赔费用，维护公司的经济利益，对出现不按标准、技术协议、产品图纸生产加工导致出现原材料质量问题，进而影响企业外部质量信誉的供应商，工厂按规定的追溯索赔办法实施质量索赔。

（二）通过法律途径积极应对争议性问题

对于与客户存在争议的质量问题及客户索赔案，工厂应通过法律途径合理、合法地维护工厂的正当利益和声誉，而不能采用无视客户抱怨或者拒绝与相关方合作的消极态度来面对。

（三）积极应对，缩小不良影响的范围

对于经过确认，产品因质量问题已经给客户造成较大损失的事件，工厂必须面对现实，积极采取应对措施，防止事态扩大，以及可能对工厂声誉带来的不良影响。

1. 实施短期对策，对库存、在制、在途、上架的不良产品进行封存或撤回。

2. 积极面对外部媒体，承认工作失误，对客户带来的不便或造成的损失表示道歉。

3. 应对相关法律诉讼，对客户损失进行合理赔偿，赢得客户的理解和原谅。

4. 分析造成质量异常的主要原因并对外发布，提出长期的改善对策并付诸实施，以安抚客户。

| 编制人员 | | 审核人员 | | 审批人员 | |
|---|---|---|---|---|---|
| 编制时间 | | 审核时间 | | 审批时间 | |

# 安全生产
费用控制

第十章

# 第一节 安全生产费用分析与管理

## 一、安全生产费用分析

安全生产费用是指工厂为保证生产安全而支付的一切费用和因安全问题而产生的一切损失。工厂需分析了解安全生产费用的变化规律，正确进行安全生产费用核算、分析、控制、评估，优化安全生产管理和产品成本管理工作。

### （一）安全生产费用分类

安全生产费用可分为保证性安全生产费用与损失性安全生产费用两大类，其具体分类说明及相互关系如图10-1所示。

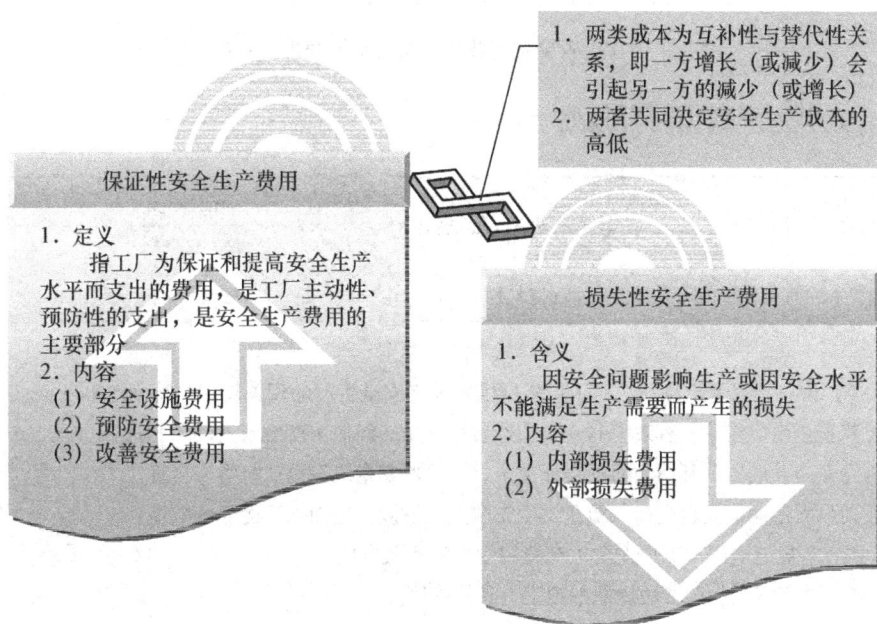

图 10-1 安全生产费用分类及其关系

### （二）安全生产费用与安全保证程度关系分析

工厂需充分分析安全生产费用，更好地发挥安全生产费用在生产经营活动中的作用。安全生产费用与安全保证程度之间的关系如图10-2所示。

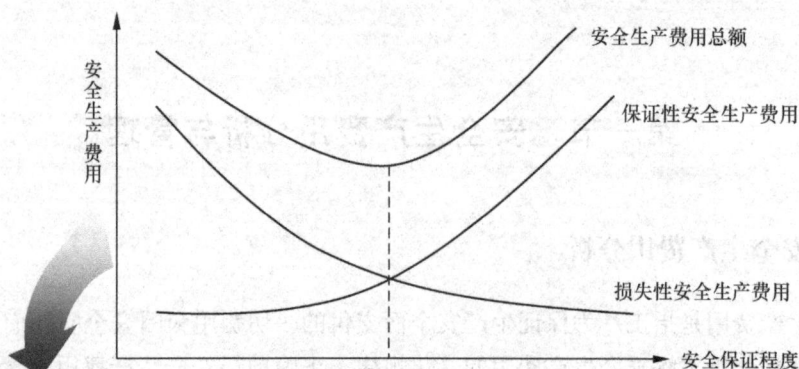

说明
1. 保证性安全生产费用是安全生产费用的主要部分，安全保证程度主要取决于保证性安全费用的大小，损失性安全费用在保证性安全费用的基础上发生
2. 安全没有保证、安全保证程度降低（安全生产费用低）或安全工作存在严重缺陷，必然导致事故频发，构成损失性安全费用支出，引发安全生产费用上升
3. 安全保证程度过高（安全生产费用高），势必投入大量人力、物力，成本也必然上升
4. 工厂需确定合理的安全保证程度，在确保安全生产的同时，尽量减少安全生产费用

图10-2  安全生产费用与安全保证程度关系图

## 二、安全生产费用管理规定

| 制度名称 | 安全生产费用管理规定 | | 受控状态 | |
|---|---|---|---|---|
| | | | 编　　号 | |
| 执行部门 | | 监督部门 | 编修部门 | |

**第1章　总则**

第1条　为达到以下三点目的，工厂根据国家关于安全生产的相关规定，特制定本规定。

1. 规范安全生产作业，有效控制安全生产费用支出，确保生产经营活动顺利进行。

2. 研究安全、成本、利润之间的辩证关系，从而使安全决策更加科学、合理。

3. 最大限度地保证安全生产，防止发生安全生产事故，增加工厂的经济效益。

第2条　本规定适用于工厂安全生产费用管理的相关事项。

第3条　关于安全生产费用提取的规定，具体内容如下。

1. 安全生产费用是指工厂按照规定标准提取，在成本中列支，专门用于完善和改进工厂安全生产条件的资金。

2. 工厂按照国家规定每年提取工厂销售额的____%作为工厂的安全生产费用。

第4条　安全生产费用管理原则如下。

1. 安全生产费用应当确保需要、全厂统筹、规范使用。

2. 安全生产费用优先用于安全技术措施的实施及为满足和达到安全生产标准而进行的整改。

3. 财务部将安全费用纳入工厂财务计划，保证专款专用。

（续）

## 第2章　责任划分

第5条　安全生产领导小组负责审核、汇总并编制"工厂安全投入计划"，审核《安全投入报告》，监督检查安全投入落实情况，汇总并建立工厂安全经费投入台账，编制《年度安全经费提取和投入情况报告》。

第6条　财务部负责对安全生产资金进行统一管理，审核安全费用提取情况、安全投入计划、安全经费使用情况等，根据年度安全生产计划做好资金的投入落实工作，建立安全经费台账，确保安全投入迅速及时。

第7条　总经理全面控制安全生产费用，审批安全费用提取报告、安全投入计划、经费使用报告和使用情况年度报告。

第8条　各部门主管按照职责分工对有关专业安全生产费用计取、支付、使用情况实施监督管理。

## 第3章　安全生产费用使用控制

第9条　工厂应当按规定范围安排使用安全生产费用，不得挪用或挤占。安全生产费用应当用于以下安全生产事项。

1. 安全技术设施建设。

2. 安全设备、设施的更新、改造和维护。

3. 安全生产宣传、教育和培训。

4. 劳动防护用品配备。

5. 安全生产检查与评价的支出。

6. 配备必要的应急救援器材、设备和现场作业人员安全防护物品的支出。

7. 完善、改造和维护安全防护设备、设施支出，以及主要车间、库房等作业场所的监控、监测、通风、防火、防爆、防毒、防腐、防护围堤或者隔离操作等设施设备。

8. 重大危险源、重大事故隐患的评估、整改、监控支出。

9. 进行应急救援演练的支出。

10. 其他与安全生产直接相关的支出。

第10条　安全生产费用预算编制。

1. 工厂财务部应于每年一月底前，将上一年度本工厂安全生产费用的实际投入情况进行汇总、分析，为下一年度的预算编制及费用控制提供依据。

2. 工厂生产部参照本年度安全生产费用投入情况和特点，编制下一年度工厂安全生产费用预算，按照规定的预算编制要求，在规定的时间内报上级主管及财务部备案。

第11条　工厂相关部门及人员需严格执行安全生产费用预算，预算外支出需经总经理或主管副总审核。

第12条　工厂安全员需设立费用使用台账，定期核算与汇总，并制作费用明细表。

第13条　工厂安全费用使用明细表如下表所示。

**工厂安全生产费用使用明细表**

| 序号 | 费用大类 | 使用细目 | 费用（元） |
|---|---|---|---|
| 1 | 完善、改造和维护安全防护、检测、探测设备、设施的支出 | （1）日常安全设备设施管理、维护 | |
| | | （2）安全警示、标牌及安全宣传栏等的购买、制作、安装及维修、维护 | |
| | | （3）特种设备检测检验，设备维修养护 | |
| | | （4）其他安全防护设施、检测设施 | |

（续）

| 序号 | 费用大类 | 使用细目 | 费用（元） |
|---|---|---|---|
| 2 | 配备必要的应急救援器材、设备和现场作业人员安全防护物品的支出 | （1）各种应急救援设备及器材、急救药箱及器材 | |
| | | （2）安全帽、手套、口罩等现场作业人员的安全防护用品 | |
| | | （3）其他专门为应急救援而准备的物品、工具等 | |
| 3 | 安全生产检查与评价支出 | （1）日常安全生产检查、评估 | |
| | | （2）聘请专家参与安全检查和评价 | |
| 4 | 重大危险源、重大事故隐患的评估、整改、监控支出 | （1）对重大危险源、重大事故隐患进行辨别、评估、整改、监控、监管 | |
| | | （2）危险物品储存、使用、防护 | |
| | | （3）对有重大危险的工序工种安全方案进行论证、咨询 | |
| 5 | 安全技能培训及进行应急救援演练的支出 | （1）作业人员的安全教育培训、复训 | |
| | | （2）工厂安全技术、知识培训教育 | |
| | | （3）组织应急救援演练 | |
| 6 | 其他与安全生产直接相关的支出 | （1）召开安全生产专题会议等相关活动 | |
| | | （2）举办以安全生产为主题的知识竞赛、技能比赛等活动 | |
| | | （3）安全经验交流、现场观摩 | |
| | | （4）购置、编制安全生产书籍、刊物、影像资料 | |
| | | （5）配给专职安全员使用的相机、电脑等物品 | |
| | | （6）安全生产奖励费用 | |
| 安全生产费用总额 | | | |

第14条 安全生产费用不足的，超出部分按正常成本费用渠道列支。

### 第4章 费用使用监督检查

第15条 工厂对安全生产情况进行检查、评审和考核，检查安全生产费用台账、安全生产费用预算执行情况、安全用品实物台账和施工安全设施投入情况，不符合规定的应立即纠正。

第16条 工厂定期对安全生产投入计划的执行情况进行检查，及时纠正由于安全投入不足等情况，避免生产中出现安全隐患。

第17条 发现安全费用支取人擅自挪用安全费用的，工厂将按情节严重程度对其做出严肃处理，处理办法由总经理办公会议讨论决定。

（续）

| 第5章　改进安全生产管理 |
|---|
| 第18条　工厂需根据生产规模、生产性质和现场生产实际情况，合理确定设备选型、保护参数、安全保障系数以及安全成本费用的目标，实现最佳的经济效益。<br>第19条　工厂需建立安全成本管理体系，对安全成本进行独立核算和分析，分清各部门或人员的责任，对各部门安全管理工作进行合理的技术经济评价，以便找出安全管理工作的不足，进而制定安全管理改进措施。 |

| 第6章　附则 |
|---|
| 第20条　本规定由安全生产领导小组负责解释。<br>第21条　本规定经总经理审批通过后，自发布之日起实施。 |

| 修订<br>记录 | 修订标记 | 修订处数 | 修订日期 | 修订执行人 | 审批签字 |
|---|---|---|---|---|---|
| | | | | | |
| | | | | | |

# 第二节　保证性安全生产费用控制

## 一、保证性安全生产费用控制点

保证性安全生产费是指工厂为保证和提高安全生产水平而支出的费用，包括安全工程费用和安全预防费用两部分。工厂在控制保证性安全生产费用时的执行要点如图 10-3 所示。

1　编制保证性安全生产费用总体使用计划，指导在生产周期内有效使用安全生产费用

2　建立健全保证性安全生产费用使用制度，对保证性安全生产费用实行专款专用，不得随意挪用或挤占

3　组织安全生产培训，制订安全生产培训计划

4　配备与安全生产工作相适应的专职管理人员，确保经费得到合理使用

5　明确保证性安全生产费用的使用范围

图 10-3　保证性安全生产费用控制点说明

## 二、安全生产培训费管理办法

| 制度名称 | 安全生产培训费管理办法 | | 受控状态 | |
|---|---|---|---|---|
| | | | 编　号 | |
| 执行部门 | | 监督部门 | 编修部门 | |

### 第1章　总则

第1条　为加强安全生产培训管理，控制培训费用的支出，提高安全生产保证程度，结合工厂的实际情况，特制定本办法。

第2条　安全生产培训费用是指为开展、规范、完善安全生产作业而支出的各项培训费用，包括内部人员工时费、培训资料费、外部讲师聘请费、外部培训费等。

第3条　工厂安全生产培训方式包括但不限于以下五类。

1. 安全相关知识讲解。

2. 现场安全技术演示。

3. 事故案例分析讨论。

4. 现场作业情景演练。

5. 外部培训。

第4条　工厂安全生产培训内容如下。

1. 安全生产意识。

2. 安全生产相关法律法规及各项规章制度。

3. 安全生产技术，如安全技术知识、工业卫生知识、消防知识、危险地点与设备的安全防护、电气安全技术和触电预防等。

### 第2章　安全生产培训计划控制

第5条　生产部及其他部门需配合人力资源部做好安全生产培训需求调查，调查方法包括书面调查法、小组讨论法和面谈法等。

第6条　安全生产培训计划编制人员需依据以下资料合理编制培训计划。

1. 过去三年内的安全生产培训费用支出情况、预算执行情况等。

2. 工厂安全生产培训需求计划。

3. 工厂经营发展规划目标及人员发展规范。

4. 其他相关资料等。

第7条　人力资源部根据培训计划并按预算编制要求编制培训费用预算，经总经理审批后严格执行。

### 第3章　内部培训项目费用使用管理

第8条　人力资源部需结合安全生产培训需求，在安全生产领导小组的协助下制定合理的培训项目方案，具体内容包括但不限于下列七项：培训时间、培训地点、培训对象、培训主要内容、培训方式、讲师名单、项目费用预算等。

第9条　项目培训费用的申请手续需遵循工厂规定的培训费用申请手续办理。

第10条　单次培训项目预算由财务部审批，预算外的费用需报工厂总经理审批。

第11条　安全生产领导小组随时监督培训项目，督查培训进程，检查培训纪律，以确保培训效果。

（续）

第12条 各参与培训人员需加强成本节约意识，对安全生产培训过程中所使用的各类资料、工具等需规范使用与保管，进行回收循环使用，减少浪费。

第13条 工厂安全生产培训结束后需通过培训考试检查培训结果，考试方式包括笔试、面试、实践、观察等。

第14条 人力资源部记录培训过程，收集受训人员的意见反馈，进行培训项目分析，总结经验，提出改进方法，从而为以后更有效地开展安全培训活动、节约培训费用提供依据。

第15条 人力资源部、安全生产领导小组对培训结果进行跟踪考核，优化培训效果。

### 第4章 外部培训费用使用管理

第16条 外部培训费用范围界定。

1. 因工作需要由工厂安排的外部安全生产相关培训，培训费用由工厂支出，培训未能取得相关培训证书的，由本人负担50%的培训费用。

2. 对于非工厂工作安排、个人申请参加的外部安全生产相关培训，培训费用自行负担（有约定的除外），申请经批准后，培训期间工资按基本工资发放。

3. 对于因工作需要参加外部安全生产培训的，培训时间按照正常上班考勤计算，但不计加班，食宿、交通费用按工厂规定的出差费用办理。

4. 对于员工个人脱产学习的，工厂不负担任何费用，不计发工资。

第17条 安全生产外部培训费用的申请与报销手续需按照工厂人力资源部规定的外部培训费用申请与报销规定办理。

第18条 人力资源部应与参加外部培训的员工签订《外部培训协议》，明确违约责任，估算培训费用，确定培训期限等，参加外部培训的员工严格执行外部培训协议的有关规定。

第19条 员工签订培训协议后再次参加工厂安排的安全生产外部培训时，必须重新签订协议，按新的服务期限执行。

第20条 培训期间因培训内容而增加培训费用的，员工需上报并取得工厂同意，并在培训结束后按实际发生培训费用额重新签订培训协议。

### 第5章 "安全生产月"培训控制

第21条 工厂严格按国家与本市的规定，开展"安全生产月"活动，组织进行安全生产全隐患的排查治理，开展安全生产培训教育和安全生产演练活动。

第22条 安全生产领导小组负责制定安全"安全生产月"的活动方案及费用预算，报财务部及总经理审批。

第23条 工厂需通过对全厂员工进行安全教育，达到进一步增强员工对事故隐患辨识的基本知识与技能的目的。

第24条 工厂开展"安全生产应急演练"活动，安全生产领导小组需做好演练活动的全面安排，明确演练活动的时间、地点、参与人员等，确保演练顺利进行，增强演练效果。

### 第6章 附则

第25条 本办法由人力资源部负责解释。

第26条 本办法经总经理审批通过后执行。

| 修订记录 | 修订标记 | 修订处数 | 修订日期 | 修订执行人 | 审批签字 |
|---|---|---|---|---|---|
| | | | | | |
| | | | | | |

## 三、安全生产用品购置费管理办法

| 制度名称 | 安全生产用品购置费管理办法 | | 受控状态 | |
|---|---|---|---|---|
| | | | 编　号 | |
| 执行部门 | | 监督部门 | 编修部门 | |

### 第1章　总则

第1条　为规范安全生产作业，控制安全生产用品的购置费用支出，减少事故的发生，降低安全生产成本，从而提高工厂的竞争力，特制定本办法。

第2条　本办法所指安全生产用品购置费包括用品购置申请费用、用品的采购费、用品购置过程费用等。

### 第2章　用品选购申请控制

第3条　安全生产用品选购申请审批程序如下图所示。

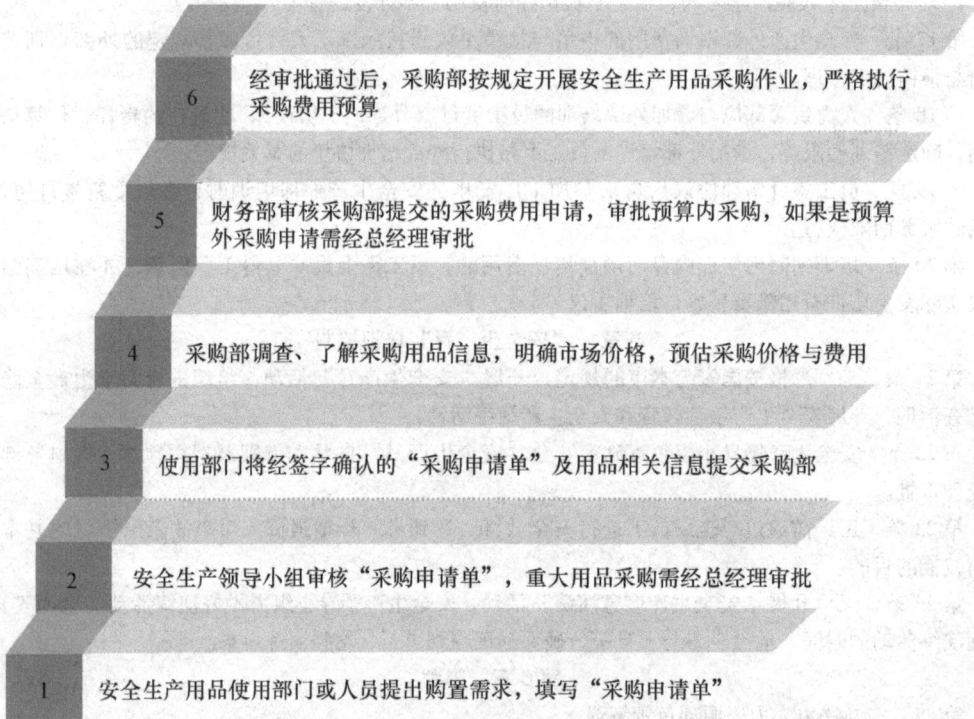

6　经审批通过后，采购部按规定开展安全生产用品采购作业，严格执行采购费用预算

5　财务部审核采购部提交的采购费用申请，审批预算内采购，如果是预算外采购申请需经总经理审批

4　采购部调查、了解采购用品信息，明确市场价格，预估采购价格与费用

3　使用部门将经签字确认的"采购申请单"及用品相关信息提交采购部

2　安全生产领导小组审核"采购申请单"，重大用品采购需经总经理审批

1　安全生产用品使用部门或人员提出购置需求，填写"采购申请单"

**安全生产用品选购申请审批程序**

（续）

第4条　安全生产用品购置范围及购置要求如下表所示。

**安全生产用品购置范围及购置要求**

| 序号 | 安全生产用品 | 说明 |
|---|---|---|
| 1 | 安全生产设施设备 | 安全防护设施、检测设施、安全警示标牌等 |
| 2 | 必要的应急救援器材、设备 | 各种应急救援设备及器材、急救药箱及其他专门为应急救援而准备的物品、工具等 |
| 3 | 个人安全生产防护用品 | 安全帽、手套、口罩及特种作业使用的安全用具等 |
| 4 | 其他相关物品 | 安全生产书籍、刊物、影像资料，以及配备给专职安全员使用的相机、电脑等物品 |

第5条　安全生产用品的购置数量由安全生产用品的需求量及安全库存量决定。

第6条　安全生产用品的安全库存量由采购部、仓储部、安全领导小组及其他相关部门共同制定，其制定依据为需求情况、采购期、采购价格、替代品情况等。

**第3章　购置过程控制**

第7条　安全生产用品的购置需遵守工厂采购管理规定，选择物美价廉的物品。

第8条　安全生产用品的购置需严格执行以下要求。

1. 质量第一原则。

2. 开展供应商谈判，选择合格的供应商。

3. 规范购置合同的拟订和签订程序，明确违约责任。

**第4章　用品使用与维护控制**

第9条　工厂各相关部门及人员需严格按照用品使用说明或规范使用安全生产用品，延长用品的使用寿命。

第10条　工厂定期检查用品的使用情况，避免违规操作，因违规操作造成的损失由责任人及责任部门承担。

第11条　工厂需改善循环使用技术，对可循环使用的安全生产用品实行循环使用，拟订循环使用操作规定，减少浪费。

第12条　对于已损坏的安全生产用品，由质量管理部门或技术部门检查，评估其可维修性和维修经济性，提出处理意见。

第13条　经评估可进行维修的用品由相关维修部门进行维修作业；确定不可维修的，由仓库或行政部门根据残值折价出售或报废销毁。

**第5章　附则**

第14条　本办法由安全生产领导小组负责解释。

第15条　本办法经总经理审批通过后执行。

| 修订记录 | 修订标记 | 修订处数 | 修订日期 | 修订执行人 | 审批签字 |
|---|---|---|---|---|---|
| | | | | | |
| | | | | | |

231

# 第三节　劳动保护费控制

## 一、劳动保护费控制点

劳动保护费是指工厂根据国家相关规定，为生产人员配备工作服、手套、安全保护用品、防暑降温用品等发生的支出以及高温、高空、井下、有害作业的保健津贴等。劳动保护费控制点说明如图 10-4 所示。

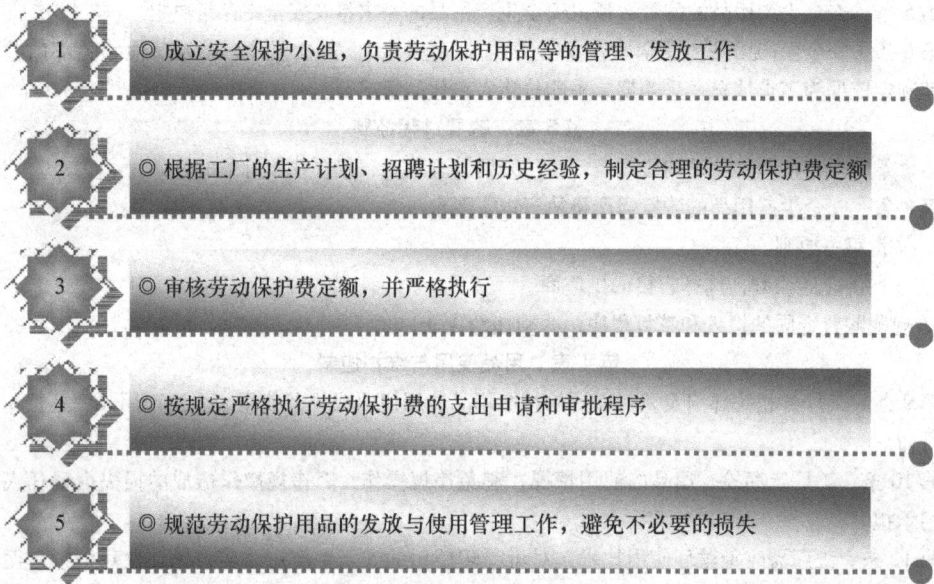

| | |
|---|---|
| 1 | ◎ 成立安全保护小组，负责劳动保护用品等的管理、发放工作 |
| 2 | ◎ 根据工厂的生产计划、招聘计划和历史经验，制定合理的劳动保护费定额 |
| 3 | ◎ 审核劳动保护费定额，并严格执行 |
| 4 | ◎ 按规定严格执行劳动保护费的支出申请和审批程序 |
| 5 | ◎ 规范劳动保护用品的发放与使用管理工作，避免不必要的损失 |

图 10-4　劳动保护费控制点说明

## 二、劳保用品领用控制流程

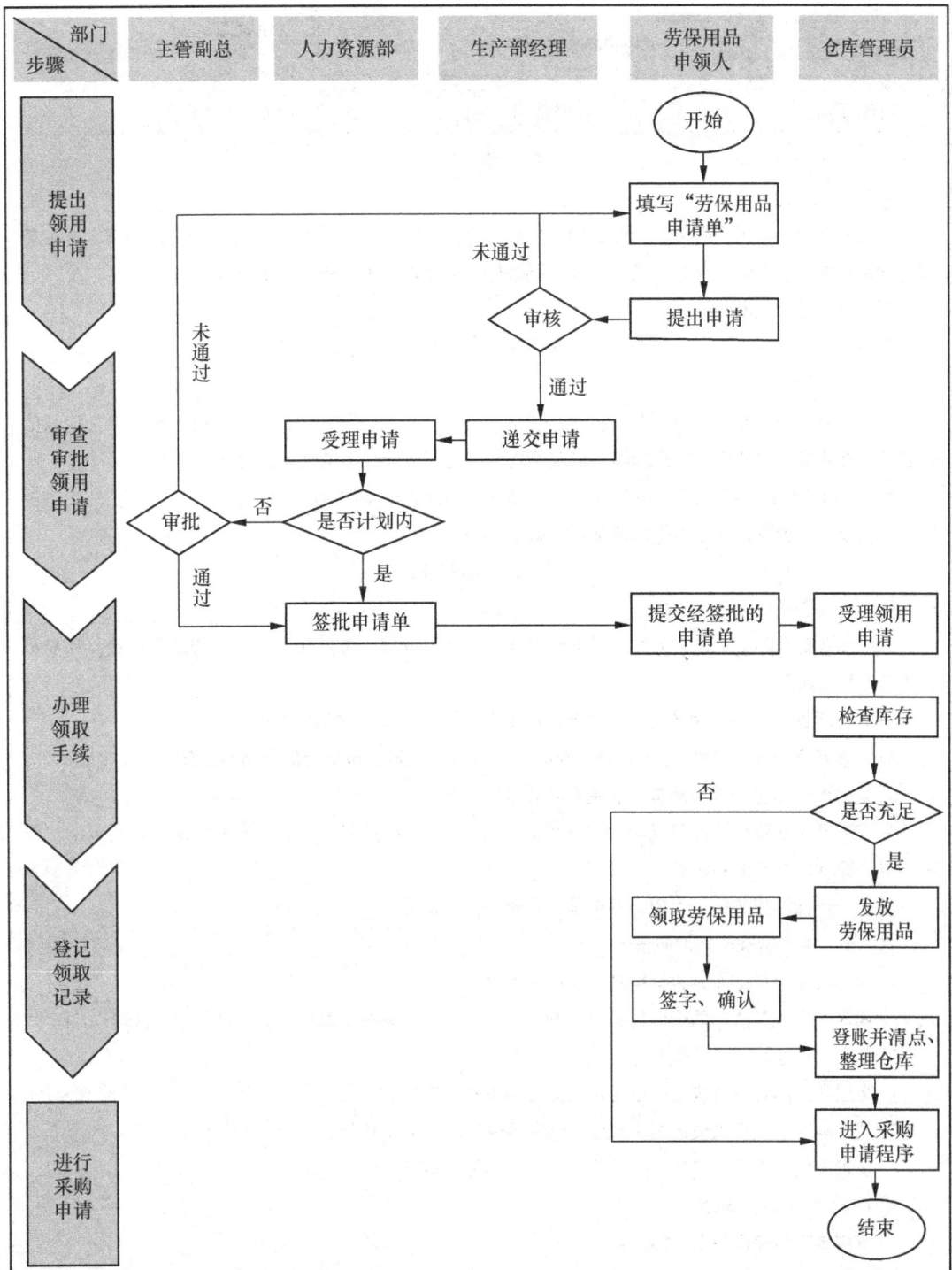

劳保用品领用控制流程图

| 部门\步骤 | 主管副总 | 人力资源部 | 生产部经理 | 劳保用品申领人 | 仓库管理员 |
|---|---|---|---|---|---|

流程步骤：提出领用申请 → 审查审批领用申请 → 办理领取手续 → 登记领取记录 → 进行采购申请

开始 → 填写"劳保用品申请单" → 提出申请 → 审核（未通过／通过）→ 递交申请 → 受理申请 → 是否计划内（否／是）→ 审批（未通过／通过）→ 签批申请单 → 提交经签批的申请单 → 受理领用申请 → 检查库存 → 是否充足（否／是）→ 发放劳保用品 → 领取劳保用品 → 签字、确认 → 登账并清点、整理仓库 → 进入采购申请程序 → 结束

## 三、劳动保护费用控制规定

| 制度名称 | 劳动保护费用控制规定 | | 受控状态 | |
|---|---|---|---|---|
| | | | 编　号 | |
| 执行部门 | | 监督部门 | 编修部门 | |

### 第1章　总则

**第1条　目的**

为认真贯彻执行国家有关劳动保护的法规和制度，保障生产人员的作业安全和身体健康，合理使用劳动保护费，规范劳动保护用品的管理，严格控制不合理支出，特制定本规定。

**第2条　适用范围**

本规定适用于对工厂车间劳动保护费的控制及劳动保护用品管理等相关工作。

**第3条　相关定义**

1. 劳动保护费主要是指按国家有关部门规定的标准，工厂车间向生产人员发放的劳动保护用品的购置费、修理费、保健费、防暑降温费以及不划为固定资产的技术安全设施费等。

2. 劳动保护用品（以下简称劳保用品）主要包括工作服、防护服、雨衣、防护手套、护袖、防护鞋、防护帽、防护镜、卫生用品以及防暑降温用品等。

### 第2章　职责分工

**第4条　成立安全环保小组**

工厂成立安全环保小组，负责工厂生产安全环保相关事宜，包括使用与管理劳动保护费。其成员构成分工情况如下。

1. 安全环保小组接受生产副总的领导，由生产部经理统筹安排相关工作。

2. 日常安全环保工作由1~2名安保专员（可兼职）负责，包括定额使用与监督劳动保护费。

3. 安保专员由生产部经理指定、主管副总审批。

4. 安全环保小组负责修订《劳动保护用品管理细则》，拟订劳保用品的发放标准、发放范围、使用年限、折旧办法等相关事宜。

5. 安全环保小组监督劳保用品的申领、发放、使用情况。

**第5条　生产部及车间的职责**

1. 执行安全保护工作，包括按规定使用劳动保护费。

2. 确保生产人员使用的劳保用品符合安全、卫生规定，审核本部门劳保用品的申领流程。

**第6条　人力资源部的职责**

1. 按国家及本行业的规定，制定年度劳动保护费的定额。

2. 结合本工厂生产人员的岗位现状，编制劳保用品的需求计划。

3. 负责审核、发放、更换劳保用品，并监督其使用情况。

**第7条　财务部的职责**

1. 审核年度劳动保护费定额。

（续）

2. 审批劳动保护费的申请。

3. 负责工厂在劳保用品方面所支出的费用核算、分摊及相关的会计处理。

### 第3章　劳动保护费的定额管理

第8条　定额管理的依据

工厂应按国家规定的劳动保护费开支标准执行，对劳动保护费实行定额控制。

第9条　劳动保护费开支项目的分析总结

安全环保小组每年年底应对当年劳动保护费的使用情况进行分析总结，并于次年1月5日前将当年劳动保护费开支项目和金额列表及相关报告呈报人力资源部。

第10条　制定年度劳动保护费定额

人力资源部负责制定本年度劳动保护费的定额，制定时应注意的事项主要有以下七点。

1. 遵循国家规定的标准。

2. 认真审查安全环保小组呈报的上年度年开支项目及金额列表和报告。

3. 总结与分析历年相关工作经验。

4. 掌握本年度的生产计划和生产人员招聘计划。

5. 劳保用品的发放应根据不同工种做区分。

6. 医疗保健费按从事有害健康作业的人数确定。

7. 防暑降温费必须按本地区夏季实际的高温天数确定等。

第11条　劳动保护费定额的审批控制

1. 人力资源部确定的劳动保护费定额须报财务部审核。

2. 财务部经理审查劳动保护费定额符合国家规定和工厂的实际情况后，交工厂总经理审批。

3. 经工厂总经理后，劳动保护费定额方可实施。

第12条　劳动保护费的使用监督管理

劳动保护费的定额确定后，安全环保小组负责具体管理，其使用情况由财务部和人力资源部根据国家规定和工厂实际情况进行监督。

### 第4章　劳动保护费的支出控制

第13条　劳动保护费支出申请

1. 安全环保小组根据生产车间的实际需求情况，提出购买劳保用品、安全防护用品、防暑降温品申请。

2. 劳动保护费支出申请需经财务部或主管成本会计审核，确保符合劳动保护费的支出范围和支出标准。

3. 劳动保护费支出申请经主管领导审批后方可支付或发放。

第14条　劳保用品申购控制

1. 劳保用品的申购及其审批必须严格遵照工厂规定执行，由生产部经理、人力资源部经理签字，采购部经理审核。

2. 临时性生产用劳保用品的申购，必须填写"临时采购通知单"，经生产部经理、人力资源部经理、财务部经理签字后方可采购。

（续）

第15条　劳保用品的选购

1. 劳保用品的选购，尤其是特殊工种的劳保用品，如电焊工的绝缘鞋、电焊手套等，需按规定到指定的劳保用品厂商处购买，以保证安全、可靠。

2. 购进的劳保用品要办理入库手续，采购人员凭入库单及发票到财务部办理报销手续。

### 第5章　劳保用品的发放控制

第16条　新员工劳保用品发放控制

1. 生产部新员工入职安排工作岗位后，由车间主任根据该岗位的劳保用品发放标准，填写"劳保用品领用申请单"，报生产部经理审批。

2. 新员工本人将生产部经理核准签名的"劳保用品领用申请单"交给仓库管理员，仓库为其开设"个人劳保用品发放登记卡"，办理劳保用品的领用手续。"个人劳保用品发放登记卡"如下表所示。

#### 个人劳保用品发放登记卡

| 姓名 | | 部门 | | 工种 | | 工号 | |
|---|---|---|---|---|---|---|---|
| 劳保用品名称 | | 数量 | 发放日期 | 使用年限 | 签收 | 备注 | |
| | | | | | | | |
| | | | | | | | |

3. 生产部新员工的工作服、工作帽、口罩、手套等需要经常替换洗涤的用品，按岗位标准发放两套（件），并按两套（件）使用时间计算，以便替换。

第17条　劳保用品领用、发放规范

1. 对从事多工种操作的员工，按岗位所需为其发放适合的劳保用品。

2. 因特殊原因需要领用标准外劳保用品的，由车间主任书面提出申请，说明用途，经安全环保小组批准后，仓库方可发放。

3. 换发、领用劳保用品时，需以旧换新。劳保用品使用期满后，能用的继续使用，不能使用的凭生产部经理核准签名的"劳保用品领用申请单"及旧劳保用品一起交仓库管理员办理领用手续。

4. 仓库管理员根据生产人员劳保用品发放标准进行审核，确认符合发放标准后，发放劳保用品。

5. 发放时，仓库管理员在"劳保用品领用登记表"登记领用日期、品名、规格、数量，领用人及时在"劳保用品领用登记表"上签名，予以确认。

#### 劳动用品领用登记表

| 序号 | 劳保用品品名 | 规格 | 数量 | 领用日期 | 使用年限 | 使用人 | 工种 | 领用人签收 | 备注 |
|---|---|---|---|---|---|---|---|---|---|
| | | | | | | | | | |
| | | | | | | | | | |

6. 对于特殊工种的劳保用品，其发放情况应由总务后勤部仓库管理员据实登记造册。

7. 生产人员可根据岗位变化享受相应的劳动保护权利，工种改变以后，按新的工种标准享受劳保用品。

（续）

第18条 不予以发放劳保用品的说明

1. 对长期休病假、产假等未上班的人员不予发放劳保用品。如有多领或未上班而发放的，一经查实，将追究生产部劳保用品领用人、生产部经理的责任。

2. 对于高温天气里未上班的人员，不予以发放防暑降温用品。如有多领或未上班而发放的，一经查实，将追究生产部劳保用品领用人、生产部经理的责任。

第19条 发放标准、发放范围的变更管理

1. 对劳保用品的发放标准、发放范围，如生产部需要更改，由车间主任填写"劳保用品更改申请表"，经生产部经理批准后，报安全环保小组登记，方可按新标准发放劳保用品。

**劳保用品更改申请表**

| 车间 | | 所属分厂 | |
|---|---|---|---|
| 姓名 | | 工种 | |
| 更改理由 | | | |
| 车间主任 | | 分厂厂长 | |
| 生产部经理意见 | | | |
| 安全环保小组负责人 | | | |

2. 因生产需要临时使用劳保用品时，由车间主任根据生产任务申请，经生产部经理审批后、总务后勤部登记后方可发放。

**第6章 劳保用品的使用控制**

第20条 劳保用品的使用规范

1. 员工必须爱护使用劳保用品，应在工作范围、时间内使用劳保用品，不得作其他用途。

2. 员工在生产工作场所作业，必须按规定穿戴符合安全、卫生标准的劳保用品，违者予以 50～100 元的罚款。

3. 员工离开生产场地时，必须换鞋和脱去工作服，不得穿着生产工作服装走出生产区。

4. 劳保用品的清洁必须按照安全生产卫生管理规定的清洗周期和清洗方法进行，安全环保小组指定专人对劳保用品的卫生情况进行检查，以保证其符合安全、卫生的规定。

第21条 劳保用品使用情况的监督检查

1. 安全环保小组、生产部经理、车间主任、质量监督员、工艺员随时按安全卫生规定检查所辖范围人员的劳保用品穿戴是否符合规定、穿着的工作服是否符合卫生要求和标准，督促所辖人员严格执行。

2. 对违反者及被罚者的直接领导扣罚奖金，对责任人违反规定的予以双倍扣罚。

第22条 劳保用品丢失损坏的赔偿

发放到员工手里的劳保用品，由员工自行妥善保管。劳保用品在使用期内如有遗失，由员工个人按折后价格（折后价格 = 用品价格 $-\frac{用品价格}{使用期限}\times$ 已使用时间）赔偿，如有损坏，按损坏程度酌情处理。

（续）

## 第7章　劳保用品的回收管理

第23条　劳保用品使用年限

生产用劳保用品由于岗位的不同，其使用年限也有所不同，具体请参考下表。

### 劳保用品使用年限参考表

| 使用期限 品名 工种 | 单工作服（1套） | 防寒工作服（1套） | 工作鞋或防水胶鞋（1双） | 雨衣（1套） | 安全帽（1顶） | 手套（1双） | 护袖（1对） |
|---|---|---|---|---|---|---|---|
| 生产部经理 | 12个月 | 36个月 | 36个月 | 36个月 | 以残损换新 | 6个月 | |
| 生产主管 | 12个月 | 36个月 | 36个月 | 36个月 | 以残损换新 | 6个月 | 24个月 |
| 机电主管 | 12个月 | 36个月 | 36个月 | 36个月 | 以残损换新 | 6个月 | 24个月 |
| 工艺员 | 16个月 | 24个月 | 36个月 | 24个月 | 以残损换新 | 6个月 | 24个月 |
| 物料员 | 12个月 | 36个月 | 36个月 | 24个月 | 以残损换新 | 6个月 | 24个月 |
| 机电工 | 6个月 | 24个月 | 36个月 | 24个月 | 以残损换新 | 以残损换新 | 6个月 |
| 班组组长 | 6个月 | 24个月 | 36个月 | 24个月 | 以残损换新 | 以残损换新 | 6个月 |
| 操作工人 | 6个月 | 24个月 | 36个月 | 24个月 | 以残损换新 | 以残损换新 | 6个月 |

第24条　回收规范

1. 员工在本工厂范围内或本部门内变换工作岗位时，其劳保用品如适用，便可继续使用不作更换。不适用的，退回仓库，并按调整后岗位的标准另领所需劳保用品。

2. 仓库管理员对回收的旧劳保用品，能继续使用的，应妥善保管好，以备发放；不能继续使用的，应定期作销毁处理。

3. 对员工辞职时，其未达到使用期限的劳保用品，仓库管理员应予回收，并按折后价（计算方式参考第22条规定）收回损耗费用，对未达到使用期限又不交还仓库的，按折后价计算。

## 第8章　附则

第25条　本规定由安全环保小组负责制定、修订及解释。

第26条　本规定自颁布之日起实施。

| 修订记录 | 修订标记 | 修订处数 | 修订日期 | 修订执行人 | 审批签字 |
|---|---|---|---|---|---|
| | | | | | |
| | | | | | |

# 工厂现场各种浪费控制

## 第十一章

# 第一节　生产现场浪费控制

## 一、生产现场浪费识别

工厂生产现场的浪费是指超出客户需求的生产所必需的设备、材料、场地及人工等。生产现场包括七种浪费，具体如图 11-1 所示。

| 浪费种类 | 说明 |
|---|---|
| 1　等待的浪费 | 1．因前一道工序的零件尚未运达或欠缺而无法生产的作业浪费<br>2．设备自动加工，作业人员站立旁边的浪费<br>3．生产决策时等待信息的浪费<br>4．计划安排不当造成的浪费 |
| 2　搬运的浪费 | 1．不必要的搬运产生的浪费<br>2．设置暂时性放置场所导致的搬运次数、存放管理费用的浪费<br>3．搬运距离过长导致的时间、人力的浪费<br>4．搬运批量过大导致的在制品库存增加，库存费用上升等浪费 |
| 3　不良品浪费 | 1．生产不合格品过程中的材料、设备、人工等的浪费<br>2．对不合格品进行修整所耗费的材料、设备、人工等资源<br>3．不合格品流入下一道工序产生的加工作业浪费 |
| 4　动作的浪费 | 要达到同样作业的目的有不同的动作，有些动作是不具附加价值的、不合理的，会造成浪费，需要改进，如单手空闲、动作幅度过大、左右手交换、重复性动作等 |
| 5　加工的浪费 | 1．加工程序分解过细，存在不必要的工序<br>2．加工余量过大、加工精度过高<br>3．由于加工浪费产生的设备、人工、材料、能源的损耗 |
| 6　库存的浪费 | 1．搬运、堆积、放置、防护、处理、找寻的浪费<br>2．现场仓库先进先出的作业困难<br>3．厂房占用空间大，资金占用量过大<br>4．物品价值降低，呆滞品增加 |
| 7　过量生产的浪费 | 1．指生产过多或过早造成的浪费，提早产生费用<br>2．搬运、堆积浪费和隐藏、等待浪费<br>3．积压在制品，使现场空间需求变大 |

图 11-1　生产现场七种浪费的识别

## 二、减少现场浪费的方法

减少生产现场浪费的方法，如图11-2所示。

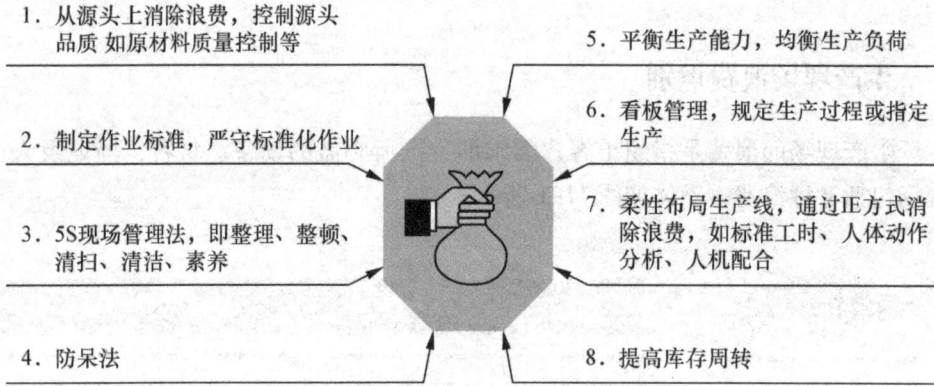

1. 从源头上消除浪费，控制源头品质 如原材料质量控制等
2. 制定作业标准，严守标准化作业
3. 5S现场管理法，即整理、整顿、清扫、清洁、素养
4. 防呆法
5. 平衡生产能力，均衡生产负荷
6. 看板管理，规定生产过程或指定生产
7. 柔性布局生产线，通过IE方式消除浪费，如标准工时、人体动作分析、人机配合
8. 提高库存周转

图11-2　减少生产现场浪费的方法介绍

## 三、现场物料浪费控制方案

| 方案名称 | 现场物料浪费控制方案 | 编　号 | |
|---|---|---|---|
| | | 受控状态 | |

**一、目的**

为加强对生产现场物料的管理控制，发现班组在生产现场存在的物料无效耗用现象，消除导致物料浪费的因素，降低生产成本，特制定本方案。

**二、明确现场改善与浪费控制职责**

生产现场改善小组负责生产物料浪费控制工作，各车间及相关部门需在其指导下使用物料，减少浪费。生产现场改善小组成员及职责如下表所示。

生产现场改善小组成员及职责说明

| 总职能 | 组成人员 | 角色 | 对物料浪费控制的职责 |
|---|---|---|---|
| 落实、检查现场改善工作开展情况，并进行指导和监督 | 生产副总 | 组长 | 1. 负责物料浪费控制工作的年度计划与目标，并组织实施<br>2. 审批确认生产车间物料浪费控制计划、成本降低目标等，并对执行情况进行监督、检查 |
| 根据实际生产现场作业情况，制订现场改善计划和目标，编制现场作业管理规范并严格检查、监督执行情况 | 生产部经理 | 副组长 | 1. 根据实际生产现场作业情况制订物料浪费控制计划<br>2. 负责编制物料消耗定额，并将其运用到生产作业中<br>3. 负责编制《生产环节物料使用指导书》 |

（续）

| 总职能 | 组成人员 | 角色 | 对物料浪费控制的职责 |
|---|---|---|---|
| 对所辖车间的现场改善工作负责，提出车间生产改善方案 | 车间主任 | 组员 | 1. 在生产部经理的领导下，负责所辖车间物料浪费控制工作<br>2. 根据本车间在物料浪费控制、节约生产成本方面的潜力或存在的问题，提出可行性方案 |
| 对所在班组的现场改善工作负责 | 班组长 | 组员 | 1. 对所在班组的物料浪费控制工作负<br>2. 根据实践经验提出控制物料浪费的新方法、新思路 |
| 指导规范化生产作业，改善现场工艺流程 | 工艺员 | 组员 | 1. 负责指导生产作业人员严格按作业规范、规程操作，按定额使用生产物料<br>2. 对生产工艺、工艺线路方面存在的问题提出改进提案，不断优化生产工艺，以减少物料浪费 |
| 负责现场生产改善相关行政、后勤工作，如开展宣传、协助培训、工作记录等 | 生产部行政人员 | 组员 | 1. 负责协助人力资源部进行日常教育与培训工作<br>2. 负责制作或外联制作生产现场悬挂的宣传标语、横幅等<br>3. 负责材料浪费控制工作记录和成果考核统计 |

**三、控制现场物料浪费的指导思想**

本着使生产现场的人、财、物、设备、信息、时间毫无浪费地为产品的生产加工发挥其应有作用的思想，工厂应不定时检查生产现场，以便及时发现物料的无效耗用现象。

**四、物料浪费产生原因及对策**

工厂常见的物料浪费现象有不同的表现形式，根据其显隐性特征进行归类、分析，明确各种浪费存在的原因，并采取相应的对策。具体内容如下表所示。

物料浪费产生的原因及相应对策表

| 类别 | 原因 | 可采取的对策 |
|---|---|---|
| 直接产生物料浪费 | 1. 作业人员加大用量 | ◇ 针对物料投入量、消耗量等编制明确的工艺文件，并检查工人的执行情况 |
| | 2. 可使用次一级质量的物料时却用了高一级质量的物料 | ◇ 产品试制时，做好产品物料试验工作，并对可用的物料质量、规格、型号给出明确的规定 |
| | 3. 加工错误而改制或报废 | ◇ 对作业人员进行作业标准、技能方面的培训，直至其操作熟练无误，方可允许其上生产线 |
| | 4. 人为损坏 | ◇ 加强仓库及生产现场物料保管工作，做到专人、专职、专责 |
| | 5. 物料丢失 | |
| | 6. 物料变质、过期 | ◇ 加强物料在仓库及现场的存储保管<br>◇ 采取"先进先出"的领发料原则 |

（续）

| 类别 | 原因 | 可采取的对策 |
|---|---|---|
| 间接产生物料浪费 | 1. 因焊接点增加带来相关物料浪费<br>2. 连接过多造成的物料浪费<br>3. 多余功能造成的物料浪费<br>4. 设计不合理使边角料损耗增大 | ◇ 在保证和提高产品质量的前提下，改进产品结构设计，减轻产品自重，减少多余功能，降低边角料损耗 |
| | 5. 操作不合理使边角料损耗增大 | ◇ 对作业人员进行作业标准、技能方面的培训，直至其操作熟练无误，方可允其上生产线 |
| | 6. 工序问题造成的物料浪费<br>7. 设备问题造成的物料浪费 | ◇ 推行技术改造，采用先进设备、先进工艺代替落后陈旧的设备和工艺，从而降低物料的工艺性损耗 |
| | 8. 因物料规格不合格而使得物料综合利用率难以实现 | ◇ 加大物料进库检验、投入生产前的检验力度，确保投入生产的物料符合要求 |
| | 9. 因产品自身特点而使得物料综合利用率难以实现 | ◇ 推进产品更新换代工作，把笨、大、粗的产品改进为精、小、巧的高效能新型产品 |
| | 10. 原定物料供应不足，采用替代性物料而造成的浪费 | ◇ 针对原定物料设置安全库存量，建立健全物料安全库存预警制度，以便及时采购 |
| 隐藏的物料浪费 | 1. 大量囤积暂时不用的物料，积压资金 | ◇ 加强生产计划均衡和物料需求分析工作，合理制订物料需求计划 |
| | 2. 在制品过剩造成的浪费 | ◇ 加强生产计划管控<br>◇ 将在制品的零部件尽量设计制作成通用件，以便运用过剩在制品 |
| | 3. 半成品周转过慢，物料不能很快变成产成品，不能很快成为有价商品 | ◇ 优化半成品与成品的转化流程 |
| | 4. 因统计不准确而造成超量生产 | ◇ 改进工艺，如增加计数器<br>◇ 加强车间核算员的培训与考核工作 |

**五、加强物料浪费控制相关人员的责任考核**

对于车间和车间内有关的物料管理责任人员，凡是能考核其减少浪费情况和节约率的，应定期考核实际达成与目标值的差异。

1. 对于车间主任、班组长、工艺管理员等人员，可采用物料消耗定额达成率等指标进行考核。

2. 对于生产一线的作业工人，可采用因操作失误造成物料损失的金额等指标进行考核。

| 编制人员 | | 审核人员 | | 审批人员 | |
|---|---|---|---|---|---|
| 编制时间 | | 审核时间 | | 审批时间 | |

## 四、搬运动作改善方案

| 方案名称 | 搬运动作改善方案 | 编　号 | |
|---|---|---|---|
| | | 受控状态 | |

**一、目的**

为了改善生产现场物品的搬运情况，提高搬运工作的效率，保证作业人员的安全，特制定本方案。

**二、适用范围**

本方案主要针对生产现场物料的搬运工作。

**三、搬运分析**

1. 生产线及工序特征分析

生产人员要对生产流程及生产工序的特征进行分析，以便确定合理的搬运方法，改进搬运效果，具体如下表所示。

生产线及工序特征对物品搬运方法的影响

| 生产线及工序 | 特征 | 物品搬运着眼点 |
|---|---|---|
| 不固定生产流程 | ◇ 物品需求根据生产计划而变化<br>◇ 各工序之间的停滞比较明显 | 从整理、整顿入手，注意装卸和停滞问题 |
| 固定型生产流程 | ◇ 把物品装置到机械上，从机械到机械之间的搬运通过人工完成 | 物品搬运要注意操作环节，重视放置方法，减少不合理搬运 |
| 半自动化流水线 | ◇ 已经改进的方式和原用方式混合，存在有待改进的地方 | 着眼于工序间的衔接，保证流水线进出口畅通 |
| 自动化流水线 | ◇ 自动机械能连续配置，构件由传送带、铲车等自动传送 | 着眼于流水线的进出口，确保物品供应顺畅 |

2. 搬运物品特性分析

对搬运物品的特性进行分析，有利于根据物品的类型、大小、重量等因素采用适当的搬运方式，搬运物品分析表如下表所示。

搬运物品分析表

| 类别 | 物品名称 | 包装方式 | 容器尺寸 | 单位重量 | 形状 | 其他说明及搬运注意事项 | 搬运等级 |
|---|---|---|---|---|---|---|---|
| | | | | | | | |
| | | | | | | | |
| 备注 | "搬运等级" 栏目填 "紧急搬运" 或 "普通搬运" | | | | | | |

245

（续）

### 四、危险物品搬运改善

（一）危险物品的定义

本方案所称的"危险物品"是指存在安全隐患的物品，具体包括如下四种。

1. 易燃易爆品，如汽油、香蕉水、炸药、压缩气体、液化气体等。

2. 剧毒品，如农药等。

3. 腐蚀品，如硫酸等。

4. 放射性物品，如射线机械等。

（二）危险品搬运要求

危险物品的搬运要求，如下表所示。

#### 危险物品搬运要求

| 序号 | 危险物品种类 | 搬运要求 |
|---|---|---|
| 1 | 爆炸品 | （1）作业前检查危险品包装是否完整、坚固，使用的工具是否良好<br>（2）禁止参加作业的人员携带烟火器具，禁止穿带铁钉的鞋子<br>（3）搬运交接物品要手对手、肩对肩，确保交接牢靠<br>（4）装卸时对于散落的爆炸物要及时用水润湿，再用锯末或棉絮等物品将其吸收，并将吸收物妥善处理 |
| 2 | 氧化剂 | （1）应采用搬运工具辅助搬运，在装车前打扫卫生，不得残留酸类、煤炭、硫化物、磷化物<br>（2）装运前应保证搬运工具或容器的通风情况良好<br>（3）对于散落在搬运工具或地面上的粉状、颗粒状氧化物，应撒上沙土后清理干净 |
| 3 | 压缩气体和液化气体 | （1）应选用专用的搬运器具，禁止肩扛或滚动<br>（2）搬运器具、车辆、手套、防护服上不得沾有油污或其他危险物品，以防引起爆炸<br>（3）钢瓶应平卧或推放，垛高不得超过四个，禁止日光直接曝晒 |
| 4 | 易燃品 | （1）作业时应开门通气，避免可燃气体聚集<br>（2）对于桶装液体、电气物品，若发现容器发生膨胀时，应使用铜质或木质的扳手轻轻打开排气孔放出气体后方可作业<br>（3）如防雨设备不良，禁止在雨雪天气搬运会遇水燃烧的物品<br>（4）搬运容易挥发液体的瓶罐时，开盖前要松开螺栓，并停留几分钟后再开启，装运完毕后，应将阀门和螺栓拧紧 |

（续）

| 序号 | 危险物品种类 | 搬运要求 |
|---|---|---|
| 5 | 剧毒品 | （1）搬运前应保持周围的通风环境良好<br>（2）作业时应穿好防护用具，作业后要及时沐浴<br>（3）对于使用过的防护用具、工具等要集中洗涤并消毒<br>（4）患有慢性疾病的人员不能参加此项作业<br>（5）作业人员的工作时间不宜过长，最好间隔休息，作业中如发现头晕、恶心等现象，应立即停止作业并及时处理 |
| 6 | 腐蚀性物品 | （1）应选用适当的搬运器具辅助搬运<br>（2）作业前应准备充足的干净冷水，以便人身、车辆和工具等受到腐蚀时能够及时清洗<br>（3）搬运石灰时，应在石灰上放置垫板，不准在雨中作业，严禁将干、湿石灰混装在一起<br>（4）装过酸、碱类物品的容器不得胡乱堆放 |
| 7 | 放射性物品 | （1）由工厂技术人员在作业前进行检查和鉴定，以确认是否可以搬运，并指定装卸方法和搬运时间<br>（2）作业人员在搬运前应做好防护工作，并保持精力集中<br>（3）作业完成后，作业人员应将防护用具交回专门保管场所并及时沐浴 |

**五、贵重易损物品搬运改善**

（一）贵重易损物品的定义

贵重易损物品包括玉器、瓷器、艺术品、精密器械、仪表、玻璃器皿等。

（二）贵重易损物品搬运要求

贵重易损物品搬运要求包括以下四点。

1. 小心谨慎，轻拿轻放，严禁碰摔、撞击、拖拉、翻滚、挤压、抛扔物品。

2. 严格按包装标识搬运和摆放物品。

3. 理解并遵守各种物品的搬运要求。

4. 盛装器皿必须符合物品特性，必要时要专用。

**六、超长、超大、超重物品搬运改善**

（一）超长、超大、超重物品的定义

超长、超大、超重物品指的是长度超长、体积超大、重量超重的物品，如大型机械设备、钢机构等。

（二）超长、超大、超重物品搬运要求

具体的搬运要求包括以下七个方面。

1. 选择安全性能有保障的搬运设施，如桥式、门式起重机。

2. 搬运重量不能超出机械的负载量。

3. 选择安全性能高、耐磨强度高的索具，如钢丝绳等。

（续）

4. 安全系数不能小于规定值。

5. 搬运器械使用前应仔细检查。

6. 选择有经验、技术熟练的作业人员，有的工种的员工上岗操作前需持有上岗证。

7. 作业完成后应对搬运设施的安全性进行再次确认。

**七、物品搬运效率提升要点**

作业人员在遵守各类物品搬运要求的基础上，应从以下四个方面提升搬运效率。

1. 减少搬运距离。

2. 减少物品搬运次数。

3. 控制装载量，合理分摊成本。

4. 增大搬运工具的空间利用率。

| 编制人员 | | 审核人员 | | 审批人员 | |
|---|---|---|---|---|---|
| 编制时间 | | 审核时间 | | 审批时间 | |

# 五、现场动作改善方案

| 方案名称 | 现场动作改善方案 | 编　　号 | |
|---|---|---|---|
| | | 受控状态 | |

**一、目的**

为了消除停滞和无效的动作，减少因次序不合理、不均衡造成的浪费现象，优化作业过程，使现场动作更为合理，结合工厂有关现场质量控制的规定，特制定本方案。

**二、适用范围**

本方案主要针对于生产现场作业动作的改善工作。

**三、组织机构及其职责**

1. 现场动作改善的组织机构

为做好现场作业动作的改善工作，生产部组织成立"现场 IE 改善小组"，由生产部、质量部、工艺技术部等相关人员组成，同时各生产车间的主任协助开展现场 IE 改善工作。

2. 现场 IE 改善小组的职责

（1）巡视现场，观察各种作业过程，收集资料。

（2）分析研究各种作业资料，找出存在的问题。

（3）制定改善方案，验证测试方案并予以完善。

（4）对生产人员进行改善方案的培训。

（5）监督改善方案的实施。

（6）检查改善方案的实施效果。

**四、现场动作现状调查分析**

1. 准备工作

（1）确定将要分析的作业范围。

（续）

（2）将效率低下或出现问题的作业人员作为分析的对象。

（3）根据实际情况选择合适的动作分析方法，一般包括目视动作分析、要素分析和影片分析。

（4）准备记录作业人员动作的工具表单。

2. 基本动作分析

动作要素分析是指对生产作业连贯的基本动作进行分析，并统计人体动作要素及其数量的活动。具体说明如下。

（1）对作业的整体操作进行观察，熟悉作业顺序。

（2）把整体作业过程分解成阶段性的作业单元。

（3）将各单元作业的动作按单手顺序（左手或者右手）记录下来。

（4）在所有操作动作中，分析、找出第一类动作，即进行生产作业的必要动作，包括空手、抓取、搬运或移动、定位、组合、分解、使用、松手或放下、检查等。

（5）在所有操作动作中，分析、找出第二类动作，即阻碍第一类动作进行的动作，包括寻找、发现、选择、思考、预定位或准备等。

（6）在所有操作动作中，分析、找出第三类动作，即没有进行作业的动作，包括保持、不可避免的待工、可以避免的待工和休息等。

（7）在上述分析、寻找的基础上，填写"基本动作记录专用表"，将必要的事项记录下来。"基本动作记录专用表"如下表所示。

**基本动作记录专用表**

调查人员：　　　　　　　　　　　　　　　　　　　　调查日期：＿＿年＿月＿日

| 观察对象 | 工序名称 | | | | | 备注：1.　2.　3. | |
|---|---|---|---|---|---|---|---|
| | 产品名称 | | | | | | |
| | 作业名称 | | | | | | |
| | 作业人名称 | | | | | | |
| | 部门 | | | | | | |
| 序号 | 要素作业 | 左手动作 | 基本动作 | | | 右手动作 | 改善要点 |
| | | | 左手 | 眼 | 右手 | | |
| | | | | | | | |
| | | | | | | | |
| | | | | | | | |
| 汇总表 | 动作属性 | 第一类 | | 第二类 | | 第三类 | 合计 |
| | 左手 | | | | | | |
| | 右手 | | | | | | |
| | 眼 | | | | | | |

（8）将已完成的记录与作业实际情况进行核对，修改漏记的动作或者顺序记错的动作。

（9）根据完成的记录，参照"动作要素分析检查表"，分析、检查、找出作业动作中存在的问题，即不经济、不均衡和不合理的现象，并记录统计数据。"动作要素分析检查表"的具体内容如下表所示。

（续）

| 分类 | 序号 | 名称 | 符号 | 定义 | 检查要点或改善重点 |
|---|---|---|---|---|---|
| 第一类动作 | 1 | 空手 | ⌣ | 空手移动，伸向目标，又称空运 | （1）是否可以缩短空手的动作距离<br>（2）手的动作能否从上下方向改变为水平方向<br>（3）伸手途中有无障碍物导致方向改变 |
| | 2 | 抓取 | ∩ | 手或身体的某些部位充分控制物体 | （1）放置材料的容器是否方便抓取<br>（2）抓住物品的位置和方向能否更便捷<br>（3）使用的工具是否便于抓取 |
| | 3 | 搬运或移动 | ⌣ | 手或身体某些部位移动物品的动作，又称运实 | （1）搬运的距离是否可以变短<br>（2）搬运途中有无障碍<br>（3）是否可以进行自动输送，简化搬运环节<br>（4）是否可以使用搬运工具使搬运轻松化<br>（5）搬运工具能否以弹性方式悬挂 |
| | 4 | 定位 | 9 | 将物体放置于所需的正确位置而进行的动作，又称对准 | （1）是否使用导轨或挡块进行定位<br>（2）物品角度、形状能否配合定位进行改变<br>（3）可否通过设计使定位不会出错 |
| | 5 | 组合 | # | 将零部件组合成一件物体的动作 | （1）是否可以使用固定装置或诱导装置方便组合<br>（2）能否一次装配很多件 |
| | 6 | 分解 | # | 将装配物进行分离和拆解的动作 | （1）能否使用工具进行分解<br>（2）可否一次分解很多件 |
| | 7 | 使用 | U | 利用器具或装置所做的动作 | （1）工具的大小、形状、重量能否改变<br>（2）工具的拿法、拿的位置能否简单化<br>（3）工具、仪器、设备的使用能否简单化 |
| | 8 | 松手或放下 | ⌒ | 握取的相反动作，放开控制物的动作 | （1）放下时是否轻松自如<br>（2）放下的位置能否改变<br>（3）能否使用工具简单地放下<br>（4）放下的同时能否进行其他动作 |
| | 9 | 检查 | ○ | 将目的物与基准进行品质、数量的比较的动作 | （1）检查的动作可否省略<br>（2）能否使检查简单易行而结果依然准确<br>（3）几项检查能否同时进行<br>（4）是否可以使用样品对照检查 |

（续）

| 分类 | 序号 | 名称 | 符号 | 定义 | 检查要点或改善重点 |
|---|---|---|---|---|---|
| 第二类动作 | 10 | 寻找 | | 通过五官寻找物体的动作 | （1）物品是否混杂<br>（2）物品是否定位、定量放置<br>（3）在作业位置是否放置了不必要的物品<br>（4）标识是否清楚<br>（5）能否使用颜色管理<br>（6）物品能否摆放在作业者视野之内 |
| | 11 | 发现 | | 发现寻找目的物的瞬间动作 | （1）设备上是否使用了明显的操作标识以便能被轻易识别<br>（2）材料、零部件、操作工具等是否使用了颜色或其他标识，以便能轻易地被发现<br>（3）生产作业状况是否实现了目视管理 |
| | 12 | 思考 | | 作业中决定下一步工作的思考与计划 | （1）物品是否摆放整齐<br>（2）可否做到不必思考<br>（3）必须思考的作业，能否将要点先整理出来 |
| | 13 | 选择 | → | 多个物品中选择需要物品的五官动作 | （1）材料、零部件、操作工具等是否分类、定置，以便能被轻易地选择<br>（2）能否改善现场的布置、定置位置或方法，以取消寻找、发现、选择等第二类动作 |
| | 14 | 预定位或准备 | | 物体定位前先将物体定置到预定位置 | （1）能否在抓取的同时进行预定位或准备<br>（2）是否能使用辅助装置协助定位或准备<br>（3）预定位的动作能否被取消<br>（4）现场的操作工具能否悬挂<br>（5）悬挂工具的把手位置或悬挂方向是否有利于拿取 |
| 第三类动作 | 15 | 保持 | | 手握物品保持静止状态，又称拿住 | （1）能否避免保持的动作<br>（2）能否使用辅助装置进行保持<br>（3）能否使物品易于保持 |
| | 16 | 不可避免的待工或迟缓 | | 不可避免的停顿 | （1）待工或迟缓是否真的不可避免<br>（2）能否缩短延误的时间<br>（3）实在不可避免时，能否同时进行其他动作 |

（续）

| 分类 | 序号 | 名称 | 符号 | 定义 | 检查要点或改善重点 |
|---|---|---|---|---|---|
| 第三类动作 | 17 | 可以避免的待工或迟缓 | | 可以避免的停顿 | （1）原因是否找到<br>（2）避免迟缓的方法是否有效 |
| | 18 | 休息 | | 为消除疲劳而停止工作的状态 | （1）休息的时间能否安排在一起<br>（2）能否改善环境使作业者不易疲劳<br>（3）怎样尽快恢复疲劳 |

**五、制定现场动作改善方案**

1. 现场 IE 改善小组讨论

（1）通过现状分析结果找出有问题的动作或作业，讨论是否可以取消这些动作或作业，即使是第一类动作，如果确实没有必要，也要研究取消它们的方法。

（2）针对存在问题的作业进行改善讨论，讨论内容包括动作是否可以简化、是否可以将几个作业或动作合并、是否可以调整作业或动作的顺序等。

（3）反复讨论，针对有问题的动作或作业，提出取消、合并、简化、调整等可行性方法，并编制《现场作业动作改善方案》。

2. 改善方案的评审

现场 IE 改善小组将编制的改善方案提交给生产部经理和主管副总审批。

**六、改善方案的实施程序**

改善方案的实施程序如下所述。

1. 现场 IE 改善小组根据审批过的改善方案制订"现场作业动作改善实施计划"，报生产部经理审批。

2. 改善计划经过审核后，IE 改善小组开始实施现场作业动作改善。

3. IE 改善小组在车间主任的协助下改善现场环境，进行改善试点测试，并记录数据。

4. IE 改善小组根据测试结果完善和修改改善方案。

5. 再次测试修改后的改善方案，并记录数据。

6. 测试达到要求后，IE 改善小组修改《现场作业操作标准》，并报生产部经理和主管副总审批。

7. IE 改善小组对生产人员进行新操作标准的培训。

8. IE 改善小组对现场改善工作进行总结，并将相关资料存档。

**七、现场动作改善效果的检查**

生产部经理及其他相关人员对现场作业动作改善效果进行检查，具体说明如下。

1. 改善效果的检查

（1）生产部经理组织人员应以动作经济性为原则对改善后的作业动作进行观察、记录、分析，并填写"动作改善检查表"。"动作改善检查表"的具体格式如下表所示。

（续）

| | 动作改善检查表 | | | |
|---|---|---|---|---|
| 原则 | 检查内容 | 检查结果 | | 原因说明 |
| | | 能 | 不能 | |
| 去掉不必要的动作 | 能够去掉寻找、选择动作 | | | |
| | 能够不考虑、不判断、不注意 | | | |
| | 能否不用重新拿取 | | | |
| | 能否不用倒换双手 | | | |
| 减少使用眼睛的动作 | 能否用耳朵（声音）确认 | | | |
| | 能否利用指示灯 | | | |
| | 能否将物品摆放在人的视野内 | | | |
| | 能否用色别、标记表示 | | | |
| | 能否更接近操作对象 | | | |
| | 能否利用镜子 | | | |
| | 能否利用透明容器或器具 | | | |
| 组合两个以上的动作 | 能否一次搬运数个物品 | | | |
| | 能否一次加工数个元件 | | | |
| | 能否边传送边加工 | | | |
| | 能否边传送边检验 | | | |
| 材料或工装夹具定位在操作员前方 | 能否用标记指定材料或工具的放置地点 | | | |
| | 能否将材料容器固定在前方 | | | |
| | 能否将工具悬挂在前面 | | | |
| 按操作顺序摆放材料或工具 | 能否按操作顺序摆放材料、工具 | | | |
| | 能否按操作顺序重叠材料 | | | |
| 将材料或工具放在易取状态 | 能否按顺手方向摆放材料、工具 | | | |
| | 能否用槽或框整理材料 | | | |
| | 能否按易握方向摆放工具的手握部分 | | | |
| | 能否摆放在易取的高度 | | | |
| | 能否利用工具支撑架、保护容器 | | | |
| 利用易取材料或元件的容器或器具 | 能否扩大容器口 | | | |
| | 能否将容器底部改为圆形 | | | |
| | 能否将容器底部改浅 | | | |
| | 能否利用料斗 | | | |
| | 能否在容器底加个斜板，使材料靠近手前 | | | |
| | 能否将小物品放在胶皮或垫子上 | | | |
| | 能否将扁平元件放在波形板上 | | | |
| | 若发生元件缠绕在一起的现象，能否扩大并浅化容器 | | | |

（续）

| 原则 | 检查内容 | 检查结果 | | 原因说明 |
|---|---|---|---|---|
| | | 能 | 不能 | |
| 将两个或两个以上的工具组合起来 | 能否组合经常使用的工具 | | | |
| | 能否组合一个操作中所需的工具 | | | |
| | 能否组合同形工具 | | | |
| | 能否组合不同尺寸的工具或定规 | | | |
| | 能否使尺寸不一的工具变为可调式 | | | |
| 用一个动作完成机械操作 | 能否将控制杆或把手操作改为按钮开关 | | | |
| | 能否将旋转式开关改为按钮式开关 | | | |
| 双手同时开始动作并同时结束 | 能否不用单手手持 | | | |
| | 能否改善掉除恢复疲劳以外的双手动作 | | | |
| | 能否不发生一手工作时另一手必须空手的现象 | | | |
| | 能否双手同时拿取材料 | | | |
| | 能否双手同时加工产品 | | | |
| | 能否双手同时放置产品 | | | |
| 双手同时向相反、相对方向动作 | 能否左右对称地摆放材料或工装夹具 | | | |
| | 能否双手向同一方向动作 | | | |
| 调整布局使双手能同时动作 | 能否在左右摆放材料或夹具 | | | |
| | 能否使双手左右动作的位置接近 | | | |
| | 能否配置两个工装夹具 | | | |
| 最短距离 | 能否排除动作途中的障碍物 | | | |
| | 能否在正常操作范围内操作 | | | |
| 以操作不受妨碍为前提缩小操作空间 | 能否将材料或工装夹具放在操作人员的近前面 | | | |
| | 能否圆弧形摆放物品 | | | |
| | 能否将工具悬挂在操作人员的前面 | | | |
| | 能否在传送带上设置桥形操作台 | | | |
| | 能否在正常操作范围内放置材料或工装夹具 | | | |
| 利用重力或其他力量进行动作 | 能否利用重力（下落、倾斜、滑道、漏斗） | | | |
| | 能否利用压力（空压、水压、油压） | | | |
| | 能否利用磁力（磁铁、电磁） | | | |
| | 能否利用弹力（弹簧、橡胶） | | | |
| | 能否利用摩擦力（橡胶） | | | |
| | 能否利用离心力（旋转） | | | |
| | 能否利用真空（吸引、吸盘） | | | |
| | 能否利用表面张力（毛细管现象） | | | |
| | 能否利用杠杆、凸轮 | | | |
| 使动作方向及其变换顺畅 | 能否将直线动作改为顺畅的曲线运动 | | | |
| | 能否去掉曲折的动作 | | | |

（续）

| 原则 | 检查内容 | 检查结果 | | 原因说明 |
|---|---|---|---|---|
| | | 能 | 不能 | |
| 使操作高度为最合适的高度 | 能否将两胳臂肘放在操作台上 | | | |
| | 能否去掉上下移动 | | | |
| | 能否使眼睛与操作位置在明视距离（25～30厘米）内 | | | |
| | 能否使材料产品放置台与操作台保持同一高度 | | | |
| | 能否不将材料直接放在地上 | | | |
| | 能否使操作椅的高度可以调节 | | | |
| 在一目了然的位置安装夹具 | 能否不转动身体也能看见操作位置 | | | |
| | 能否排除眼睛与操作位置的障碍 | | | |
| | 能否利用镜子 | | | |
| | 能否利用放大镜 | | | |
| | 能否利用透明容器或器具 | | | |
| | 能否使光线最合适 | | | |
| 使工具轻便易使 | 能否改变工具的形状使之变轻 | | | |
| | 能否改变工具的材料使之变轻 | | | |
| | 能否通过悬挂工具而使之易使 | | | |

（2）组织对一线生产人员进行调查，收集他们对现场作业动作改善效果的评价及是否存在安全隐患等信息。

（3）检查过程中如发现问题，通知现场 IE 改善小组继续改善。

2. 提交检查报告

生产部经理组织编写《现场作业动作改善检查报告》，提交主管副总审批。

| 编制人员 | | 审核人员 | | 审批人员 | |
|---|---|---|---|---|---|
| 编制时间 | | 审核时间 | | 审批时间 | |

## 六、现场加工浪费控制方案

| 方案名称 | 现场加工浪费控制方案 | 编　号 | |
|---|---|---|---|
| | | 受控状态 | |

**一、目的**

为加强对影响加工工序质量因素的管理和控制，提供加工工序质量的水平，减少现场加工的浪费，特制定本方案。

**二、适用范围**

本方案适用于工厂生产现场加工过程中不规范行为导致的浪费现象的控制工作。

（续）

**三、职责分工**

1. 生产车间主任负责加工工序的检验和分析，判断工序是否稳定和合理。

2. 生产部负责收集整理与加工工序相关的信息。

3. 质量管理部负责制定工序定额，追查不稳定、不合理工序的原因并制定对策。

**四、现场加工浪费的具体表现及原因分析**

1. 现场加工浪费的表现

现场加工浪费的表现主要包括以下四种。

（1）多余的加工、颠倒的作业程序。

（2）零散的加工步骤。

（3）缺乏限度样品或明确的客户规范。

（4）过剩的细致作业。

2. 现场加工浪费形成的原因

现场加工浪费形成的原因包括以下四点。

（1）先进技术利用不当。

（2）未理解客户的质量标准。

（3）没有客户质量标准的输入。

（4）没有控制的过程更改。

**五、现场加工浪费的控制流程**

1. 根据客户的质量标准要求调整工序

生产部相关人员应密切关注客户需要的质量水平与标准，及时与车间主任沟通调整工序的过程、精度、生产规模等要素，形成稳定的工序流程，减少不必要的浪费。

2. 诊断作业生产线加工工序流程

在保证客户质量水平需求的基础上，生产车间主任定期检验作业生产线，找出不稳定、不合理、不必要的工序，并将相关资料提交生产部。

3. 制定工序定额

在上述资料的基础上，质量管理部负责制定工序定额，并随同消耗定额工序时的操作规范一起编制成相关文件资料下发到各生产车间。

4. 执行工序定额

（1）生产车间将每天消耗的工序定额统计成册，定期向生产部经理汇报。

（2）生产部经理组织相关人员分析工序的实际消耗量，发现实际消耗高于工序定额时，及时会同生产车间查找、分析原因，制定相应的改善措施。

| 编制人员 | | 审核人员 | | 审批人员 | |
|---|---|---|---|---|---|
| 编制时间 | | 审核时间 | | 审批时间 | |

## 七、现场不良品浪费控制方案

| 方案名称 | 现场不良品浪费控制方案 | 编　号 | |
|---|---|---|---|
| | | 受控状态 | |

**一、目的**

为防止生产现场由于疏忽而使用或发运不良品，规范不良品的处理工作，减少不良品的浪费，提升产品质量，特制定本方案。

**二、适用范围**

本方案适用于生产过程中不良品的控制与处理工作。

**三、职责分工**

1. 生产部质检人员负责不良品的筛选、标识、隔离工作。

2. 质量管理部负责实施不良品控制程序，并监督不良品的筛选、标识、隔离工作。

**四、不良品的鉴别、标识**

不良品的鉴别、标识、隔离工作由生产部质检人员负责，根据不良品的让步接收、返工、返修、降级、报废等处理方式采取不同的标识方法，如用不同颜色的记号笔或标签直接在不良品上做出标识。

**五、做好不良品的处理控制**

1. 不良品作让步接收处理的，由责任者在"不良品处理单"上提出不良品的处理建议和申请。"不良品处理单"的具体格式如下表所示。

**不良品处理单**

| 类别 | □ 制程 □ 入库 □ 成品 | | 部门 | | 交验日期 | |
|---|---|---|---|---|---|---|
| 品名 | | 批量 | | 不良数 | | 责任单位 |
| 规格 | | 抽样数 | | 不良率 | | |
| 不良品概述及不良原因初析 | 质检员：　　　　　　日期：___年_月_日 | | | | | |
| 物料需求状况说明 | 质检员：　　　　　　日期：___年_月_日 | | | | | |
| 责任部门原因分析及意见 | 部门主管：　　　　　日期：___年_月_日 | | | | | |
| 评审结果及处理意见 | 核准：　　　　　　　日期：___年_月_日 | | | | | |

（续）

2. 不良品作返工、返修处理的，按下述步骤进行。

（1）质检员开具"不良品处理单"，送交车间主任。

（2）车间主任安排返工、返修人员和事件，并要求在"不良品处理单"送达 1~2 周内完成返工、返修工作。

（3）返工、返修人员做好返工、返修品不同时间的隔离和标识工作。

（4）返工、返修品处理后须经质检人员复检合格后放行，并做好复检记录。

3. 不良品作降级处理的，由质检人员直接在"不良品处理单"上注明，降级成品可以在固定的配件市场上销售。

4. 不良品作报废处理的，由质检人员直接开具"不良品报废申请单"，上报审批，并做好不良品的标识和隔离工作。"不良品报废申请单"的具体格式如下表所示。

### 不良品报废申请单

编号：                                           申请日期：＿＿＿年＿月＿日

| 序号 | 品名 | 型号 | 数量 | 报废原因 | 备注 |
|------|------|------|------|----------|------|
|  |  |  |  |  |  |
|  |  |  |  |  |  |
|  |  |  |  |  |  |

申请人：                    部门经理：                 总经理：

### 六、编制不良品处理报告

不良品处理工作完成后，由责任单位编制《不良品处理报告》，递交质量管理部审核后备案存档。《不良品处理报告》的具体格式如下表所示。

### 不良品处理报告

| 不良品处理报告 | | 编号 | |
|---|---|---|---|
| 标题 | | | |
| 发现部门 | | 日期 | |
| 产品名称 | | 产品型号 | |
| 产品批号 | | 生产设备 | |
| 不良状况描述：（不良的内容、发现经过、数量、采取的措施等） | | | |
| 发现者：     负责人：     日期：＿＿＿年＿月＿日 | | | |
| 评审结果和处置决定：  □ 合格  □ 返工  □ 降级  □ 报废  □ 其他 | | | |

（续）

| 陈述理由：（判定理由、不良原因、波及范围等） | | | | |
|---|---|---|---|---|
| （质量管理部）检验员： 经理： 日期：___年__月__日 | | | | |
| 重新检验时 | □ 合格<br>□ 报废 | 检验员： | 经理： | 日期：___年__月__日 |
| 纠正情况、纠正措施制定：（需要时提供纠正措施报告） | | | | |
| （责任部门）负责人： 批准： 日期：___年__月__日 | | | | |
| 跟踪验证：（适用于纠正情况，纠正措施的跟踪验证请参照纠正措施报告） | | | | |
| （质量管理部）检验员： 批准： 日期：___年__月__日 | | | | |
| 结果通知： | | | | |

| 编制人员 | | 审核人员 | | 审批人员 | |
|---|---|---|---|---|---|
| 编制时间 | | 审核时间 | | 审批时间 | |

# 第二节 开展全厂节约活动

## 一、节约活动推行方法

为减少浪费，降低工厂生产经营的成本费用，工厂应开展全员节约活动。具体活动内容与推行方法如图 11-3 所示。

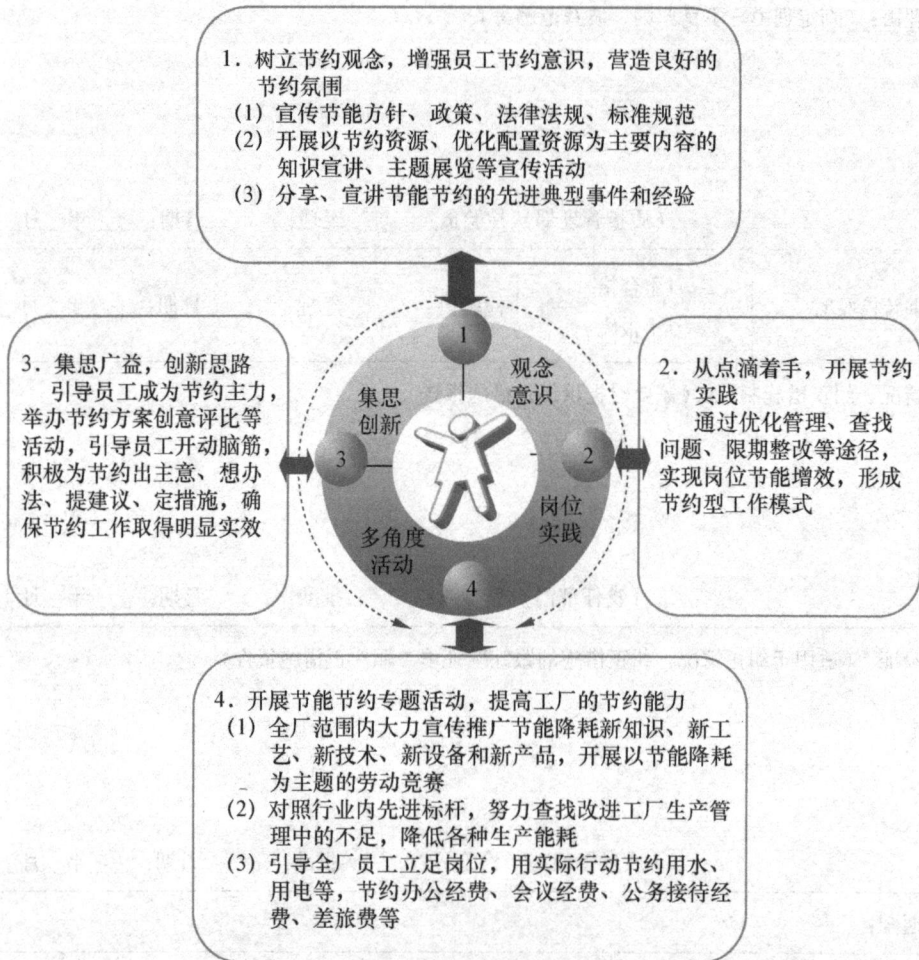

图 11-3 节约活动推行内容及方法

## 二、节约活动实施流程

工厂节约活动的实施流程如图 11-4 所示。

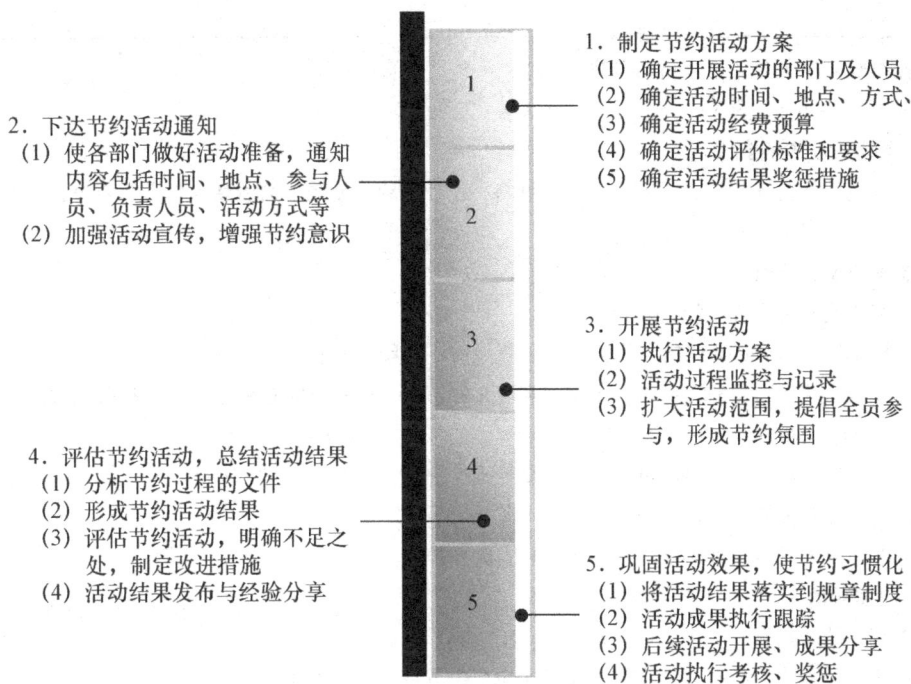

1．制定节约活动方案
(1) 确定开展活动的部门及人员
(2) 确定活动时间、地点、方式、
(3) 确定活动经费预算
(4) 确定活动评价标准和要求
(5) 确定活动结果奖惩措施

2．下达节约活动通知
(1) 使各部门做好活动准备，通知内容包括时间、地点、参与人员、负责人员、活动方式等
(2) 加强活动宣传，增强节约意识

3．开展节约活动
(1) 执行活动方案
(2) 活动过程监控与记录
(3) 扩大活动范围，提倡全员参与，形成节约氛围

4．评估节约活动，总结活动结果
(1) 分析节约过程的文件
(2) 形成节约活动结果
(3) 评估节约活动，明确不足之处，制定改进措施
(4) 活动结果发布与经验分享

5．巩固活动效果，使节约习惯化
(1) 将活动结果落实到规章制度
(2) 活动成果执行跟踪
(3) 后续活动开展、成果分享
(4) 活动执行考核、奖惩

图11-4 节约活动实施流程

## 三、节约提案征集活动实施方案

| 方案名称 | 节约提案征集活动实施方案 | 编　号 | |
|---|---|---|---|
| | | 受控状态 | |

**一、目的**

为提高工厂的节约能力，增强员工的节约意识，提高员工节约的积极性，为工厂营造良好的节约氛围，特制定本方案。

**二、活动时间**

本活动时间为___年__月__日~___年__月__日。

**三、活动对象**

全厂员工，包括正式员工、兼职人员、临时员工、实习员工等。

**四、活动主题**

本次活动主题为"征集节约提案"，工厂所有员工既可从自身的岗位出发，也可站在工厂管理的角度，结合工作实践、生活实践，提出节约新方法、新思路、新措施、新技术等。

**五、活动组织小组**

工厂成立节约提案征集活动小组，负责活动的通知、解释、组织、管理以及提案的收集、整理等工作。具体人员安排如下。

1. 组长：×××（人事行政部经理）。

（续）

2. 副组长：×××（人事行政部主管）、×××（生产部主管）。

3. 成员：×××、×××、×××、×××。

**六、具体活动内容安排**

1. 提案范围涵盖任何与工厂的成本费用节约、生产节约、能源节约、减少浪费、效率提高等相关的提案。

2. 提案提交截止时间：＿＿年＿月＿日。

3. 提案提交相关文件、物品要求。

（1）提案形式为文件形式的，需提供电子版一份、打印版一份。

（2）提案形式为物品的，需提供实物、实物文件说明、提案形成总结等，其中相关书面文件需提供电子版、打印版各一份。

4. 所有员工在活动期间内均可通过以下途径提交提案。

（1）工厂在各个部门设置的提案征集箱。

（2）部门内上报后，直接提交给活动小组成员。

**七、提案评估**

1. 提案评估时间为＿＿年＿月＿日～＿＿年＿月＿日。

2. 提案评估方法。本次节约提案由提案评估小组负责，具体操作如下。

（1）初评，评估标准为提案的完整性、可行性等。

（2）复评，评估标准为提案的可行性、创新性、价值程度等。

（3）最终评估，与通过复评的提案人员面谈，进一步明确提案想法、思路，确定可实行的环境、时机，预计其将带来的效果等，之后进行综合评估。

3. 提案评估小组成员。提案评估小组由总经理任组长，人事行政部经理为副组长，成员包扩人事行政部、工艺技术部、生产部、质量管理部、设备管理部等相关负责人，共＿＿人。

**八、活动奖励**

本次提案征集活动将评选择优秀的提案，并对提案者进行奖励，具体如下。

1. 一等奖（1名）：奖金＿＿元，全厂通报表彰。

2. 二等奖（3名）：奖金＿＿元，全厂通报表彰。

3. 三等奖（6名）：奖金＿＿元，全厂通报表彰。

4. 优秀奖（10名）：奖金＿＿元。

**九、活动注意事项**

1. 活动过程中若发现有剽窃他人提案的，工厂将根据实际情况给予惩罚。

2. 在评估过程中，员工可进行监督，若发现不公平、偏袒等现象，经查证后，追究当事人责任。

| 编制人员 | | 审核人员 | | 审批人员 | |
|---|---|---|---|---|---|
| 编制时间 | | 审核时间 | | 审批时间 | |

# 外协外包
# 成本费用控制

## 第十二章

# 第一节　外协加工生产费用控制

## 一、外协加工生产费用控制点

外协加工生产费用包括加工费、耗用材料费、往返运杂费等。外协加工生产费用控制点如图 12-1 所示。

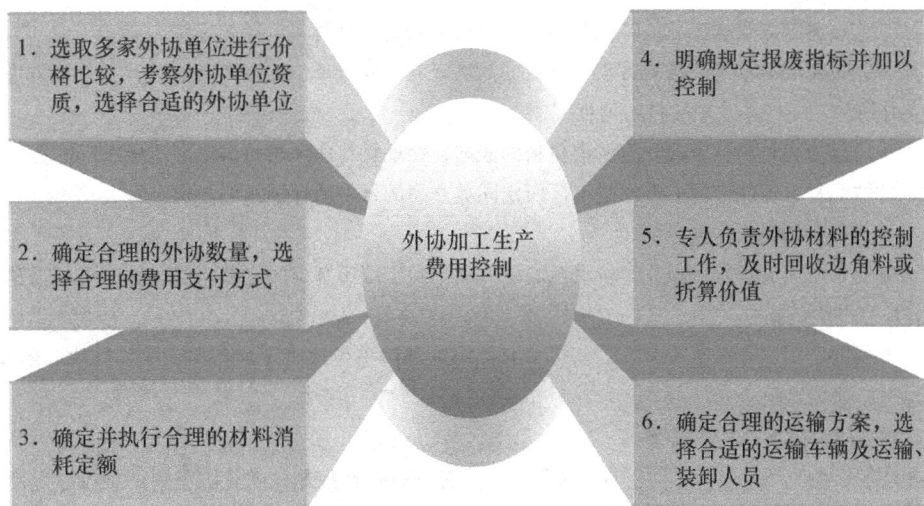

**图 12-1　外协加工生产费用控制点说明**

1. 选取多家外协单位进行价格比较，考察外协单位资质，选择合适的外协单位

2. 确定合理的外协数量，选择合理的费用支付方式

3. 确定并执行合理的材料消耗定额

外协加工生产费用控制

4. 明确规定报废指标并加以控制

5. 专人负责外协材料的控制工作，及时回收边角料或折算价值

6. 确定合理的运输方案，选择合适的运输车辆及运输、装卸人员

## 二、外协原材料使用管控方案

| 方案名称 | 外协原材料使用管控方案 | 编　号 | |
|---|---|---|---|
| | | 受控状态 | |

**一、目的**

为加强对外协加工过程中用到材料的管控，减少损耗，降低材料费用和外协生产费用，特制定本方案。

**二、适用范围**

本方案适用于工厂外协加工生产的原材料管理等相关事项。

**三、相关职责分工**

在外协加工生产作业中，工厂指定专人管理外协材料，防止出现外协材料的丢失及账目混乱等情况，从而增加外协材料的成本支出。

（续）

1. 外协材料管理人员负责外协材料的发放、统计、管理等事宜，掌握材料消耗实情并及时上报领导。

2. 外协材料管理人员根据确定的外协材料的消耗定额和外协计划按照相关手续限额发放外协材料。

3. 外协材料管理人员应对外协材料进行详细记录，包括记录领料人、领料时间、领料地点、数量，同时留存领料单中的一联。

**四、确定及执行材料消耗定额**

工厂应确定、控制在外协品中的材料消耗等额，降低材料的损耗，节约成本。

1. 确定合理的外协材料消耗定额

（1）工艺技术部应根据产品的特点及相关历史记录确定产品材料消耗的定额。

（2）工艺技术部应结合产品的特点、材料的消耗定额及外协单位的生产状况等，与外协方进行协商，确定外协加工生产作业中的材料消耗定额。

（3）确定外协材料消耗定额时应考虑材料的成本，保证材料成本与材料定额消耗成反比。

（4）外协品材料消耗定额不得超过工厂所定同类产品的材料消耗定额的5%。

2. 严格执行外协材料消耗定额

（1）外协单位在进行外协作业时所消耗的材料应达到工厂所制定的定额消耗指标，否则需赔偿给工厂一定额度的经济损失。

（2）必要时，工厂可派出专业的工艺技术人员协助外协单位改善生产工艺流程，减少材料消耗，达成外协材料消耗定额。

**五、规定限额报废指标并执行**

在外协加工生产作业中，工厂应规定限额的报废指标并进行控制，防止因材料的报废率过高而导致工厂外协材料成本的支出增加。

1. 确定限额报废指标

工艺技术部确定外协加工生产作业中材料的报废指标并通知外协单位。

2. 根据限额指标处理报废情况

（1）工厂派出人员监控外协加工生产作业中的产品质量，通过不定时的抽检、不定时的制程检验等手段防止出现报废事件。

（2）外协加工生产作业中出现报废品时，外协单位应及时通知工厂，工厂需派出人员协助查找原因，解决质量问题。

（3）必要时，工厂可派专人到外协单位的生产现场进行全程监控。

3. 损失赔偿

外协单位在作业过程中的产品报废率超过工厂规定的报废指标时，应根据外协加工生产协议赔偿工厂的损失，包括材料损失、二次加工损失等。

**六、材料回收与折价处理**

1. 减少浪费现象

根据外协材料的成本，工厂应在与外协单位进行谈判时确定相应的条款，避免外协材料成本的浪费。

（续）

2. 价值低的外协材料边角料处理

工厂可通过与外协单位的协商对其进行折价计算，外协材料的边角料归外协方所有，其折算后的价值抵扣相关的外协费用。

3. 价值较高的外协材料边角料处理

（1）与价值低的外协材料的边角料的处理方式相同，即进行折价计算，抵扣外协费用。

（2）回收外协材料的边角料时需要与外协单位进行充分沟通，外协单位负责暂时保管外协作业中所产生的外协材料的边角料并随同外协产品运回工厂。

（3）工厂在外协作业期间应经常派人查看外协边角料的情况并及时记录。

| 编制人员 | | 审核人员 | | 审批人员 | |
|---|---|---|---|---|---|
| 编制时间 | | 审核时间 | | 审批时间 | |

## 三、外协厂商外协加工询价表

编号：　　　　　　　　　　　　　　　　　　　　　　　　填表日期：___年__月__日

| 产品名称 | 规格 | 图号 | 数量 | 单位 | 单价 | 总价 | 交货日期 | 备注 |
|---|---|---|---|---|---|---|---|---|
| | | | | | | | | |
| | | | | | | | | |
| | | | | | | | | |
| 质量标准 | | | | | | | | |
| 特殊要求 | | | | | | | | |
| 交货方式 | | | | | | | | |
| 相关图纸（见附件） | | | | | | | | |
| 供应商 | 签字：　　　日期：___年__月__日 | | | | 填制人 | 签字：　　　日期：___年__月__日 | | |

# 第二节　包工包料生产费用控制

## 一、往返运杂费控制点

往返运杂费是指工厂委托外单位加工产品时产生的运输费用。对往返运杂费的控制要点如图 12-2 所示。

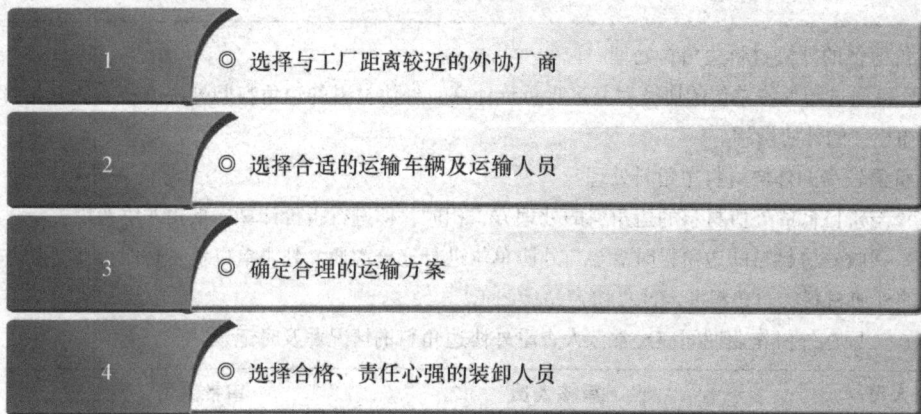

图12-2　往返运杂费控制点说明

## 二、包工包料生产费用控制点

包工包料生产是一种将原材料提供、加工过程等全部外包的生产方式，其费用控制要点如图12-3所示。

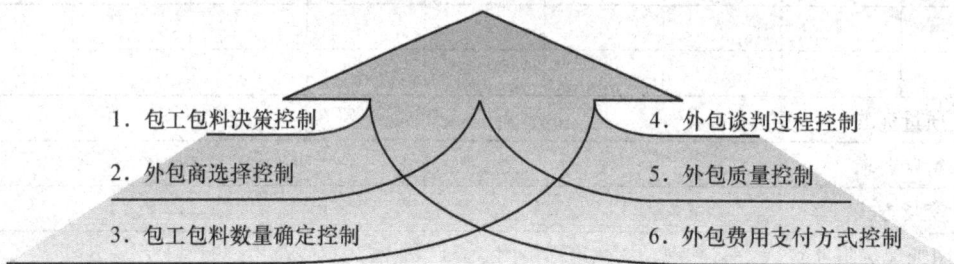

1. 包工包料决策控制　　　　4. 外包谈判过程控制

2. 外包商选择控制　　　　　5. 外包质量控制

3. 包工包料数量确定控制　　6. 外包费用支付方式控制

图12-3　包工包料生产费用控制点说明

## 三、包工包料生产费用控制方案

| 方案名称 | 包工包料生产费用控制方案 | 编　号 | |
|---|---|---|---|
| | | 受控状态 | |

**一、目的**

为加强对工厂包工包料生产费用的支出控制，降低产品的生产成本，根据工厂的实际情况，特制定本方案。

**二、适用范围**

本方案所指包工包料生产费用包括外包价格、谈判费用及违约费用等。

（续）

### 三、包工包料方式选择控制

工厂选择包工包料方式的决策依据如下。

1. 基于成本降低的原因，选择包工包料生产的成本费用比自身生产的成本费用低，从而提高竞争力。

2. 基于技术或设备水平原因，工厂某些零部件或产品的生产能力不足或难度大。

3. 基于生产产品结构调整、经营策略调整或风险转移等。

### 四、合理确定候选外包商

工厂在确定产品的外包加工费时应比较多家外包商的报价，选取外包服务性价比高的外包商，减少对包工包料加工费的支出。具体说明如下。

1. 初选外包商

（1）采购部在日常工作中积极收集与工厂有关的外包商相关信息，并将外包商的基本资料按照外包品种的不同编号存档。

（2）工厂的产品需要外包商加工时，采购部应在生产计划编制后，根据现有的资料，向相关的外包商发送"询价单"。

（3）收到外包商的询价回单后，采购部初选外包商，选取不低于三家的候选外包商。

（4）工厂对外包商的初步选择评估内容如下。

① 能力，包括生产能力、配送能力、技术水平等。

② 质量，包括其产品质量管理监督体系的完善程度、质量稳定性等。

③ 价格，包括外包价格、付款条件等。

④ 时间，包括其包工包料生产周期、交货周期以及紧急外包交货时间等。

⑤ 服务，包括售后服务、包工包料产品跟踪服务等。

⑥ 其他，包括抗风险能力、安全生产情况、人员稳定性等。

2. 确定合作的外包商

（1）采购部通知候选外包商在规定的期限内按照工厂指定的质量、技术，提供外包样品，由工厂质量管理部等相关部门负责评审。

（2）采购部与通过样品评审的外包商进行外包合同谈判，谈判的结果应报总经理或主管副总审批，审批通过后由主管副总与外包商签订合同。

（3）外包合同中除双方商定的条款外，还应包括《技术保密协议》及《质量保证协议》等相关内容。

### 五、确定合适的外包数量

工厂在包工包料生产时，应确定合适的外包数量，尽量降低外包成本费用。具体说明如下。

1. 采购部根据当期生产计划与下期生产计划与生产部进行协商，尽量合理扩大外包产品的单次加工数量，方便在与外包商谈判时的讨价还价。

2. 采购部在与选定的外包商进行外协加工费谈判时，根据工厂较大的订单量，尽量将加工费谈到一个比较低的水平，减少包工包料费用的支出。

### 六、合同谈判费用控制

合同谈判费用控制方法，如下图所示。

（续）

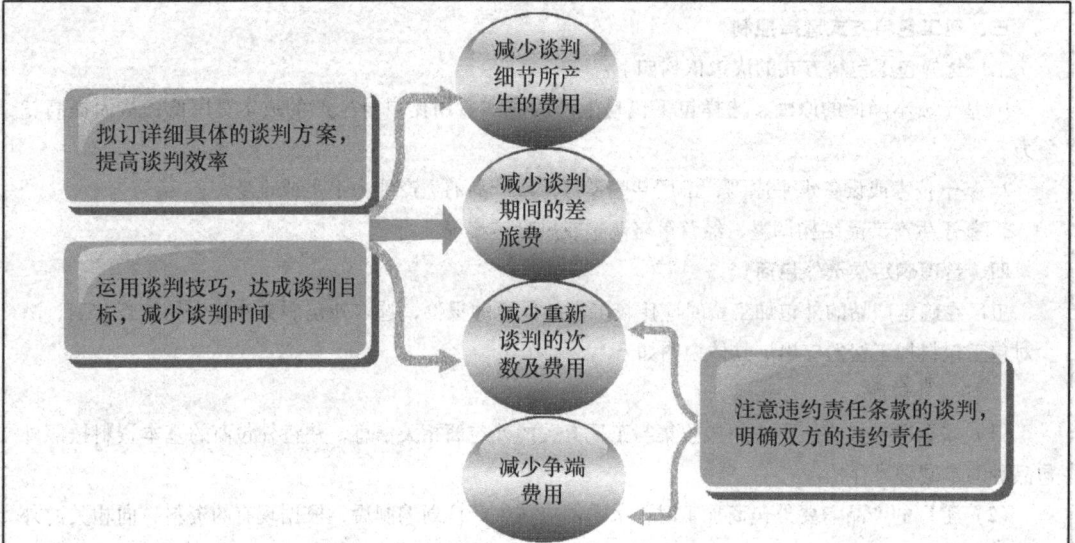

合同谈判费用控制方法示意图

**七、选择费用支付方式**

工厂应根据实际财务状况和外包商优惠策略，对比不同的支付方式，选择成本费用较低的支付方式。具体说明如下。

1. 一次性支付方式选择条件

（1）工厂选择一次性全额支付外包费用时，应比较此项付款的资金用于其他投资的投资报酬率。

（2）工厂选择一次性全额支付外包费用时，必须是在外协商的产品全部经工厂检验合格后。

（3）工厂需按照加工费用总额的10%提取质量保证金。

2. 分期支付方式选择条件

工厂选择分期支付外包费用时，应调查、计算分期支付的银行利息等，权衡优惠条件，确定分期支付时可能发生的相关费用。

| 编制人员 | | 审核人员 | | 审批人员 | |
|---|---|---|---|---|---|
| 编制时间 | | 审核时间 | | 审批时间 | |

# 四、包工包料生产质量控制办法

| 制度名称 | 包工包料生产质量控制办法 | | 受控状态 | |
|---|---|---|---|---|
| | | | 编　号 | |
| 执行部门 | | 监督部门 | | 编修部门 | |

第1章　总则

第1条　为加强对包工包料产品生产质量的控制，确保工厂产品的质量，降低不合格损失，特制定本办法。

（续）

第2条　本办法适用于包工包料形式的外包作业质量监控、包工包料品的质量验收等相关工作。

第3条　工厂相关部门在包工包料生产技术方面的控制职责分工如下。

1. 工厂设专人负责外包包工包料作业控制，负责质量信息反馈的整理并及时向质量管理部门反馈。

2. 工艺技术部负责提供产品完成所需的技术资料。

3. 管理部门负责编制质量要求，对外包过程进行检查和负责验收工作。

### 第2章　外包商评估选择控制

第4条　采购部需对外包商进行考察和评定，将具有相应承制能力的外包商列入合格外包商名录。

第5条　采购部对外包商的调查内容包括但不限于以下10个方面。

1. 质量管理体系建立与完善情况。

2. 是否设有专职的质量管理机构，管理制度是否完善，能否对生产过程实施有效的质量控制。

3. 生产、检验和试验设备能否满足外包项目的加工、试验、检验要求。

4. 工艺、生产、检验人员的技术素质是否与产品加工要求相适应。

5. 生产过程是否有工艺文件或作业指导书。

6. 检验和试验记录是否齐全。

7. 生产过程的产品标识和状态标识是否清晰、完整。

8. 对不合格品是否有严格的控制措施。

9. 计量器具是否进行了周期检定。

10. 生产环境条件能否适应生产要求。

第6条　工厂一般零部件外包把生产、检验和试验设备、计量器具的周期检定、不合格品的控制、质量记录和原材料质量控制作为考察和评价重点。

第7条　工厂重要零部件外包，除满足上述要求外，还要求建立并通过质量管理体系认证，需对生产环境等提出特殊要求，并严格控制生产过程。

第8条　合格外包商需具备一定的生产能力、必要的监控手段、有效的保障机制。

### 第3章　外包合同控制

第9条　对重要零部件外包，除签订正常的外包合同外，工厂还需签订外包的质量保证协议和技术协议。

第10条　质量保证协议由质量管理部负责拟订，技术协议由工艺技术部门负责拟订。

第11条　质量保证协议和技术协议中除了明确通常的质量控制要求外，还应规定以下内容。

1. 针对外包过程的关键、重要工艺过程，在产品实施前，组织必要的工艺评审。

2. 设立外包过程质量控制点，对关键、重要特性形成的过程进行重点控制，确认其符合要求后方可进入下道工序。

3. 明确质量控制点控制内容、介入时机、检验方法及验收通过的准则。

4. 明确最终验收的组织、方式和提交验收的文件，包括产品技术质量状态、质量证明文件、产品测试报告、设计更改、器材代用和不合格品审理记录等。

（续）

第 12 条　在实施外包过程中，工厂与外包商均应严格执行质量保证协议，确保外包产品质量水平。

### 第 4 章　外包过程质量控制

第 13 条　工厂需结合外包产品的重要复杂程度、周期要求等特点，制定适宜的外包过程质量控制方式。

第 14 条　外包商应根据工厂提供的工艺图纸、质量要求等生产产品。

第 15 条　所有外包生产工序应纳入外包商质量保证体系，确保产品加工处于受控状态。

第 16 条　外包商方应对所有生产工序实施工序检验，凡设计工艺图纸上的特性、参数要求，均须保留完整的实测记录。

第 17 条　外包商在加工过程中如发现确因设计差错而必须进行设计更改时，外包商须向设计技术部门反馈信息并办理设计文件更改手续。

第 18 条　外包商在生产过程中发生不合格品时，应按外包商的不合格品管理程序进行不合格品审核。

第 19 条　如外包商确认可利用不合格品时，需办理不合格品利用手续，并需经工厂外包质量检验人员和技术部门同意后方能利用。

第 20 条　工厂规定产品原则上不允许代料，外包商如确需代料，需与工厂办理器材代用征询手续。

### 第 5 章　外包产品质量检验控制

第 21 条　对于运输到库的外包产品，工厂外包质量检验人员、采购人员等需进行严格的检验评估，确保外包产品质量合格。

第 22 条　采购人员与质量检验人根据外包生产清单，清点、核对到库产品，确保数量、种类正确。

第 23 条　外包质量检验人员进行质量检验，对于不符合产品要求的，进行不合格品审理。

第 24 条　工厂根据外包产品质量问题的性质和严重程度，对外包商提出质量问题归零（过程清楚、责任明确、措施落实、严肃处理、完善规章）要求，并采取相应的纠正措施。

第 25 条　一般情况下，对发生下列质量问题的，工厂需要求外包商进行质量问题归零。

1. 相同或相似外包产品在同一外协单位发生三次以上同类质量问题。

2. 造成严重经济损失或对工厂声誉造成严重影响的质量问题。

3. 对重要产品发生质量问题，视情况做出归零要求。

第 26 条　质量问题归零应形成书面报告，分析产生质量问题原因，采取相应的纠正和预防措施，并确认在采取相应的纠正和预防措施后类似质量问题不再发生，产品达到指标要求。

第 27 条　对外包质量问题归零的确认，工厂可采用书面方式或现场确认方式。

### 第 6 章　外包商工作质量考核

第 28 条　工厂对外包商工作质量考核分为项目考核（完成一次交易）与年度考核。

第 29 条　外包商质量考核内容包括外包产品质量情况、质量文件完整性、质量检验报告情况、交货期、外包商服务态度等。

第 30 条　外包商工作质量考核指标及评分方法如下表所示。

（续）

### 外包商工作质量考核指标及评分方法

| 考核指标 | 权重 | 计算方式或说明 | 评分标准 | 得分 |
|---|---|---|---|---|
| 交验合格率 | 30% | $\dfrac{交验合格产品数量}{交验产品数量} \times 100\%$ | 1. 合格率≥＿＿%，该项得满分<br>2. 合格率每低＿＿%，减＿分<br>3. 低于＿＿%时，该项得分为0 | |
| 交货逾期率 | 20% | $\dfrac{交货次数}{送交总次数} \times 100\%$ | 1. 逾期率≤＿＿%，该项得满分<br>2. 逾期率每高＿＿%，减＿分<br>3. 高于＿＿%时，该得分为0 | |
| 产品质量证明文件齐全率 | 15% | 实际产品质量证明文件移交数量，按质量保证协议、技术协议及合同等要求必须提供质量证明文件数量 | 1. 齐全率≥＿＿%，该项得满分<br>2. 齐全率每低＿＿%，减＿分<br>3. 低于＿＿%时，该项得分为0 | |
| 外包价格合理性 | 10% | 外包价格与调查了解的可类比的产品价格进行比较 | 1. 外包价格低于可类比产品价格，得＿＿分<br>2. 外包价格与可类比产品价格相近，得＿＿分<br>3. 外包价格高于可类比产品价格，得＿＿分<br>4. 若发生一次严重逾期导致工厂重大损失的，此项得分为0 | |
| 检测报告真实率 | 10% | $\dfrac{交付复检符合要求检测报告数量}{实际提供检测报告数量} \times 100\%$ | 1. 真实率≥＿＿%，该项得满分<br>2. 真实率每低＿＿%，减＿分<br>3. 低于＿＿%时，该项得分为0 | |
| 服务态度 | 15% | 1. 发现质量问题能否及时解决，并按规定时间再次送检<br>2. 对提供产品能否按产品质量要求进行包装、保护、装箱周转等 | 外包合作相关人员的综合评价 | |
| 总计 | | | | |

第31条　外包商考核结果及运用，具体如下表所示。

### 外包商考核结果及运用

| 考核得分 | 等级划分 | 结果运用 |
|---|---|---|
| 90（含）~100分 | 一级外包商 | 签订长期外包合同 |
| 80（含）~90分 | 二级外包商 | 保持合作 |

（续）

| 考核得分 | 等级划分 | 结果运用 |
|---|---|---|
| 70（含）~80分 | 三级外包商 | 重新进行评审，确认后合作 |
| 70分以下 | 不合格外包商 | 取消合作 |

第32条　外包商考核结果是外包商优胜劣汰的依据，工厂应对合格外包商进行动态管理，确保外包商的质量水平。

### 第7章　附则

第33条　本办法由工厂采购部、质量管理部负责解释。

第34条　本办法经总经理审批通过后自发布之日起执行。

| | 修订标记 | 修订处数 | 修订日期 | 修订执行人 | 审批签字 |
|---|---|---|---|---|---|
| 修订记录 | | | | | |

## 五、外协外包往返运杂费控制方案

| 方案名称 | 外协外包往返运杂费控制方案 | 编　号 | |
|---|---|---|---|
| | | 受控状态 | |

**一、目的**

为了严格控制外协产品的往返运杂费，间接控制外协成本，减少费用支出，特制定本方案。

**二、适用范围**

本方案适用于工厂外协产品往返运杂费控制的相关工作。

**三、选择与工厂距离较近的外协厂商**

1. 采购部收集信息时应重点关注位于工厂附近的外协厂商，以降低外协作业时的运杂费。

2. 工厂在确定外协作业单位时，外协作业单位距离工厂的远近也应作为一个相对重要的因素加以考虑。

**四、选择合适的运输车辆**

1. 外协厂商有运输车辆时尽量使用外协方的车辆，以降低运输费用。

2. 外协厂商无车辆需要雇用车辆时，工厂外协事务的相关人员应考虑外协品的数量、质量及装卸要求等要素，确定合适的运输车辆。

**五、确定合理的运输方案**

外协事务的负责人员应制定合理的运输方案以减少运输、装卸成本，其运输方案应包括但不限于以下四方面内容。

1. 工厂外协事务的相关人员通过与外协方进行协商，确定合理的运输时间，避开货运高峰，节省装卸时间，降低装卸成本。

（续）

2. 工厂外协事务的相关人员应根据产品特性和运输车辆特点确定合理的装卸方式和外协品放置方式，确保运输过程的安全。

3. 工厂外协事务的相关人员与外协厂商的相关人员应确定外协品运输中的协作方式，确保外协品运输畅通无阻。

4. 工厂外协事务的负责人应确定合理的外协运输线路，避免绕行和耽搁时间，减少运输费用。

**六、确定合适的装卸人员**

1. 在外协品运输中，发生在工厂内的装卸作业应尽量由工厂的装卸人员完成。

2. 在外协品运输中，发生在外协方范围内的装卸作业应尽量要求由外协厂商的装卸人员完成。

| 编制人员 | | 审核人员 | | 审批人员 | |
|---|---|---|---|---|---|
| 编制时间 | | 审核时间 | | 审批时间 | |

# 工厂物流成本
# 费用控制

## 第十三章

# 第一节　运输费用控制

## 一、运输费用控制点

运输费用是指工厂生产车间在生产或销售产品过程中进行运输活动及相应的装卸搬运活动时所发生的费用。运输费用控制点说明如图 13-1 所示。

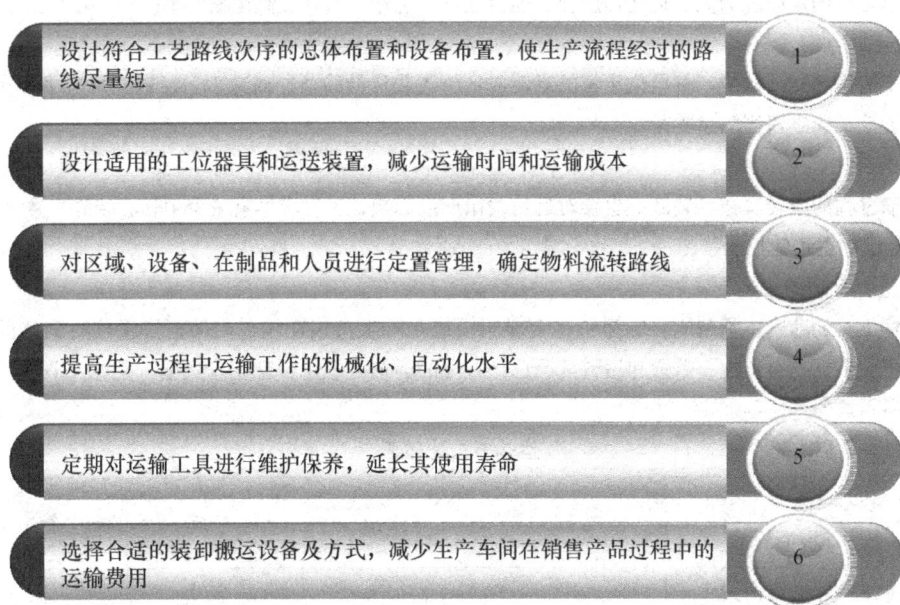

| 设计符合工艺路线次序的总体布置和设备布置，使生产流程经过的路线尽量短 | 1 |
| --- | --- |
| 设计适用的工位器具和运送装置，减少运输时间和运输成本 | 2 |
| 对区域、设备、在制品和人员进行定置管理，确定物料流转路线 | 3 |
| 提高生产过程中运输工作的机械化、自动化水平 | 4 |
| 定期对运输工具进行维护保养，延长其使用寿命 | 5 |
| 选择合适的装卸搬运设备及方式，减少生产车间在销售产品过程中的运输费用 | 6 |

图 13-1　运输费用控制点说明

## 二、物料运输费用控制方案

| 方案名称 | 物料运输费用控制方案 | 编　号 | |
| --- | --- | --- | --- |
| | | 受控状态 | |

**一、目的**

为合理组织物料运输，保证生产的正常进行，降低工厂生产成本费用，特制定本方案。

**二、职责分工**

1. 工厂运输主管部门负责选择承运方，并对物料运输过程进行监督和控制。

2. 财务部负责运输费用的审核和结算工作。

（续）

### 三、相关释义

物料运费是指工厂为保证本厂生产的节奏，不断组织采购原材料、零部件、燃料、辅助材料等物资，从供应地到工厂仓库这个空间转移的过程所发生的物流费用，主要包括货物运费和运杂费。

### 四、影响运输费用的因素

以下四个因素虽然并不是运费表上的组成部分，但通常会对运输费用产生重要影响。

1. 运输距离

运输距离的长短将直接影响劳动、燃料和维修保养费用。

2. 运输工具

运输工具的承载能力大、运送速度快，能有效降低运输次数和提高运输效率。

3. 运输量

由于运输的规模效应，每单位重量的运输成本将随载货量的增加而减少，所以工厂应平衡运输和仓储的关系，确定适当的运输量。

4. 装卸搬运

运输过程的中转次数和装卸率也会对运输费用产生影响，工厂应尽量减少中转和装卸次数。

### 五、运输费用的控制措施

1. 选择合适的运输方式

运输工具的速度、承载能力和运价将会对运输成本产生直接影响，在保证货物按时到达的前提下，工厂应依据物料特性、数量和用料情况选择合适的运输方式，合理安排运输。运输工具选用说明如下表所示。

**运输方式比较表**

| 项目 \ 工具 | 铁路 | 公路 | 水运 | 空运 | 管道 |
|---|---|---|---|---|---|
| 承载能力 | 很大 | 小 | 很大 | 较小 | 大 |
| 运送速度 | 较慢 | 一般 | 较慢 | 快速 | 快速 |
| 运输价格 | 较低 | 一般 | 低 | 高 | 高 |
| 灵活性 | 路线固定，灵活性差 | 灵活，能实现"门到门"服务 | 容易受资源分布影响 | 航班较多 | 固定投入成本高，灵活性差 |
| 受自然灾害影响情况 | 受自然灾害影响很小 | 容易受雨、雪灾害影响 | 受狂风、暴雨和水雾气候影响较大 | 受大雾影响较大 | 不受自然灾害影响 |
| 适用情况 | 几乎适合所有的大批量货物 | 适合批量较小的短途货物 | 适合运送煤、铁、石油等大宗货物 | 适合运载价值高、运费承担能力强的货物 | 适合输送气体、液体和粉状固体的物质 |

2. 运价控制

对于运输活动，特别是远途运输，工厂应考察承运商的承运能力，同时掌握市场报价水平，通过

（续）

| | | | | | | |
|---|---|---|---|---|---|---|

比价选择价格具有竞争力的承运商，通过运价控制达到降低成本的目的。

3. 订购批量控制

较大的订购批量能够使工厂获得价格折扣，发挥边际运输成本递减效应，并能有效避免负载不充分产生的浪费，同时也要考虑订货量与仓储成本的二律背反关系，追求总体利益最大。

4. 供应地点选择

供应地点对运输距离将产生直接影响，选择合适的供应地点，科学规划运输网络，整合网络内资源，优化运输能力，从整体上降低运输费用。

5. 合同签订控制

工厂应与承运方签订合同，明确运输费用承担范围，以避免因货物丢失损坏、延期送抵等原因造成双方纠纷和产生额外的费用。

| 编制人员 | | 审核人员 | | 审批人员 | |
|---|---|---|---|---|---|
| 编制时间 | | 审核时间 | | 审批时间 | |

## 三、商品配送费用控制办法

| 制度名称 | 商品配送费用控制办法 | | 受控状态 | |
|---|---|---|---|---|
| | | | 编　号 | |
| 执行部门 | | 监督部门 | 编修部门 | |

### 第 1 章　总则

第 1 条　目的

为降低工厂销售物流成本，有效控制商品配送费用，特制定本办法。

第 2 条　适用范围

本办法适用于工厂商品配送费用的管理工作。

第 3 条　人员职责

1. 配送中心负责配送费用的统计、汇总工作，并进行初步审核。

2. 财务部负责运输费用的最终审核与结算。

第 4 条　商品配送费用的构成

1. 运费是对配送工作所产生的劳动耗费和生产工具耗费的货币形式的补偿。

2. 运杂费是指配送过程发生的装卸费、中转费、保险费、路桥费等其他费用。

### 第 2 章　运费支付控制

第 5 条　运费汇总

配送中心核单员及时收回运输单据并进行核对，每周四前整理好上周费用明细，并分两次（每月15 日和每月月底）将运费清单交到财务部。

第 6 条　运费核算

财务部收到运费清单后，应立即核对配送单据是否有效、完整，运费计算标准和金额是否正确无误。

（续）

第 7 条　运费审核

财务部核对单据后交给配送中心经理审核，由其确认各承运车队是否有遗留问题并做出批示。

第 8 条　运费确认

运费清单经配送中心经理审核后交客服部经理，由其确认各承运商是否有尚未解决完的售后投诉问题。

第 9 条　运费结算

客服部经理审核通过后，由财务部经理审核总运费是否超出定额，若在定额范围内，经财务部经理签字后，即可办理运费结算；若超出定额，需经工厂总经理签字后方可结算。

## 第 3 章　运杂费管理

第 10 条　过路过桥费的控制措施

1. 配送中心应明确划分免费送货区域，并制定区域外送货费用收取标准，并要求销售人员掌握此标准。

2. 销售人员应在交易达成时，根据客户送货要求，告知工厂送货标准，并在销售票据上注明收费金额。

3. 如在送货过程中发生此费用，销售人员应引导客户至服务台交费，并要求收银员开具一式四联的收据。

4. 送货司机将货物送至客户指定地点后，应将过路过桥费结算联与提货联经用户签字后一并收回，过路过桥费结算联由承运人保管，于每月 30 日前凭收据至财务部将费用领回。

第 11 条　运杂费的内部控制措施

1. 除配送中心经理安排外，工厂其他部门和人员一律不得擅自租用社会车辆。

2. 运输车队一次性发生运杂费超过 1 000 元的，必须上报配送中心经理审批。

3. 财务部结算运费时，如经办人手续不全则不得为其办理结算。

## 第 4 章　二次运费的管理

第 12 条　二次运费产生原因

工厂实行二次运费分类担责制，配送中心应根据二次运费产生的原因进行归类，并严格依照单据进行申报与结算。二次运费产生原因分析表如下所示。

### 二次运费产生原因分析表

| 原因 | 具体分析 |
|---|---|
| 我方原因 | 商品或客户信息记录错误，配送中心相关人员工作失误等 |
| 承运方原因 | 因服务不规范、服务不到位导致客户拒收；送货前未与客户联系导致的送货问题 |
| 用户原因 | 客户不满意退货及选择商品的失误等 |
| 配送外残原因 | 送货到客户家时外包装完好，开箱验货时发现的商品包装外残等 |

第 13 条　二次运费的承担

1. 由于我方原因造成的，二次运费由我方相关责任人承担。

2. 由于承运方原因造成的，不予结算二次运费，并按相关条例追究当事人的责任。

3. 由于用户原因造成的，二次运费由用户承担。

4. 由于送达后发现外残造成的，按额度进行分析，额度内的给予结算二次运费，超出额度的部分一律不予结算二次运费。

（续）

第14条 二次运费控制措施

1. 送货人员领到"派车单"后，必须主动与客户联系，核对客户姓名、电话、商品信息是否一致，并提醒客户做好接货准备。

2. 凡在配送中心出库发送的各类商品，需要开箱检验的，在出库时可以开箱查验外观；外包装完好的，不需查验，直接装车送出。

3. 商品出库时，送货人员必须仔细核对商品型号、数量是否一致。

4. 商品送至客户指定地点，外包装完好但商品有外残，客户要求调换的，送货司机经配送中心经理签字同意调换商品后，必须确认无外残后方可再次送货。如违反此流程而发生二次运费，工厂配送中心不予结算。

5. 若外包装箱因送货人员开箱操作有误而损坏，产生的损失由送货人员赔偿，并且工厂配送中心不予结算。

第15条 二次运费结算流程

1. 送货人员在送货过程中，产生二次运费时，必须有客户书面证明。

2. 送货人员将"送货单"和客户证明交给核单员，核单员根据事实初步判别二次运费是否符合规定，并确认产生原因和责任人。

3. 如果是人为原因造成的，由工厂配送中心经理协调各部门负责人落实运费。此类费用由责任人上交配送中心，配送中心根据证明及签收手续建立档案备查，不需报财务部。

4. 属工厂支付范围（如产品质量原因）的二次运费，每月随运费结算由配送中心核单员统计并上报。

5. 没有单据或证明的二次运费，一律不予结算。对于私自伪造相关单据或证明的，除不结算运费外，还要对当事车辆进行停运直至解除合同，并处以当事人罚款。

### 第5章 附则

第16条 本办法由工厂配送服务中心起草和修订。

第17条 本办法经工厂总经理审批后生效实施。

| 修订记录 | 修订标记 | 修订处数 | 修订日期 | 修订执行人 | 审批签字 |
| --- | --- | --- | --- | --- | --- |
| | | | | | |
| | | | | | |

# 第二节 仓储费用控制

## 一、仓储费用控制点

为了节约物料仓储过程中的直接成本和间接成本的支出，提高经济效益，工厂在仓储费用的控制过程中应注意以下六点，具体如图13-2所示。

1 ◎ 优化库区规划，合理划分区域

2 ◎ 加强仓库的防潮、防腐、防霉管理，改善仓库环境

3 ◎ 充分利用现代仓储设备和技术，提高储存密度和仓容利用率

4 ◎ 采用"先进先出"的方式，减少库存的保管风险

5 ◎ 采用有效的检测清点方式，提高仓储作业的准确度

6 ◎ 提高仓库人员盘点和装卸的技术水平，减少物料损失

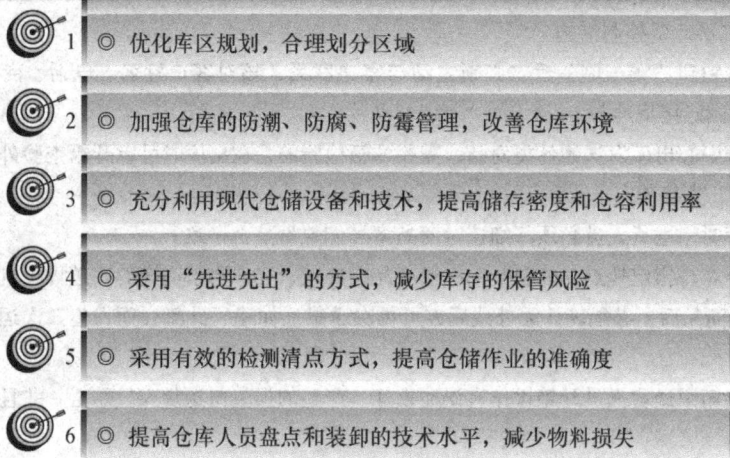

图13-2　仓储费用控制点说明

## 二、仓储费用控制方案

| 方案名称 | 仓储费用控制方案 | 编　号 | |
| --- | --- | --- | --- |
| | | 受控状态 | |

**一、方案背景**

仓储费用是指工厂在原材料、半成品和产成品的储存、管理、保养、维护等过程中，所投入的要素以货币计算的总和。仓储费用是物流成本的重要组成部分，为进一步加强仓储管理工作，减少仓储资金的占用，特制定本方案。

**二、仓储费用控制原则**

工厂仓储费用控制工作应以下列原则为指导。

1. 经济性原则

经济性原则主要强调仓储费用控制工作要起到降低成本、纠正偏差的作用，并控制发生的费用支出。

2. 全面性原则

全面性原则要求在进行仓储费用管理时，不能只片面地强调仓储费用，要兼顾服务质量和成本的关系，要进行全员控制、全过程控制、全方位控制。

3. 利益协调性原则

在仓储费用控制过程中采用的方法必须合情合理，协调好国家利益、工厂利益和消费者利益三者之间的关系。

**三、仓储费用的构成**

仓储费用主要包括设施设备费用、仓储运作费用以及仓储风险费用，具体内容如下表所示。

（续）

**仓储费用构成表**

| 费用项目 | 说明 |
|---|---|
| 设施设备费用 | 指工厂为仓储工作的运营，对各主要仓储设施、设备的建设费用，如仓库的建设费用，货架、叉车设备的购置费用 |
| 仓储运作费用 | 指仓储管理业务过程中的库存保管、装卸、加工等费用 |
| 仓储风险费用 | 指由于物料或产品变质、短少、损害和贬值等原因而发生的费用 |

**四、仓储费用控制措施**

1. 优化仓库规划，合理划分区域。

工厂应将仓库划分为入库区、仓储区、出库区、站台和办公区，实行区域管理，以削减不必要的固定费用和提高工作效率，各区域功能如下表所示。

**仓库区域功能表**

| 区域名称 | 功能说明 |
|---|---|
| 入库区 | 主要功能是卸货、验收和搬运入库等 |
| 仓储区 | 主要功能是货物的存储保管、搬运等，根据货物的状态，存储区可划分为待检区、待处理区、合格品存储区和不合格品隔离区 |
| 出库区 | 主要功能是货物捆扎、搬运出库和装载等 |
| 站台 | 用于连接运输工具与仓库 |
| 办公区 | 作为仓储管理人员的工作区域 |

2. 提高储存密度，提高仓容利用率。

通过提高存储密度，减少储存设施的投资，以降低成本、减少土地占用。具体方法如下表所示。

**提高仓库利用方法汇总表**

| 方法 | 操作办法 |
|---|---|
| 采取高垛的方法，以增加储存的高度 | 采用高层货架仓库、集装箱等工具增加储存高度 |
| 缩小库内通道宽度，以增加储存有效面积 | 采用窄巷道式通道，配以轨道式装卸车辆，减少车辆运行的宽度要求，采用侧叉车、推拉式叉车，以减少叉车转弯所需的宽度 |
| 减少库内通道数量，以增加有效储存面积 | 采用密集型货架、不依靠通道可进车的可卸式货架、贯通式货架，利用不依靠通道的桥式起重机装卸技术等 |

3. 充分利用现代仓储设备和技术。

如采用物料需求计划、制造资源计划以及准时制生产和供应系统等，合理确定原材料、在产品、半成品和产成品等每个物流环节最佳的库存量，使存货水平最低、浪费最小、空间占用最小。

（续）

4. 实施库存分类保管方法。

ABC法符合"抓住关键少数"、"突出重点"的原则，是库存成本控制中一种比较经济合理的常用方法，具体做法如下。

（1）对于品种少但占用资金额高的A类货物，应作为重点控制对象，必须严格逐项控制。

（2）B类货物则作为一般控制对象，可视不同情况采取不同的措施。

（3）对于品种多、资金占用少的C类货物，则不作为主要控制对象，只需采取一些简单控制方法即可。

5. 采用"先进先出"方式，减少库存的保管风险。

"先进先出"是储存管理的准则之一，它能保证每个被储物的储存期不致过长，减少仓储物的保管风险。一般可采用贯通式货架系统、"双仓法"储存方式或计算机存取系统管理方法等实现"先进先出"管理。

6. 采用有效的监测清点方式，提高仓储作业的准确程度。

对储存物资数量和质量的监测有利于掌握仓储的基本情况，也有利于科学控制库存。监测清点的有效方式主要有如下三种。

（1）"五五化"堆码，即储存物堆垛时，以"五"为基本计数单位，堆成总量为"五"的倍数的垛形，如梅花五、重迭五等。堆码后，有经验者可过目成数，大大加快了人工点数的速度，而且很少出现差错。

（2）光电识别系统，在货位上设置光电识别装置，通过该装置对被储物的条形码或其他识别装置进行扫描，将准确数目自动显示出来。

（3）电子计算机监控系统，即在储存物上采用条形码技术，使识别装置和计算机连接，每次存、取一件物品时，识别装置自动识别条形码并将其输入计算机，计算机会自动做好存取记录。

7. 加强劳动管理，提高劳动效率。

工资是仓储成本的重要组成部分，劳动力的合理使用是控制人员工资的基本原则。通过培训提升人员工作技能，并设定指标来加强绩效考核，有效控制工作成本。

8. 加强仓库内部管理，降低日常开支。

（1）做好仓库盘点工作，尽可能减少货物损失。

（2）提高仓库保管人员通风、防潮、除虫工作效率，加强库存管理，降低损耗。

| 编制人员 | | 审核人员 | | 审批人员 | |
|---|---|---|---|---|---|
| 编制时间 | | 审核时间 | | 审批时间 | |

## 三、存货存管搬管理办法

| 制度名称 | 存货存管搬管理办法 | | 受控状态 | |
|---|---|---|---|---|
| | | | 编　　号 | |
| 执行部门 | | 监督部门 | 编修部门 | |

### 第1章　总则

第1条　目的

为降低仓储管理成本，进一步做好存货的储存、保管、搬运（以下简称为"存管搬"）工作，特制定本办法。

（续）

第2条　适用范围

本办法适用于工厂仓储物资的储存、保管、搬运工作。

## 第2章　存货储存管理规定

第3条　存货储存原则

1. 防火、防水、防压。

2. 定点、定位、定量。

3. 先进先出。

第4条　储存期限规定

为保证库存的周转，避免物料的老化、变质，减少资金、库房的占用，工厂对主要物料的储存期做出规定，具体如下表所示。

**物料储存期限表**

| 物料种类 | 储存期限 | 物料种类 | 储存期限 |
|---|---|---|---|
| 电子元器件 | 有效储存期为____个月 | 包装材料 | 有效储存期为____个月 |
| 塑胶件 | 有效储存期为____个月 | 成品 | 有效储存期为____个月 |
| 五金件 | 有效储存期为____个月 | 化工及危险品 | 储存期按供应商提供的期限为准 |

第5条　储存环境要求

1. 分区储存

储存区域应根据货物的检查状态和结果划分为待检区、待处理区、合格品存储区和不合格品隔离区。

2. 储存条件

（1）仓储场地须通风、通气、通光、干净，白天保持空气流畅，下雨天应关好门窗，以保证物料干燥，防止受潮。

（2）仓库内库保持常湿常温（5℃~35℃，相对湿度为45%~85%）。

（3）对易变质物料，在仓储期要采取封保鲜纸、消毒等适当措施，防止产品变质。

第6条　储存安全要求

1. 对危险化学物品的保管，须遵守"三远离、四严禁"的原则，即"远离火源、远离水源、远离电源"，"严禁混合堆放、严禁阻塞通道、严禁阻塞灭火器、严禁超高"。

2. 将危险化学物品和易燃物品放入指定区域并有专人保管。

3. 认真执行货仓管理的"十二防"安全工作，即防火、防水、防锈、防腐、防蛀、防磨、防爆、防电、防盗、防晒、防倒塌、防变形。

4. 仓库内严禁烟火，严禁做与本职工作无关的事情。

5. 仓库管理员晚上下班前应关好门窗及电源，定期检查电线绝缘是否良好。

6. 按消防部门颁布的标准配备消防设施，并由仓储部组织每季度的定期检查，确保其使用功能。

## 第3章　存货保管管理规定

第7条　储位图的管理

仓库管理员应将仓库内储存区域与料架分布情形绘制成"库存储位图"并悬挂于仓库明显处，当存货存放的区域有变更时，储位图应作相应的变更。

（续）

第8条　存货的标识

1. 对不同的物料和成品，在入库后要对每一类物料或成品建立一张存储卡，除表明该存货的名称与储存位置外，应依卡的颜色分为 A、B、C 类，以示重点与一般管理。

2. 贵重物品要入箱入锁，做好登记与标识，并指派专人保管。

第9条　存货的检查

1. 仓库管理员要按规定执行《仓库巡查和库存抽查制度》，及时发现仓库呆滞料和不合格品。

2. 对仓库内保存期满的存货，应及时通知工厂 IQC 重验。

3. 一经发现物料变质，应及时作隔离处理，并书面呈报上级。

第10条　存货的盘点

仓库管理员应根据存货建立完整的账目和报表，并定期盘点，确保账实相符。

第11条　存货的收发

1. 送领物料的资料手续不全或有缺损涂改时，如无特殊批准，仓库管理员严禁收发。

2. 仓库管理员应遵守货仓收发料的时间规定，严禁私自收发料。

3. 严禁收发已经确认的不合格品（特殊情况需征得质量管理部的书面同意）。

4. 未经 IQC 检验或无标识的物料不准入库。

5. 严禁任何人私自使用仓库物品。

### 第4章　存货搬运管理规定

第12条　搬运工具选择

装卸搬运人员应根据待运物品的特性选择适当的搬运工具，在条件允许的情况下，尽可能采用机械化搬运，以减少对人力、物力的消耗，提高劳动效率。

第13条　搬运动作改善

1. 装卸搬运人员在搬运时，应将重物放于底部，将重心置中，并注意各层面的防护，整齐堆放于卡板上，用液压叉车匀速推行。

2. 要选择平滑、便捷的搬运路线，注意轻拿轻放，放置地面应平稳，绝对不允许出现抛、扔、摔等野蛮动作。

第14条　搬运安全要求

1. 装卸搬运人员要按照搬运工具的使用说明操作，严禁超高、超快、超量搬运物品。

2. 物品的堆叠，宽度以不超过厂区规划的道路为限，高度不得超过 200 厘米。

3. 电梯载物应遵循《电梯安全使用规定》。

### 第5章　附则

第15条　本办法由仓储部负责起草和修订。

第16条　本办法经总经理审批后生效实施。

| 修订记录 | 修订标记 | 修订处数 | 修订日期 | 修订执行人 | 审批签字 |
|---|---|---|---|---|---|
| | | | | | |
| | | | | | |

## 四、仓库呆废料损失控制方案

| 方案名称 | 仓库呆废料损失控制方案 | 编 号 | |
|---|---|---|---|
| | | 受控状态 | |

**一、目的**

为减少呆废料损失，降低呆废料成本与相关费用的支出，进而降低采购成本，提高工厂经济效益，特制定本方案。

**二、适用范围**

本方案适用于仓库呆废料损失控制的相关事宜。

**三、相关定义**

1. 呆料是指存量过多、消耗极少，且库存周转率极低的物料。这种物料完全可用并保留原有特性和功能。

2. 废料，即报废的物料，是指经过使用后已失去原有功能，本身也无可用价值的物料。

**四、职责分工**

工厂仓库呆废料损失控制主要由采购部、仓储部和财务部负责，具体职责如下表所示。

### 仓库呆废料损失控制职责划分一览表

| 部门 | 岗位 | 职责要点 | 部门 | 岗位 | 职责要点 |
|---|---|---|---|---|---|
| 采购部 | 采购部经理 | ◎ 组织制订采购计划<br>◎ 监督采购作业 | 采购部 | 采购专员 | ◎ 执行采购计划 |
| 仓储部 | 仓储部经理 | ◎ 制定搬运作业规范<br>◎ 规划仓储空间<br>◎ 监督盘点工作<br>◎ 拟订《呆废料处理报告》 | 仓储部 | 仓储部人员 | ◎ 执行搬运作业规范<br>◎ 盘点作业<br>◎ 呆废料处理申请与实施 |
| 财务部 | 财务部经理 | ◎ 审批《呆废料处理报告》 | 财务部 | 成本会计 | ◎ 根据呆废料处理结果，做好账务处理工作 |

**五、减少呆废料的发生**

为减少存货破损、报废损失，降低呆废料费用，在维持保管的过程中，工厂须减少呆废料的发生。

（一）分析呆废料发生的原因

在存货采购和维持的过程中，其呆废料产生的原因如下表所示。

### 呆废料产品原因一览表

| 责任部门 | 呆废料产生的原因 | 责任部门 | 呆废料产生的原因 |
|---|---|---|---|
| 采购部 | 1. 采购计划不当<br>2. 采购物料质量低劣<br>3. 采购量过多<br>4. 生产计划更改而采购计划未更改 | 仓储部 | 1. 物料计划不当<br>2. 存量控制不当<br>3. 仓储管理不当 |

（续）

（二）装卸、搬运过程控制

物料搬运、装卸过程中容易造成物料破损和报废，为避免或降低搬运、装卸过程中造成的呆废料损失，工厂须对其进行控制。具体控制措施如下。

1. 进行合理的仓储空间规划

为便于搬运和装卸，规划仓储空间时须考虑以下三点因素。

（1）符合出入库管理、仓储管理、盘点等作业流程。

（2）合理设计车间通道和搬运路线，尽量减少搬运距离和搬运次数。

（3）充分考虑搬运设备的进出路线。

2. 制定搬运作业规范

为规范搬运作业，减少搬运过程中物料的破损、报废损失，工厂须制定并贯彻执行搬运规范作业。

（1）搬运物料时需视物料的大小、数量及堆放的高度等选用适当的工具或方法。

（2）搬运时应保持通道畅通，并注意安全。

（3）易碎品在搬运时应避免碰撞，放置时必须轻拿轻放。

（4）搬运环境注意防潮、防污。

（5）搬运工具操作人员须严格按照工具的使用说明进行操作。

（三）仓储过程控制

仓库管理员须注意以下事项。

1. 同类型的物料在不同批次入库时要分开摆放，发放物料时要按照先进先出的原则，避免发生物料存放过久不用或超出使用年限等情况。

2. 严禁在仓库内吸烟、喝酒、打闹，不得将水杯、饭盒等物品带入仓库，更不能在仓库内吃东西。

3. 严禁在仓库内乱接电源、临时电线及临时照明设施。

4. 仓储部人员须全面掌握物料的存储环境、堆层、搬运等注意事项及相关故障的排除方法。

5. 仓库管理员须做好各种防患工作，确保物料存放安全，预防内容包括防火、防盗、防汛、防潮、防锈、防霉、防暑、防虫等。

6. 非仓储部人员因工作需要进入仓库时，须经上级领导同意，在仓储部人员的陪同下方可进入仓库。任何进入仓库的人员都必须遵守工厂仓库管理的相关规定。

（四）盘点过程控制

物料盘点作业是发现并确认呆废料的过程。为尽快处理呆废料，减少占用的空间，防止呆料贬值或变成废料，盘点过程中须注意以下三点。

1. 盘点人员须耐心、负责、认真、仔细，切实进行盘点工作，清查呆料与废料并及时做好记录。

2. 盘点人员在盘点作业中，须轻拿轻放，切实保证物料的安全。

3. 对于已确认的呆废料，盘点人员须及时通知相关部门或人员进行处理。

**六、呆废料处理控制**

（一）明确呆废料处理流程

呆废料的处理流程如下。

1. 仓库管理员需对呆废料进行处理，开设呆废料区，将呆废料分类存放。

（续）

2. 仓储部按工厂规定每月组织一次呆废料处理及报批工作。

3. 仓储部人员将产生的呆废料列出清单，填制"呆料处理报告单"和"废料处理报告单"，并组织相关部门及人员进行呆废料处置评审工作。"呆料处理报告单"及"废料处理报告单"的具体内容如下表所示。

**呆料处理报告单**

| 物料编号 | 物料名称 | 规格/型号 | 拟处理方式 | 应完成期限 | 未处理数量 | 未如期完成原因 |
|---|---|---|---|---|---|---|
|  |  |  |  |  |  |  |
|  |  |  |  |  |  |  |
| 处理记录 | | | | | | |
| 日期 | 方式 | 单价 | 数量 | 金额 | 要点记录 | |
|  |  |  |  |  |  | |
|  |  |  |  |  |  | |

审批人： 复核人： 呆料处理人：

**废料处理报告单**

编号： 日期：＿＿＿年＿月＿日

| 物料编号 |  | 物料名称 |  | 数量 |  |
|---|---|---|---|---|---|
| 处理方式 | □ 废弃 □ 出售 □ 转作他用 □ 改造 | | | | |
| 处理说明 | 1. <br> 2. | | | | |
| 损失分析 | 1. 账面价值 | | | | |
|  | 2. 处理收入 | | | | |
|  | 3. 处理支出 | | | | |
|  | 4. 损失金额或价值 | | | | |

审核人： 废料处理人：

4. 评审意见完成后，仓储部经理根据评审意见，拟订《呆废料处理报告》并提交财务部。

5. 财务部经理对《呆废料处理报告》做出审核意见并报送总经理审批。

6. 仓储部根据最终的审批意见，通知相关部门配合，对呆废料进行处理。

7. 财务部根据审批结果，进行相关账务调整。

8. 仓储部每月对呆废料处理工作进行汇报。

（二）已确认的呆料处理

工厂对已确认的呆料进行处理时，须充分利用其价值，尽量减少呆料损失。呆料的处理方式有以下五种。

1. 仓储部每月统计各项呆料数，报生产部、采购部参考。

2. 不同生产车间之间的调拨利用。

3. 设计部设计新产品时，设法应用呆料。

（续）

4. 低价处理或与供应商交换其他可用物料。

5. 销毁呆料。

（三）已确认的废料处理

在已失去原有功能且本身无可用价值的废料积累到一定程度时，工厂须尽快作出售处理或销毁处理，节省仓储空间和仓储成本。

| 编制人员 | | 审核人员 | | 审批人员 | |
|---|---|---|---|---|---|
| 编制时间 | | 审核时间 | | 审批时间 | |

# 第三节　现场物流费用控制

## 一、现场物流费用控制点

工厂现场物流是指工厂中有形和无形物品在各个作业场所的物理性位置移动的过程，包括时间、空间两个要素，管理和改善的要点就是节省时间、空间来创造价值。现场物流费用的控制点说明如图 13-3 所示。

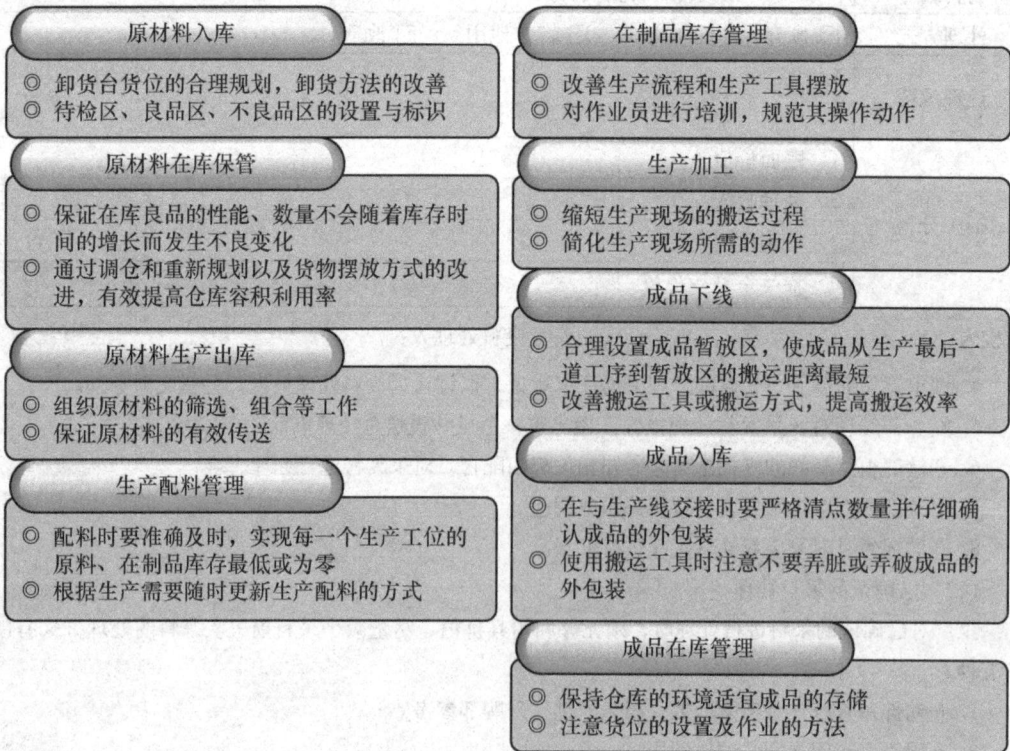

图 13-3　现场物流费用控制点说明

## 二、现场物流环境优化方案

| 方案名称 | 现场物流环境优化方案 | 编 号 | |
|---|---|---|---|
| | | 受控状态 | |

**一、背景**

工厂现场物流环境的布局和设计会对生产效率产生直接影响，并会影响到现场物流费用的高低，因此，工厂应通过不断地优化物流环境设计，提升工作效率，达到控制现场物流费用的目的。

**二、适用范围**

本方案适用于生产现场物料搬运路线优化、物料暂存库库位优化工作。

**三、生产现场物料搬运路线优化**

（一）物料搬运路线优化原则

物料搬运路线优化原则如下。

1. 流动性原则，即路线设计节点流畅、布局合理，保持物料运转的流动性。

2. 连续性原则，即合理设置物料存放和使用的位置，减少搬运次数，保持搬运动作的连续性。

3. 最短距离原则，即避免路线无效环绕情况，缩短搬运距离，提高物流效率。

4. 系统化原则，即通道宽度应与搬运工具大小以及载重量相匹配，便于开展搬运作业。

（二）物料搬运路线常用类型

物料搬运路线常用类型主要包括直达型、渠道型和中心型，具体说明如下。

1. 直达型是指物料从起点到终点经过的路线最短。直达型路线适合于物流量大或特殊要求的物料。

2. 渠道型是指物料在预定路线上移动，与来自不同地点的其他物料一起运到同一终点。渠道型路线适合布置不规则或搬运距离较长的物料。

3. 中心型是指各物料从起点移动到中心分拣处，然后再运到终点。中心型路线适用于物流量小且搬运距离长的物料。

（三）生产现场物料搬运七条路线

生产现场物料搬运的七条路线说明如下。

1. 物料从缺货台搬运到待检区。

2. 物料从待检区搬运到良品区或不良品区。

3. 物料从良品区拣出移送到生产配料区。

4. 物料从生产配料区搬运到生产线上。

5. 物料随加工活动而移动。

6. 成品从生产线搬运到成品暂放区。

7. 成品从生产暂放区移动到成品仓库入库。

（四）物料搬运路线常见问题

物料搬运路线常见问题如下。

1. 搬运通道不畅通，无交叉点或交叉点衔接不合理。

（续）

2. 搬运路线曲折、环绕，增大作业时间成本。

3. 搬运容器不标准，需搬运的物料与选用的搬运工具性能参数不符合。

4. 搬运设备缺乏柔性，不能满足变动的搬运需求。

5. 搬运系统与生产系统不均衡，人、机、物三者生产力水平失衡，造成资源浪费。

**四、生产现场物料暂存区库位优化**

（一）库位优化原则

库位优化的基本原则如下。

1. 流畅性原则，即区位与运输通道衔接良好，并符合搬运工具对作业场地的要求。

2. 分类原则，即对不同类别的物料分区存放。

3. 方便原则，即应将使用频繁的物料置于进出便捷的区位。

4. 先进先出原则，即确保先入库的物料先出库。

（二）库位说明

根据分类原则，工厂现场物料暂存库的库位应划分为以下七个区域。

**物料暂存库位划分说明表**

| 区域名称 | 用途 | 相关说明 |
|---|---|---|
| 待检区 | 放置待检验的生产物料 | 将不同用途的物料分类放置 |
| 良品区 | 放置经检验后将投入生产的物料 | |
| 不良品区 | 放置作业前或作业中发生的不良物料 | 应与良品进行适当隔离，以防误用 |
| 半成品区 | 用来放置或转移半成品、零部件等 | 同一类产品归类放置，并进行标识 |
| 成品待检区 | 用来放置待检验的成品 | 同一个客户的产品放在同一区域，并进行标识 |
| 合格成品区 | 用来放置验验合格待入库的成品 | |
| 不合格成品区 | 用来放置检验不合格的成品 | 定期进行处理 |

（三）库位标识要求

1. 仓库管理人员应依区位配置情况绘制"区位标识图"悬挂于现场明显处。

2. 每个区位应用指定颜色进行标识，并在标识牌上标注该区位放置物的要求。

3. 区位内存放的物料应在指定位置标识物料的名称、规格、数量和保管要求等信息。

| 编制人员 | | 审核人员 | | 审批人员 | |
|---|---|---|---|---|---|
| 编制时间 | | 审核时间 | | 审批时间 | |

## 三．物流过程浪费控制方案

| 方案名称 | 物流过程浪费控制方案 | 编 号 | |
|---|---|---|---|
| | | 受控状态 | |

**一、背景**

生产物流费用管理的关键在于控制和减少物流活动过程的浪费，工厂现场管理人员应通过消除不产生附加价值或即使产生价值，所用资源也超过"绝对最小"界限的物流活动，提高效率，有效控制物流费用。

**二、现场物流浪费的识别方法**

现场物流浪费的识别方法包括以下四种。

（一）从"人员"的角度考虑

根据对生产现场工作人员的工作分析结果，判断其工作对价值创造活动的作用，以此为依据调整岗位设置、人员布局，避免组织过度臃肿。

（二）从"设备"的角度考虑

设备的配备将直接影响到现场物流的工作效率，工厂应定期检查设备，及时清理闲置设备、报废设备，确保设备配备精良、运转良好。

（三）从"库存"的角度考虑

库存品包括生产原材料、半成品、产成品，生产现场临时库管理人员应做好库存清点和保管工作，确保物料供应满足生产需求，成品周转及时。

（四）从"方法"的角度考虑

只有正确的方法才能够为生产活动创造附加价值，现场管理人员可通过规范作业流程和动作标准，设立科学的衡量基准，加强人员培训等方式推广良好的工作方法，提升效率。

**三、常见物流过程的浪费**

工厂生产现场过程中的浪费现象主要体现在以下三个方面。

（一）等待时间过长造成的浪费

等待时间过长造成的浪费，主要是指因前一道工序的零件尚未运达或欠缺等原因而无法进行加工作业所引起的浪费，以及因用料计划安排不当而导致物料供应延迟所引起的浪费。

（二）搬运过程造成的浪费

搬运浪费是指由于存在不必要的搬运距离，或是暂时性的放置场堆垛、移动等所产生的浪费。

（三）库存管理不当造成的浪费

库存管理不当造成的浪费，是指因生产现场临时库的管理不当引起的二次库存费用、库存呆滞损耗等。

**四、消除浪费的主要措施**

消除浪费的主要措施如下。

（续）

（一）合理布局空间

生产现场的搬运路线规划、库位安排将对物流成本产生直接影响，工厂应根据生产流程、物料特性、搬运工具等因素进行生产现场物流环境设计，通过降低空间占用、缩短搬运距离、增大储存量达到控制物流成本的目的。

（二）减少无效劳动

1. 设定工作标准，通过工作标准明确现场物流工作内容、工作方法以及质量要求，以保证每一个环节的物流活动具有价值。

2. 明确工作流程，通过工作流程对各环节交接要求和程序做出说明，在保持生产过程物料供应流畅的同时，减少搬运次数，降低二次库存产生的费用。

（三）控制装卸搬运活动

因装卸搬运产生的时间和费用在整个现场物流活动中占有较高的比例，对装卸搬运活动的控制可从以下三个方面进行。

1. 减少装卸作业次数。物流设备类型、装卸作业组织调度水平是影响装卸次数的主要因素，工厂可通过引进先进物流设备、提升调度水平提高装卸效率，并通过合理设计生产工艺流程增强各车间、工段环节间的生产连续性。

2. 缩短搬运路线距离。通过合理分配库位、规划搬运路线、缩短搬运距离，以达到节省劳动消耗、缩短搬运时间和减少搬运中损耗的目的。

3. 充分利用机械工具。根据物品的种类、性质、形状和重量确定适当的搬运工具，通过机械化搬运提升工作效率。

（四）管好物料流转

物料的流转是保证持续生产的基础，生产现场物料过多会引起场地占用、资金占用等，而临时库物料的短缺又会造成生产的中断，管好物料流转可从以下两个方面入手。

1. 控制物料消耗、节约物料使用，即工厂应为每件产品确定一个物料消耗数据合理界限，将物料消耗量标准作为控制的依据，并严格执行工厂《领料控制办法》，以确保物料使用在可控范围之内。

2. 制定呆料处理措施，即根据物料的性质、用途的具体情况处理。一般处理方法包括调拨给其他车间使用、修改后再利用、退回供应商处、打折出售等，对于以上方法都不适用的物料，如需报废，应按工厂报废程序处理。

（五）加强成品保管

成品在临时库的存储将会产生保管费用，同时存在品质变异、破损变形、价值下跌的风险。临时库管理人员应加强成品管理，做到库存周转及时、先进先出、不滞留、不积压。

（续）

| 五、杜绝浪费恶性循环 |||||| |

要杜绝浪费恶性循环，工厂除了制定避免浪费的规章制度并在设备上加以限制外，更重要的是树立工作人员的节约观念，并加强监督检查机制，从思想上提升认识，从行动上加以控制。

| 编制人员 | | 审核人员 | | 审批人员 | |
|---|---|---|---|---|---|
| 编制时间 | | 审核时间 | | 审批时间 | |

## 四、生产现场物料存储规定

| 制度名称 | 生产现场物料存储规定 | | 受控状态 | |
|---|---|---|---|---|
| | | | 编　号 | |
| 执行部门 | | 监督部门 | | 编修部门 | |

### 第1章　总则

第1条　为切实做好生产现场物料的临时放置和保管工作，保证物料供应及时连续，防止物料出现变质、损坏、丢失等情况，减少生产现场物料的不合理损失，特制定本规定。

第2条　本规定适用于生产现场的物料堆放存储工作。

第3条　生产人员和物控人员负责现场物料的管理监督工作。

第4条　现场物料保管要求如下。

1. 凡领用的贵重材料、小材料，必须在室内规划出合适的地方放置并加锁保管，按定额发放使用。

2. 凡领用的机器设备、钢材、木材等大宗材料，若暂时存放在生产线现场，须堆放整齐、下垫上盖。

3. 上线加工必须做到工完料净，并把剩余的材料全部收回，登记入账，归类存放，留作备用。

### 第2章　现场物料堆放原则

第5条　最大化利用存储空间，尽量采取立体堆放方式，以提高生产现场空间使用率。

第6条　充分利用机器装卸，如使用加高机，以增加物料堆放的空间。

第7条　车间通道应保留适当宽度并保持一定的装卸空间，保持物料搬运的顺畅，同时不影响物料装卸工作效率。

第8条　不同的物料应依据物料本身形状、性质和价值等因素考虑不同的堆放方式。

第9条　物料堆放要遵循先进先出、便于使用的原则。

第10条　物料的堆放应容易识别和检查，如分开放置良品、不良品、呆料和废料。

### 第3章　现场物料堆放区域设置

第11条　生产现场应画线隔出"作业区"与"物料区"。

第12条　作业区内如需存放生产用的少量物料，可将小物料按每日用量置于作业区，对大物料则视体积大小以每小时或每半天用量存放于作业区。

（续）

第13条　物料区应区分为"原料区"、"不良品区"、"待检区"、"不合格暂存区"和"合格暂存区"，各类物料存放内容如下。

物料区物料存放分类表

| 区域 | 物料种类 | 标识 |
|---|---|---|
| 原料区 | 已领用但暂时不使用的各种原材料 | 以绿色油漆区隔，悬挂"原料区"的标识 |
| 不良品区 | 制程过程发现的不良待修品、不良退货品、报废品等物料 | 以红色油漆区隔，悬挂"不良品区"的标识 |
| 待检区 | 生产完毕待检验或正在检验的制品 | 以黄色油漆区隔，悬挂"待检区"的标识 |
| 不合格暂存区 | 经品管检验不合格、待处理的制品 | 以红色油漆区隔，悬挂"不合格暂存区"标识 |
| 合格暂存区 | 经品管检验合格，等待入库的制品 | 以绿色油漆区隔，悬挂"合格暂存区"标识 |

第4章　暂时不用物料的管理

第14条　暂时不用物料是指由于生产要素的制约或突变，本次生产活动结束后，仍无法全部使用完毕的物料。

第15条　暂时不用物料应存放在"原料区"，并要求封存后方可移到该处。暂时不用物料的具体管理要求如下所示。

1. 只有小日程（每个作业人员或机械从作业开始到结束为止的计划，时间从数日到数星期）计划生产的物料才可以在该暂时存放区域摆放。

2. 虽然属于小日程生产计划需要，但是数量多、体积庞大或保管条件复杂的材料，应退回仓库管理。

3. 中日程（即关于制造日程的计划，时间多为一个月或数个月）或是大日程（即为期数月乃至数年的计划），规定了从产品设计开始到原材料、部件采购直至产品加工制造这一段时间计划生产需要的材料应退回仓库管理。

4. 不管是现场保管还是退回仓库，物控人员都必须保证物料的质量不会有任何劣化。

第5章　其他相关要求

第16条　阶段生产计划结束后，物控人员应回收所有剩下的物料，包括余料、残料、不良品等。

第17条　物控人员对收集好的物料清点数量后，应将其放入指定包装袋中并标识，按工厂要求处理。

第18条　作业人员和物控人员应定期对现场物料进行巡查，以防丢失。

第6章　附则

第19条　本规定由生产部负责起草和制定。

第20条　本规定自颁布之日起实施。

| 修订记录 | 修订标记 | 修订处数 | 修订日期 | 修订执行人 | 审批签字 |
|---|---|---|---|---|---|
| | | | | | |
| | | | | | |

# 工厂日常
# 管理费用控制

第十四章

# 第一节　办公费招待费控制

## 一、办公费招待费控制点

办公费是指因工厂日常行政管理工作而需要购买的办公用品以及其他办公物品的消耗。招待费是指工厂因接待来访客户、政府部门及相关人员而发生的支出，包括宴请、礼品和其他活动产生的费用。两种费用的控制点如图 14-1 所示。

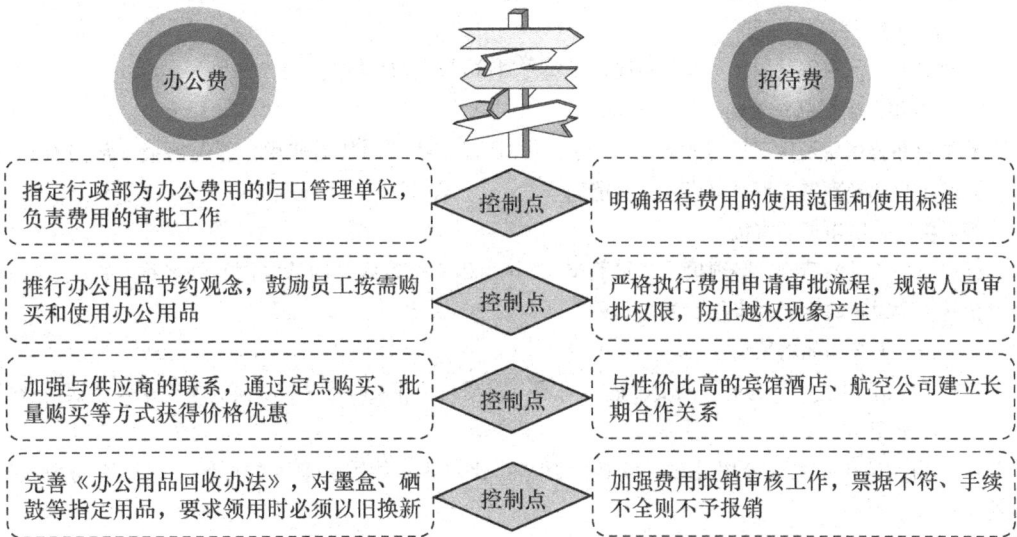

**图 14-1　办公费、招待费控制点说明**

## 二、工厂办公费管理规定

| 制度名称 | 工厂办公费管理规定 | | 受控状态 | |
|---|---|---|---|---|
| | | | 编　　号 | |
| 执行部门 | 监督部门 | | 编修部门 | |
| **第 1 章　总则** | | | | |

第 1 条　目的

为进一步规范工厂办公用品管理工作，达到物尽其用、开源节流的目的，特制定本规定。

第 2 条　适用范围

本规定适用于工厂办公用品的请购、使用、维护和费用报销等工作。

（续）

第3条　人员职责

1. 工厂全体员工按需领用办公用品、爱护办公用具。

2. 行政部严格控制办公用品采购程序，详细登记办公用品使用情况。

3. 采购部对采购物品进行比质询价，选择物美价廉的办公用品。

4. 财务部做好采购费用报销工作，对不合格采购不予报销。

## 第2章　办公用品请购和申领

第4条　办公用品的范围

工厂办公用品主要包括办公文具、家具、电话、复印机、传真等，不包括计算机设备、软件、网络以及计算机耗材等。

第5条　办公用品的请购

1. 常用办公用品的请购

行政部人员依据每月用量及库存情况，于每月月底进行统计请购。

2. 非常用办公用品的请购

非常用办公用品是指工厂行政部从未采购过的用品，各部门如需使用，首先须报本部门经理审批，并经行政部经理核准后，由行政人员请购。

第6条　采购申请的审批

任何办公用品的请购，必须填写"请购单"，并在相应栏目内注明请购用品的名称、规格、数量及单价等，通过行政部经理审批后方可购买。

第7条　办公用品的采购

1. 采购人员须按"请购单"的要求进行采购，有疑问的须及时反馈，否则，发生采购错误的责任由采购人员承担。

2. 采购人员在采购办公用品时，务必把握"货比三家、物美价廉"的原则，确保所购用品的质量。

3. 所有办公用品（价值在100元以上的）均须在文具（办公用品）批发市场购买，且均须有收据或发票（以加盖印章方为有效），另外还须提供购买处地址及电话，以便市场调研。

第8条　办公用品的领用

1. 工厂办公用品统一由行政部保管和发放，各部门根据需要按领用规定到行政部文员处领取。

2. 各种纸张、文件袋、胶水等易耗品可由本部门主管、经理或总经理签字同意后领用，同件物品每次只能领取一件。

3. 领用笔、涂改液、笔记本等常用品时，除需本部门主管或经理、总经理签字同意外，还须注意领用周期，原则上领用周期为三个月。

4. 签字笔原则上只允许财务人员、销售人员及主管级以上管理人员领用，且领用周期原则上为一个月，其他人员领用时，须经行政部经理同意方可。

5. 对于计算器、打孔器、电话机、墨盒等贵重用品的领用和更换，除需本部门主管或经理、总经理签字同意外，还须经行政部经理审批后方可领用。对于墨盒，领用时须以旧换新。

6. 凡领用人员离职时，应归还领用的办公用品（易耗品视情况而定），如有丢失须按原价的两倍赔偿。

（续）

## 第3章　办公用品使用和维护

**第9条　办公用品的使用**

1. 各部门应本着节俭、节约的原则按需使用办公用品，杜绝浪费。

2. 对于内部联络用的文书，尽可能利用使用过的纸张反面或广告废纸；对于已使用完的笔具，原则上只能领用笔芯，且须以旧换新；笔记本由行政部按个人领用数量于年底统一回收，如因丢失等原因无法归还的，按工厂规定进行扣罚。

3. 对于传真、打印机、复印机等用品，工厂人员必须按使用说明规范操作，不得故意损坏或私自拆卸。

**第10条　办公用品的维护**

1. 行政部人员应对需要保养的办公家具和用品进行养护，必要时采取防虫、除尘等保护措施。

2. 仓储部应会同行政部一年盘点两次办公用品，对于需要报废的物品进行报废申请和处理。

## 第4章　办公用品的费用报销

**第11条　各部门办公费标准**

行政部和采购部应按照工厂各部门办公费标准进行费用控制，各部门办公费标准如下表所示。

### 部门办公费标准

单位：元/月

| 生产部 | 工艺技术部 | 质量管理部 | 采购部 | 仓储部 | 行政部 | 人力资源部 | 财务部 |
| --- | --- | --- | --- | --- | --- | --- | --- |
| 100 | 50 | 50 | 40 | 40 | 30 | 30 | 30 |

**第12条　办公费用报销流程**

办公费用报销流程和要求具体如下。

1. 经办人必须填好单据，并且附上"请购单"及相应的发票、"入库单"、"送货单"等证明其业务过程手续完备的资料，才可以交"报销单"。

2. 报销单据必须经过经办人签字、部门主管审核、总经理签批后，财务部方可审单报销。

3. 财务人员有责任询问办公用品采购价格和金额，并由采购人员提供证明作答，以保证价格水平和采购费用在控制的范围内。

**第13条　办公费用控制说明**

如未经部门主管同意，办公用品消耗和采购超过规定数量的，从责任人工资中扣除多领取用品的费用，如发现挪用、贪污和浪费办公费行为严重的，工厂将予以严肃处理。

## 第5章　附则

**第14条**　本规定由行政部起草和拟订。

**第15条**　本规定经工厂总经理审批后生效。

| 修订记录 | 修订标记 | 修订处数 | 修订日期 | 修订执行人 | 审批签字 |
| --- | --- | --- | --- | --- | --- |
| | | | | | |
| | | | | | |

## 三、工厂招待费管理办法

| 制度名称 | 工厂招待费管理办法 | | 受控状态 | |
|---|---|---|---|---|
| | | | 编　　号 | |
| 执行部门 | | 监督部门 | 编修部门 | |

### 第1章　总则

第1条　目的

为保证工厂招待费的合理使用，提高效能，增加透明度，培养员工勤俭自律的工作作风，特制定本办法。

第2条　适用范围

本办法适用于工厂招待费用的申请、使用、报销和监督工作。

第3条　人员职责

工厂全体人员应遵照此办法使用和控制招待费。

### 第2章　招待费使用审批

第4条　招待费范围说明

招待费是指与工厂业务有关的，便于工厂协调、理顺各有关单位、部门的工作关系以及特殊情况而发生的餐饮娱乐等相关费用。

第5条　接待规格和标准

各招待部门需要严格遵守A、B、C三类接待规格和标准。具体内容如下表所示。

接待规格和标准

| 规格 | 来访者和事由 | | 接待标准 |
|---|---|---|---|
| A类 | 1. 中央首长，国家部委，省、市政府领导等重要来宾<br>2. 建立或维护公共关系<br>3. 考察、洽谈重大业务 | 陪同标准 | 本工厂总经理作为主要陪同 |
| | | | 董事局主席或集团总裁指定、委托专人陪同 |
| | | | 总部由董事局主席或集团总裁专门陪同 |
| | | 布置标准 | 鲜花、水果、饮料、纸巾 |
| | | | 喷泉、灯光、影音设备等 |
| | | 用车标准 | 高级礼宾车迎送 |
| | | 宴请标准 | 董事局主席、集团总裁或工厂总经理出席 |
| | | | 指定代表出面宴请的，实报实销 |
| | | | 工厂总经理出面，每人100~120元 |
| | | | 由代表出面的，每人80~100元 |
| | | 住宿标准 | 四星级套房以上 |
| | | 礼品标准 | 可赠送有工厂文化特色的纪念品 |

（续）

| 规格 | 来访者和事由 | 接待标准 | |
|---|---|---|---|
| B类 | 1. 地市级政府部门<br>2. 事业单位官员的考察<br>3. 业务洽谈性来访<br>4. 建立或维护公共关系 | 陪同标准 | 工厂总经理陪同 |
| | | 宴请标准 | 工厂总经理接待，每人 70~90 元 |
| | | | 由代表出面的，每人 60~80 元 |
| | | 住宿标准 | 三星级标准间以上 |
| | | 礼品标准 | 赠送有工厂特色的纪念礼品 |
| | | | 其他中档礼品 |
| C类 | 以参观学习为目的的来访 | 陪同标准 | 接待部门经理或主管陪同 |
| | | 住宿标准 | 三星级标准间 |
| | | 宴请标准 | 接待部门领导出面，人均 60 元 |
| | | 礼品标准 | 赠送有工厂文化特色的纪念品或不赠送 |

第6条　工厂各部门应严格控制招待费用，确实需要的，必须根据事由及对象确定类别、档次和费用标准。

第7条　负责接待的部门应先填制"接待审批单"进行费用预算，报相关部门审批后方可进行招待活动。"接待审批单"的样式如下表所示。

**接待审批单**

申请人：　　　　　　　　　　　　　　　　　　时间：___年_月_日

| 来访单位信息 | 单位名称 | 主要人员和职务 | 来访人数 | 来访目的 |
|---|---|---|---|---|
| | | | | |
| | 情况说明 | | | |
| 接待地点及标准 | | | | |
| 接待预算 | | | | |
| 陪同人员 | | | | |
| 住宿安排 | | | | |
| 纪念礼品 | | | | |
| 经办部门意见 | | | | |
| 行政部意见 | | | | |
| 工厂总经理批示 | | | | |

第8条　接待部门主管根据"接待审批单"的内容审核预算，如超出审批权限，须报上一级领导批准。

第9条　接待费由财务部根据审批后的费用数额借支。

（续）

### 第3章　招待费使用控制

第10条　招待费的使用必须遵循"勤俭节约、效能优先"的原则，能免则免、能省则省，工厂全体员工一律不允许使用公款大吃大喝。

第11条　招待费的使用应严格以"接待审批单"的最终审批数额为最高限度，严禁超支。

第12条　招待费的使用只限于招待来宾用餐、娱乐以及购买礼物，任何人不得挪作他用。

第13条　用餐完毕，原则上不允许到营业性酒吧、歌舞厅等娱乐场所消费，如确实有此需要，必须经上级部门批准后方可施行。

### 第4章　招待费报销程序

第14条　接待工作结束三日内，经办人应先填写"费用报销单"，必须在清单中写明招待费用发生的时间、地点、事由、单位、人员、金额、作陪人员等。

第15条　经办人将活动发生的各项费用发票按时间顺序整齐地粘贴在报销单背面，并附上"接待审批单"到财务部办理报销手续。

第16条　各项发票需经招待部门主管人员签字后方可视为有效的费用发票。

第17条　严禁报销与工厂业务无关的招待费用。

### 第5章　招待费使用监督

第18条　财务部经理对招待费的使用情况进行全程监督，对严重违反本办法的行为有权向工厂总经理直接报告。

第19条　财务部负责定期统计招待费及其占预算总额的比例等情况，统计报表呈报工厂总经理和相关部门主管人员。

第20条　工厂总经理必须在职工代表大会上汇报招待费的使用情况。

### 第6章　附则

第21条　本办法由财务部负责起草和修订。

第22条　本办法经工厂总经理审批后生效。

| | 修订标记 | 修订处数 | 修订日期 | 修订执行人 | 审批签字 |
|---|---|---|---|---|---|
| 修订记录 | | | | | |
| | | | | | |

# 第二节　通信费会议费控制

## 一、通信费会议费控制点

通信费是指工厂安装的座机以及工厂为员工配置的通信设备所产生的费用。会议费是指工厂用于召开会议所产生的，包括场地租赁费、资料费、餐饮费、专家费等在内的所有费用的总和。通信费、会议费的控制点如图14-2所示。

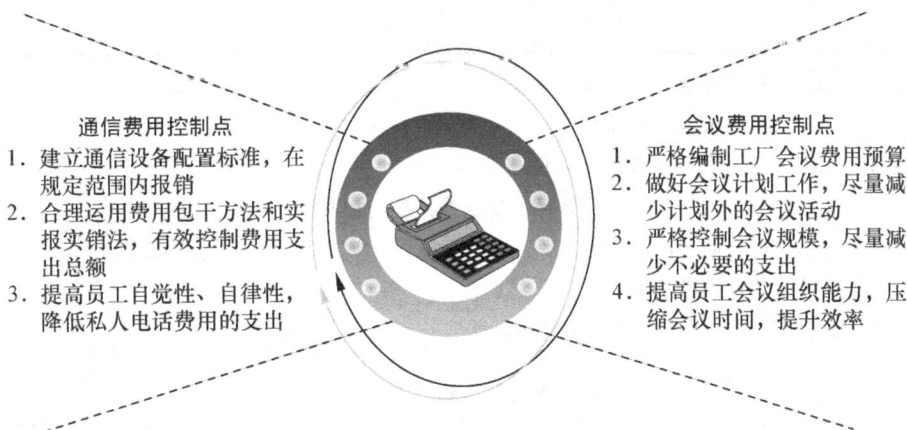

图 14-2 通信费、会议费控制点说明

## 二、工厂通信费管控规定

| 制度名称 | 工厂通信费管控规定 | | 受控状态 | |
|---|---|---|---|---|
| | | | 编 号 | |
| 执行部门 | | 监督部门 | 编修部门 | |

### 第1章 总则

第1条 为进一步加强工厂通信管理工作，统一集中管理，统一费用标准，特制定本规定。

第2条 本规定适用于控制工厂办公用电话和按规定享受话费补贴的人员办公用的手机产生的费用，工厂各部门可参照执行。

第3条 工厂相关部门对通信费的管控职责如下。

1. 行政部负责工厂通信工具配置和管理、超支通信费用的统计核算、工厂通信费用的统一缴纳，以及年度通信费厂务公开工作。

2. 财务部负责通信费用申请审批、通信费用超支部分的扣除等成本核算工作。

### 第2章 通信工具配置管理

第4条 通信工具产权归工厂所有，各使用部门和个人只有使用权，不得私自迁出或转让。

第5条 办公电话的配置。

1. 生产车间内线电话配置

工厂各车间的控制室可配备一部电话，以上电话使用工厂内部专网。

2. 工厂部门程控电话配置

（1）工厂经理级以上人员的电话可开通国际、国内长途电话业务。

（2）营销系统可根据需要向主管人员申请开通国内长途电话业务。

（3）各部门和各车间可配置一部电话，仅限开通市话。

第6条 住宅电话的配置。

工厂副总级以上人员可配置住宅电话。

（续）

第7条　个人手机的配置。

1. 工厂经理级以上人员可配置手机。

2. 销售、采购人员可根据需要配置手机。

### 第3章　通信费用支出标准

第8条　本规定所指的通信费是指工厂人员因业务或工作需要，使用自己或工厂的通信工具（手机、固定电话）而产生的通信费用。

第9条　通信费用的支出标准如下表所示。

**通信费用支出标准**

| 通信工具类别 | 类别说明 | 通信费用标准 |
|---|---|---|
| 工厂办公电话 | 工厂经理级以上人员办公电话 | 实报实销 |
| | 车间电话 | 各车间开通的一部市话花费标准为120元/月，其余开通的专网电话费标准为每部80元/月 |
| | 部门电话 | 每部电话的通信费用标准为120元/月 |
| | 供应、营销系统电话 | 采购部、物流部参照部门电话费用标准 |
| | | 销售部电话费用标准根据部门规定执行 |
| 住宅电话 | 工厂副总级以上人员住宅电话 | 实报实销 |
| 手机 | 总经理 | 500元/月 |
| | 副总级人员 | 400元/月 |
| | 经理级人员 | 300元/月 |
| | 主管人员 | 200元/月 |
| | 其他人员 | 其他人员的费用标准根据部门规定执行 |

第10条　除销售业务员、采购业务员外，工厂不为员工购买手机、手机卡等，也不承担因维修通信工具所产生的费用。

第11条　在报销范围内的员工应将自己手机号码在行政部登记备案，没有登记的不予报销。

### 第4章　通信费用统计缴纳

第12条　办公电话的通信费由行政部定期缴纳，按照"单机考核、月度统算、超支扣款"的办法，下达扣款通知单并报财务部，由财务部从相关部门或员工的奖金中直接扣除。

第13条　个人电话费用由自己缴纳，每月报销一次，报销程序按照财务部相关规定执行。如有超支，由部门主管根据部门预算处理，报主管副总审批，但工厂一般不负担超支费用的50%。

### 第5章　通信工具使用监督

第14条　工厂人员使用办公电话前应对讨论、商洽事情稍加构思或略作记录，通话时长一般以5分钟为限，注意礼节，长话短说，禁止用办公电话拨打私人长途电话。

第15条　各级业务人员必须确保通信畅通，若在正常的工作时间内无法接通，每发现一次扣款

（续）

20元，一个月出现两次（包括两次）以上无法接通事故，则不予报销费用。

第16条　因工作岗位调动或其他变动，通信费在调动或变动后的第二个月停止报销，人力资源部将调动或变动名单通知财务部后，由财务部根据最终调整结果具体操作。

### 第6章　附则

第17条　本规定由行政部负责起草和修订。

第18条　本规定经工厂总经理审批后生效。

| 修订记录 | 修订标记 | 修订处数 | 修订日期 | 修订执行人 | 审批签字 |
|---|---|---|---|---|---|
| | | | | | |
| | | | | | |

## 三、工厂会议费控制办法

| 制度名称 | 工厂会议费控制办法 | | 受控状态 | |
|---|---|---|---|---|
| | | | 编　号 | |
| 执行部门 | | 监督部门 | | 编修部门 | |

### 第1章　总则

第1条　为了加强工厂会议费管理，压缩会费支出，根据工厂关于加强和改进会议费管理工作的有关要求，特制定本办法。

第2条　本办法适用于工厂会议费的预算、审批以及监督管理工作。

第3条　工厂会议费的控制责任如下。

1. 工厂各部门应按"精简时效、节约开支"的原则，注重会议质量和效率，节约会议费用。

2. 行政部负责会议计划制订和提供相关会务服务，确保会议顺利召开。

3. 财务部应严格按照会议费用标准和审批要求办理会议费用报销工作。

### 第2章　会议费的计划和预算

第4条　会议的计划。

1. 行政部是工厂会议工作的归口管理部门，负责编制全厂会议计划，对工厂各部门组织的会议规模、规格、费用等统一管理和控制。

2. 工厂会议实行月度计划管理，费用实行预算管理。原则上不得召开无计划、无预算的会议，如遇特殊情况必须召开的临时性会议，必须经工厂总经理批准后统一安排。

第5条　会议费预算。

1. 会议费用根据会议类别、规模、规格、时间等综合因素进行预算。

2. 会议费用开支项目包括餐费、住宿费、场地租赁费、杂费（文具、代表证、会标、印刷）、专家费等。会议承办部门在会议召开前应填制"会议费预算表"，具体如下所示。

(续)

### 会议费预算表

承办部门：

| 会议名称 | |
|---|---|
| 会议议题 | |
| 会议时间 | |
| 会议地点 | |
| 参加会议对象 | |
| 参加会议人员 | |

| 会议经费预算 | 合计 | 住宿 | 伙食补助 | 场租费 | 交通费 | 印刷费 | 其他 |
|---|---|---|---|---|---|---|---|
| | | | | | | | |

| 审批意见 | 日期：____年__月__日 |
|---|---|
| 备注 | |

### 第3章 会议费的申请和审批

第6条 会议费的申请。会议承办部门至少应在会议召开前15天将"会议申请表"提交到行政部、财务部进行审批。

第7条 工厂会议主要包括以下三大类。

1. 一类会议：行业协会以上单位组织的，要求工厂总经理或相关负责人参加的会议。

2. 二类会议：由工厂总经理主持，行业专家、工厂管理层及相关主管人员参加的会议。

3. 三类会议：工厂部门级别的内部会议。

第8条 会议费的标准。工厂会议费实行综合定额控制，各项费用之间可以调剂使用，会议费综合定额标准如下表所示。

### 会议费标准表

单位：元/人·天

| 会议类别 | 房租费 | 伙食补助 | 其他费用 | 合计 | 备注 |
|---|---|---|---|---|---|
| 一类会议 | 250 | 80 | 70 | 400 | 含会议室租金 |
| 二类会议 | 150 | 70 | 50 | 270 | 含会议室租金 |
| 三类会议 | 50 | 50 | 30 | 130 | 含会议室租金 |

第9条 会议费的审批。会议费审批人员应根据"会议申请表"、会议类别以及会议费标准进行审批，避免发放范围扩大化。未经事先书面请示批准的费用，一律不得受理。

### 第4章 会议费用的使用监督

第10条 原则上将会议安排在工厂会议室内，会期为一个工作日的，安排用餐；会期超过一天的，市区以外与会人员安排住宿，其他与会人员一般不安排住宿。

（续）

| | 修订标记 | 修订处数 | 修订日期 | 修订执行人 | 审批签字 |
|---|---|---|---|---|---|
| 修订记录 | | | | | |
| | | | | | |

第11条　要尽量减少会务人员数量，尤其是住会人员。除必须住会的会务组成员外，其他工作人员原则上回宿舍或家中住宿，工厂可根据实际情况报销其乘坐出租车的费用。

第12条　财务部负责对会议费用使用情况进行全过程监督检查，对于违反会议费用使用要求的行为，要进行全厂批评和通报。

第13条　各部门会议费实行一会一报销，报销时需提供会议预算、发票等相关证明文件，并需经工厂总经理签字。财务部要认真把关，严格按规定审核会议费开支，对超标准或扩大范围的开支不予报销。

### 第5章　附则

第14条　本办法由财务部负责起草和修订。

第15条　本办法经工厂总经理审批后生效。

# 第三节　交通费差旅费控制

## 一、交通费差旅费控制点

交通费一般包括员工在市内公干的交通费用支出、租用交通工具的费用和员工上下班交通补贴。差旅费是指员工因公出差期间产生的交通费、住宿费和杂项等费用。交通费、差旅费控制点如图14-3所示。

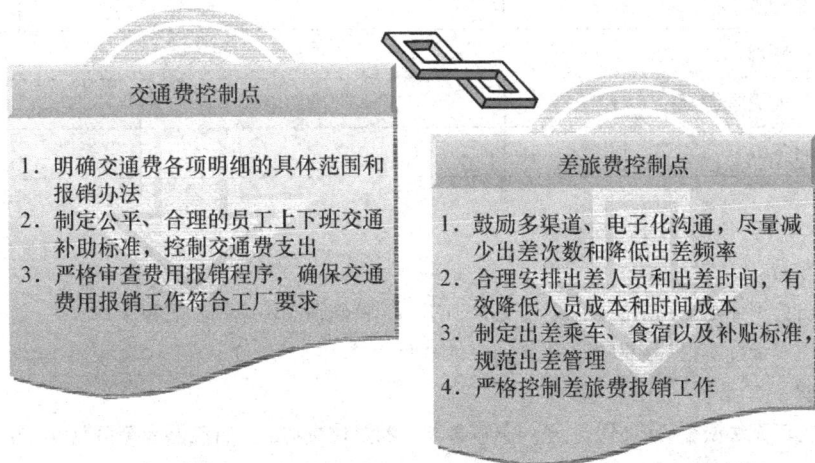

**交通费控制点**

1. 明确交通费各项明细的具体范围和报销办法
2. 制定公平、合理的员工上下班交通补助标准，控制交通费支出
3. 严格审查费用报销程序，确保交通费用报销工作符合工厂要求

**差旅费控制点**

1. 鼓励多渠道、电子化沟通，尽量减少出差次数和降低出差频率
2. 合理安排出差人员和出差时间，有效降低人员成本和时间成本
3. 制定出差乘车、食宿以及补贴标准，规范出差管理
4. 严格控制差旅费报销工作

图14-3　交通费、差旅费控制点说明

## 二、工厂交通费管控制度

| 制度名称 | 工厂交通费管控制度 | | 受控状态 | |
|---|---|---|---|---|
| | | | 编　号 | |
| 执行部门 | | 监督部门 | 编修部门 | |

### 第1章　总则

第1条　为有效控制交通费的支出，充分利用工厂资源，本着合理、有效的原则，结合工厂实际情况，特制定本制度。

第2条　本制度适用于工厂交通费管理控制工作。

第3条　交通费的范围。

1. 因公产生的市内交通费用。

2. 因公租用交通车辆的租金。

3. 员工上下班的交通费补贴。

### 第2章　市内交通费的控制

第4条　对于工厂人员在本市内因公外出产生的交通费，工厂采取包干控制的方法，即根据部门编制和发放标准圈定包干总额，部门内部根据实际需要使用，超值不报，结余自行支配。

第5条　工厂市内交通费发放标准如下表所示。

**市内交通费发放标准**

| 部门 | 人数 | 每月发放标准（元/人） | 总额 | 备注 |
|---|---|---|---|---|
| 生产部、采购部 | | | | |
| 工艺技术部 | | | | |
| 质量管理部 | | | | |
| 仓储部 | | | | |
| 行政部、人力资源部 | | | | |
| 财务部 | | | | |

第6条　市内交通费的使用控制。

1. 公交车费

（1）外出公干原则上以乘坐公交车、地铁为主，无特殊情况不得乘坐出租车。

（2）公交车费按实报销，以当天正规的票价为准。

2. 打车费

（1）在工厂无法派车的前提下，遇到紧急事务、购置较重物品、特殊路程等情况可乘坐出租车。

（2）因工作需要而加班或外出办事的，时间在8：00前或22：00以后，可乘坐出租车。

（3）报销车费时，须在乘车票据背面写明乘坐原因及起迄地点，并经部门经理签字后方可到财务

（续）

部办理报销手续。手续不全的，财务部有权不予受理。

3. 乘坐工厂自备车辆在本市内出差的，无市内交通费。

### 第3章　交通车租金的控制

第7条　交通车辆的租金是指工厂人员在本市范围内外出办事，因工作需要租用交通车辆所产生的费用。

第8条　车辆租赁公司的选择。

行政部应通过市场调查和价格对比选择价格低廉且具有良好信誉的车辆租赁公司，并与其形成长期合作关系，力求降低租赁费用。

第9条　交通车租金审批权限。

1. 租金超过3 000元的，经办人需填写"交通车辆租金申请单"，报部门主管、行政部经理、财务部经理、行政副总审批。

2. 租金在3 000元以下的，经办人需填写"交通车辆租金申请单"，报部门主管、行政部经理、财务部经理审批。

第10条　交通车辆租金的报销。

1. 1 000元以上的的租用费应以支票形式支付。

2. 无论何种情况，都必须与车辆租赁公司签订租用合同或协议，以此作为租金报销的附件之一。

### 第4章　员工上下班交通费补贴控制

第11条　乘坐工厂班车上下班的员工无交通补助。

第12条　对于采用公共交通方式上下班的员工，工厂根据不同的乘车方式提供相应补助，其补助标准如下表所示。

**公交费用补贴标准**

| 类别 | 说明 | 补贴（元/月） |
|---|---|---|
| A类 | 本工厂员工在正常工作日乘坐公交车直接抵达工厂 | |
| B类 | 本工厂员工在正常工作日乘坐两次以上（含两次）公交车抵达工厂 | |
| C类 | 1. 本工厂员工在正常工作日倒换三次以上（含三次）公交车抵达工厂<br>2. 本工厂员工在正常工作日需乘坐地铁抵达工厂 | |

第13条　工厂人员驾驶私家车、骑自行车或步行上下班的，每月给予补助＿＿＿元。

### 第5章　附则

第14条　本制度由行政部负责起草和修订。

第15条　本制度经工厂总经理审批后生效。

| | 修订标记 | 修订处数 | 修订日期 | 修订执行人 | 审批签字 |
|---|---|---|---|---|---|
| 修订记录 | | | | | |
| | | | | | |

## 三、工厂差旅费管理细则

| 制度名称 | 工厂差旅费管理细则 | | 受控状态 | |
|---|---|---|---|---|
| | | | 编　号 | |
| 执行部门 | | 监督部门 | 编修部门 | |

### 第1章　总则

**第1条　目的**

为满足出差人员工作和生活的需要，进一步加强差旅费开支的管理，明确差旅费用报销的标准，提高工作效率，使之达到更加合理节约的目的，根据本厂的实际情况，特制定本细则。

**第2条　适用范围**

本细则适用于出差期间交通费、住宿费、餐饮费、其他费用和相关补助的管理工作。

**第3条　人员职责**

1. 出差人员应按规定办理出差申请手续，并在批准的费用范围内据实报销差旅费用。

2. 行政部负责审核出差申请，并做好交通票务、酒店住宿的预订工作。

3. 财务部负责支付预支款、报销差旅费、审核员工差旅费等工作。

### 第2章　交通费的管理

**第4条　出差交通工具的选择**

本工厂公出人员乘坐交通工具实行职级分类控制，凭票报销，具体标准如下表所示。

**出差交通工具的选择标准一览表**

| 职级 | 乘坐交通工具标准 | | | |
|---|---|---|---|---|
| | 火车 | 轮船 | 飞机 | 长途汽车 |
| 副总经理级别以上人员 | 软席车 | 二等舱 | 经济舱 | 按实报销 |
| 副总经理级人员 | 软席车 | 三等舱 | | |
| 经理级人员 | 软席车 | 三等舱 | | |
| 主管级人员 | 硬席车 | 三等舱 | | |
| 其他人员 | 硬席车 | 三等舱 | | |

**第5条　从严控制出差人员乘坐飞机**

1. 符合乘坐飞机条件的出差人员，可凭发票报销双程机票和往返机场的专线大巴费用。

2. 虽不在规定职级，如出差地较远、任务紧急，经行政副总批准，可报销单程机票。

3. 未经批准而乘坐飞机的，按照相应职级享受车船费标准报销，超支部分自理。

4. 因机票优惠乘坐飞机的，如机票价格低于本人享受的车船费标准，可按机票报销。

**第6条　退票手续费**

因出差往返时间临时变动，发生的退票手续费，须本人写明原因，经本部门相关负责人批准后，凭正规票据报销。

第7条　火车订票费

出差人员为节约出差时间，提前预订火车票而发生的火车订票费，可按火车票张数及正规票据报销。

第8条　出差期间市内交通费

出差人员出差期间市内交通费实行包干办法，不凭票据报销，补贴标准如下。

1. 补贴标准为70元/人·天，可按出差人员在执行公务当地的自然（日历）天数计算，出差人员在往返途中乘车（船、飞机）期间不计发市内交通补助费。

2. 出差人员自带交通工具或接待单位提供交通工具期间，市内交通补助费减半。

第9条　交通费报销的其他说明

1. 出差人员发生的属于个人保险性质的费用，不予报销。

2. 对各种车、船、机票的上门送票费用、站台票不予报销。

3. 出差人员趁出差绕道观光或就便办事，其绕道发生的车船费用自理，相关补助费剔除。

4. 出差人员如选择乘坐低于本人职级标准的交通工具，交通费据实报销，不计节余提成。

### 第3章　住宿费的管理

第10条　住宿费的标准

住宿费指包括房费、服务费及相关附加费等，住宿费限额标准如下表所示。

**住宿费限额标准表**

| 职级 | 住宿费限额标准（元/人·天） | 备注 |
| --- | --- | --- |
| 副总级别以上人员 | 500 | |
| 副总经理级人员 | 350 | |
| 经理级人员 | 300 | |
| 主管级人员 | 250 | |
| 其他人员 | 200 | |

第11条　住宿相关要求

1. 专职外勤人员长期出差固定地区的，厂设办事处能提供住宿的，必须在办事处住宿；厂设办事处不提供住宿的，应由部门个别申报分管厂领导审批住宿标准。

2. 出差人员逢单数时，其中一人可按双倍限额标准为限；男女同时分别逢单数时，其中二人可按双倍限额标准为限。

第12条　其他特殊情况

1. 如遇特殊情况，在工厂总经理的批准下，可适当放宽标准，但放宽额度不得超过人民币150元。

2. 如参加异地会议，住宿标准根据会议组织者的要求而定。如组织者已安排住宿，则不再报销相关费用。

第13条　住宿费的报销说明

1. 住宿费按出差人员住宿天数、限额标准凭据报销，节约不补，超支部分由个人负担20%。

（续）

2. 出差人员住宿费发票中包含的电话费及其他零星服务费，视同住宿费累计计算，不额外报销。

3. 出差人员绕路或中途观光、办私事期间的住宿费不给报销。

4. 由接待方免费提供住宿或住在亲友家，不得报销住宿费。

### 第4章 膳食费的管理

第14条 膳食费补贴标准

出人员出差期间膳食费实行包干办法，标准为50元/人·天，可按出差人员出差自然（日历）天数计算。

第15条 膳食费报销说明

1. 膳食费不凭票据报销，按照补贴标准和出差天数补贴。

2. 如接待单位已经安排就餐的，则工厂不计发膳食补贴。

3. 出差人员外出参加会议（订货费、展览会等），若会议费用中包括膳食费，报销时不再发膳食补贴。

### 第5章 其他杂费管理

第16条 杂费具体内容

杂费是指洗衣费、工作需要所使用的邮电费、办公用品费等。

第17条 杂费补贴标准

1. 员工在酒店住宿超过三晚可以报销洗衣费，标准为30元/天。

2. 员工出差超过3个工作日，每3个工作日可以报销一次与家属通话的长途电话费，标准为5元/次。

3. 员工可根据需要购买办公用品，费用支出总额不得超过30元。

第18条 杂费报销说明

出差期间，所发生的杂费在标准以内，凭有效的原始凭证经部门领导签字后到财务部据实报销。

### 第6章 附则

第19条 本细则由财务部负责起草和制定。

第20条 本细则经工厂总经理审批后生效。

| 修订记录 | 修订标记 | 修订处数 | 修订日期 | 修订执行人 | 审批签字 |
|---|---|---|---|---|---|
| | | | | | |
| | | | | | |

# 第四节 绿化费维修费控制

## 一、绿化费维修费控制点

绿化费是指工厂对厂区、办公场所等进行绿化而发生的费用。维修费是指工厂在生产车间、库房、质量控制区及办公楼维修工作上的支出。绿化费、维修费的控制点如图 14-4 所示。

绿化费控制点

1. 合理配置工厂绿化人员数量，控制人工成本
2. 加强绿化用品购买管理，做好用品领用登记
3. 充分利用中水和节水设备，以减少水费支出
4. 提高人员专业素养，提高虫病灾害识别能力，做到及早预防

维修费控制点

1. 坚持日常巡检活动，及时发现厂房设施设备的安全隐患
2. 明确维修费用申请审批流程和相关人员的职责、权限
3. 做好维修项目的监督检查工作，避免以次充好现象
4. 加强工厂设施设备的日常维护保养工作

图14-4　绿化费、维修费控制点说明

## 二、工厂绿化费控制办法

| 制度名称 | 工厂绿化费控制办法 | | 受控状态 | |
|---|---|---|---|---|
| | | | 编　号 | |
| 执行部门 | | 监督部门 | | 编修部门 | |

### 第1章　总则

第1条　目的

为加强工厂绿化管理，确保办公区、厂区保持优美环境的同时减少绿化费用的支出，特制定本办法。

第2条　适用范围

本办法适用于工厂绿化费用的管理工作。

第3条　人员职责

1. 行政部应督促绿化人员做好环艺美化、绿植养护等工作，并监督绿化费的使用情况。

2. 绿化人员应加强成本控制意识，采用科学灌溉方法并提前预防虫害，有效降低绿化费用。

第4条　绿化费的范围

绿化费是指用于维护工厂草坪、树木、花卉和园林设施产生的费用，主要包括以下四项内容。

1. 绿化用水费。

2. 绿化工具、材料费。

3. 园林景观的美化费。

（续）

4. 绿化人员管理费用。

### 第2章　绿化用水费的控制

**第5条　绿化用水费范围**

绿化用水费是指在养护草坪、树木、花卉方面的灌溉用水费用。

**第6条　明确灌溉用量标准**

行政部应督促绿化人员以国家或地区相关标准为指导，根据工厂内草坪、树木花卉的品种制定绿化用水标准。

**第7条　改进绿化灌溉方式**

1. 绿化人员应充分采用喷灌、微喷、滴灌等多种节水灌溉技术，有效降低用水量。

2. 绿化人员应合理使用已有的喷灌设备、滴灌管、微喷头、滴灌带等。

**第8条　大力种植耐旱植物**

工厂绿化人员应考察工厂气候环境与土质条件，在满足成活条件的范围内大力种植耐旱性植物，通过生物发展节水技术。

**第9条　合理选择绿化用水**

绿化负责人应维护中水处理系统，做好雨水及中水回收工作，绿化中应优先使用中水，减少新鲜用水量。

**第10条　加强绿化人员节水意识**

绿化人员在灌溉过程中应节约用水，注重供水阀门、橡胶管的质量情况，减少绿化用水的流失量。

### 第3章　绿化工具、材料费的控制

**第11条　绿化工具、材料费说明**

绿化工具、材料费是指用于购买割草机、枝剪、花铲、打药机等园林工具，以及在化肥、除草剂方面的支出。

**第12条　控制用品购买**

1. 绿化管理部门应建立和完善绿化用品购买申请审批程序，确保按需购买。

2. 绿化用品采购人员应采用比价方法，掌握绿化用品的市场报价水平，择优购买。

**第13条　完善用品管理**

绿化负责人应加强工具、材料的发放和保管工作，合理控制绿化工具、材料的消耗。

**第14条　提早预防虫害**

绿化人员应加强自身专业知识学习，熟知各花草树木的名称和特性，通过喷洒药物、病株清理等方式预防各种虫害。

### 第4条　园林景观美化费的控制

**第15条　园林景观美化费说明**

园林景观美化费是指在购买园林景观材料方面的支出，包括防腐木、木塑复合材料、围栏、园林砖瓦、石材、观赏植物、仿真植物等。

**第16条　慎重选择绿化植物**

绿化负责人应提倡种植对土壤和气候的要求并不苛刻、易培养、生长迅速、便于管理，在园林绿化上具有省工、见效快、经济等优点的植物。

（续）

第17条　合理选购美化材料

绿化负责人应与园林设计人员做好沟通工作，合理选用园林美化材料。

1. 对于挡土墙、围栏应采用自然山石，一般可就地取材以节省费用。

2. 根据地形、地势设计叠泉、壁泉动态景观，以减少砖瓦、石材费的支出。

3. 借用植物绿化掩饰墙体、花坛，在增强艺术效果的同时还可降低仿真植物费用。

### 第5章　绿化人员费用控制

第18条　绿化人员费用说明

绿化人员费用是指负责绿化工作的管理人员、技师、工人的费用支出。

第19条　合理配置绿化人员数量

工厂应该按照工厂绿化面积设置合理的绿化人员数量，以避免不必要的费用支出。

第20条　提高绿化人员工作效率

工厂应建立科学的绿化工作执行标准，明确绿化人员的工作职责、考核办法，提高人员工作效率。

### 第6章　附则

第21条　本办法由行政部负责起草和修订。

第22条　本办法经工厂总经理审批后生效。

| 修订记录 | 修订标记 | 修订处数 | 修订日期 | 修订执行人 | 审批签字 |
|---|---|---|---|---|---|
| | | | | | |
| | | | | | |

## 三、厂房维修费管理细则

| 制度名称 | 厂房维修费管理细则 | | 受控状态 | |
|---|---|---|---|---|
| | | | 编　号 | |
| 执行部门 | | 监督部门 | 编修部门 | |

### 第1章　总则

第1条　目的

为了消除安全隐患，保证生产安全，改善办公环境，合理利用维修资金，特制定本细则。

第2条　适用范围

本细则适用于厂房维修费用预算、使用控制和检查监督工作。

第3条　人员职责

1. 使用部门应注重对厂房的日常维护和定期检查，根据使用情况提交维修申请。

2. 行政部负责对维修申请进行复核并制定预算，同时跟进维修资金和人员的落实情况。

3. 财务部负责厂房维修资金的审核和结算工作，并对维修资金的使用情况进行监督和检查。

第4条　厂房范围

厂房是指工厂建筑和设施，包括一般生产区、控制区厂房、公共工程（空调、水、电、气系统）以及仓储设施、质量控制部门设施以及厂区办公楼、厂区道路等。

（续）

## 第2章 厂房使用与保养

**第5条 厂房环境**

1. 工厂办公楼房、道路等公共区域应保持环境优美、空气流通、消防设施齐全。

2. 使用部门应根据生产区、控制区、仓储区房屋内部结构特性，将温度控制在18℃~22℃，相对湿度控制在（40~70）RH，严禁放置产生严重腐蚀性气体的物品。

**第6条 通风设施**

工厂生产区必须安装通风设施，气口应装有易清洗、耐腐蚀的网罩，防止有害动物侵入；排进气口须远离污染源，并设有空气过滤设备。使用部门应定期清理通风管道，确保运转正常。

**第7条 电源照明**

厂房内应有充足的自然采光或人工照明，电路设计和铺设应符合用电安全要求。使用部门应加强电路安全检查，并确保人员离开时及时断电。

**第8条 供水设施**

供水设施材质应符合用水要求，分类铺设不同用途的管道系统，不得有逆流或相互交接的现象。使用部门应加强管道检查，以防破裂渗漏等现象发生。

**第9条 排污清理**

排水系统应有坡度、保持通畅、便于清洗。使用部门应做好日常管道疏通工作，并每半年对排水、排污地下管道进行一次排污保养。

**第10条 日常保养**

使用部门和行政部应定期对厂房进行检查，并组织相关人员进行厂房内部结构润滑以及屋体清洁。

## 第3章 厂房维修申请与审批

**第11条 维修内容**

厂房维修主要包括以下四个方面的内容。

1. 厂房内部结构维修。

2. 屋面翻新、屋面堵漏、屋面防水。

3. 办公区地面修补、车间地坪翻新。

4. 采光板更换、通风器更换、水电维修、消防维修等。

**第12条 维修申请**

使用部门应按工厂规定定期检查办公楼的使用情况，包括对厂房内部电路、照明、通风口和外观进行检查，如发现老化、损坏等安全隐患，及时填制"厂房维修申请表"报部门经理审批。

### 厂房维修申请表

编号：

| 申请部门 | | 维修地点 | | 联系人及电话 | |
|---|---|---|---|---|---|
| 申请维修项目 | （注：请写清维修项目数量、种类、损坏情况）<br>盖章、签名 　　　年　月　日 | | | | |
| 备注 | （完工时间要求、外观要求、用料要求等） | | | | |
| 相关部门意见 | 部门经理 | | | 行政部 | |

**第 13 条　申请复核**

"厂房维修申请表"经部门经理审批通过后，上交工厂行政部，行政部在接到申请三日内，组织基建人员、维修人员进行现场勘察，并填制"厂房维修现场勘察情况表"。

**第 14 条　申请审批**

经现场复核后，由行政部经理、行政副总根据"厂房维修现场勘察情况表"的记录情况对厂房维修申请提出审批意见。

### 第 4 章　厂房维修项目实施

**第 15 条　维修计划制订**

行政部根据审批结果制订维修计划，编制维修经费预算、维修进度表，明确资金使用范围、维修质量标准。

**第 16 条　人员资金落实**

行政部负责组建厂房维修项目小组，小组成员由行政部人员、申请部门人员、基建人员以及维修人员组成，并落实施工队伍和维修资金来源。

**第 17 条　施工过程监督**

厂房维修项目小组负责监督施工质量和进度，确保工程用料符合项目要求，施工进度在计划范围内。

**第 18 条　维修验收记录**

维修工作结束后，由行政部组织人员对维修结果验收，并登记"厂房维修验收表"，如下表所示。

### 厂房维修验收表

| 厂房名称 | | | | |
|---|---|---|---|---|
| 维修内容 | 项目 | 损害情况 | 检查时间 | 维修方法 |
| | 天花板 | | | |
| | 墙面 | | | |
| | 地面 | | | |
| | 主体结构 | | | |
| | 设施 | | | |
| | 其他 | | | |
| 检修情况 | 检修人（签名） | | | ___年__月__日 |
| 验收人 | 验收人（签名） | | | ___年__月__日 |

**第 19 条　维修费用结算**

验收通过后，由行政部根据工厂结算规定，凭有效票据到财务部办理费用结算手续。

（续）

| 第5章 附则 | | | | |
|---|---|---|---|---|
| 第20条 本细则由工厂行政部负责起草和修订。<br>第21条 本细则经工厂总经理审批通过后生效。 | | | | |

| 修订记录 | 修订标记 | 修订处数 | 修订日期 | 修订执行人 | 审批签字 |
|---|---|---|---|---|---|
| | | | | | |
| | | | | | |

# 第五节　制服费食宿费控制

## 一、制服费食宿费控制点

制服费指工厂为员工制作工服所花费的人工成本、材料成本和其他费用。食宿费主要包括工厂在员工食堂、宿舍方面的支出。制服费、食宿费的控制点如图14-5所示。

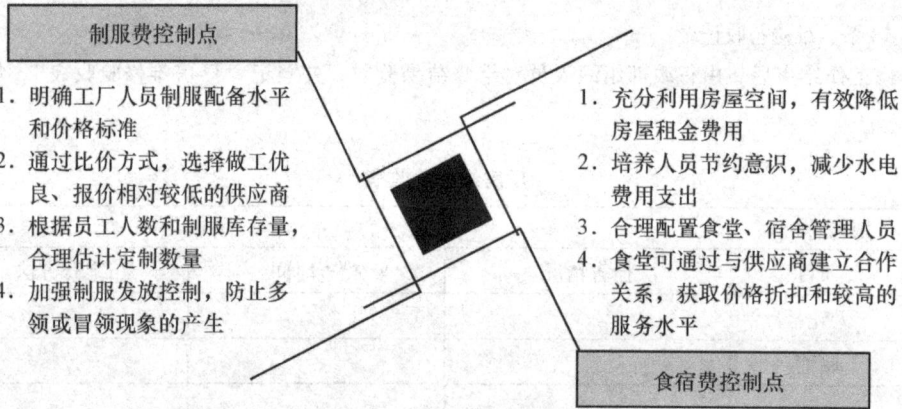

**制服费控制点**

1. 明确工厂人员制服配备水平和价格标准
2. 通过比价方式，选择做工优良、报价相对较低的供应商
3. 根据员工人数和制服库存量，合理估计定制数量
4. 加强制服发放控制，防止多领或冒领现象的产生

**食宿费控制点**

1. 充分利用房屋空间，有效降低房屋租金费用
2. 培养人员节约意识，减少水电费用支出
3. 合理配置食堂、宿舍管理人员
4. 食堂可通过与供应商建立合作关系，获取价格折扣和较高的服务水平

图14-5　制服费、食宿费控制点说明

## 二、员工制服费控制规定

| 制度名称 | 员工制服费控制规定 | | 受控状态 | |
|---|---|---|---|---|
| | | | 编　　号 | |
| 执行部门 | | 监督部门 | 编修部门 | |
| 第1章　总则 | | | | |
| 第1条　为树立工厂对外形象，保证员工在工作中的安全与身体健康，工厂要求全体人员统一着工装上岗。为了合理控制工厂制服费用，明确员工使用以及赔付责任，特制定本规定。 | | | | |

（续）

第2条　本规定适用于工厂员工制服费用的控制工作。

第3条　人员职责分工如下。

1. 行政部负责制服的招商承制和发放回收工作。

2. 财务部负责制服费用的收缴和账务处理工作。

3. 工厂全体人员应按要求着装，保持制服完好清洁。

### 第2章　员工制服制作

第4条　工厂制服制作由行政部负责。行政部应严格对供应商的报价和质量水平进行多方比较，以质优价廉为选择标准。

第5条　确定供应商后，行政部对全体员工的身高、胸围、腰围以及头部等进行测量并登记造册。

第6条　本工厂正式员工在职期间均有权享受制服待遇，每位员工每年制作夏冬制服各两套。

第7条　制服规格和分类。工厂制服分为大、中、小和特大号四种规格，分别以 S、M、L 和 XL 表示。按岗位不同，制服分类如下所示。

**制服分类一览表**

| 人员＼季节 | 夏装 | 冬装 |
|---|---|---|
| 管理人员 | 衬衣西裤（裙）（2套，500元/套） | 西服西裤（裙）（2套，700元/套） |
| 行政人员 | 衬衣西裤（裙）（2套，300元/套） | 西服西裤（裙）（2套，500元/套） |
| 销售人员 | 衬衣西裤（裙）（2套，300元/套） | 西服西裤（裙）（2套，500元/套） |
| 生产人员 | 蓝领工装（2套，250元/套） | 蓝领工装（2套，400元/套） |
| 维修人员 | 蓝领工装（2套，150元/套） | 蓝领工装（2套，350元/套） |
| 绿化、保洁人员 | 蓝领工装（2套，100元/套） | 蓝领工装（2套，200元/套） |

第8条　行政部应准确把握制服定做数量，一般按照员工实有人数加制 10%~15% 以备新进人员之用。

第9条　特殊情况下，需要购置新制服时，需求部门可按照对制服的要求向行政部提出制服购置的书面申请，经行政副总、工厂总经理审批通过后方可办理购置手续。

### 第3章　员工制服发放

第10条　行政部配发制服，并做好"制服发放登记表"的登记工作，"制服发放登记表"的样式如下表所示。

**制服发放登记表**

| 领用人 | 部门 | 制服规格与编号 | 价格 | 数量 | 领用时间 | 发放人 |
|---|---|---|---|---|---|---|
|  |  |  |  |  |  |  |
|  |  |  |  |  |  |  |
|  |  |  |  |  |  |  |

（续）

第11条　发放制服时，由各部门依据人数编制名册盖章领用。

第12条　新制服发放后如有明显不合体者，自发放之日起一周内提出修改，一周后自行解决。

### 第4章　员工制服管理

第13条　制服在使用期限内如有损坏或遗失，由使用者按月折价从工资中扣回制服款，并由行政部统一补做制服。

第14条　员工离职时需收取制服费用，按工作年限及制服的实际费用计算。

1. 自制服发放之日起，工作满两年以上者，离职时不收取制服费用。

2. 自制服发放之日起，工作满一年以上两年以下者，离职时收取____%的制服费用。

3. 制服自发放之日起，工作不满一年者，离职时收取____%的制服费用。

第15条　员工上班必须按工厂规定统一着装，未按规定着装者，一经发现，处罚____元/人·次。

第16条　员工不得擅自改变制服样式，不得转借制服；制服应保持整洁，如有污损，应及时自费清洗。

### 第5章　附则

第17条　本规定由行政部负责起草和修订。

第18条　本规定经工厂总经理审批通过后生效。

| 修订记录 | 修订标记 | 修订处数 | 修订日期 | 修订执行人 | 审批签字 |
|---|---|---|---|---|---|
| | | | | | |
| | | | | | |

## 三、工厂食宿费控制方案

| 方案名称 | 工厂食宿费控制方案 | 编　号 | |
|---|---|---|---|
| | | 受控状态 | |

**一、背景**

员工食堂和宿舍是工厂为员工提供的福利，同时也是工厂管理费用的主要支出项目，因此，加强食宿费用管理对降低工厂日常管理成本有着重大的意义。

**二、适用范围**

本方案适用于对员工食堂、员工宿舍的费用控制工作。

**三、食堂成本的构成**

（一）直接成本

直接成本指食堂内部食物成品的原材料费用，包括食物成本和制作厨具分摊损耗成本，是工厂食堂费用中最主要的支出。

（二）间接成本

直接成本指食堂管理过程中引发的其他费用，如人事费用和一些固定的开销。

（续）

1. 人事费用包括员工的薪资、奖金、食宿、培训和福利等。

2. 固定开销包括租金、水电费、设备折旧、利息、税金、保险和其他杂费。

**四、食堂直接成本控制**

（一）直接成本控制方法

针对食堂直接成本的构成，工厂可从以下角度降低成本。

1. 菜单的设计。制作每道菜所需的人力、时间、原料、数量及其供应情况都会反映在标准单价上，所以设计菜单时要注意上述因素，慎选菜品的种类和数量，合理定价，以保证收支平衡。

2. 原料的采购。采购价格和数量是构成采购成本的重要因素，采购人员应与供应商建立良好的关系并掌握市场价格，进行比价采购。采购数量要根据采购种类的不同区别对待，避免因食物损耗、库存占用导致采购成本上升。

3. 餐饮的制作。鼓励使用标准食谱和标准分量，推广通过切割试验来严密控制食物利用的方法，避免因制作人员疏忽，或温度、时间控制不当，或分量计算错误，或处理方式失当等造成食物的浪费，而增加成本。

4. 服务的方法。预先规划服务流程，采用标准餐具，培养用餐人员的自助用餐习惯，快速点餐和处理剩余食物，降低服务成本。

（二）直接成本控制流程

1. 建立成本标准。通过建立成本标准决定各项支出的比例。食物成本比例取决于采购时的价格、每道菜的分量及售价。

2. 记录实际操作成本。成本标准的建立必须以数据和经验为依据，所以真实记录操作过程的花费，并对照预估的支出标准，可立即发现管理的缺失，及时改善控制系统。

3. 对照与评估。实际成本与标准成本会有偏差，在设定差距的标准时，应先评估造成损耗的因素和数量，以达到合理控制成本的目的。

**五、食堂间接成本控制**

（一）薪资成本的控制

人事成本包括薪资、加班费、员工食宿费及其他福利费。有效分配工作时间与工作量，并施以适当、适时的培训，是控制人事成本的最佳方式。

1. 控制薪资成本的方法

（1）决定标准生产率。可通过用餐人员、食品消耗的数量和波段特征确定服务人员的平均生产率，以此作为排班的根据。

（2）合理分配人员。根据标准生产率分配人员，分配时需注意每位员工的工作量及工作时数，以免影响工作质量。

（3）计算出标准工资。大概预估出标准的薪资费用，然后与实际状况进行比较分析，作为监控整个作业及控制成本的参考。

2. 降低薪资成本的方法

经评估发现薪资成本过高，不符合营运效益时，除了要重新探讨服务标准定位外，也可采取下列方法。

（1）用机器代替人力。如以自动洗碗机代替人工洗碗。

（2）重新安排设施布局和服务流程，提高服务效率。

（续）

（3）改进食堂人员分配的结构，使其更符合实际需要。

（4）加强团队合作精神和技能培训，以提高服务质量。

（二）固定开销的控制

1. 加强对食堂人员的培训，使其正确使用食堂的各类机器设备，做好设备保养工作。

2. 注重培养食堂人员节约能源的习惯，按需使用，减少对水、电、纸等物品的浪费。

**六、员工宿舍成本控制**

（一）住宿申请控制

1. 明确住宿申请条件

为有效控制住宿人数，工厂可从员工户籍所在地、交通情况、工作性质、家庭状况等方面对申请条件做出明确规定。

2. 制定住宿申请流程

（1）新员工应在办理入职手续时提出住宿申请，经行政部审核后安排房间、床位，新员工领取钥匙、填写"住宿登记表"后方可入住。

（2）在职员工应提前五天填写"住宿申请单"，经部门负责人和行政部审批通过后方可办理入住手续。

（二）宿舍费用补助标准

为降低宿舍成本，工厂应对人均宿舍费用补助情况、超额部分承担方法进行明确规定。

1. 员工宿舍为每位员工配备衣柜一个，每月水费补助5吨/人，电费冬季（11月至次年3月）10℃/人，夏季（4月至10月）20℃/人，超出部分由该宿舍员工平均分摊。

2. 新入职员工及离职员工住宿未满15天者，住宿费、水电气费扣缴按半个月计算；住宿已满15天未满一个月的，按一个月计算。

3. 宿舍维修费。属人为损坏的，维修费用由当事人承担，无法追究当事人责任的，则由房间住宿人员分担；属自然损耗的维修费用由工厂承担。

4. 工厂为员工代租的集体宿舍，物业管理费、租赁费、卫生费、电视费等由工厂承担。

（三）宿舍日常管理要求

工厂应从费用控制的角度进行宿舍日常管理工作。

1. 水、电不得浪费，随手关灯及水龙头。

2. 煤气使用后务必关闭，轮值人员于睡前应巡视一遍。

3. 沐浴的水、电、煤气用毕即关闭，浴毕应清理浴池。

4. 沐浴以20分钟为限。

（四）退宿规定

工厂提供员工宿舍以现住人员尚为本工厂服务为前提，员工离职（包括自动辞职、免职、解职、退休、资遣等）时，对房屋的使用权自然终止，届时该员工应于离职日起三天内迁离宿舍，不得借故拖延或要求任何补偿费或搬家费用。

| 编制人员 | | 审核人员 | | 审批人员 | |
|---|---|---|---|---|---|
| 编制时间 | | 审核时间 | | 审批时间 | |

# 工厂人事管理成本控制

# 第一节　人事管理成本构成

## 一、人事管理四大成本

人事管理成本指工厂在一定时期内，在生产、经营和提供劳务活动中因使用劳动力而支付的所有直接费用和间接费用的总和。以人力资源在企业中的流向为依据可将其划分为取得成本、开发成本、使用成本和离职成本四大模块，具体内容如图 15-1 所示。

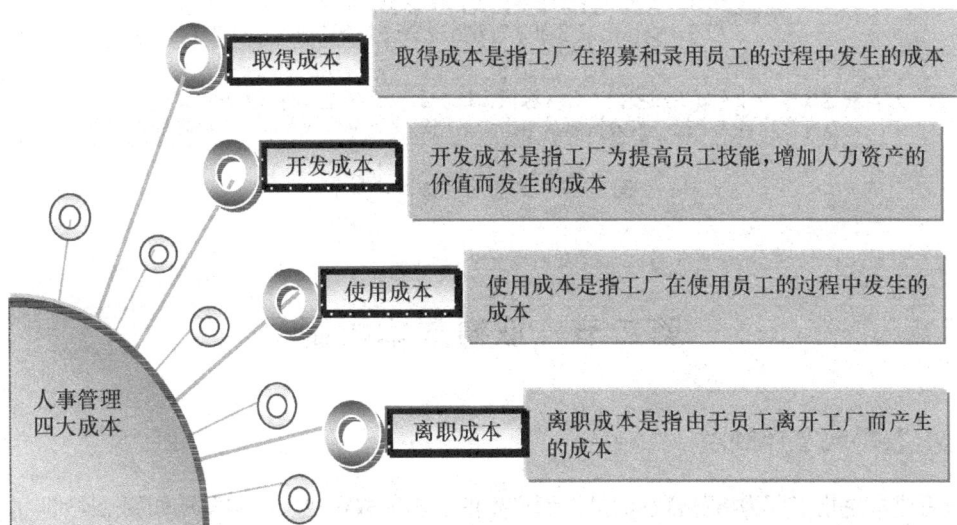

图 15-1　人事管理四大成本

## 二、人力资源成本会计

人力资源成本会计是核算工厂为了取得、开发和保全人力资产使用价值而付出代价的会计方法，主要包括人力资源成本的确认、计量、核算、记录和报告，具体内容如图 15-2 所示。

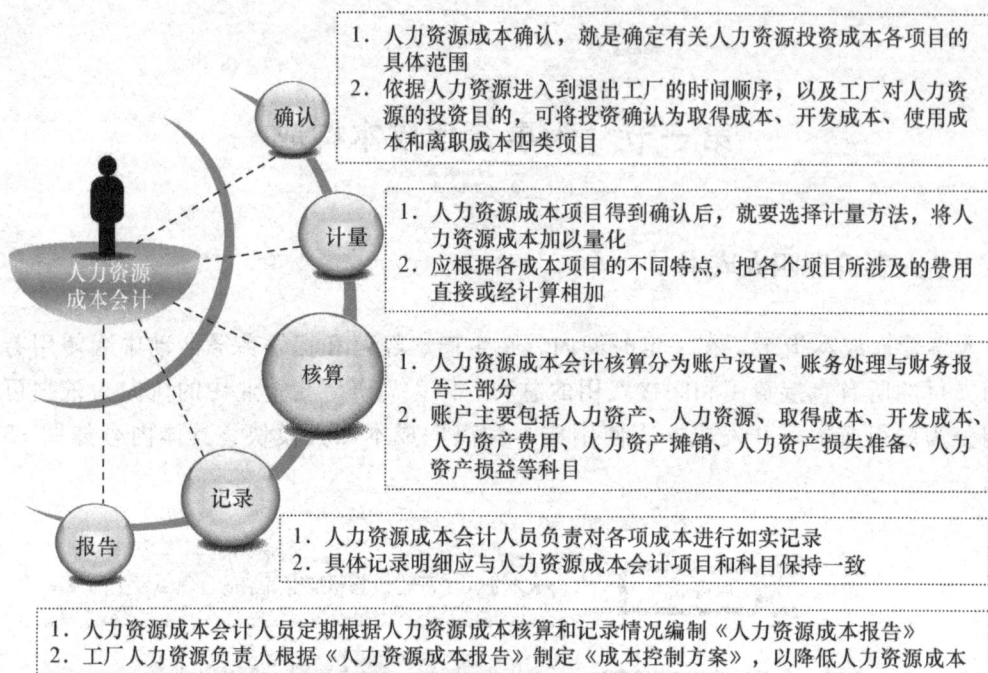

图 15-2　人力资源成本会计

# 第二节　取得成本控制

## 一、取得成本控制点

取得成本是指工厂为招募合适的员工而产生的成本，取得成本的控制点如图 15-3 所示。

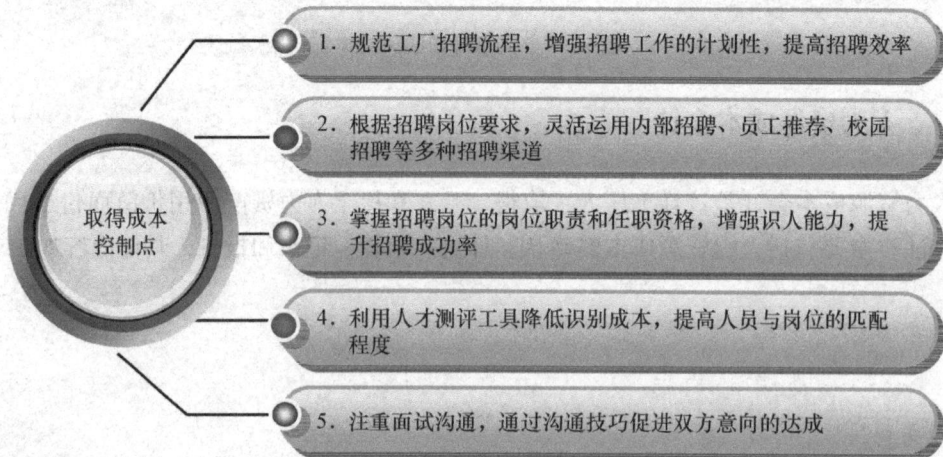

1. 规范工厂招聘流程，增强招聘工作的计划性，提高招聘效率

2. 根据招聘岗位要求，灵活运用内部招聘、员工推荐、校园招聘等多种招聘渠道

3. 掌握招聘岗位的岗位职责和任职资格，增强识人能力，提升招聘成功率

4. 利用人才测评工具降低识别成本，提高人员与岗位的匹配程度

5. 注重面试沟通，通过沟通技巧促进双方意向的达成

取得成本控制点

图 15-3　取得成本控制点说明

## 一、招聘费用控制办法

| 制度名称 | 招聘费用控制办法 | | 受控状态 | |
|---|---|---|---|---|
| | | | 编　　号 | |
| 执行部门 | | 监督部门 | 编修部门 | |

### 第1章　总则

**第1条　目的**

为有效控制人力资源招聘费用，提高招聘效率，特制定本办法。

**第2条　适用范围**

本办法适用于工厂招聘工作。

**第3条　人员职责**

1. 人力资源部

人力资源部负责招聘计划制订、招聘预算的编制以及招聘组织实施工作。

2. 财务部

财务部负责招聘预算审批工作，并对招聘费用的使用情况进行监督检查。

**第4条　招聘成本的构成**

本办法所指的招聘成本主要包括直接成本、内部成本和外部成本三部分，具体说明如下。

1. 直接成本

直接成本包括招聘会费用、校园招聘费、猎头费、中介费、员工推荐奖励金和招聘广告费用。

2. 内部成本

内部成本主要是指招聘人员的工资、福利、差旅费支出和其他管理费用。

3. 外部成本

外部成本主要是指招聘外地员工所产生的搬家费、安家费、探亲费和交通补贴等。

### 第2章　招聘需求的确定

**第5条　年度人员需求规划**

1. 每年年底，人力资源部招聘专员将下一年度的"部门补充人员申请表"发放给各部门，各部门须根据实际情况认真填写，经部门负责人签字后上报人力资源部。

2. 招聘专员根据部门所上报的人数以及工厂人力资源规划，制订年度人员招聘计划，报部门经理审批后按计划实施招聘。

**第6条　日常人员需求申请**

1. 日常工作中各部门的人员需求申请，须到人力资源部领取"人员增补申请表"，填写后交招聘专员。

2. 计划内的人员需求须经部门负责人、人力资源主管的审批。

3. 计划外的人员需求，须报人力资源副总审核，经总经理审批后方可实施。

**第7条　部门招聘需求评估**

当人力需求产生后，需求部门要进行深入的评估，确定是否需要增补人力，评估通过后方可向人力资源部提出人力增补申请。

（续）

第8条　人力资源部招聘需求评估

人力资源部招聘专员接到需求部门的人力补充申请后，须进行评估审核，评估通过方可报人力资源部经理审批，按审批结果组织实施招聘。

第9条　招聘需求审批权限

工厂招聘需求审批权限如下表所示。

**工厂招聘需求审批权限一览表**

| 需求类别 | 部门负责人 | 主管副总 | 人力资源部 | 人力资源副总 | 总经理 |
|---|---|---|---|---|---|
| 计划内补充 | 提出 | 审核 | 审核 | —— | —— |
| 计划外人力增补 | 提出 | 审核 | 审核 | 审核 | 批准 |
| 工厂人力规划需求 | —— | —— | 提出 | 审核 | 批准 |

## 第3章　招聘渠道的选择

第10条　常用的招聘渠道

人力资源部招聘专员应掌握招聘渠道对费用、效果的影响情况，常用招聘渠道如下表所示。

**常用的招聘渠道一览表**

| 招聘渠道 | 收费情况 | 招聘特点 | 招聘效果 |
|---|---|---|---|
| 内部招聘 | 免费 | 对能力强的员工可起到激励作用，避免优秀员工被竞争对手挖走 | 随时发布信息，针对性强，质量有保证，但选择范围小 |
| 员工推荐 | 500～1 000元（用于奖励） | 针对性强，效率较高 | 费用低，质量有保证，但是存在管理隐患 |
| 网上招聘 | 2 000～10 000元 | 覆盖面广，无地域限制，可作为工厂形象宣传，针对性强 | 费用较低，持续时间长，应聘者数量多，可选择余地大 |
| 报纸广告 | 6 000元/次（12厘米×8厘米） | 固定阅读，媒介覆盖影响力大，但时效性差 | 需花大量精力筛选，不适用于招聘各类较高级人才 |
| 校园招聘 | 免费或少量 | 可作为工厂形象宣传，直接与求职者面对面沟通 | 后期培训费用较高，人员稳定性较差 |
| 招聘会 | 1 000～4 500元/次 | 针对性强，与求职者直接面对面沟通，效率较高 | 时效性强，质量难以保证，持续时间短 |
| 猎头公司 | 15 000～100 000元 | 针对性强，质量高，效率高 | 质量有保证，但费用高 |

第11条　招聘渠道的选用

人力资源部招聘专员应根据岗位需求选择适当的招聘渠道，工厂招聘渠道选用说明如下表所示。

（续）

**招聘渠道的选用说明**

| 职位级别 | 招聘渠道 | | | | | |
|---|---|---|---|---|---|---|
| | 内部招聘 | 员工推荐 | 网上招聘 | 报纸广告 | 校园招聘 | 猎头公司 |
| 副总经理级以上人员 | 1 | | | | | 2 |
| 部门经理级人员 | 2 | | 1 | | | |
| 一般管理、技术、业务人员 | 2 | | 1 | | | |
| 操作工及辅助后勤人员 | | | 2 | | 1 | |
| 备注 | "1"为首选，"2"为次选 | | | | | |

### 第4章 招聘经费预算与审核

第12条 招聘经费的预算

招聘专员依据招聘需求和招聘渠道进行经费预算，工厂常用招聘经费预算表如下所示。

**员工推荐/招聘经费预算表**

| 项目 | | 说明 | 金额 |
|---|---|---|---|
| 笔试成本 | 试卷印刷 | 试卷印刷费用 | ___元 |
| | 监考成本 | 监考员的工资成本 | ___元<br>（汇总每个监考人员监考所用小时×每人小时工资） |
| 面试成本 | | 考官的工资成本 | ___元<br>（汇总每个监考人员面试所用小时×每人小时工资） |
| 培训费 | | 对招聘者进行培训的费用 | ___元<br>（培训费+汇总每个招聘人员培训所用小时×每人小时工资） |
| 办公用品费用 | | 在招聘过程中消耗的办公用品的费用 | ___元 |
| 总计 | | | ___元 |

制表人： 审核人：

**校园招聘经费预算表**

| 项目 | | 说明 | 金额 |
|---|---|---|---|
| 宣讲会校园招聘推广 | 宣传材料 | 宣传材料印刷费 | ___元 |
| | 场地租用 | 宣传场地租金 | ___元 |
| | 交通费 | 招聘者往返于招聘现场和工厂之间的交通费 | ___元 |
| | 广告费 | 在招聘现场做广告的费用 | ___元 |

（续）

| 项目 | | 说明 | 金额 |
|---|---|---|---|
| 笔试成本 | 试卷印刷 | 试卷印刷费用 | ____元 |
| | 监考成本 | 监考员的工资成本 | ____元<br>（汇总每个监考人员面试所用小时×每人小时工资） |
| 面试成本 | | 考官的工资成本 | ____元<br>（汇总每个监考人员面试所用小时×每人小时工资） |
| 培训费 | | 对招聘者进行培训的费用 | ____元<br>（培训费＋汇总每个招聘人员培训所用小时×<br>每人小时王资） |
| 办公用品费用 | | 在招聘过程中消耗的办公用品的费用 | ____元 |
| 总计 | | | ____元 |

制表人：　　　　　　　　　　　审核人：

### 报纸广告/网上招聘经费预算表

| 项目 | | 说明 | 金额 |
|---|---|---|---|
| 广告费 | | 在报纸/网络媒介上刊登广告的费用 | ____元<br>（广告版面不同，费用也不同） |
| 笔试成本 | 试卷印刷 | 试卷印刷费用 | ____元 |
| | 监考成本 | 监考员的工资成本 | ____元<br>（汇总每个监考人员面试所用小时×每人小时工资） |
| 面试成本 | | 考官的工资成本 | ____元<br>（汇总每个监考人员面试所用小时×每人小时工资） |
| 培训费 | | 对招聘者进行培训的费用 | ____元<br>（培训费＋汇总每个招聘人员培训所用小时×每人小时工资） |
| 办公用品费用 | | 在招聘过程中消耗的办公用品的费用 | ____元 |
| 总计 | | | ____元 |

制表人：　　　　　　　　　　　审核人：

（续）

### 猎头招聘经费预算表

| 项目 | | 说明 | 金额 |
|---|---|---|---|
| 猎头服务费 | | 猎头推荐人才所需费用 | ＿＿＿元<br>（推介不同人才，费用也不同） |
| 笔试成本 | 试卷印刷 | 试卷印刷费用 | ＿＿＿元 |
| | 监考成本 | 监考员的工资成本 | ＿＿＿元<br>（汇总每个监考人员面试所用小时×每人小时工资） |
| 面试成本 | | 考官的工资成本 | ＿＿＿元<br>（汇总每个监考人员面试所用小时×每人小时工资） |
| 培训费 | | 对招聘者进行培训的费用 | ＿＿＿元<br>（培训费＋汇总每个招聘人员培训所用小时×每人小时工资） |
| 风险成本 | | 招聘高级人员时的风险成本，如该人员离职时与原单位发生法律纠纷 | ＿＿＿元 |
| 办公用品费用 | | 在招聘过程中消耗的办公用品的费用 | ＿＿＿元 |
| 总计 | | | ＿＿＿元 |

制表人：　　　　　　　　　　审核人：

**第 13 条　经费预算的审批**

招聘专员制定好经费预算后提交人力资源部、财务部审批，审批通过后方可到财务部办理款项借支手续。

### 第 5 章　招聘经费使用和控制

**第 14 条　招聘经费的使用原则**

招聘经费的使用以节约为原则，招聘专员应对各项费用去向进行登记并保留原始凭证，以此作为确认招聘经费的依据。

**第 15 条　招聘经费的控制管理**

1. 财务部有权对招聘经费的使用情况进行监督和提出质疑，招聘专员应提供相应证明和解释。

2. 对于任何浪费、挪用以及贪污经费现象，工厂将严格按照内部相关条例进行处罚。

（续）

| 第6章　附则 | | | | |
|---|---|---|---|---|

第16条　本办法由人力资源部负责起草和修订，财务部负责审核。

第17条　本办法经工厂总经理审批后生效实施。

| | 修订标记 | 修订处数 | 修订日期 | 修订执行人 | 审批签字 |
|---|---|---|---|---|---|
| 修订<br>记录 | | | | | |
| | | | | | |

# 第三节　开发成本控制

## 一、开发成本控制点

开发成本是指为使员工达到劳动技能要求、提高工作效率，工厂组织培训、参观、讲座等活动所产生的成本。开发成本控制点如图15-4所示。

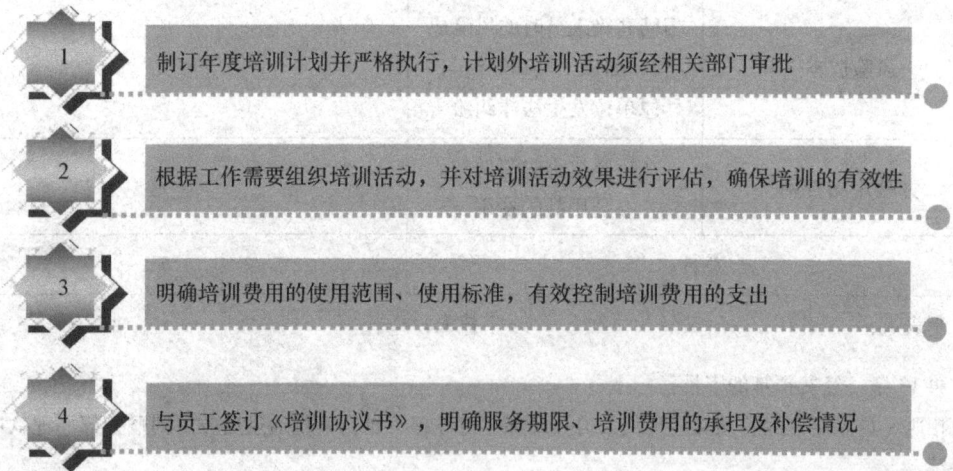

1　制订年度培训计划并严格执行，计划外培训活动须经相关部门审批

2　根据工作需要组织培训活动，并对培训活动效果进行评估，确保培训的有效性

3　明确培训费用的使用范围、使用标准，有效控制培训费用的支出

4　与员工签订《培训协议书》，明确服务期限、培训费用的承担及补偿情况

图15-4　开发成本控制点说明

## 二、在岗培训费用控制点

在岗培训费是工厂根据岗位所需要的知识和技能，对即将上岗和在岗的员工进行知识和实际工作能力等方面的培训所产生的费用。在岗培训费用按照每月职工工资总额的一定比例逐月计提，其控制点说明如图15-5所示。

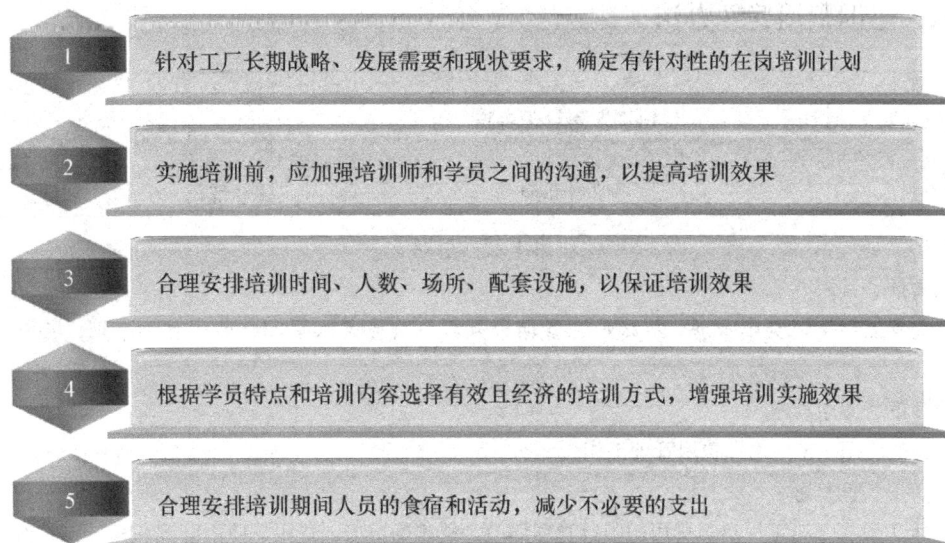

**图 15-5 在岗培训费用控制点说明**

## 三、外派培训费用控制点

外派培训是指工厂为了在最短时间内使受训人员能够系统地掌握相关知识和技能，采用外派其他国家或者轮换工作等形式对员工进行培训所产生的费用。

外派培训费用的控制点说明如图 15-6 所示。

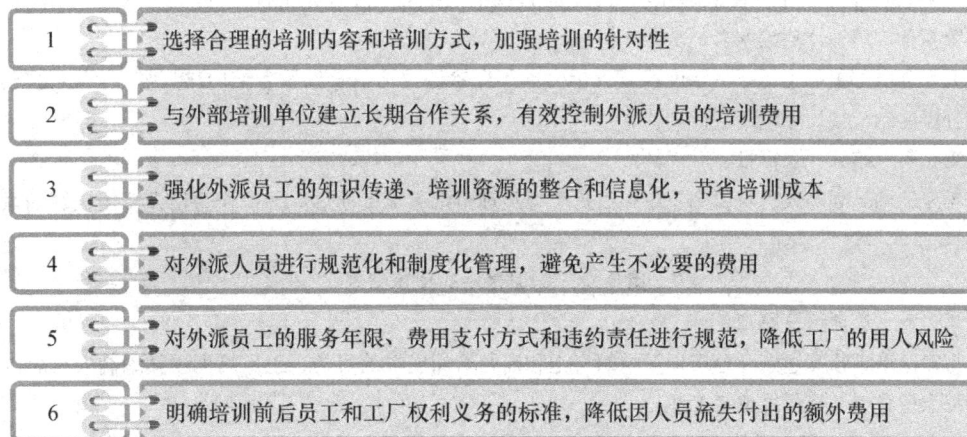

| | |
|---|---|
| 1 | 选择合理的培训内容和培训方式，加强培训的针对性 |
| 2 | 与外部培训单位建立长期合作关系，有效控制外派人员的培训费用 |
| 3 | 强化外派员工的知识传递、培训资源的整合和信息化，节省培训成本 |
| 4 | 对外派人员进行规范化和制度化管理，避免产生不必要的费用 |
| 5 | 对外派员工的服务年限、费用支付方式和违约责任进行规范，降低工厂的用人风险 |
| 6 | 明确培训前后员工和工厂权利义务的标准，降低因人员流失付出的额外费用 |

**图 15-6 外派培训费用控制点说明**

## 四、培训费用管理办法

| 制度名称 | 培训费用管理办法 | | 受控状态 | |
|---|---|---|---|---|
| | | | 编　号 | |
| 执行部门 | | 监督部门 | 编修部门 | |

### 第1章　总则

第1条　目的

为完善工厂培训费用管理，鼓励员工参加提高其自身业务水平和技能的各种培训，特制定本办法。

第2条　适用范围

本办法适用于工厂培训费用管理工作。

第3条　职责划分

1. 人力资源部是工厂培训费用的归口管理部门，负责确定培训费用的使用范围和标准，并有权对费用使用情况进行监督和指导。

2. 财务部负责培训费用的报销审核工作。

3. 工厂其他各部门应按照培训计划和预算，配合人力资源部组织实施培训工作，确保培训费用的使用合理有效。

### 第2章　培训计划的制订

第4条　培训需求调查

1. 人力资源部于每年11月初向各部门发放"培训需求调查表"，了解培训需求。

2. 各部门负责人结合工厂经营目标、部门现状以及员工绩效状况提出培训需求。

3. 各部门汇总"培训需求调查表"，于11月底前上报工厂人力资源部。

第5条　培训计划编制

人力资源部根据工厂下一年度经营目标、本年度培训评估信息以及各部门培训需求等相关资料，综合分析后制订工厂年度培训计划。

第6条　培训计划审批

年度培训计划经人力资源副总审核后提交总经理审批，审批通过后方可作为培训费用预算的重要依据。

### 第3章　培训费用的预算编制

第7条　培训预算原则

为确保培训预算达到配合培训计划的实施和控制培训成本的目的，工厂培训预算编制人员应以下列原则为指导，开展预算编制工作。

1. 目标确定原则。开展培训工作的最终目的是实现工厂经营目标，因此工厂应恰当掌握培训计划的预算控制力度，合理设置预算指标。

2. 厉行节约原则。培训费用的使用，要按照规定培训项目投放，加强对预算项目的控制，避免巧立名目等不良现象的出现。

3. 合理授权原则。各部门对培训活动安排应拥有适当的自主权，不宜使培训费用预算工作过繁过细。

（续）

4. 保持灵活性原则。培训预算的具体实施，应根据实际情况进行检查、修订和调整，以达到预期目标。

第8条　培训预算构成

培训预算构成如下表所示。

**培训预算构成表**

| 费用项目 | 说明 |
| --- | --- |
| 场地费 | 如使用工厂现有培训场所，则费用应分摊到当年折旧费用；如进行租借，则应对场地租赁费用进行预算 |
| 食宿费 | 指工厂为参加培训的人员在培训期间的就餐和住宿所支付的相关费用 |
| 差旅费 | 指因组织外部培训所产生的、由工厂承担的交通、住宿费用 |
| 培训教具教材费 | 包括制作、购买教具和设备，编写培训教材所产生的一切费用 |
| 培训师授课费 | 指外聘培训师工资、内部培训讲师的津贴或继续教育费用支出 |
| 参训人员工资 | 指参加培训人员因参加培训而减少的工作损失 |

第9条　费用预算方法

1. 费用预算人员应先根据年度培训计划逐项做出每项培训活动的费用预算，再根据工厂的实际承受能力、历年费用额度和弹性空间对预算进行调整。

2. 为确保费用预算的准确性和有效性，财务人员应指导预算人员进行培训费用的科目设置。

3. 人力资源部应建立外部培训机构资料库，加强与供应商的联系，掌握市场课程的报价水平，以降低培训费用预算。

第10条　预算编制步骤

1. 预算人员以工厂培训类别作为划分依据对培训需求进行分类，主要分为常规培训、特殊专项培训以及部门培训三类，并对每类培训内容进行明确。

2. 预算人员必须根据各部门培训需求确定每次参加培训的人数。

3. 对预计发生的培训费用的明细用途在费用开支说明栏中填列。

4. 对培训费用加总，计算年度培训费用总额，并将以上信息依序填入"年度培训预算表"。"年度培训预算表"如下表所示。

**年度培训预算表**

编号：　　　　　　　　　　　　　　　　　　　　　　　　　日期：＿＿年＿月＿日

| 培训类别 | 培训内容 | 参训人数 | 每次培训费用支出 | | | | | | | 总费用 |
| --- | --- | --- | --- | --- | --- | --- | --- | --- | --- | --- |
| | | | 场地 | 食宿 | 差旅 | 教材教具 | 授课费 | 参训人员工资 | 其他 | |
| 常规培训 | | | | | | | | | | |
| | | | | | | | | | | |

（续）

| 培训类别 | 培训内容 | 参训人数 | 每次培训费用支出 | | | | | | | 总费用 |
|---|---|---|---|---|---|---|---|---|---|---|
| | | | 场地 | 食宿 | 差旅 | 教材教具 | 授课费 | 参训人员工资 | 其他 | |
| 特殊专项培训 | | | | | | | | | | |
| | | | | | | | | | | |
| 部门培训 | | | | | | | | | | |

制表人：                                   审核人：

### 第4章　培训费用预算的审批

第11条　培训费用预算审批人员

1. 预算人员在完成费用预算编制后，应按规定提交工厂相关人员审批。

2. 为加强费用支出管理，工厂年度培训费用预算采用三级审批方法，须经人力资源经理、人力资源副总和工厂总经理审批后，方可报财务部备案。

第12条　培训费用预算审批人员的职责

审批人员应依据《工厂费用管理办法》等相关规章制度严格执行审批工作。

### 第5章　培训费用报销和补偿

第13条　费用报销范围

1. 部门组织的各类内部培训费用，经部门负责人审批后可据实全额报销。

2. 经批准的外部培训，已包食宿的不另行补助；未包食宿的（须有培训主办方出具未包食宿的证明）15天内按出差标准补助；超过15天以上按出差的60%补助。

3. 经批准接受继续教育的人员，每学期凭考试及格证明按工厂批准的全额和部分数额报销。未纳入批准计划而参加继续教育的人员，费用自理。

第14条　费用报销说明

1. 费用报销经办人员须提供原始凭证，并经部门负责人、人力资源部经理签字后，方可到财务部办理报销手续。

2. 财务人员应对报销凭据的真实性、合法性以及经办人员报销程序上的完备性进行审核，以确保报销项目符合工厂要求。

第15条　费用补偿范围

员工在约定服务期限内辞职、解除劳动合同的，均应补偿工厂的培训费用，具体范围如下。

1. 工厂出资接收的大、中专毕业生、本科生、研究生。

2. 工厂出资培训的中、高级技工。

3. 工厂出资培训的高技术、特殊、关键岗位员工。

（续）

4. 工厂出资出国培训的员工。

5. 工厂出资在外办班、专业培训累计超过四个月教育的员工。

（以上范围不包括转岗再就业、领导决定调职、未被聘任落选后调离的情况）

第 16 条 费用补偿计算

1. 费用补偿额的计算方法如下：补偿额 = 工厂支付的培训费用 $\times \left(1 - \dfrac{约定服务年限 \times 12 - 已服务时间}{约定服务年限 \times 12}\right)$

2. 培训费用是指工厂支付的继续教育学杂费，公派出国、外部培训的交通费和生活补贴等，不包括培训期间的工资、奖金、津贴和劳动福利费用。

3. 已服务时间以月为单位，服务时间起点以培训结束时间为准，不足整月的按比例计算和补偿。

### 第 6 章 附则

第 17 条 本办法由人力资源部起草和修订，财务部负责审核。

第 18 条 本办法经工厂总经理审批后生效。

| 修订记录 | 修订标记 | 修订处数 | 修订日期 | 修订执行人 | 审批签字 |
|---|---|---|---|---|---|
| | | | | | |
| | | | | | |

## 五、外部培训费用管理制度

| 制度名称 | 外部培训费用管理制度 | | 受控状态 | |
|---|---|---|---|---|
| | | | 编　号 | |
| 执行部门 | | 监督部门 | 编修部门 | |

### 第 1 章 总则

第 1 条 为规范外部培训费用管理工作，控制培训成本，特制定本制度。

第 2 条 本制度适用于外部培训费用管理控制工作。

第 3 条 各部门的职责分工。

1. 人力资源部负责与参加外部培训的员工签订协议，并跟进协议履行情况。

2. 财务部严格依据工厂培训费用报销管理要求办理报销手续。

3. 参加外部培训的员工应严格执行外部培训协议的有关规定。

### 第 2 章 外部培训费用界定

第 4 条 因工作需要由工厂指定安排的外部培训，培训费用由工厂支出。培训未能取得培训证书的，由本人负担 50% 的培训费用。

第 5 条 非工厂工作安排，个人申请参加外部培训的，培训费用自行负担（有约定的除外），申请经批准后，培训期间工资按基本工资发放。

第 6 条 因工作需要参加外部培训的人员，培训时间作为正常上班考勤计算，但不计加班，食宿、交通费用按工厂规定的出差费用办理。

（续）

第7条　员工个人脱产学习，工厂不负担任何费用，不计发工资。

### 第3章　培训协议与服务期限规定

第8条　员工单次或年累计培训费超过2 000元（含）及个人自费培训结业后工厂给予报销的，均需与工厂签订外部培训协议，并约定为工厂继续服务的期限。

第9条　服务期限界定将外部培训结束时间作为服务期限的起始时间。

第10条　受培训的员工在培训协议规定的服务期限届满前，非正常、合理原因，未经工厂批准而辞职，或正常原因被工厂辞退除名的，应按以下规定赔偿工厂。

1. 培训费用单次或年累计2 000~5 000元（含），服务期限不少于2年，未满2年的应按不足年限比例退还工厂培训费用。具体计算公式：$赔偿金额 = \dfrac{培训金额}{2 \times 12} \times 不足年限（月）$

2. 培训费用单次或年累计5 001~8 000元（含），服务期限不少于3年，未满3年的应按不足年限比例退还工厂培训费用。具体计算公式：$赔偿金额 = \dfrac{培训金额}{3 \times 12} \times 不足年限（月）$

3. 培训费用单次或年累计8 001元以上，服务期限不少于4年，未满4年应按不足年限比例退还工厂培训费用。具体计算公式：$赔偿金额 = \dfrac{培训金额}{4 \times 12} \times 不足年限（月）$

4. 因工作需要参加外部高端理论或专业技术培训，为工厂服务期限不得少于5年。具体计算公式：$赔偿金额 = \dfrac{培训金额}{5 \times 12} \times 不足年限（月）$。

5. 其他特殊情况由人力资源副总、工厂总经理批准决定。

第11条　签订培训协议后再次参加工厂安排的外部培训者，必须重新签订协议，需按新的服务期限执行。

第12条　培训协议确定的服务期限按照培训前估算费用计算，如果培训期间培训费用超出预算，必须取得工厂同意，并在培训结束后按实际发生培训费用额重新签订培训协议。

第13条　非奖励原因，个人考取学位的培训不在此制度之内。

### 第4章　培训费用的报销

第14条　由工厂安排的外部培训所发生的学费按学期或结业时报销，差旅费和其他费用按工厂有关规定报销。

第15条　所有费用票据应先经人力资源部审核无误后，方可按工厂财务规定程序进行报销。

### 第5章　附则

第16条　本制度由人力资源部负责起草和修订。

第17条　本制度经工厂总经理审批后生效实施。

| 修订记录 | 修订标记 | 修订处数 | 修订日期 | 修订执行人 | 审批签字 |
|---|---|---|---|---|---|
| | | | | | |
| | | | | | |

## 六、教学设备购置控制办法

| 制度名称 | 教学设备购置控制办法 | | 受控状态 | |
|---|---|---|---|---|
| | | | 编　号 | |
| 执行部门 | | 监督部门 | 编修部门 | |

### 第1章　总则

第1条　为了完善工厂教学设备购置控制措施，提高教学设备购置资金的使用效益与购置设备的利用率，结合工厂采购和设备管理的相关规定，特制定本办法。

第2条　本办法适用于教学设备购置控制的相关事宜。

第3条　工厂相关部门在教学设备购置方面的职责分工如下。

1. 财务部负责设定工厂教学设备购置预算，并下发到各教学设备使用部门。

2. 各教学设备使用部门负责人负责对本部门教学设备的使用情况进行统计，确定需要购置的教学设备的数量和金额，超出预算时填具"教学设备购置申请单"。

3. 行政部负责对各部门的教学设备购置申请进行整理汇总，由行政部经理进行审核。

4. 采购部负责选择设备供应商，并与之签订购买合同。

5. 质量管理部负责对设备进行验收和质量检查。

### 第2章　教学设备购置范围

第4条　根据上年度和上月末教学设备的使用情况，各部门培训负责人应确定所需购置的教学设备数量和金额。

第5条　购置的教学设备包含投影仪、笔记本电脑、音响、摄像机等开展培训教学所需的设备。

### 第3章　设备购置申请控制

第6条　预算内的教学设备，应该严格按照预算执行进度实施采购。

第7条　对于超预算和预算外需采购教学设备，各部门培训负责人应填具"教学设备购置申请单"，经行政部经理审核和总经理审批以后再购买。"教学设备购置申请单"如下表所示。

**教学设备购置申请单**

申请日期：____年__月__日

| 设备名称 | | | 型号规格 | | | |
|---|---|---|---|---|---|---|
| 详细技术要求 | | | 数量 | | | 执行方式 |
| 用途 | | | 金额 | 估计 | 单价 | |
| | | | | | 总价 | |
| 参考厂商 | | | | 实际 | 单价 | |
| | | | | | 总价 | |
| 申请人 | | 联系电话 | | 经费来源 | | 经费编号 |
| 申请部门（公章） | | 部门经理签名 | | 行政部经理审核 | | 总经理审批 |

注：本单一式三联，由总经理、行政经理和部门经理签名并加盖公章。第一联由行政部留存，第二联由采购部留存，第三联由申请部门留存。

（续）

### 第4章　设备购置方法控制

第8条　采购部应与信誉、供货能力等较好的供应商建立长期合作关系。

第9条　工厂需要依据设备的性能和费用的额度选择教学设备，如下表所示。

设备购置方法

| 设备类型 | 设备购置的方法 |
|---|---|
| 专用设备 | 长期合作的供应商 |
| | 需要提供同档次2~3个品牌，需要得到专家的认证 |
| ·　单价10万元及以上 | 需要填写"大型设备购置论证申请单" |
| 通用设备（如电脑和空调等） | 不定品牌，但要注明详细的配置 |
| 同一规格型号批量5万元以上的仪器 | 招标形式 |
| 单价1万元以上、单一品牌的仪器 | 询价 |

### 第5章　教学设备购置的审批控制

第10条　购置超过5万元以上的设备，需要总经理审批，以招标方式购置。

第11条　专用设备或单位价值较高的物品（单价超过1 000元的），应由采购部安排三人分别进行询价，取得相同或类似产品的三张以上报价单以供选择。

### 第6章　设备购置中的风险控制

第12条　供应商选定后，采购部经理应负责与供应商谈判并签订购买合同。

第13条　与供应商签订的合同中应该涉及退货处理和不合格设备索赔问题的相关事宜，降低设备闲置造成的损失。

第14条　质量管理部须派专业人员验收教学设备，验收设备时需要认真检查设备的质量，减少因设备质量问题而对工厂造成的损失。

### 第7章　附则

第15条　本办法由采购部负责起草和修订。

第16条　本办法经工厂总经理审批后生效。

| 修订记录 | 修订标记 | 修订处数 | 修订日期 | 修订执行人 | 审批签字 |
|---|---|---|---|---|---|
| | | | | | |
| | | | | | |
| | | | | | |

# 第四节　使用成本控制

## 一、使用成本控制点

使用成本是指工厂在雇佣人员期间为员工支付的工资、奖金和福利等费用的总和。使用成本控制点如图 15-7 所示。

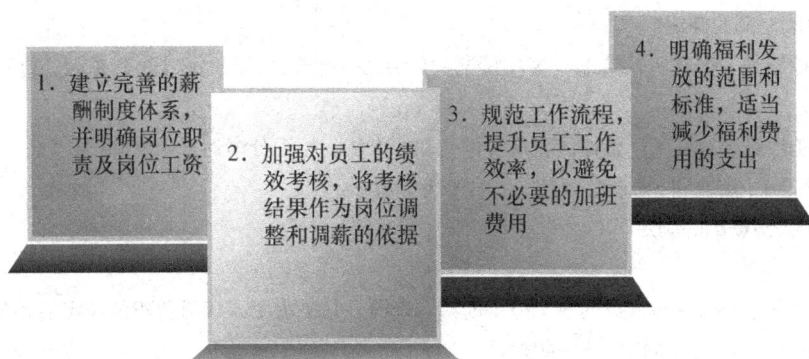

图 15-7　使用成本控制点说明

## 二、员工薪酬成本控制方案

| 方案名称 | 员工薪酬成本控制方案 | 编　　号 | |
|---|---|---|---|
| | | 受控状态 | |

**一、背景**

薪酬成本控制是员工使用成本管理的重要任务之一。为规范工厂薪酬管理工作，在有效控制员工使用成本的基础上充分发挥薪酬体系的激励作用，特制定本方案。

**二、适用范围**

本方案适用于工厂薪酬设计、调整和发放控制工作。

**三、薪酬设计原则**

（一）竞争原则

根据工厂支付能力、所需人才的可获得性等具体条件，制定具有相对市场竞争力的薪酬水平。

（二）公平原则

使工厂内部不同职务序列、不同部门、不同职位员工之间的薪酬相对公平合理。

（三）激励原则

根据人员工作岗位差别以及对工厂的贡献不同，决定员工的薪酬水平。

**四、薪酬总额确定**

薪酬成本是指工厂支付给员工报酬所产生的工资、奖金和福利等。

（一）正式员工薪酬构成

1. 工厂高层薪酬构成 = 基本年薪 + 年终效益奖 + 股权激励 + 福利。

2. 员工薪酬构成 = 岗位工资 + 绩效工资 + 工龄工资 + 福利 + 奖金。

（二）试用期员工薪酬构成

1. 工厂试用期为 1 ~ 6 个月不等，具体试用时间视劳动合同法、工厂有关规定及员工所在岗位而定。

2. 员工试用期工资不少于转正后的 80%，试用期内不享有针对正式员工发放的各类补贴。

（三）薪酬总额的确定

1. 薪酬控制的关键在于根据工厂实际情况确定合理的薪酬总额，再以薪酬总额为标准实施薪酬控制。

2. 先由工厂高层决定工厂整体的薪酬总额与加薪方法，然后分解到每一个部门，以确定各部门的薪酬总额，各部门根据部门薪酬总额与员工水平再分解到员工。

**五、高层人员薪酬的确定**

（一）基本年薪

1. 基本年薪是高层管理人员的一个稳定的收入来源，它是由个人资历和职位决定的。该部分薪酬应占高层管理人员全部薪酬的30%～40%。

2. 高层管理人员的薪酬水平由薪酬委员会确定，确定的依据是上一年度的工厂总体经营业绩以及对外部市场薪酬调查数据的分析。

（二）年终效益奖

年终效益奖是对高层管理人员经营业绩的一种短期激励，一般以货币的形式于年底支付，该部分应占高管全部薪酬的15%～25%。

（三）股权激励

股权激励是非常重要的一种激励手段。股权激励主要有股票期权、虚拟股票、限制性股票等方式。

**六、一般员工工资的确定**

（一）岗位工资

岗位工资主要根据岗位在工厂中的重要程度确定工资标准。本工厂实行岗位等级工资制，根据各岗位承担工作的特性及对员工能力要求不同，将岗位划分为不同的级别。

（二）绩效工资

1. 绩效工资发放标准。绩效工资根据工厂经营效益和员工个人工作绩效考核结果计发，绩效考核结果如下表所示分为五个等级。

### 绩效考核标准划分

| 等级 | S | A | B | C | D |
|------|-----|-----|-----|------|-----|
| 说明 | 优秀 | 良 | 好 | 合格 | 差 |

2. 月度绩效工资，连同岗位工资一起按月度发放，月度绩效工资发放额度依据员工月度绩效考核结果确定。

3. 年度绩效奖金，工厂根据年度经营情况和员工一年的绩效考核成绩，决定员工年度奖金的发放额度。

（三）工龄工资

1. 工龄工资是对员工长期为工厂服务所给予的一种补偿。

2. 计算方法为从员工正式进入工厂之日起计算，工龄每满一年可得工龄工资10元/月。工龄工资实行累进计算，满10年不再增加。

（续）

3. 工龄工资同岗位工资一起按月发放。

**七、奖金的确定**

（一）奖金类型

奖金是对员工超额劳动部分或劳动绩效突出的部分所支付的劳动报酬，工厂设置的奖金类型包括全勤奖、绩效奖、项目奖、优秀部门奖、优秀员工奖及创新奖。

（二）全勤奖

全勤奖是为了奖励员工出勤，减少员工请假所设立的奖金项目，奖励金额为____元/月。发放标准如下。

1. 当月全勤者，计发全额奖金。

2. 于当月请假者，请一次事假，扣除全勤奖的____%，请两次事假，不计发全勤奖；请一次病假，扣除全勤奖的____%～____%不等，具体比例根据实际情况而定。

（三）绩效奖

绩效奖分为季度绩效奖和年度绩效奖两种。绩效奖金的发放总额由工厂经营绩效决定，其具体奖励标准可以根据奖励指标完成程度来制定。下表所列的即为生产部的部分奖励指标。

**生产部的部分奖励指标**

| 部门 | 奖励指标 |
| --- | --- |
| 生产部 | 生产产量 |
| | 良品率 |
| | 产品投入产出比 |
| | 省料率 |
| | 成本节约 |

（四）项目奖

项目奖主要针对工厂研发人员而设立，一般以项目的完成为周期。其评定指标和奖励标准如下表所示。

**项目奖金的评定标准**

| 评定指标 | 奖励标准 |
| --- | --- |
| 项目完成时间 | 项目产值的____% |
| 成本节约 | 项目产值的____% |
| 项目完成的质量 | 项目产值的____% |
| 项目的专业水准 | 项目产值的____% |

（五）其他奖项

其他奖项包括优秀部门奖、优秀员工奖、创新奖三种，具体奖励条件和奖励标准如下表所示。

（续）

**优秀部门奖、优秀员工奖、创新奖的奖励条件和奖励标准**

| 奖项类别 | 奖励条件 | 奖励标准 |
|---|---|---|
| 优秀部门奖 | 1. 业绩突出<br>2. 工厂评选得票最高者 | 奖励____元 |
| 优秀员工奖 | 1. 连续三次及以上绩效考核被评为优秀者<br>2. 获得所在部门员工的认同 | 奖励____元 |
| 创新奖 | 1. 努力革新新技术、新工艺，且用于实践中大大提高了生产效率<br>2. 开拓新业务且切实可行，为工厂带来较高的效益 | 由总经理核定 |

**八、福利的确定**

工厂为吸引和留住人才，改善员工生活水平，依据国家法律法规和工厂经营状况为员工提供的福利项目包括交通补贴、高温补贴、节日津贴和带薪休假。

（一）社会保险

工厂根据国家和地方相关规定为员工缴纳社会保险费（养老、医疗、失业、工伤、生育），其中有员工个人缴纳的部分，由工厂代扣代缴。

（二）交通补贴

交通补贴参照工厂《交通费给付办法》执行。

（三）高温补贴

根据工作时间长短的不同，分别设立不同的津贴给付标准，如下表所示。

**高温补贴给付标准**

| 工作环境 | 补贴标准 |
|---|---|
| 高温环境下工作5~6小时/天 | 每人每月150元 |
| 高温环境下工作3~5小时/天（包括5小时） | 每人每月120元 |
| 高温环境下工作3小时及以下 | 每人每月80元 |

（四）节日津贴

每逢"劳动节"、"端午"、"中秋"、"国庆节"、"春节"等节日，工厂为员工发放一定的过节费，发放标准如下表所示。

**节假日津贴发放标准**

| 节假日 | 补贴标准（单位：元） |
|---|---|
| 劳动节 | 100 |
| 端午、中秋 | 100 |
| 国庆节 | 100 |
| 春节 | 500~1 000不等 |

（续）

| | |
|---|---|
| （五）带薪休假 | |

1. 在工厂工作 1~5 年的员工，享有＿＿＿天带薪年假。

2. 在工厂工作 5~10 年的员工，享有＿＿＿天带薪年假。

3. 在工厂工作 10 年以上的员工，享有＿＿＿天带薪年假。

**九、薪酬的调整**

（一）整体薪酬调整

工厂将根据国家政策和物价水平等宏观因素变化，以及行业竞争状况、工厂整体效益情况进行薪酬水平调整和薪酬结构调整。

（二）个别薪酬调整

个别薪资调整主要指工资级别的调整，有定期调整与不定期调整两种。

1. 工资级别定期调整，即工厂根据年度绩效考核结果对员工岗位工资等级进行的调整。

2. 工资级别不定期调整，指工厂在年中由于员工职务变动等原因，对其工资级别进行的调整。

（三）薪酬调整相关说明

1. 员工在其相应职务的薪幅内调整岗位工资级别，达到本职务薪幅内最高档后，若职务不发生变动，则不再对其做出调整。

2. 若员工发生职务调整，则套入变动后的职务所在薪幅中与原级别最相近的工资级别。

**十、薪酬的发放**

工厂实行月薪下发制，薪酬支付时间为每月 10 日，以法定货币（人民币）支付，若遇支薪日为休假日，则提前至最近工作日支付。

| 编制人员 | | 审核人员 | | 审批人员 | |
|---|---|---|---|---|---|
| 编制时间 | | 审核时间 | | 审批时间 | |

# 三、工厂奖金发放管理办法

| 制度名称 | 工厂奖金发放管理办法 | | 受控状态 | |
|---|---|---|---|---|
| | | | 编　号 | |
| 执行部门 | | 监督部门 | 编修部门 | |

**第 1 章　总则**

第 1 条　为激励员工的工作热情，充分发挥全体员工的集体智慧，并使员工各项奖金的核发作业有所依据，特制定本办法。

第 2 条　本办法的适用范围包括下列两个方面。

1. 全勤奖、年终奖和合理化建议奖励发放管理适用于工厂全体员工。

2. 绩效奖金发放管理适用于工厂全体生产人员。

第 3 条　工厂各部门在奖金发放的控制方面，应履行的职责分工如下。

1. 人力资源部负责编制奖金预算和检查奖金发放办法的执行情况。

（续）

2. 生产部负责协助人力资源部及时收集、了解绩效奖金发放管理办法在执行过程中出现的问题，并采取相应的解决措施。

3. 行政部负责合理化建议的宣传、组织、存档、相关价值计算等工作。

4. 财务部负责奖金预算审批和奖金发放工作，并对奖金费用的使用情况进行监督检查。

### 第2章　全勤奖发放管理

第4条　全勤奖的界定。按规定上下班，无迟到、早退现象，按时参加工厂要求的各项活动，视为全勤。

第5条　工厂一律实行上下班打卡签到制度，全体员工要严格遵守作息时间，按时上下班。因故不能上班者必须提前请假。未请假或请假未准而缺勤，均以旷工处理。

第6条　工厂制定的扣罚标准如下表所示。

**工厂出勤情况的扣罚标准表**

| 出勤情形 | 扣罚标准 |
|---|---|
| 迟到 | 1. 迟到是指上班时间开始后____分钟内到班，超过____分钟视为旷工半天<br>2. 迟到一次扣发全勤奖____%，当月迟到两次扣发全勤奖____%，当月累计迟到三次扣发全勤奖____%，三次以上扣发当月全部全勤奖 |
| 早退 | 1. 早退是指提前____分钟以内下班，超过____分钟视为旷工半天<br>2. 早退一次扣发全勤奖____%，当月早退两次扣发全勤奖____%，当月累计早退三次扣发全勤奖____%，三次以上扣发当月全部全勤奖 |
| 病假 | 1. 当月病假（工伤除外）累计____个工作日以内，全勤奖照发<br>2. 当月病假累计____个工作日以上____个工作日以内，扣发全勤奖____%<br>3. 当月病假累计____个工作日以上，扣发当月全部全勤奖 |
| 事假 | 1. 当月累计事假____个工作日以内，每天扣发当月全勤奖____%<br>2. 当月累计事假____个工作日以上____个工作日以内，扣发当月全勤奖____%<br>3. 当月累计事假____个工作日以上扣发当月全部全勤奖 |
| 休假 | 各类正常休假（如探亲假、婚假、产假等）每天扣发全勤奖____%，休年假不扣全勤奖 |
| 旷工 | 1. 旷工半天，扣发当月全勤奖____%<br>2. 当月累计旷工____天扣发当月全勤奖<br>3. 当月累计旷工____天扣发全年全勤奖 |

第7条　上班时间外出办私事且未请假者，一经发现，扣除当月全勤奖。

第8条　全勤奖每月发放一次，工厂设定全勤奖金为每月____元。全年全勤者，另外年终一次性发放奖金____。

（续）

### 第 3 章　年终奖发放管理

第 9 条　当年年终奖发放前，有下列情况之一者，不发年终奖金。

1. 辞职或被解雇者。

2. 停薪留职者。

3. 其他原因中途离职者。

4. 受记过及其以上处分者。

5. 一年内事假累计超过____天（含）以上者。

第 10 条　年终考核不合格的员工不享受年终奖金，工厂酌情给予一定的补贴。

第 11 条　年终奖金核定标准。年终奖金数额依照工厂当年的实际经营状况提取，员工实际发放的奖金数额依据个人绩效而定。个人绩效主要从下面五个方面进行评估。

1. 日常工作表现（精神面貌、工厂规章制度遵守情况、与同事工作关系等的协调和处理）。

2. 个人提出合理化建议、方案和意见数量以及工厂采纳后带来的直接或间接的经济效益。

3. 直接负责的业务范围的业绩情况。

4. 管理层、部门管理人员的领导能力以及对部门人员的管理实施结果和业绩。

5. 管理层、部门管理人员、专业技术人员的专业技术水平和综合素质。

第 12 条　年度的计算由每年 1 月 1 日起至 12 月 31 日止。

第 13 条　年终奖金一律在春节前发给员工。

### 第 4 章　合理化建议奖励发放管理

第 14 条　合理化建议包括但不限于以下内容。

1. 各种操作方法、制造方法、生产程序、销售方法、行政效率等的改善。

2. 安全技术、劳动保护技术的改进。

3. 机器设备维护保养的改善。

4. 提高原材料的使用效率或改用替代原材料而达到节约能源的目的等。

5. 废弃能源、废料的回收利用。

6. 其他有助于提高营运绩效或降低营运成本的方法等。

第 15 条　被采用的合理化建议或技术改进的奖励，按其经济效益、社会效益、作用意义和技术难度的大小分为四个等级，具体内容详见下表。

**奖励标准**

| 奖励等级 | 奖金额度 | 荣誉奖 |
|---|---|---|
| 一等奖 | ____ ~ ____元 | 奖状 |
| 二等奖 | ____ ~ ____元 | 奖状 |
| 三等奖 | ____ ~ ____元 | 奖状 |
| 四等奖 | ____ ~ ____元 | 表扬 |

第 16 条　合理化建议不得重复得奖。一个合理化建议经高一级评审机构再次采纳，提高了奖励等级，发放奖金时，只补发差额部分。

（续）

第 17 条　集体完成的项目，其奖金按各人贡献大小合理分配。

第 18 条　对于积极提出合理化建议的员工，其建议虽未被采纳，所在部门可根据具体情况自行设定适当的鼓励办法。

### 第 5 章　绩效奖金发放管理

第 19 条　有下列情形之一者不计发绩效奖金。

1. 尚在试用期者。

2. 当月有迟到、早退____次（含）以上者。

3. 当月有事假、病假合计____天（含）以上者。

4. 当月有旷工、惩处记录者。

第 20 条　绩效奖金计发依据。

1. 生产部每月核定的生产人员的生产绩效。

2. 人力资源部核定的生产人员执行岗位职责情况。

第 21 条　绩效奖金计发标准。

工厂根据每月生产任务的完成情况计发绩效奖金。

**生产人员绩效奖金发放标准**

| 生产计划完成率 | 部门奖金总额 | 员工奖金 |
|---|---|---|
| 超额完成生产计划的 15% 以上 | 本月所创超额利润的 8% | 员工奖金提取比例根据个人考核得分而定 |
| 超额完成生产计划的 10%～15%（含 15%） | 本月所创超额利润的 6% | |
| 超额完成生产计划的 5%～10%（含 10%） | 本月所创超额利润的 4% | |
| 超额完成生产计划 5% 以下的（含 5%） | 本月所创超额利润的 2% | |

### 第 6 章　附则

第 22 条　本办法由人力资源部负责起草、修订和解释。

第 23 条　本办法经工厂总经理审批后生效。

| 修订记录 | 修订标记 | 修订处数 | 修订日期 | 修订执行人 | 审批签字 |
|---|---|---|---|---|---|
| | | | | | |
| | | | | | |

## 四、高管人员薪酬明细清单

| 职务 | 年薪总额 | 基本年薪 | 绩效年薪 | | 股票期权支出额度 | 福利项目 | | |
|---|---|---|---|---|---|---|---|---|
| | | | 最高限额 | 实发额度 | | 交通补助 | 过节礼品 | …… |
| 总经理 | | | | | | | | |
| 行政总监 | | | | | | | | |

（续表）

| 职务 | 年薪总额 | 基本年薪 | 绩效年薪 | | 股票期权支出额度 | 福利项目 | | |
|---|---|---|---|---|---|---|---|---|
| | | | 最高限额 | 实发额度 | | 交通补助 | 过节礼品 | …… |
| 财务总监 | | | | | | | | |
| 营销总监 | | | | | | | | |
| 生产总监 | | | | | | | | |
| 人力资源总监 | | | | | | | | |
| 合计 | | | | | | | | |

## 五、工厂福利费项目规划表

| 福利项目 | 福利项目推行时间（月） | 享受资格 | 是否与绩效挂钩 | | 福利项目享受等级 | | | 预计费用（元） | 备注 |
|---|---|---|---|---|---|---|---|---|---|
| | | | 是 | 否 | A | B | C | | |
| 工厂班车 | | | | | | | | | |
| 过节礼品 | | | | | | | | | |
| 住房补贴 | | | | | | | | | |
| 汽车赠予 | | | | | | | | | |
| 教育资助 | | | | | | | | | |
| 带薪休假 | | | | | | | | | |
| 旅游补贴 | | | | | | | | | |
| 生日礼物 | | | | | | | | | |
| 免费工作餐 | | | | | | | | | |
| 补充医疗保险 | | | | | | | | | |
| 意外伤害保险 | | | | | | | | | |
| 通信费用报销 | | | | | | | | | |
| 俱乐部会员费 | | | | | | | | | |

# 第五节　离职成本控制

## 一、离职成本控制点

离职成本是指辞退员工或员工离职给工厂带来的成本。离职成本控制点如图 15- 8

所示。

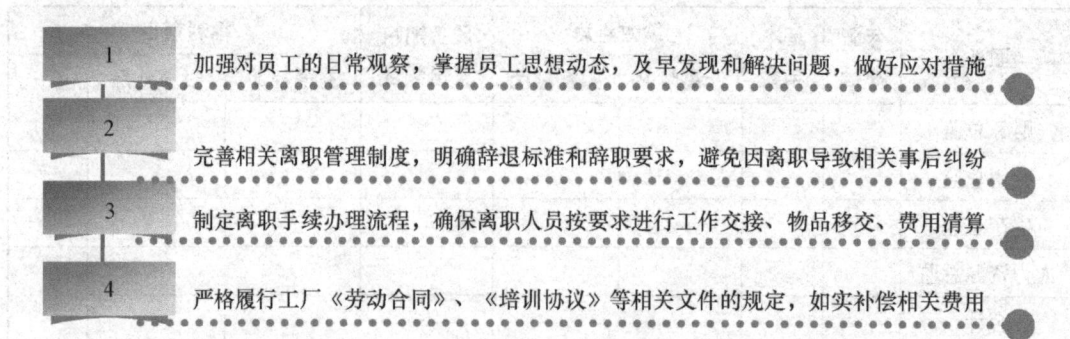

图15-8　离职成本控制点说明

## 二、员工离职成本控制方案

| 方案名称 | 员工离职成本控制方案 | 编　号 | |
|---|---|---|---|
| | | 受控状态 | |

**一、目的**

为规范员工离职管理工作，有效控制员工离职所产生的成本，特制定本方案。

**二、离职成本构成**

离职成本是指因员工离开工厂而产生的成本，包括离职补偿成本、离职前低效成本以及空职成本等。

（一）离职补偿成本

指工厂辞退员工或员工自动辞职时，工厂应补偿给员工的费用，包括至离职时间为止应付员工的工资、一次性付给员工的离职金、必要的离职人员安置费等。

（二）离职前低效成本

指员工即将离开工厂而造成的工作或生产效率损失费用，低效成本不是支出形式的费用，而是使适用价值降低而造成的收益减少。

（三）空职成本

指员工离职后职位空缺的损失费用，主要包括由于某个职位而造成的该职位业绩的减少，以及由于空职影响其他职位的工作而引起的整体效益降低，与低效成本相同，属于隐性成本。

**三、离职成本产生途径**

（一）员工辞退

指工厂对不能胜任工作岗位者，或因不可抗力等因素与员工解除劳动关系的行为。根据辞退原因的不同，工厂将会产生相应的经济补偿费用和相关的隐性成本。

（二）员工辞职

指员工因某种原因主动辞去工作，员工辞职将会产生低效成本及空职成本。

**四、员工辞退成本控制**

（一）辞退员工标准

工厂应明确辞退标准，经慎重观察和考证，方可确定辞退人员，辞退标准包括以下三方面。

（续）

1. 工作表现

（1）员工始终达不到其岗位要求的最低标准。

（2）员工工作作风与团队或组织的文化相悖。

（3）经常迟到早退，多次违反工厂管理制度。

2. 严重错误

严重错误是指明知工厂规章制度而故意违反，或明知法律规定而故意在履行职务时违反，如盗窃工厂财产、对其他同事施暴、故意泄露工厂机密等行为。

3. 经济原因

指工厂在经济困难、竞争激烈等情况下实施裁员。

（二）辞退过程控制

工厂应严格按照《劳动法》规定办理辞退手续，以避免不必要的诉讼费用及赔偿费用。

1. 因工作能力不足辞退

（1）当员工不适合岗位或绩效在约定期内不达标时，可采取协商解除合同的方法辞退。

（2）协商过程应把握好员工情绪，避免过激事件的产生。

2. 违纪辞退

（1）弄清违纪事实，掌握相关证据。

（2）准确使用法律手段，具体适用工厂规章、劳动合同和集体合同。

（3）根据事实和依据起草《解除合同通知书》，正确处理劳动争议。

3. 经济裁员

（1）依法确认工厂是否符合经济裁员条件。

（2）提前 30 日向工会或全体员工说明情况。

（3）听取工会意见，按规定起草裁员文件，并报送有管辖权的劳动保障部门。

（4）实施解除合同的方案，并依法、依约向员工承担违约责任。

（三）辞退办理流程

1. 依法确认工厂/员工是否符合裁员/被辞退的条件。

2. 具体适用工厂制度、劳动合同及具体合同。

3. 着重确认是否履行了相关程序。

4. 根据事实和依据起草相关协议。

5. 依法、依约向员工承担违约责任。

**五、员工辞职成本控制**

（一）完善相关制度

为尽量减少由于员工辞职带来的空职成本以及避免事后纠纷，工厂应建立《员工辞职管理制度》对辞职流程和要求进行说明。

（二）离职面谈技巧

人力资源部和相关人员应通过面谈掌握离职原因，合理挽留，防止流失更多员工。面谈技巧包括以下几个方面。

（续）

1. 确定面谈的目的以及提纲，加强面谈的针对性。

2. 选择有隐秘性、轻松、明亮的面谈地点，避免被打断和干扰，并有利于员工坦诚交流内心想法。

3. 安排足够长的时间，可以使辞职的员工畅所欲言。

4. 真诚交谈，解答员工关于工作的有关问题，并向优秀员工表达工厂的挽留意愿。

5. 做好面谈记录，以作为制定相关防范措施的依据。

（三）辞职办理流程

1. 辞职人员应提前30天通知相关部门。

2. 辞职人员填写"辞职申请单"，说明离职原因并签字确认，提交辞职申请。

3. 部门负责人与辞职员工面谈，并将面谈记录上交人力资源部。

4. 人力资源部与辞职员工面谈，了解其辞职原因，并设法挽留优秀人员。

5. 部门负责人安排员工进行工作交接。

6. 财务部负责账目核对，对辞职人员的借款、欠款、报销等相关项目进行核查。

7. 行政部负责固定资产的核对、清退手续。

8. 人力资源部负责对"辞职申请单"、"移交清单"的手续进行审核，并根据工厂要求办理辞职员工的工资发放、人事关系以及保险转调事宜。

**六、离职成本预防办法**

为避免离职纠纷的产生和降低人员离职带来的损失，工厂主要从以下四个方面进行预防和控制。

（一）劳动合同签订

劳动合同必须主题合法、内容合法、程序合法和形式合法，双方应对合同条款进行确认，并按要求签字盖章。

（二）培训协议签订

为减少员工离职带来的损失，工厂向员工提供培训时，双方应签订《培训服务期协议》，对员工服务期限、培训费用的补偿方法进行明确。

（三）人才梯队培养

为降低人员离职造成的空职成本，工厂应对关键岗位采用轮岗、培训等方式使员工具备多样化工作技能，储备人才，增强内部员工岗位调配和补充的灵活度。

（四）人情留人

人力资源部应注重观察和沟通，保持对员工情绪、员工期望的敏感度，通过人文关怀、真诚沟通等方式消除员工的不安全感，增强员工的归属感和稳定性。

| 编制人员 | | 审核人员 | | 审批人员 | |
|---|---|---|---|---|---|
| 编制时间 | | 审核时间 | | 审批时间 | |

# 工厂成本费用预算管理

## 第十六章

# 第一节　工厂成本费用预算编制

## 一、成本费用预算编制制度

| 制度名称 | 成本费用预算编制制度 | | 受控状态 | |
|---|---|---|---|---|
| | | | 编　号 | |
| 执行部门 | | 监督部门 | 编修部门 | |

第1章　总则

第1条　目的

为加强工厂对成本费用的控制管理，掌握成本状况，构建成本费用预算体系，提高工厂的经济效益，根据国家相关法律法规和本工厂的相关规章制度，特制定本制度。

第2条　责权单位

1. 各部门负责本部门的成本费用预测、决策与预算管理工作，并及时上报财务部。

2. 财务部负责工厂成本费用预测、决策与预算的制定、分解及监督管理工作。

第3条　成本费用预算范围

预算年度内一切成本费用支出，包括预算期内产品生产（含根据预算安排和管理上的需要，在预算年度内期初、期末在产品、自制半成品数量的增加或减少）和非生产活动所消耗或支出的成本费用，都应纳入年度成本费用预算的范围。

第2章　成本费用预算编制的规划

第4条　成本费用预算管理基本要求

成本费用管理必须遵循"事前预算、事中控制、事后分析、期末考核"四个原则。工厂各部门应建立完善的成本费用预算、控制、分析、考核体系。

第5条　成本费用预算编制依据

成本费用预算是一项综合性预算。编制成本费用预算时应以目标成本费用为依据，并与预算年度内其他各有关专业紧密衔接，与成本费用计算、控制、考核和分析的口径相一致。

1. 本工厂的经营目标、生产经营预算、成本降低率，以及产品质量、品种是编制成本费用预算的基础。

2. 年度生产预算是编制产品成本预算的基本依据。

3. 人工预算和技术组织措施预算等资料是编制成本费用预算的重要依据。

4. 先进、合理的消耗定额是编制成本费用预算的重要基础。

（续）

第6条　确定成本费用预算的方法

编制成本费用预算时，一般应参照标准成本，按照"量价分离"的原则，采用滚动预算、零基预算等方法进行编制。

1. 在各项消耗定额费用预算和资料齐全的情况下，可按成本费用计算的方法，采用直接计算法编制。

2. 在各项消耗定额、费用预算和有关资料不是很齐全的情况下，可将增产节约措施预算作为调整计算的依据，采用因素测算法编制。

3. 实行一级成本核算的，由成本费用预算主管部门按一级核算的要求直接编制工厂的成本费用预算。

4. 实行分级成本费用核算，分车间计算成本的，可分两级编制成本费用预算，车间、部门分别编制成本费用预算后，由财务部汇总编制工厂的成本费用预算。

### 第3章　成本费用预算编制程序与要求

第7条　明确成本费用预算的目标

1. 财务部根据上一年度经营情况及本年度市场环境发展趋势，确定本年度的经营战略和经营目标，将财务预算目标及成本费用预算编制的政策下达到各部门。

2. 降低成本费用是编制成本费用预算的基本要求，降低成本费用的措施是编制成本费用预算的保证。

第8条　确定成本费用预算内容

成本费用预算的内容包括产品成本计划、制造费用预算、销售费用预算、管理费用预算等。

第9条　各部门编制自身的成本费用预算方案并上报

1. 各部门按照财务部下达的财务预算目标和政策，结合自身特点以及预测的执行条件，编制本部门详细的成本费用预算方案，并按规定时间上报财务部。

2. 在各部门编制成本费用预算方案的过程中，财务部有义务予以指导。

第10条　财务部试算平衡

财务部对各部门上报的成本费用预算方案进行审查、汇总和试算平衡。在审查过程中，应当进行充分协调，对发现的问题提出调整意见，并反馈给各部门予以修改。

第11条　总经理办公会审议批准

1. 财务部在各部门修正调整的基础上重新汇总，编制工厂的成本费用预算方案，上报总经理办公会审核。根据审核意见，财务部进一步修订、调整。

2. 财务部根据审批的意见调整成本费用预算，编制成本费用预算草案，提交总经理办公会审议批准。

（续）

| 第12条 下达执行 |
| --- |

财务部将经过批准的成本费用预算下达到各部门执行。

**第4章 附则**

第13条 本制度由财务部负责解释。

第14条 本制度经总经理审批后自颁布之日起执行。

| 修订记录 | 修订标记 | 修订处数 | 修订日期 | 修订执行人 | 审批签字 |
| --- | --- | --- | --- | --- | --- |
|  |  |  |  |  |  |
|  |  |  |  |  |  |

## 二、成本费用预算编制流程

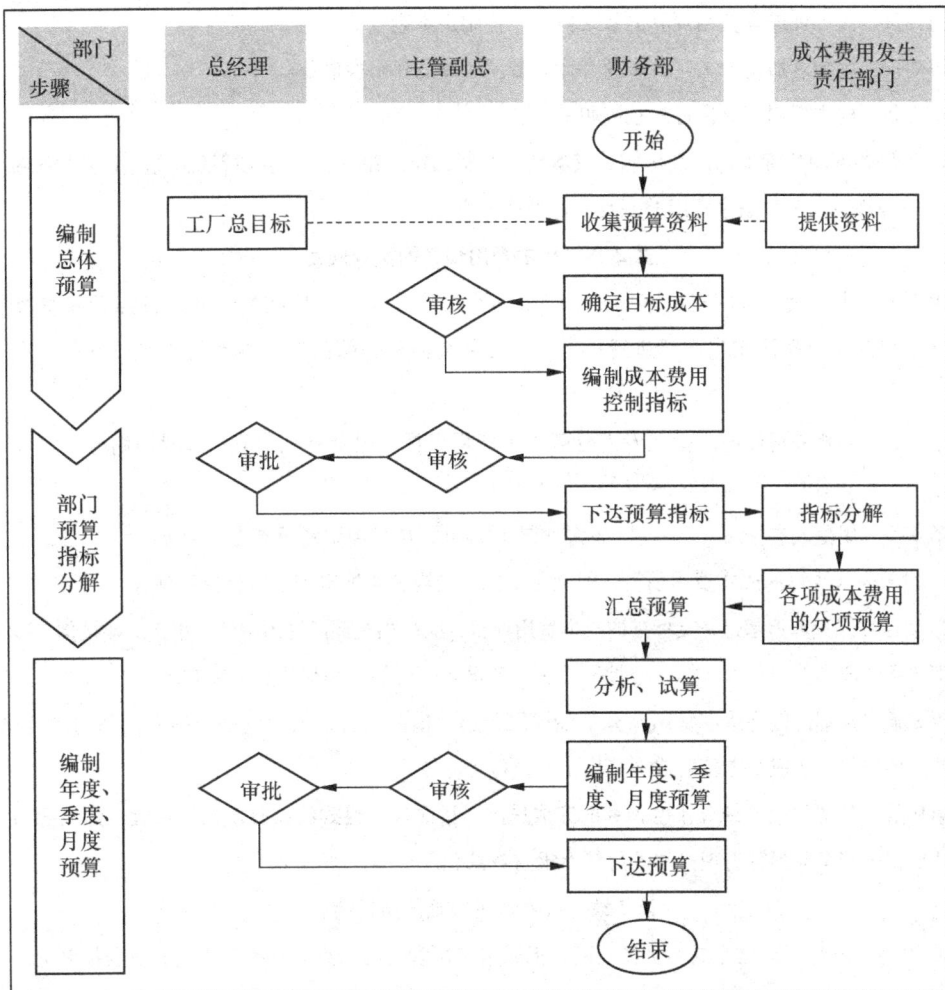

# 第二节　工厂成本费用预算执行

## 一、成本费用预算执行制度

| 制度名称 | 成本费用预算执行制度 | | 受控状态 | |
|---|---|---|---|---|
| | | | 编　　号 | |
| 执行部门 | | 监督部门 | 编修部门 | |

**第1章　总则**

第1条　为保证成本费用预算的有效执行，特制定本制度。

第2条　本制度适用于工厂各个部门成本费用预算的执行控制。

第3条　成本费用预算执行的控制职责。

1. 工厂各部门负责本部门及机构的成本费用控制工作，并将预算的执行情况及时上报财务部。

2. 财务部负责工厂成本费用控制及监督管理工作。

**第2章　成本费用预算的执行规划**

第4条　建立成本费用支出审批制度，根据费用预算和支出标准的性质，按照授权批准制度所规定的权限，对费用支出申请进行审批。财务部会同相关部门对成本费用开支项目和标准进行复核。

第5条　各相关责任部门指定专人分解成本费用目标，记录有关差异，及时向财务部反馈有关信息。

第6条　规范成本费用开支项目、标准和支付标准，从严控制费用支出。

1. 对未列入预算的成本费用项目，如确需支出，应当按照规定程序申请追加预算。

2. 对已列入预算但超过开支标准的成本费用项目，应由相关部门提出申请，报上级授权部门审批。

第7条　成本费用预算指标一经批复下达，各预算执行部门必须认真组织实施。

第8条　各部门应将成本费用预算指标层层分解，横向到边、纵向到底，落实到部门的各单位、各环节和各岗位，形成全方位的成本费用预算执行责任体系。

第9条　各部门应当结合年度预算的完成进度，按照规定格式编制月度预算报表，经本部门负责人确认后，按照全面预算管理办法的规定上报财务部和总经办。

**第3章　成本费用预算的执行控制**

第10条　各部门应建立成本预测制度，把成本费用管理的重点放到事前预测和过程控制上。

（续）

1. 事先应对生产计划、生产工艺方案进行成本预测，根据预测数据进行决策，优化生产方案，合理配置资源，使成本费用得到事前控制。

2. 在事中，要定期对生产过程的生产经营情况进行成本预测，根据预测结果，及时采取控制措施，使成本得到事中控制。

第 11 条　各部门在日常控制中，应当健全凭证记录，严格执行生产消耗、费用定额标准。对预算执行中出现的异常情况，应及时查明原因，予以解决。

第 12 条　财务部与采购部、生产部等成本费用中心加强沟通，充分发挥牵头和监控作用，及时发现成本费用预算执行过程中的问题，督促有关部门解决预算执行过程中暴露的问题，自觉进行成本费用控制。

第 13 条　采购部成本费用预算执行的要点。

1. 原材料及各种辅料、物资的采购，是生产经营环节的源头，其成本在产品成本中占有较大比重，采购部和其他对采购成本有影响的部门要负责控制采购成本。

2. 采购部要适应市场经济的变化，货比三家，提高采购率、大厂直供率和合同订货率，减少中间环节，减少企业库存，防止重复采购，避免物资积压，降低采购成本，节约采购资金。

第 14 条　生产部成本费用预算执行的要点。

1. 生产部要加强生产装置物耗、能耗和加工损失管理，降低生产消耗，提高产品产量。

2. 要推动科技进步，开发高附加值产品，改进工艺和操作，对技术投入的产出负责，提高产出率。

第 15 条　设备部成本费用预算执行的要点。

1. 设备部要加强维修费用和设备更新费用的预算控制，通过对设备的精心操作、设备的日常维护保养和提高大修质量，确保装置的长周期运转。

2. 维修工程和更新项目必须纳入正常的工程预、决算管理，对规定标准以上的维修工程和更新项目的预、决算，应由工程审计机构进行必要的审核，防止效益流失。

第 16 条　安全环保部成本费用预算执行的要点。

1. 安全环保要抓好生产装置的安全生产，减少因安全事故和非计划停工造成的损失。

2. 消除、减少环保责任事故，本着"高效、节约"的原则，控制安全环保费用。

第 17 条　期间费用项目要按照"谁发生，谁控制，谁负责"的原则，责任到人，从严从紧，精打细算。

### 第 4 章　附则

第 18 条　本制度由财务部负责制定、修订及解释。

第 19 条　本制度经总经理审批后自颁布之日起执行。

| 修订记录 | 修订标记 | 修订处数 | 修订日期 | 修订执行人 | 审批签字 |
|---|---|---|---|---|---|
| | | | | | |
| | | | | | |

## 二、成本费用预算执行流程

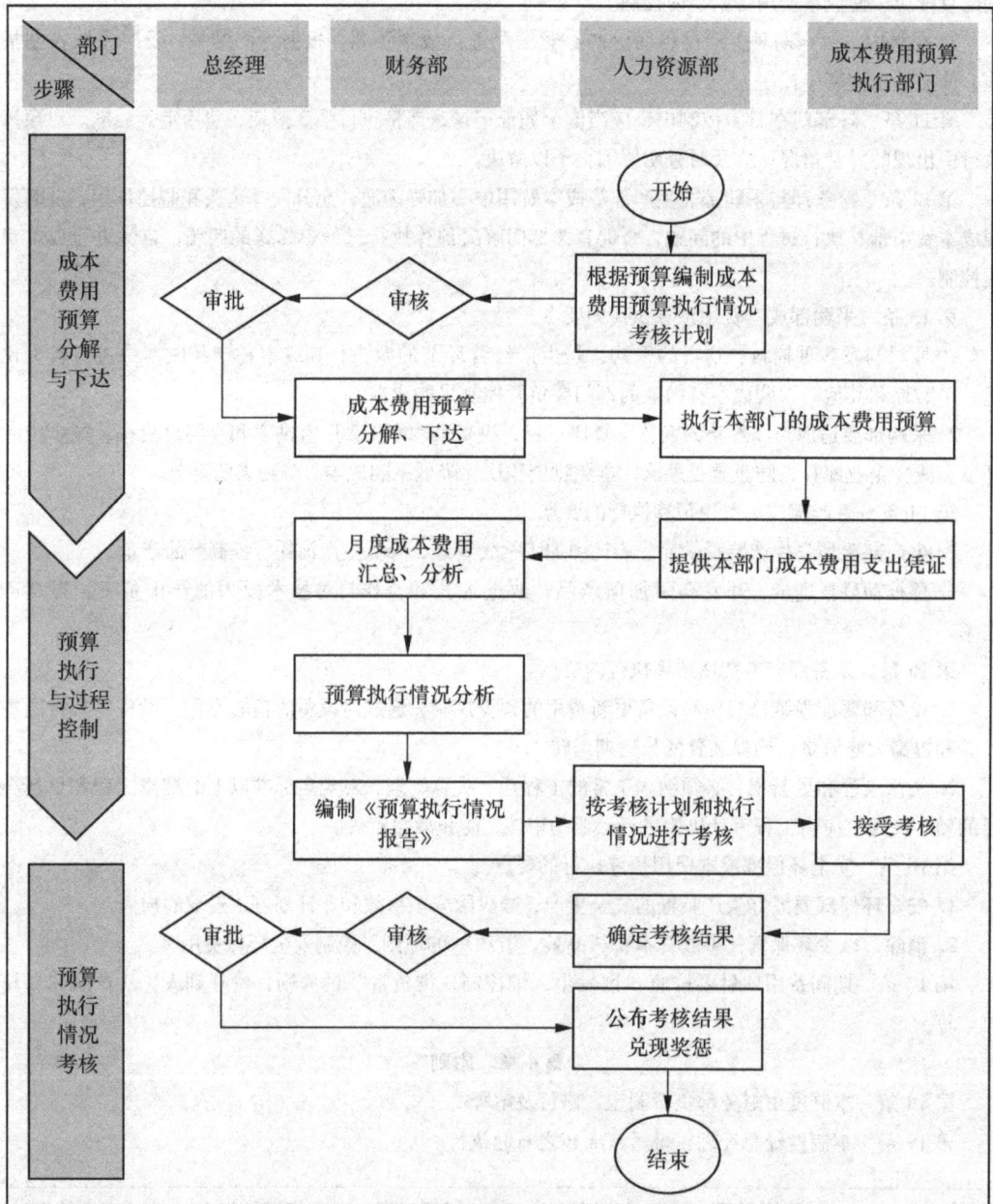

| 部门<br>步骤 | 总经理 | 财务部 | 人力资源部 | 成本费用预算<br>执行部门 |
|---|---|---|---|---|

成本费用预算分解与下达

开始

根据预算编制成本费用预算执行情况考核计划

审批 ← 审核

成本费用预算分解、下达 → 执行本部门的成本费用预算

预算执行与过程控制

月度成本费用汇总、分析 ← 提供本部门成本费用支出凭证

预算执行情况分析

编制《预算执行情况报告》 → 按考核计划和执行情况进行考核 → 接受考核

预算执行情况考核

审批 ← 审核 ← 确定考核结果

公布考核结果兑现奖惩

结束

# 第三节　工厂成本费用预算调整

## 一、成本费用预算调整制度

| 制度名称 | 成本费用预算调整制度 | | 受控状态 | |
|---|---|---|---|---|
| | | | 编　号 | |
| 执行部门 | | 监督部门 | 编修部门 | |

### 第1章　总则

**第1条　目的**

为严格规范预算调整环节的控制工作，使预算调整依据充分、方案合理、程序合规，根据国家相关法律法规和工厂的相关规章制度，特制定本制度。

**第2条　适用范围**

本制度适用于工厂所有成本费用预算调整的相关事项。

**第3条　职责分工**

财务部负责成本费用预算调整工作，经总经理审批后，各相关部门方可执行调整后的预算。

**第4条　预算调整的原则**

1. 所有正式下达的预算，不得随意调整。

2. 预算的调整必须符合工厂的发展战略和年度生产经营目标。

3. 预算调整必须客观、可行，即在经济上能够实现最优化。

4. 预算调整的重点应放在预算执行过程中出现的重要的、非正常的、不符合常规的关键性差异方面。

### 第2章　预算调整规划

**第5条　预算调整的前提**

成本费用预算调整分为预算目标调整和预算内容调整。工厂出现下列情况之一时，可调整生产成本费用预算目标。

1. 预算执行过程中，国家相关政策发生重大变化，导致无法继续执行现行预算时。

2. 国内外市场环境发生重大变化，工厂必须调整产品结构、营销策略时。

3. 出现不可抗力的重大自然灾害、公共紧急事件等致使预算的编制基础不成立，或者导致预算执行结果产生重大差异时。

4. 当工厂的生产经营做出重大调整，致使现行预算与实际差距巨大时。

第6条 预算调整的时间

1. 工厂规定于每年6月1日对成本费用预算目标进行一次调整。

2. 每季度分析成本费用预算的执行情况，并可通过相关审批程序，对不合理的预算内容进行调整。

### 第3章 预算调整控制

第7条 预算调整的提出

调整预算前由预算执行部门向财务部提出书面报告，阐述预算执行的具体情况、客观因素变化情况及其对预算执行造成的影响程度，并提出预算的调整幅度建议。

第8条 预算调整的审核

财务部经理审核《预算调整申请报告》，根据对以下相关内容的分析，提出预算调整幅度。

1. 预算中未规定的事项。

2. 超过预算限额的事项。

3. 执行预算差异较大的事项。

4. 客观因素变化情况及其对预算执行造成的影响程度等情况。

第9条 提出预算调整总方案

1. 财务部审查分析经过相关部门经理签字后的"预算调整申请表"，汇总预算调整申请，提出《预算调整方案》，报总经理审批。

2. 对于不符合要求或不切实际的预算调整申请，财务部应予以否决。

第10条 预算调整方案的审议

总经理组织财务部经理、生产部经理等成本费用中心负责人对《预算调整方案》进行审议。

第11条 新预算的下达与执行

1. 财务部根据审议结果修改《预算调整方案》，报总经理审批后下达新的预算。

2. 各相关部门严格执行新的预算指标。

### 第4章 附则

第12条 本制度由财务部编制，修订权、解释权归财务部所有。

第13条 本制度自颁布之日起执行。

| 修订记录 | 修订标记 | 修订处数 | 修订日期 | 修订执行人 | 审批签字 |
|---|---|---|---|---|---|
| | | | | | |
| | | | | | |

## 二、成本费用预算调整流程

| 部门 步骤 | 总经理 | 主管副总 | 财务部 | 预算执行单位 |
|---|---|---|---|---|

```
提出
预算
调整
申请                                                              ( 开始 )
                                                                    │
                                                              预算执行分析
                                                                    │
                                          〈 审核 〉 ◄────────  预算调整申请
                                              │
                                         汇总预算
编制                                       调整申请
《预算                                        │
调整        〈 审批 〉◄〈 审核 〉◄────  编制《预算
方案》                                     调整方案》
                │
           召开预算 ──────────────────  协调、修订预算
           平衡会议                           │
修订                                      下达新预算 ──────  执行新预算
并执                                                             │
行新                                                        新预算执行
预算                                                         情况反馈
                                                                │
                                                            ( 结束 )
```

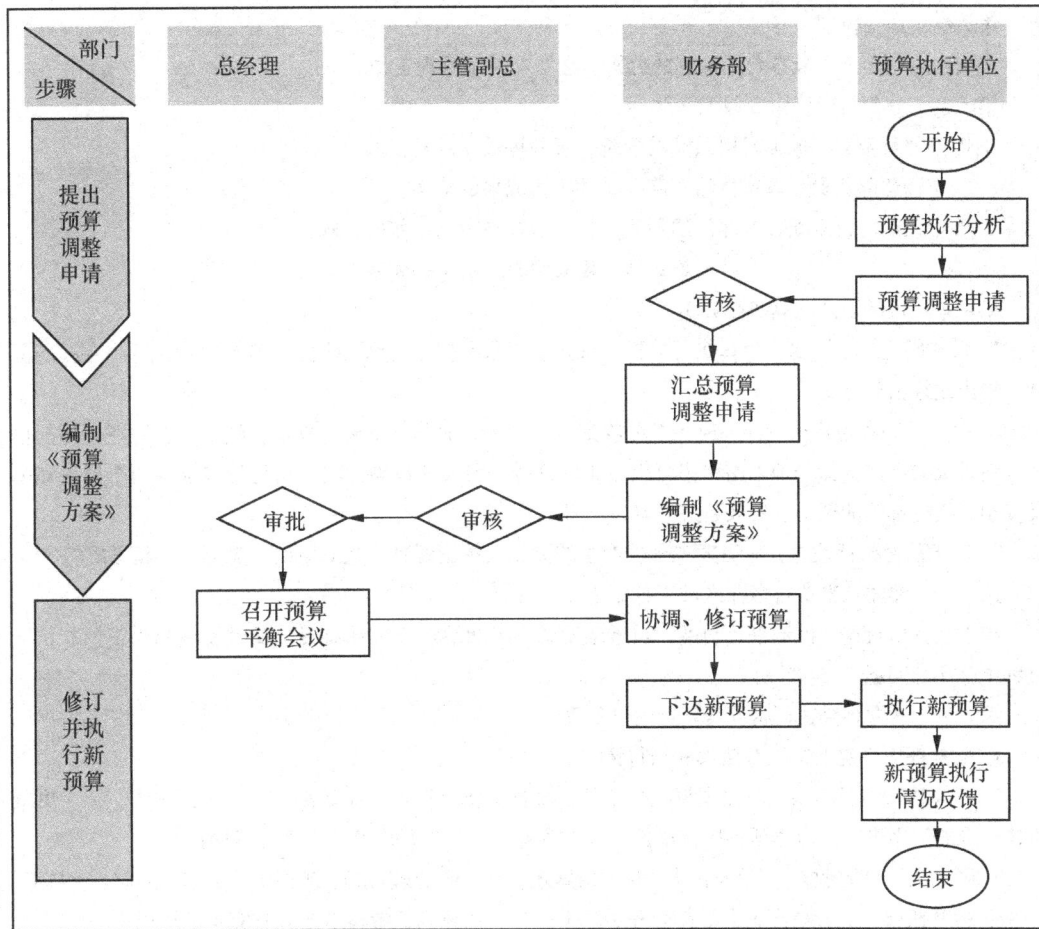

# 第四节 成本费用预算分析与考核

## 一、成本费用预算分析与考核制度

| 制度名称 | 成本费用预算分析与考核制度 | | 受控状态 | |
|---|---|---|---|---|
| | | | 编　号 | |
| 执行部门 | | 监督部门 | 编修部门 | |
| 第 1 章　总则 | | | | |

第 1 条　目的

为加强对成本费用预算分析与考核环节的控制，通过对预算的执行情况建立分析制度、审计制

（续）

度、考核与奖惩制度等，确保预算分析科学、及时，预算考核严格、有据，特制定本制度。

第2条　适用范围

本制度适用于工厂成本费用预算的分析、考核与激励管理工作。

第3条　分析与考核职责分工

1. 财务部负责工厂成本费用预算的分析、考核评估、激励工作。

2. 人力资源部负责预算考核的实施、激励工作成果的落实。

3. 各相关部门负责配合本部门的预算分析、考核与激励工作的实施。

### 第2章　建立预算分析考核体系

第4条　定期召开预算执行分析会议

1. 财务部应当定期召开预算执行分析会议，通报预算执行情况，研究、解决预算执行中存在的问题，提出改进措施。

2. 财务部和各预算执行部门应当充分收集有关财务、业务、市场、技术、政策、法律等方面的信息资料，根据不同情况分别采用比率分析、比较分析、因素分析等方法，从定量与定性两个层面充分反映预算执行部门的现状、发展趋势及其发展潜力。

3. 对于预算执行差异，应当客观分析产生的原因，提出解决措施或建议，提交工厂领导决定。

第5条　建立预算执行情况内部审计制度

建立预算执行情况内部审计制度，通过定期或不定期地实施审计监督，及时发现和纠正预算执行过程中存在的问题。

第6条　建立预算执行情况考核与奖惩制度

1. 财务部应当定期组织考核预算执行情况。

2. 预算执行情况考核，依照预算执行单位上报预算执行报告、预算管理部门审查核实、企业决策机构批准的程序进行。内部预算执行单位上报的预算执行报告，应经负责人签章确认。

3. 预算执行情况考核，以公司正式下达的预算方案为标准，或以相关部门审定的预算执行报告为依据。

4. 预算执行情况考核，应当坚持公开、公平、公正的原则，考核结果应有完整的记录。

5. 建立预算执行情况奖惩制度，明确奖惩办法，落实奖惩措施。

### 第3章　成本费用预算分析

第7条　成本费用预算分析的目的

1. 检查成本费用预算的完成情况。

2. 分析产生差异的原因。

3. 寻求降低成本费用的途径和方法。

第8条　成本费用预算分析的要求

1. 重点突出、抓住关键。

2. 实事求是、分析透彻。

3. 措施具体、讲求实效。

第9条　成本费用预算分析的内容

1. 根据成本费用预算的目标检查和评估实际成本费用预算的执行情况，分析成本费用预算与执行

（续）

情况存在差异的原因。

2. 分析成本费用预算指标完成情况和成本费用支出的变动情况，明确成本费用控制中存在的问题，寻求降低成本费用的措施。

第 10 条　成本费用预算分析的对象及方式

1. 成本费用预算分析的对象包括预算期内各项成本费用指标及预算与基期的差异。

2. 对比基期采用的方式是与上月可比数据和上年同期可比数据，还可以根据需要与国内外同行业先进成本费用水平、本单位历史最好水平对比分析。

第 11 条　成本费用预算分析的方法

1. 工厂应采用比较分析法、比率分析法、因素分析法、趋势分析法等对成本费用预算及其执行情况进行分析。

2. 根据工资、材料、燃料、电力、折旧以及其他各要素费用的变化情况，通过同主要消耗定额和开支标准进行对比，计算各因素的影响程度。

3. 生产成本降低额与降低率计算公式如下。

（1）生产成本降低额（负数为超支额）＝按基期单位费用（成本）计算的生产成本（成本）－本期实际生产成本

（2）生产成本降低率＝本期生产成本的降低额÷按基期单位费用（成本）计算的生产成本总额×100%

第 12 条　成本费用预算分析的实施

成本费用预算分析采取日常分析、定期分析、专项分析、动态分析等多种形式。

1. 日常分析主要用于控制支出进度。

2. 定期分析主要用于较全面的分析，为下一步改进管理提供信息资料。

3. 专项分析主要用于针对成本费用某项突出问题进行调查，分析研究，及时扭转偏差。

4. 动态分析主要用于分析任务等变化对成本的影响及变动趋势。

第 13 条　编制成本费用预算分析报告

财务人员根据成本费用预算分析结果，编制《成本费用预算分析报告》，定期向工厂领导上交审阅，为管理层做出决策提供依据。

### 第 4 章　成本费用预算考核

第 14 条　成本费用预算考核的原则

1. 目标原则。以预算目标为基准，按预算完成情况评价预算执行者的业绩。

2. 激励原则。预算目标是对预算执行者业绩评价的主要依据，考评必须与激励制度相结合。

3. 时效原则。预算考核是动态考核，每期预算执行完毕应立即进行考核。

4. 例外原则。对一些阻碍预算执行的重大因素，如产业环境的变化、市场的变化、重大意外灾难等，考核时应作为特殊情况处理。

5. 分级考核原则。预算考核要根据组织结构层次或预算目标的分解层次进行。

第 15 条　成本费用预算考核的主体

成本费用考核的主体为财务部，工厂内部各个成本费用责任中心，包括生产部、行政部、采购部、技术部等，均需配合财务部完成成本费用预算的考核工作。

第 16 条　成本费用预算考核的内容

1. 成本费用预算目标的达成情况。

2. 实际成本费用支出的节约程度。

第 17 条　成本费用预算考核的指标

1. 确定成本费用预算考核的指标

成本费用预算考核的指标是通过各项成本费用预算标准来设定的目标成本节约额和目标成本节约率。具体的细化指标如下表所示。

**成本费用考核指标一览表**

| 考核指标 | 目标值 | 责任部门 |
|---|---|---|
| 主要产品单位成本 | ＿＿＿元 | 研发部、生产部、采购部 |
| 百元产品产值总成本 | ＿＿＿元 | 研发部、生产部、采购部 |
| 可比产品成本降低率 | ＿＿＿% | 研发部、生产部、采购部 |
| 固定费用总额 | ＿＿＿元 | 研发部、生产部、采购部 |
| 成本费用利润率 | ＿＿＿% | 研发部、生产部、采购部、销售部 |
| 每工时加工费 | ＿＿＿元 | 生产部 |
| 百元总产值生产成本 | ＿＿＿元 | 生产部、采购部 |
| 制造费用总额 | ＿＿＿元 | 生产部 |
| 产品的单位成本（元） | ＿＿＿元 | 生产部 |

2. 编制成本费用报表

成本费用报表主要包括"产品生产成本报表"、"主要产品单位成本表"、"变动制造费用明细表"、"固定制造费用明细表"、"销售费用明细表"、"管理费用明细表"等。

3. 制定有关技术经济指标

有关技术经济指标如下表所示。

**技术经济考核指标一览表**

| 考核指标 | 指标计算公式 |
|---|---|
| 工时利用率 | 实动工时÷定额工时×100% |
| 设备利用率 | 设备实际使用时间÷计划使用时间×100% |
| 废品率 | 废品工时或重量÷产量工时或重量×100% |
| 材料利用率 | 单位产品所包含的材料净重量÷单位产品耗用材料重量×100% |

4. 增产节约措施分析

增产节约措施分析主要包括以下指标。

（续）

**成本费用考核指标一览表**

| 考核指标 | 指标说明 |
| --- | --- |
| 技术革新 | 1. 工效增产工时＝革新前加工需要工时－革新后加工工时<br>2. 节约消耗＝革新前消耗－革新后消耗 |
| 设计改进 | 节约消耗＝改进设计前消耗－改进设计后消耗 |
| 修旧利废 | 节约价值＝修复利用价值－废旧物资残值 |
| 改制利用 | 节约价值＝加工改制后可利用的价值－加工改制费－材料残值 |
| 降低废品 | 节约材料＝当月完成产量×废品降低率 |
| 节约消耗 | 节约消耗＝当月材料物资领用数量预算定额－实际领用数量 |
| 降低费用 | 节约费用额＝当月费用预算定额－实际费用开支 |

第 18 条　成本费用预算考核的实施

1. 财务部每月末编制各部门成本费用实际支出报表，与各部门各项成本费用预算标准表进行对比，形成"成本费用实际与预算对比表"。

2. 财务部对各部门进行业绩考核，将考核结果上交工厂管理层，年终实施奖惩。

第 19 条　成本费用预算考核结果的应用

1. 为调动成本费用预算执行者的积极性，工厂设立节约奖、改善提案奖、预算管理奖等奖项。各项奖的具体执行如下图所示。

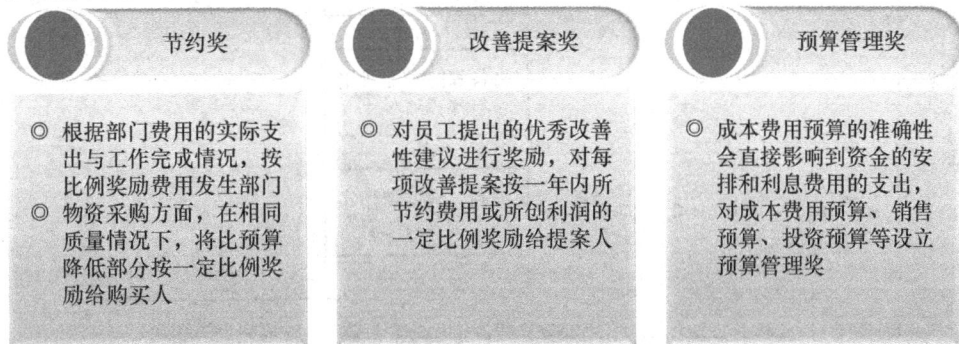

| 节约奖 | 改善提案奖 | 预算管理奖 |
| --- | --- | --- |
| ◎ 根据部门费用的实际支出与工作完成情况，按比例奖励费用发生部门<br>◎ 物资采购方面，在相同质量情况下，将比预算降低部分按一定比例奖励给购买人 | ◎ 对员工提出的优秀改善性建议进行奖励，对每项改善提案按一年内所节约费用或所创利润的一定比例奖励给提案人 | ◎ 成本费用预算的准确性会直接影响到资金的安排和利息费用的支出，对成本费用预算、销售预算、投资预算等设立预算管理奖 |

**成本费用预算奖项介绍图**

2. 上述奖励的实施、兑现，全部以人力资源部根据财务部通报的成本费用预算完成情况与考核结果，结合工厂在本年度的经济效益，于每个财年的年终兑现。

**第 5 章　附则**

第 20 条　本制度由财务部拟订，经总经理办公会批准后实施。

第 21 条　本制度的修订权、解释权归公司财务部所有。

第 22 条　本制度自正式颁布之日起执行。

| 修订<br>记录 | 修订标记 | 修订处数 | 修订日期 | 修订执行人 | 审批签字 |
| --- | --- | --- | --- | --- | --- |
| | | | | | |
| | | | | | |

## 二、成本费用预算分析与考核流程

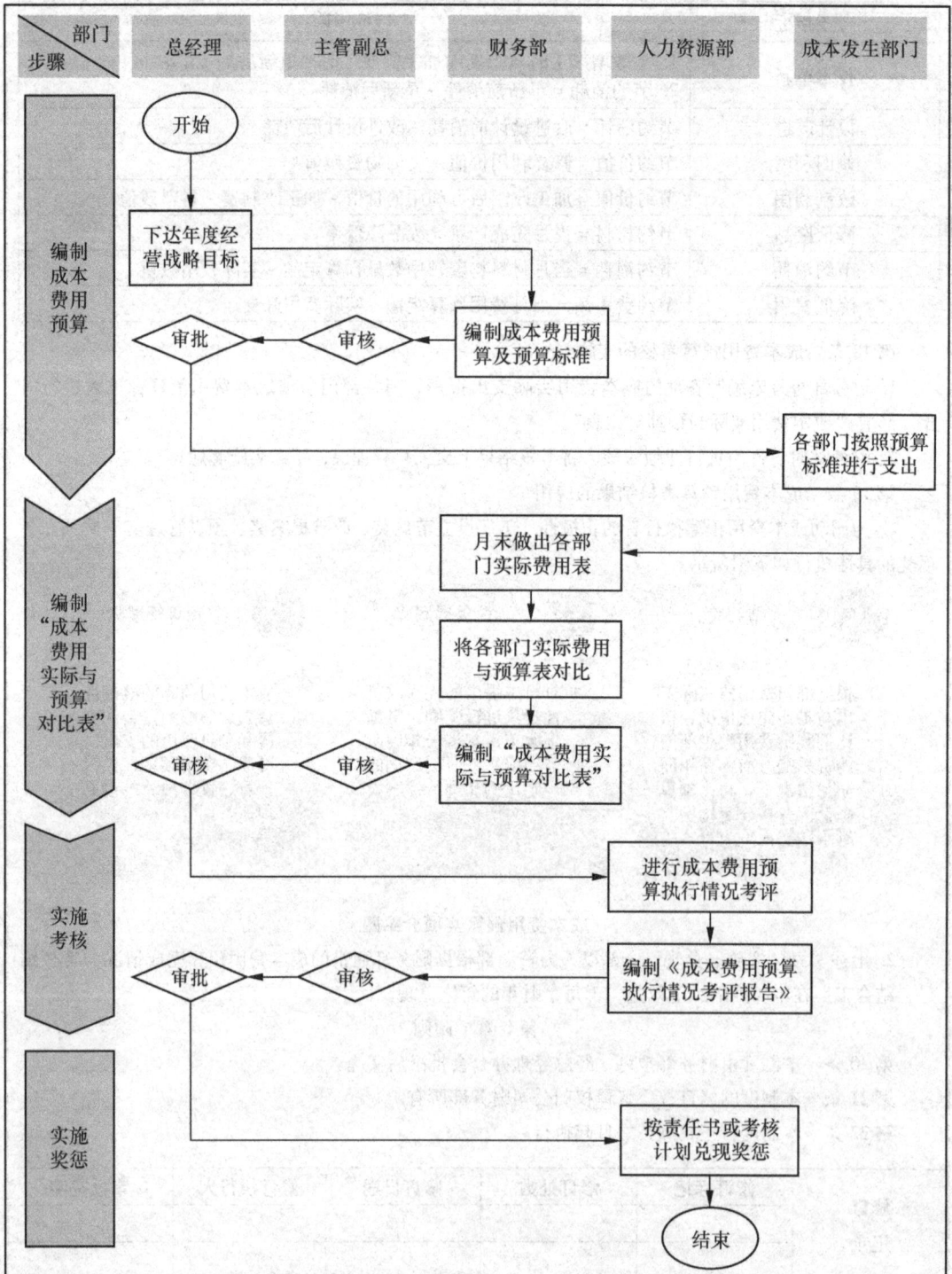

| 部门步骤 | 总经理 | 主管副总 | 财务部 | 人力资源部 | 成本发生部门 |
|---|---|---|---|---|---|

**编制成本费用预算**

开始

下达年度经营战略目标

编制成本费用预算及预算标准 → 审核 → 审批

各部门按照预算标准进行支出

**编制"成本费用实际与预算对比表"**

月末做出各部门实际费用表

将各部门实际费用与预算表对比

编制"成本费用实际与预算对比表" → 审核 → 审核

**实施考核**

进行成本费用预算执行情况考评

编制《成本费用预算执行情况考评报告》 → 审核 → 审批

**实施奖惩**

按责任书或考核计划兑现奖惩

结束

# 《工厂成本费用控制精细化管理手册（第2版）》

## 编读互动信息卡

亲爱的读者：

感谢您购买本书。只要您以以下三种方式之一成为普华公司的**会员**，即可免费获得普华每月新书信息快递，在线订购图书或向我们邮购图书时可获得免付图书邮寄费的优惠：①详细填写本卡并以**传真（复印有效）**或邮寄返回给我们；②**登录普华公司官网注册成为普华会员**；③关注微博：@普华文化（新浪微博）。会员单笔订购金额满 300 元，可免费获赠普华当月新书一本。

| | |
|---|---|
| **哪些因素促使您购买本书（可多选）** | |

○本书摆放在书店显著位置　　　　○封面推荐　　　　　　　　○书名

○作者及出版社　　　　　　　　　○封面设计及版式　　　　　○媒体书评

○前言　　　　　　　　　　　　　○内容　　　　　　　　　　○价格

○其他（　　　　　　　　　　　　　　　　　　　　　　　　　　　　）

**您最近三个月购买的其他经济管理类图书有**

1.《　　　　　　　　》　　　　　　　　2.《　　　　　　　　　　　　》

3.《　　　　　　　　》　　　　　　　　4.《　　　　　　　　　　　　》

**您还希望我们提供的服务有**

1. 作者讲座或培训　　　　　　　　　2. 附赠光盘

3. 新书信息　　　　　　　　　　　　4. 其他（　　　　　　　　　　）

**请附阁下资料，便于我们向您提供图书信息**

姓　　名　　　　　　　　　联系电话　　　　　　　　职　　务

电子邮箱　　　　　　　　　工作单位

地　　址

地　　址：北京市丰台区成寿寺路 11 号邮电出版大厦 1108 室　北京普华文化发展有限公司（100164）

传　　真：010-81055644

读者热线：010-81055656

编辑邮箱：liuying@puhuabook.com

投稿邮箱：puhua111@126.com，或请登录普华官网"作者投稿专区"。

投稿热线：010-81055633

购书电话：010-81055656　　　　　　　　淘宝店网址：http://shop60686916.taobao.com

媒体及活动联系电话：010-81055656　　　邮件地址：hanjuan@puhuabook.com

普华官网：http://www.puhuabook.com.cn

博　　客：http://blog.sina.com.cn/u/1812635437

新浪微博：@普华文化（关注微博，免费订阅普华每月新书信息速递）